教育文化原理探究

倪胜利 著

RESEARCH ON THE
THEORY OF
EDUCATION CULTURE

西南师范大学出版社
国家一级出版社 全国百佳图书出版单位

图书在版编目(CIP)数据

教育文化原理探究/倪胜利著. -- 重庆：西南师范大学出版社,2020.12
ISBN 978-7-5697-0687-1

Ⅰ.①教… Ⅱ.①倪… Ⅲ.①教育学－文化学 Ⅳ.①G40-055

中国版本图书馆CIP数据核字(2021)第000888号

教育文化原理探究
JIAOYU WENHUA YUANLI TANJIU

倪胜利　著

责任编辑：金　钢　李浩强
责任校对：张　丽
装帧设计：观止堂_朱璇
排　　版：杨建华
出版发行：西南师范大学出版社
　　　　　网　　址：http://www.xscbs.com
　　　　　地　　址：重庆市北碚区天生路2号
　　　　　邮　　编：400715
　　　　　电　　话：023-68868624
　　　　　经　　销：全国新华书店
印　　刷：重庆俊蒲印务有限公司
幅面尺寸：170mm×240mm
印　　张：25
字　　数：420千字
版　　次：2020年12月 第1版
印　　次：2020年12月 第1次印刷
书　　号：ISBN 978-7-5697-0687-1
定　　价：78.00元

前 言

文化是个过程。人类社会,小到个体,大至民族、国家,都是依文而化的。文化的原初道理,本土话语表达得深刻而透彻:"刚柔交错,天文也。文明以止,人文也。观乎天文,以察时变,观乎人文,以化成天下。"(《易经·贲卦·象传》)天地万物相互作用是有理路和章法的,"云霞雕色,有逾画工之妙;草木贲华,无待锦匠之奇""林籁结响,调如竽瑟;泉石激韵,和若球锽"(《文心雕龙·原道》)。自然之文即是天文,读懂"天文"便能参悟天地之道,从而识得天地不言之教,取法此"教"而"化成天下",便是文化的原本之理。由此可见,从源头认识的教育文化,即以天地不言之教孕育人文,化成世界。

文化是一种存在,存留了人类进化过程中一切有价值的东西。西方人类学家泰勒列出了"知识、信仰、艺术、道德、法律、风俗以及作为社会成员的人所掌握和接受的任何其他的才能和习惯",然而这些只是其中的一部分,还有诸如物质形态的创造物、人类身体和心灵的塑造、行为方式和制度形成等,一切具有"人化自然"性质,将人从蒙昧和野蛮状态提升到文明境界之实践活动的创造物皆属文化存在。总括来看,文化过程所存留的,无非真、善、美的各种形态而已,它们都是负载着价值的符号化存在。将科学、人文、艺术作为"以文化人"的主题内容,体现了教育文化的核心价值定位。

说"文化是属人的""人创造了文化""人与动物的根本区别就在于人有文化",是有道理的,但如果只停留于这种认识,显然是不够的。这些话语暗含的逻辑是"先有人,后有文化"。然而,如果追溯人类最初的形态发生,必会发现,正如西方人类学家所说的——每个人都有生日,而人类没有生日。既然没有起始点,也就无法说清楚谁先谁后。人是怎样由非人进化到了人,是一个有永久魅力的话题。如果说"劳动创造了人"是个真理,那么说"文化使人成为人"也是成立的,因为劳动是"人化自然",这也是"文化"的本质意义所在。正是在一个无法划出分界点的连续过程中,人从自然中涌现出来。因此,我们需要以"双向作用"的视角来认识人与文化的关系——人创造了文化,文化创造了人。非要说出个"究竟",就会陷入"非此即彼"的简单化思维套路。讨论这个话题不仅具有理论价值,也有重要的实践意义。认识到个体文化生命是从混沌的自然状态中涌现出的秩序结构,从原理上理解文化是使人成为人的根本途径,才会将关注的重点放在依文而化的价值引导和实践过程。

教育文化研究,应有中国特色,致力于构建中国话语体系。文化的连续性使一切文化存在都与过往的全部历史密切关联,教育文化也必然地与本民族传统文化存在着血肉联系。梳理文脉与道统可知,中国教育文化传统的突出特点就是"立德树人",国学经典中一些有关立德树人的经典表述,不仅具有价值论意义,也具有方法论意义。一些经典表述,不能仅被看作是孤立的、碎片化的教育智慧,深入探究不难发现,其所蕴含的深刻思想,是庞大的文化之根孕育的精华,表达了教育文化原理的核心理念,是值得传承的优秀文化基因。譬如"养正于蒙""学不躐等""成性存存""知行合一"等,都是具有根语言和元话语意义的经典名句。无根之木难以生发,无源之水不可久长,当代教育须以文化之根来滋养,才会有强大的生命力和雄厚的发展力。梳理文脉与道统,挖掘经典中的教育思想,将根语言和元话语融入教育文化话语体系,是一种探索性努力和尝试。

文化是一个极具包容性的概念,除了那些作为文化过程之结果的、具有稳定形态的符号化存在,默而成之、感而化之的事物,不可识见、不可言说的东西,也都可含混地拿文化一词说事。研究对象的混沌与不确定性使文化研究有着显著的独特性。历史方法和阐释学方法在文化研究中居于突出的重要地位。需要以开放的视野和包容的胸怀,吸纳人类精神文化的丰硕成果,考察人类思维发展的全部历程,从各种不同的方法论体系中汲取精华,聚集能量,形成融历史性与时代性、科学性与价值性、理论性与实践性、思想性与工具性为一体的认识方法。

以上述基本观点为主导,本书分十二章讨论了文化研究的认识论与方法论、文化理解、本土文化观、立德树人的经典方法论、教育文化概说、教育文化核心理念、人的文化过程、真善美的化人之道、学校文化、教育文化与社会发展、身体的文化、时代转型与教育文化价值重构等与原理相关的话题。

探究原理,不仅要致力于"究天人之际,通古今之变",还得在连贯中西、融合科学人文上下功夫。自认为与此要求相距甚远,鉴于作者本人学识有限,偏狭之论在所难免。欢迎有识者批评指正,以期通过讨论推动教育文化研究的发展。

倪胜利

2020年12月

目 录

绪论　　　　　　　　　　　　　　　　　　　　　　　　001

第一章　文化研究认识论与方法论　　　　　　　　　　　007

一、西方哲学方法论回顾　　　　　　　　　　　　　　　008
二、人本主义方法论　　　　　　　　　　　　　　　　　011
三、经典科学方法论　　　　　　　　　　　　　　　　　021
四、科学前沿方法论　　　　　　　　　　　　　　　　　031
五、马克思主义方法论　　　　　　　　　　　　　　　　043

第二章　文化理解　　　　　　　　　　　　　　　　　　049

一、人与文化　　　　　　　　　　　　　　　　　　　　049
二、文化源头　　　　　　　　　　　　　　　　　　　　053
三、文化概念及文化研究　　　　　　　　　　　　　　　057
四、文化意义的新思考　　　　　　　　　　　　　　　　062

第三章　本土文化观　　067

一、文脉与道统　　067
二、中华文化之魂　　071
三、人文化成　　080
四、文化复兴　　084

第四章　立德树人的经典方法论　　089

一、养正于蒙　　090
二、学不躐等　　099
三、成性存存　　108

第五章　教育文化概说　　119

一、文化与教育词源考　　119
二、教育文化的形态发生学考察　　125
三、教育文化的本质含义　　131
四、教育与文化的关系　　136

第六章　教育文化核心理念　　141

一、以人为本　　141
二、以文化人　　151
三、人的全面发展　　182

第七章　人的文化过程　　201

一、个体文化过程的本质特征　　201

二、个体文化过程的内在机制　　　　　　　　　　　　　　207

三、生命诞生于混沌边缘　　　　　　　　　　　　　　　220

四、教育文化过程基本方式　　　　　　　　　　　　　　227

第八章　真善美的化人之道　　　　　　　　　　　　　　241

一、求真的科学教育　　　　　　　　　　　　　　　　　242

二、求善的人文教育　　　　　　　　　　　　　　　　　257

三、求美的艺术教育　　　　　　　　　　　　　　　　　268

第九章　学校文化　　　　　　　　　　　　　　　　　　　293

一、学校文化溯源及其本质意义　　　　　　　　　　　　293

二、学校精神与制度文化　　　　　　　　　　　　　　　298

三、校园的文化　　　　　　　　　　　　　　　　　　　305

四、群体文化　　　　　　　　　　　　　　　　　　　　311

第十章　教育文化与社会发展　　　　　　　　　　　　　327

一、历史与现实　　　　　　　　　　　　　　　　　　　327

二、教育的三段论　　　　　　　　　　　　　　　　　　333

三、教育的复制和再生产功能　　　　　　　　　　　　　337

第十一章　身体的文化　　　　　　　　　　　　　　　　343

一、身体中的文化潜流　　　　　　　　　　　　　　　　343

二、运动化身　　　　　　　　　　　　　　　　　　　　356

三、劳动化人　　　　　　　　　　　　　　　　　　　　363

第十二章　时代转型与教育文化价值重构 　　373

一、转型时代的深层震荡 　　374
二、教育文化价值取向的新挑战 　　378
三、文化复兴的历史使命 　　384

后记 　　389

绪 论

教育文化是人类文化不可分割的重要组成部分,是社会主流文化在教育领域的展开。因此,除了遵循文化发展的一般原理外,教育文化系统的运作,教育文化从形态发生到发展过程及其规律法则等,也都有着自身的特殊性。教育文化原理这一概念,笼统说来包括基本规律、法则及理论、方法等方面,本质、结构、功能、价值、事实、关系、要素等范畴皆在讨论之列。历史地看,原本的理路,原初的道理也是原理的应有之义。朱熹说:"识得道理原头,便是地盘。"①他说的"地盘"指为学的"基址"(朱熹语),或可说是"根基"。一切后续的进程,皆由此而生发。科学原理中,有一条古生物学原则:"要认识物种,就要先搞清楚种系发生(phylogeny)。"②人文与科学,道理是相通的。文化研究作为一门学问,追问到本原处,就到了人与自然的分岔点,那也是人文与天文交汇的起始点。"探赜索隐,钩深致远"(《周易·系辞上传》)③,必然溯及既往。达到思想的深度、文化的深度、历史的深度,也就达到了自然的深度。探至本原就进入荒原,那是一个混沌世界。一个基本的逻辑就是:人是自然的产物,人文世界的一切现实,都是从混沌的自然界涌现出来的,是由低级到高级、由简单到复杂演化而来的。时间转换为空间,历史便成为现实。

---
① (宋)黎靖德:《朱子语类》卷一,杨绳其、周娴君点校,岳麓书社,1997,第119页。
② [美]约翰·H.霍兰:《隐秩序:适应性造就复杂性》,周晓牧、韩晖译,上海科技教育出版社,2011,第29页。
③ 书中引自《周易》的词句,出自(清)李光地撰:《周易折中》,李一忻点校,九州出版社,2002。后文中引文皆在行文中以篇名标出,不再专门作注。

这就是说，现实的一切，都是文化过程所存留下来的。思维的逻辑难以把握、清晰的语言无法描述之处，即是本原。文化的深处，是不可见、不可说的混沌世界。从科学意义来说，"原理"似乎是要说清楚一些事情的，然而对于文化研究来说，触不到混沌，便无从探究原本的道理，这可由"生命诞生于混沌边缘"（后文有详述）得到解释。从混沌世界中究竟怎样涌现出了文化的秩序结构，这是一个魅力无穷的永恒之谜，不断地追问它、探究它，能把思想逐步引向不可见、不可说的世界深处。当然，须意识到，人类思想的发展是一个永远没有终结的过程，按照海德格尔的说法，思想者永远是"在路上"。人类文化的源头似乎遥不可及，但以思想之力追根溯源并非无意义之举，它对探究个体文化过程的形态发生及发展进程，具有重要的启示意义，因为个体发育的历史与人类演化史之间，存在着局部与整体的"自相似"①。

追溯文化的源头，必然会说到石头。有证据可考的文化史，当从人手打制石头开始。那已有两百多万年的历史，没有比"石器文明"更早的文明了。当然可以推想并做出判断，在人手打制石头前，早期的人类肯定也折树枝做过武器，但没有任何经过人手改造的树枝能保存两百万年。合理地推测，不过是思想所能达到的深度而已，再往前，就进入混沌之境。莫说思想难以想明白，就连思想本身的产生，其初始状态也是混沌的。人类思维一直在往前探索，试图发现最初的文明之光。有科学家根据一组火山灰上留下的足印，断定360万年以前，人类的祖先就有了"核心家庭"，那也是人与动物相区别的"利他主义"的开端。②这或许可以认为是最早的人类文明足迹，它留给人无穷的遐想空间，然而，那很难谈得上是一种文化存在，终不过是合理的推测而已。而"合理"的依据，却难免不被质疑。这里还需要更多连续性的证据，来证明其与后续文化过程的联系。打造石头，是按照人的意志改造自然物，即马克思所说的"人化自然"。在打制石头两百多万年后，人类开始改造动植物。中国先民培植稻、黍、稷、麦、菽五谷。"斫木为耜，揉木为

---

① "自相似"是分形理论术语，详见后文"科学前沿方法论"一节。
② 那足印是360万年前一个核心家庭留下的证据：一对成年配偶，一个小心地踏着另一个的脚印在走，一个孩童搀着其中一个成人的手共行。参见［澳］约翰·C.埃克尔斯：《脑的进化——自我意识的创生》，潘泓译，上海科技教育出版社，2007，第60、130页。

耒,耒耨之利,以教天下。""服牛乘马,引重致远,以利天下。"(《周易·系辞下传》)动植物改造,皆依循自然之理,经典表述为"观乎天文以察时变,观乎人文以化成天下"。西语"culture"(文化)的词源,也可追溯到动植物的培育,它就来自拉丁语colere(种植、培养)。

  人类在对身外之物进行培植和驯化的过程中,自身也在发生着变化。人的四肢、器官、心智,总之,属于人类身体的一切,都在一个对象性的活动中向着某个方向生长、变化——从混沌到有序、由野蛮到文明。恩格斯说"劳动创造了人",劳动实质上就是人化自然,人化自然就是文化,因此也可以说,文化塑造了人。方向就是价值取向,"成性存存,道义之门"(《周易·系辞上传》)。文化所"存"之"在"者,真、善、美而已。

  如果我们从"人化自然"的视角来认识文化进程对当今世界的影响,那么,可以毫不夸张地说:植物被文化了,动物被文化了(按照人类意志生存的猫狗,活得舒服安逸且有尊严,为物种的延续赢得了最优条件),大地被文化了,山川河流被文化了,而空气也正在被文化着。不难想到,"金山银山"就是文化的结果。自然的人化,在两百多万年的时间里以极为缓慢的步伐蠕动着,只是一万年以来随着符号化思维的出现并日渐成熟完善,才开始发生质的变化,而在最近的一个世纪里,"人化"更是以前所未有的加速度弥纶于天地万物之间。以往的物种进化,以自然选择为主旋律,而今,文化的选择,决定着物种的命运。

  教育文化的源头,也记录在石头上。在同一地点考古挖掘出来的旧石器时代打制的石头,跨越数十万年没有形式上的变化,那就意味着文化传递的发生。自有文化,就有保持文化连续性的传递活动。劳动技术、生存技能的自发传递,可发生在人类诞生后的两百多万年里,那可以称作"前教育形态"。而有目的的身心教化,是在最晚近的一万年内才发生的,这是人类由野蛮到文明的转型时期。中西方教育文化的历史,都可追溯到没有文字的时代,口头语言就是人类文明演进的活化石。那些远古时代民间口头流传的故事、民谣、古歌,蕴涵着特定人类种群的情感、态度、价值观,凝结着生存的智慧和经验,表达着永恒的追求,都具有教化的意义。先秦诸子如孟子、荀子、墨子、庄子、韩非子等在说理论证中多引用《诗经》话语,后世人们用"有诗为证"作为最有说服力的论据来支撑自己讲述的道理。

古歌流传越久,就越具有永恒的真理性。这些自发的、自生的、自然的文化存在,是后来发展起来的有目的、有计划、有制度的教育的根基和土壤。《尚书·舜典》就记载了先王时代有价值引导、制度安排、目标内容的教化之事(详见后文中国儒家的"以文化人"之道)。礼乐教化,为中国古代社会人文秩序建构做了奠基性的贡献。

文化是绵延的生命。儒家讲道统,"稽古""重华""缉熙""袭迹"在儒家话语系统中,表达的是"继往开来"的有序性和连续性。文化有根系,有脉络,回归其根,方能不离其道。老子说:"夫物芸芸,各复归其根。归根曰静,静曰复命。复命曰常,知常曰明。不知常,妄作凶。"①(《道德经》第十六章)今天,"回归文化之根"再次成为时代的最强音,这里的"回归"不是简单的回复到起始点,而是从更高的层次上关照起始点。人文如是说,科学理性亦然。马克思说:"我们仅仅知道一门唯一的科学,即历史科学。"②历史才是真正的科学,而历史,就是文化史。一再以不同的方式复现,才会有历史;只是昙花一现,不具有历史意义。"历史不认识没有留下痕迹的人。"③柏格森说:"智力的天然功能是将相似的东西联系在一起,而只有那些能被重复的事实,才能完全适用于知性的那些观念。"④人们一般认为科学理论是从重复出现的事实中归纳出来的,科学规律是建立在事实的重复性基础之上的。所以很多人相信科学归纳法,尽管它也遭到很多人质疑。波普认为,对重复性的信赖不过是一种迷信,典型的重复活动是机械的、生理的,不会在心理上造成对于规律性的信仰。⑤事实上,完全的重复是做不到的。即使在最标准的自然科学领域,也不存在可以精确重复的东西。一切看来相似的东西不过是宇宙根本法则在不同事物上的分形而已。所以在文化的解释中,可以用到一个很重要的原理:"那推动我们自己的情感活动起来的力,与那些作用于整个宇宙的普遍性的力,实际上是同一种力。只有这样去看问题,我们才能意识到自身在整个宇宙中

---

① 书中引自《道德经》的词句,出自陈鼓应译注:《老子今注今译》,商务印书馆,2003。后文中引文皆在行文中以篇名标出,不再专门注释。
② 《马克思恩格斯全集》第三卷,人民出版社,1960,第20页。
③ [法]埃德加·莫兰:《方法:思想观念——生境、生命、习性与组织》,秦海鹰译,北京大学出版社,2002,第46页。
④ [法]昂利·柏格森:《创造进化论》,肖聿译,华夏出版社,2000,第172页。
⑤ 赵敦华:《现代西方哲学新编》,北京大学出版社,2001,第197页。

所处的地位,以及这个宇宙整体的内在统一。"①真实世界的脉络,变中有不变,不变中也有变。文化的连续性,体现为一种"超循环"的增长运动。我们把文化看作一个过程,人类遵循宇宙自然的根本法则,由低级到高级、由简单到复杂一步步演化而来。

教育与文化是共生的系统,文化促生了教育,教育继承并创造着文化。教育的本质是以文化人,因此,教育本身也是文化过程。教育文化伴随人类社会从蛮荒走来,今天它已经发展成人类社会最重要的一个领域。教育世界作为一个巨大的文化存在,比以往任何时代都更为突出地发挥着对人类生活的影响作用。各种意识形态都试图控制它;各种思潮也在影响着它;各种利益群体都利用它。引领社会的精英将之视为社会前进的推动器;金钱和权力也在把它打造为自身复制和再生产的机器。教育世界成了各种力量交织、纠缠、对抗、冲突的中心,充满了高度的复杂性、混沌性和不确定性。文化看不见、摸不着,是在社会深层涌动的暗流。它也会渗透到学校课程、学校生活、校园景观、教育制度、身体运动、内心世界等教育世界的一切方面,总之,文化无处不在,无时不有。

文化研究是一个很独特的领域,没有专门的、独有的、特定的、唯一的研究方法和认识视角,它需要运用人类精神领域全部的丰富成果,也需要考察全部的历史。因此,我们有必要尝试从各种不同的理论视角和方法论原理出发来研究教育文化。

教育文化研究的本土化。首先,必须立根于自身的文化土壤,致力于构建教育文化研究的中国话语体系。但这也不是自说自话。我们需要做的是从中华文化的根语言和元话语中,挖掘具有现代价值的思想文化资源,拂去历史尘土,去除遮蔽之物,赋予时代精神,并拿来与西方话语平等对话、交流,以期碰撞出真理的火花。其次,要以理解和包容的心态,不断从开放世界中汲取新的文化要素和正向能滋养自身的生命力,以保持不断自我更生的内在活力。最后,还要从时代精神和未来发展视角,审视教育文化的全部历程。当今世界,以数字化、网络化、机器自组织为标志的新技术革命,与蓬勃兴起的全球化运动交相呼应,展现出无比

---

① [美]鲁道夫·阿恩海姆:《艺术与视知觉》,滕守尧、朱疆源译,四川人民出版社,1998,第620页。

巨大的转型力量,推动着社会的深刻变革。其规模、速度、广度、深度和复杂性是人类历史上从未有过的。教育文化领域业已建立的秩序结构,也面临着解构与重构的新局面。因此,站在时代精神的制高点,关照教育文化的起点与归宿,凸显出重要的现实意义与深远的历史意义。

第一章
文化研究认识论与方法论

　　认识和阐释教育文化现象,首先要探讨文化阐释的一般原理。文化研究须建立在科学的认识论和方法论基础之上,要考察人类的全部历史,还要运用以人类精神领域全部丰硕成果淬炼的最有力的思想武器。文化中累积着人类创造的一切有价值的东西,是一个向着未来全方位开放的系统,充满了极大的随机性、不确定性、不可重复性和难以预料性。文化发展遵循宇宙自然的普遍规律,更有其独特的内隐秩序。文化研究没有专门的、独有的、特定的、唯一的研究方法和认识视角,也不存在公认的系统而完善的理论体系。封闭性、自洽性以及简单化、绝对化、碎片化都会使文化研究误入歧途。因此,应秉持的基本理念是保持开放的视野、包容的胸怀、探究的精神、审慎的态度,吸纳人类精神文化的全部丰硕成果,考察人类思维发展的全部历程,从各种不同的方法论体系中汲取精华,积累经验,从而形成融历史性与时代性、科学性与价值性、理论性与实践性、思想性与工具性为一体的方法论研究的思想方法。这里主要从经典科学、前沿科学和哲学的角度,考察一些对文化研究具有重要意义的认识论与方法论原理。

一、西方哲学方法论回顾

哲学意义上的方法论是关于人们认识世界、改造世界的方法的理论，或可说对方法进行系统研究所形成的理论体系就是方法论。它是普遍适用于各门具体学科并起指导作用的范畴、原则、理论、方法和手段的总和。人类认识世界的方法论源头可追溯至遥远的古典时期，近代以来的发展则与三大革命密切关联。资本主义的萌芽和工商业的发展促使了近代自然科学的兴起和发展，产生了探索正确认识自然的科学方法论的迫切需要。随着科学的发展，关于人的研究的方法论也逐渐发展起来。西方哲学方法论的发展，经历了漫长而曲折的历程。陈列于人类思维发展历史档案中的各种学说体系蔚为大观，这里只是基于文化研究的需要择要窥观。

文明轴心时代的先哲们，在人与自然关系的本体论研究的方法论上做出了起始点的探索：苏格拉底基于"自知无知""认识你自己"的思考，提出了"产婆术"；柏拉图基于"理念世界"的理论提出"回忆法"；亚里士多德《工具论》成为逻辑学奠基之作。

近代方法论的奠基人是英国哲学家培根。他推崇科学，反对遏制科学的宗教神学和经院哲学。他认为建立全新的科学，关键在于有一个真正的科学方法：必须首先给人类的心灵和理智介绍一种更完善的用法，然后才能到达自然界那些更遥远、更隐蔽的部分。他指的是"实验方法"，在其《新工具》一书中，他总结了科学实验的经验，提出了新的认识方法即经验归纳法。他说："我们不仅要谋求并占有更大数量的实验，还要谋求并占有一种与迄今所行的实验不同种类的实验；还必须倡导一种完全不同的、足以促进和提高经验的方法、秩序和过程。因为经验当它循着自己的轨辙漫行时，如我在前面所说，只是一种暗中摸索，只足以淆惑人而不足以教导人。但是一旦它能照着确定的法则，守着有规则的秩序，并且中途不遭阻扰而向前行进时，那么，知识方面许多更好的事物是大可希望。"① "而一个安排妥当的方法呢，那就能够以一条无阻断的路途通过经验的丛林引达到原理的旷

---

① ［英］培根：《新工具》，许宝骙译，商务印书馆，1984，第79页。

地。"①培根明确指出,科学的目的是在认识自然的基础上支配自然,达到人生的福利和效用。在此意义上,他提出了"知识就是力量"的口号。《新工具》为实验科学奠定了哲学基础,对近代科学的发展做出了不可磨灭的贡献。

法国哲学家R.笛卡儿反对经院哲学从圣经教义出发的演绎法,探索认识真理的可靠途径。他提出,要认识真理必须运用正确的方法。其方法论原则的主要内容包括:怀疑一切;把复杂的问题解析为简单的部分并逐步予以解决;循序渐进,先易后难;毫无遗漏地审视并彻底解决全部问题等。②笛卡儿所在的时代正值新旧知识交替时期,他从方法论的角度摧毁旧的经院哲学体系的基础,同时证明了新兴的自然科学的合法性和合理性。他把哲学比作大树,树根是形而上学,树干是物理学(自然科学),树枝是医学、力学、伦理学等应用科学。科学的统一性不在于研究对象,而在于方法,哲学首先要研究科学方法。他的《方法谈》和培根的《新工具》一样,为理性时代制定了新的"游戏规则"。③

英国哲学家约翰·洛克(John Locke)进一步发展了经验主义方法论,提出了感觉论的认识论,大卫·休谟(David Hume)则提出了批判理性知识的怀疑论。荷兰哲学家巴鲁赫·德·斯宾诺莎(Baruch de Spinoza)的经典名著《伦理学》运用了理性演绎法,仿效几何学的公理方式为自己的哲学体系做了论证。德国哲学家和数学家戈特弗里德·威廉·莱布尼茨(Gottfried Wilhelm Leibniz)进一步发展了唯理论的方法论,他对数学方法的贡献还有微积分和二进制。19世纪以前自然科学研究的需要促成了数学和力学的充分发展,机械论和形而上学思维方法占据统治地位。首先打破形而上学思维方法统治地位的是伊曼努尔·康德(Immanuel Kant)。他用物质微粒之间的吸引和排斥的矛盾统一运动说明太阳系的形成和发展,导致机械唯物主义方法破产。他认为没有感性直观材料,理性思维是空洞的;没有逻辑范畴、概念,感性直观就是盲目的,从而把莱布尼茨的唯理论和休谟的经验论结合起来。然而,将逻辑概念范畴视为人类认识能力自身固有的而不是来自感性经验,这就否认了逻辑的客观性。黑格尔在摧毁了康德批判的方法论基础上,指出了逻辑的客观性,但他把整个世界的历史,看成是绝对理念的辩证、逻辑地发展。

---

① [英]培根:《新工具》,许宝骙译,商务印书馆,1984,第60页。
② 《西方哲学原著选读》上卷,北京大学哲学系外国哲学史教研室编译,商务印书馆,1981,第364页。
③ 赵敦华:《现代西方哲学新编》,北京大学出版社,2001,第183页。

他把概念辩证法看作是普遍的认识方法和一般精神活动方法,因此被视为唯心主义的辩证法。黑格尔的客观唯心主义辩证法,是马克思以前有关方法论研究的最高成果。

20世纪以来各门科学都有了突飞猛进的发展,方法论在科学研究中的作用日益显著。科学哲学有迅猛发展的势头,其特点是把方法论的研究同科学发展的历史联系起来,从科学革命视角认识方法论的发展,突破了对科学理论做静态逻辑分析的方法。英国哲学家卡尔·波普尔(Karl Popper)视科学的发展为一系列的证伪过程,认为理论不能被证实,只能被证伪。证伪是科学所不可缺少的,科学的发展是通过猜想和反驳而得到推动的。美国科学史家托马斯·塞缪尔·库恩(Thomas Sammual Kuhn)提出科学发展是通过常规科学和科学革命的交替发展来实现的。科学革命是"范式"(paradigm)的取代。英国著名科学哲学家伊姆雷·拉卡托斯(Imre Lakatos)克服了波普尔和库恩等人的缺点,吸收了他们的长处,提出了关于"科学合理性"的理论。他认为科学发展的最重要的形式是理论的更替,而这不是仅根据科学实验的判断就可以实现的,只有在科学研究纲领的一定秩序的提出和实现的基础上才能发展科学。美国科学哲学家P.K.法伊尔阿本德(Feyerabend, Paul Karl)向拉卡托斯挑战,在其代表作《反对方法:无政府主义知识论纲要》中对逻辑实证主义和波普尔、库恩和拉卡托斯的科学哲学等现代西方理性主义科学哲学学说一一进行了批判。他认为一切方法都有自己的限度,主张一种多元主义的方法论,即"怎么都行"。他宣称科学是一个历史传统,强调的是实际的方法,不需要假定归纳逻辑或知识与经验之间任何其他形式的或可形式化的关系。他的信念是:"科学是一种本质上属于无政府主义的事业。理论上的无政府主义比起它的反面,即比起讲究理论上的法则和秩序来,更符合人本主义,也更能鼓励进步。"[①]显然,他的方法论中体现着一种人本主义精神。

总的来看,方法论研究打破了封闭与僵化的模式,越来越富有革命精神,充满了开放与发展的时代精神。

---

① [美]保罗·法伊尔阿本德:《反对方法:无政府主义知识论纲要》,周昌忠译,上海译文出版社,1992,导言Ⅰ。

二、人本主义方法论

　　西方现代哲学方法论发展的脉络，有科学主义一路，也有人本主义一路。科学主义学派，可追溯至早期的孔德(Comte)、约翰·穆勒(John Stuart Mill)、赫伯特·斯宾塞(Herbert Spencer)的实证主义原则及其经验归纳法，其后又有马赫主义、经验批判主义、新实在论、实效主义的实用主义方法的引入，再到科学哲学学派的逻辑分析、语言分析、历史分析的语言学分析方法等。哲学上的科学主义思潮主要特点是将哲学科学化，用科学理性的观点来解释人，强调哲学与科学的联系，甚至把哲学和科学相提并论，否定哲学具有超越科学的世界观意义。这些哲学流派大都与某些具体科学有一定联系，尊重和相信科学，把科学视为一切真理的依据，当然也是哲学的依据。他们把科学方法（如实验、分析、系统方法等）视为哲学方法的重要事实根据，而哲学则要为各专门科学的方法提供理论根据。由此，哲学被当作科学方法论和认识论。试图超越形而上学以及主客、心物、思维与存在等二元分立，从而也超越传统唯物主义和唯心主义、经验论和唯理论的对立，是该思潮大多流派的特点。科学主义突出"理性至上主义""经验实证高于一切"的科学分析方法，对文化研究有一定的影响，也有其独到之处。但很显然，把握人文世界的真实脉络，仅有科学主义方法论是远远不够的，还需要以人为本的视角与方法。

　　人本主义虽然难以有一个共同认可的定义，但以人为本的基本含义是毋庸置疑的。人本主义方法论强调人是哲学的出发点和归宿，反对把人归结为科学理性的存在，要求揭示人的生命、本能、情感、意志等非理性或超理性存在的意义，并认为只有后者才是人的本真的、始源性的存在，应为哲学研究的根本任务。就这个意义上来说，亚瑟·叔本华(Arthur Schopenhauer)和弗里德里希·尼采(Friedrich Nietzsche)等人的意志哲学、德法生命哲学、存在主义、弗洛伊德主义、哲学阐释学等都是富有人本主义色彩的哲学体系。现象学强调理性，要求把哲学建设作为严密的科学，但总体不属于科学主义思潮，它不回避对形而上学问题的研究，并强调哲学应以人的意向活动作为出发点，这实质上也就是人本主义。人本主义倾向的哲学家大都不反对对形而上学和本体论问题的研究，但试图赋予这种研究以新的意义。他们认为应当超出主客、心物、思维与存在等的对立之外来进行哲学研究，否则就会陷入二元论,在主客等之间建立一道屏障,不能达到真正的、本真的存在。因此,主张从未被科学和理性扭曲的本真的人的某种存在出发来进行哲学思考。作为人本主义哲学思潮的出发点的人,被视为不仅仅是具有理性的存在,更是具有情感、意志或意向性的存在,因此从某种意义上说,非理性也是人的本质的一部分,因此,非理性主义思潮也属于这个阵营。

具有人本主义色彩的现代哲学方法论体系,为文化研究提供了重要的思想基础,能够扩大视野,提高认识,深化对文化的理解与阐释。其理论丰富多彩,视域深广,这里仅根据本书旨趣,略要提及一些有影响的学说。

(一)生命哲学

德国哲学家、历史学家、心理学家、社会学家威廉·狄尔泰(Wilhelm Dilthey)关注的核心问题是生命,在他之前的叔本华、尼采曾用生命意志代替绝对理念作为世界的本源,狄尔泰则是在更深刻的层面发展了"生命哲学",赋予生命概念以丰富的意蕴,在更广泛的生活历史现实意义上阐释生命。生命是世界的本质,它不能被简单视为身体活动,或者是一种实体,而是一种不能用理性概念描述的活力,是一种不可遏制的冲动和能动的创造力量,既有意向性又不能确定。他强调生命的价值及其超越性,重视全面展开人的本质的丰富性及生命价值意义的实现。他不反对自然科学和理性思维,但认为那并不是唯一的。那种否定个性、人格和自由的严酷的理性和因果决定论,并不能提供关于宇宙人生的完备知识,需要用意志、情感和实践活动充实人类理性对世界的认识。生命是一种人文现象,其本质特征是历史性和目的性。他不赞成那种把生命意志的冲动视为世界本源的观点,唯意志主体的生命观错把自己的角落当成了世界。生命及其创造活动,是与历史的主题相一致的。"历史只不过是根据作为一个整体的人类所具有的连续性来看待的生命而已。"[①]生命是一个处在绵延不断的时间之流中的过程,它被历史文化构造着,理智和文化成为生命不可分割的组成部分,反过来生命通过内省体验到它们,表现为知觉、思想、情感。生命也构造着社会历史的现实,表现为语言、道德、哲学、法律、艺术、宗教、国家、社会制度以及历史等。他创立了精神科学,在其《人文科学导论》中把以社会历史真实为宗旨的学科都置于"人文科学"名目之下,

---

① [德]狄尔泰:《历史中的意义》,艾彦、逸飞译,中国城市出版社,2002,第141页。

"人文科学形成了一个与自然科学并列的独立主体"。他还指出:"在很大程度上,人文科学的确涵盖了自然的事实,并建立在关于自然知识的基础上。"① 精神科学研究的主要对象是"人及人的精神",要了解人的历史和社会现实存在的各种联系,就需要通过"体验"的方式达到"理解"。生命哲学作为认识宇宙人生的方法论,对后世的思想家们产生了深刻的影响。现象学的创始人埃德蒙德·胡塞尔(Edmund Husserl)和主张"信仰意志"的美国哲学家威廉·詹姆斯(William James),存在主义哲学家卡尔·雅斯贝尔斯(Karl Jaspers)、马丁·海德格尔(Martin Heidegger)和萨特(J.P.Sartre)等人都继承和发展了生命哲学的观点,他们以"存在"来表述生命,代替了"意志"概念。

生命哲学为理解文化提供了本体论意义的思想方法和认识方法,在教育文化领域,20世纪初德国文化教育学的诞生,即是以狄尔泰的生命哲学为思想基础的。文化教育学所针对的是一直占统治地位的科学教育学,反对那种一味追求抽象性和普遍有效性然而却"没有人的教育"。狄尔泰的高足斯普朗格(E.Spranger)既为文化教育学派的主要代表人物,也是德国现代教育的开创者。他所提出的一个重要命题即"教育是文化过程"。他继承了狄尔泰的思想,以其精神科学方法论为基础,构建了文化教育学的理论体系。其文化教育学扎根于文化的深厚土壤,系统而全面地论证文化与教育的关系,从而使教育突破了传统的狭隘观念和科学主义的束缚,纳入了广阔的文化领域之中。他的一个重要观点,即认为教育活动是与人类文化同时发生和发展的。教育与经济、政治、科学、宗教相比,突显出其特殊价值。其功能在于引导学生进入精神和文化的世界,使心灵得到净化和提升。教育的使命在于传递文化,体验文化价值,培养能创造文化价值的人格。基于文化哲学的视角,他主张教育要以人所处环境中的客观文化为材料,以使个人心灵获得适当的陶冶。教育本身即是一种文化活动。教育的最终目的不是传授已有的东西,其核心在于人格心灵的"唤醒",激发人的创造力,使生命的价值得以实现。基于狄尔泰生命哲学的文化教育思想,斯普朗格首次打破了以赫尔巴特和斯宾塞为代表的传统教育思想的垄断地位,其人文主义教育理论对世界范围的教育改革的指导思想产生了重大影响。

---

① [德]狄尔泰:《人文科学导论》,赵稀方译,华夏出版社,2004,第15页。

亨利·柏格森(Henri Bergson)继承并进一步发展了狄尔泰的生命哲学，提出了绵延的生命之流的思想，也为理解文化生命提供了一种重要的认识途径。他在《创造进化论》序言中说："我们以纯逻辑形式出现的思维，却不能阐明生命的真正本质，不能阐明进化运动的全部意义。我们的思维被生命所创造，处于确定的环境当中，旨在作用于确定的事物，它（它只是生命的一种发散或者一个侧面）又如何能够把握生命呢？……说实话，我们确实感到：在我们思维的各种范畴当中，例如单一性、多样性、机械因果关系，以及智力的目的性等等，没有一个能被准确地用来说明有生命事物：谁能说清个体性始于何处、终于何处？谁能说清生物究竟是一个还是许多个？谁能说清究竟是细胞自动联合为有机体，还是有机体自行分解为细胞呢？我们将有生命体装进这个或那个模式，却全遭失败……生命的运作方式却恰恰是我们从未想到过的。"①如此来说，"理智的特点就是生来没有能力理解生命"。生命是什么？在他看来，生命就是没有断点的绵延之流。他发现人总是从一种状态过渡到另一种状态，温暖与寒冷、欢乐与悲哀、做事或不做事、观看或思考事物诸行为状态之间的变化，常被以表达感觉、感情、意念的概念所划分，每一种状态都被描述成一个片段，仿佛是分割出来的整体。对于每个分割出来的状态，人往往认为在它作为当前状态的全部时间里一直就是这样，然而事实上，每个瞬间都在变。倘若一个精神状态停止了变更，其绵延也就终止了。实际上，我们是在一刻不停地变化着，而状态本身不是别的，正是变化。从这种状态过渡到那种状态与保持在同一种状态中，两者之间并不存在本质上的区别。因此，我们就不能将如此界定的各个状态看作明确的元素。它们在一种无尽的流动中相互绵延。在柏格森的生命哲学中，"绵延"是个核心的概念。生命是绵延的，宇宙和有机体是绵延的，绵延就是进化，绵延意味着创造，由低级到高级，由简单到复杂，由过去到当下，当下又绵延地伸向未来。生命也像意识活动那样是创新、并永不停息的创造。②

（二）现象学与存在主义

埃德蒙德·胡塞尔，奥地利哲学家，现象学创始人，被誉为近代最伟大的哲学

---

① ［法］柏格森：《创造进化论》，肖聿译，华夏出版社，2000，第2页。
② ［法］柏格森：《创造进化论》，肖聿译，华夏出版社，2000，第2—26页。

家之一。他的哲学影响了海德格尔、保罗·萨特及梅洛-庞蒂(Merleau-Ponty)等著名哲学家。生活世界是胡塞尔的重要的哲学理论。他认为科学的最初前提是在科学之外的生活世界里。生活世界是永远事先给予的、永远事先存在的世界,一切目标以它为前提,即使在科学真理中被认知的普遍目标也以它为前提。生活世界的基本内容是个人、他人、生活存在于和生活于其中的具体环境。它有几个重要特征:其一,它是一个非研究课题的世界,也就是说,我们将它的存在看作是不言自明的,而不是像哲学的通常做法那样,去拷问事物为什么存在,或将它看作一个尚待研究的问题。如果我们想认识我们置身于其中的这个生活世界,首先必须抛弃这种拷问。其二,生活世界是科学与哲学之基础,因而对它们的所有探讨都必须以生活世界本身不言自明的存在作为前提。其三,生活世界是一个主观的、相对的世界,它随着个体的运动而变化,每个人的生活世界都是各不相同的,因而生活世界的真理都是个人的真理。其情感、态度、价值观以及审美取向,都依个人的标准来评价。其四,生活世界乃是一个直观的世界,它是原则上可以直观到的事物的总体。直观可以近似地理解为直接感知,如视听、触摸等。生活世界是被一个生活主体从他的角度所体验的世界,它是主观的、相对的,然而却是科学唯一可能的起点,客观性来源于主观经验。他认为真正的哲学应该致力于改善人类,而不是只关心与人类具体福利有关的科学真理。胡塞尔的现象学从"严格科学"开始,终结于"生活世界"。这不仅是他的个人历程,也反映了整个现象学运动的走向。其后的现象学所关注的,实际上都是他所谓的生活世界。

马丁·海德格尔,德国哲学家,存在主义哲学的创始人。海德格尔自己申述他的思想主题乃"语言与存在",在他的后期研究中直接切中的是语言主题。他将语言视为成就存在之本质的圣殿。他说:"存在作为存在本身穿越它自己的区域,此区域之被标划,乃由于存在是在词语中成其本质的。语言是存在之区域——存在之圣殿;也就是说,语言是存在之家。"[1]"当人思索存在时,存在也就进入了语言。语言是存在之家,人栖住于语言之家。"[2]语言的复杂性、多样性、开放性和流动性,正是现实的人际交往中所显示出的既敞开又隐匿的意义,这个功能是以逻辑规范

---

[1] [德]马丁·海德格尔:《林中路(修订本)》,孙周兴译,上海译文出版社,2004,第325页。
[2] 转引自赵敦华:《现代西方哲学新编》,北京大学出版社,2001,第113页。

为特征的哲学语言所不具有的。应从逻辑和语法中解放出来,恢复语言的原始意义。语言与存在的内在关联应当这样来理解:不是"人说语言"而是"语言说人","语言才是人的主人"。海德格尔有段话详细地阐释这一意义:"语言乃是人的所有物。人支配语言,用以传达各种经验、决定和情绪。语言被用作理解的工具。作为适用于理解的工具,语言是一种'财富'。不过,语言之本质并不仅仅在于成为理解的工具。这一规定全然没有触着语言的真正本质,而只是指出了语言之本质的一个结果而已。语言不只是人所拥有的许多工具中的一种工具;相反,惟语言才提供出一种置身于存在者之敞开状态中间的可能性。惟有语言处,才有世界。这话说的是:惟在有语言的地方,才有永远变化的关于决断和劳作、关于活动和责任的领域,也才有关于专断和喧嚣、沉沦和混乱的领域。惟在世界运作的地方,才有历史。在一种更源始的意义上,语言是一种财富。语言足以担保——也就是说,语言保证了——人作为历史性的人而存在的可能性。语言不是一个可支配的工具,而是那种拥有人之存在的最高可能性的居有事件。"[①]语言不是人的工具,反倒可以说,人是语言的工具。语言通过人展示出来。语言为人提供了置身于存在者之敞开中而实存一番的可能性。语言是如何发生的?语言根本上乃发生于对话,语言就是在说和听中实现的。海德格尔认为西方哲学两极独立的思维方式已经穷尽了一切继续发展的可能性,应该让位于思想和诗。能够表达真正思想的语言是诗的语言。在其后期的思想中,他把技术视为一种自我扩张的、人所不能控制的"框架"。技术的无限制的扩张已成为非人的力量,人已经被技术所吞噬。人所创造的技术反过来也在毁灭着人自身。虽然人们意识到了技术的危险后果,但哲学和人的一切思索都不可能引起世界的任何直接改变。海德格尔最后把人类的希望寄托于神。

让-保罗·萨特是法国20世纪最重要的哲学家之一,存在主义的主要代表,优秀的文学家、戏剧家、评论家和社会活动家。萨特提出的重要哲学命题之一是"存在先于本质"。这是从对自为的存在的探讨出发得出的结论。与自为相对的概念是自在。自在的存在是没有什么意义或者本质的,它作为外部世界,只是一种荒谬的、偶然的存在。自在的存在的特性是:存在存在,存在是自在的,存在是其所

[①] [德]海德格尔:《荷尔德林诗的阐释》,孙周兴译,商务印书馆,2000,第40—41页。

是。①所谓"存在存在"是说自在的存在是纯粹的、绝对的存在,不依人的意识是否显现它为转移。所谓"存在是自在的",是说自在的存在完全在其自身之中,不包含任何关系,既不与他物发生关系,也不与自身发生关系。因此自在的存在没有原因,没有理由,没有必然性或可能性;它不可能被其他存在、意识、精神或实体或上帝所创造,也不为它本身所创造;它既不是被动的(消极的),也不是主动的(能动的),既不是内在的,也不是外在的;它处于肯定和否定之外。因为内在外在、肯定否定都意味着某种关系。所谓"存在是其所是",是说其存在没有任何变化和发展,无所谓过去和将来、以前和以后,这就是说它脱离了时间性。如此来看,自在的存在是一种僵死的、无任何区别和变异的、绝对同一的形而上学的王国,是一个绝对抽象、纯粹偶然的王国。而显现这种自在的存在的意识,就是自为的存在,其特性与自在的存在相反:它不是存在,而是对存在的否定,即非存在、虚无;它不是自在的,而必然超越自身;它不是其所是,而是其所不是。"自为不是别的,只不过是自在的纯粹虚无化。"②这是因为意识作为存在的缺乏却又趋向存在,它永远不是什么,但又趋向于成为什么。这种趋向性的结构是一种虚无化或者说否定活动。意识只能是某物的意识,它必然是对某物的显现。而意识的显现正是一个虚无化、否定的过程。自在的存在本身是充实的、没有裂缝的,因而它本身不可能分割开和虚无化。然而意识活动可以只涉及其中一部分,将其显现出来而将其他一切隐去,而隐去就是化为虚无。人们平常所谓认识某物实际上正是将此物的背景虚无化,从而将此物凸现出来。意识对存在的显现过程实际上就是虚无化的过程。自为的存在是一种超越性、否定性,它不能作为现成已有的东西而存在,换言之,它"是其所不是且不是其所是",自为作为存在的缺乏总是追求、趋向存在,这种不断的追求和趋向使自为(人)不断地超越、否定自己和世界,不断地使自己和世界获得新的价值和意义。人总是处于这个过程之中。"自为永远是悬而未决的,因为它的存在是一种永恒的延期。"③这种不断的超越和创造就是人的自由,因此作为自为存在的人从其内在结构来说就注定了是自由的,以致他认为,人的追求和选择,或者说人的存在本身就意味着自由。萨特提出存在先于本质的命题,这

---

① [法]萨特:《存在与虚无》,陈良宣等译,生活·读书·新知三联书店,2007,第25—26页。
② 刘放桐等:《新编现代西方哲学》,人民出版社,2000,第371页。
③ 刘放桐等:《新编现代西方哲学》,人民出版社,2000,第372页。

指的是人的本质出于人的自由创造。只有在自为的存在(意识)指向外部世界之后,存在才有可能具有本质与意义。正是基于此,萨特得出存在先于本质的结论。在这里,存在并不是作为万物的存在(即存在物),而是人的存在,是具有意识的人的存在,更具体地说,指的是个人的存在,是自我。而本质就是显现,显现也就是现象,现象即本质。"人的自由先于人的本质并且使人的本质成为可能,人的存在的本质悬置于人的自由之中。因此我们称为自由的东西是不可能区别于'人的实在'之存在的。人并不是首先存在以便后来成为自由的,人的存在和他'是自由的'这两者之间没有区别。"①这里所谓"人的本质",泛指人的各种有质的规定性的特征(包括人的才能、专长、职业、地位等等)。说存在先于本质,自由先于本质,意思都是说人一开始只是作为纯粹的主观性、虚无而存在,至于人的各种规定性,则是出于纯粹主观性、虚无的创造。人的一切特性不是与生俱有的或上帝之类外力给予的,而是作为自由的人按照自己的意愿造成的。肯定人的存在先于本质就是不把人当作一种现成的、确定的存在,而当作一种不断把自己推向将来的存在,将人的命运交付于自己的设计、谋划、选择、造就,从而使人的能动性和创造性得以强调,人的主体性得以张扬。萨特说:"人不外是人所设计的蓝图。人实现自己有多少,他就有多少存在,因此,他就只是他的行动的总体,他就只是他的生活。"②萨特是存在主义的集大成者,他的哲学不仅是存在主义文学的核心,而且成为后现代主义文学各个流派的基础。

(三)身体图式

梅洛-庞蒂是法国著名哲学家,存在主义的代表人物,知觉现象学的创始人。他受胡塞尔"生活世界"观念影响较深,在那种观念看来,人们用语言、科学规律和理性分析所描述的世界,是内在于意识的经过了反思后的世界,而不是人们最初感知的世界本身。在《知觉现象学》前言中他说现象学是这样一种哲学:"在它看来,在进行反省之前,世界作为一种不可剥夺的呈现始终'已经存在',所有的反省努力都在于重新找回这种与世界自然的联系,以便最后给予世界一个哲学地

---

① [法]萨特:《存在与虚无》,陈良宣等译,生活·读书·新知三联书店,2007,第53—54页。
② [法]萨特:《存在主义》是一种人道主义,引自《存在主义哲学》,第347页。转引自刘放桐等:《新编现代西方哲学》,人民出版社,2000,第375页。

位。"①在他那里,那个先于反思、描述就已经存在的世界,是朴素的、原始的、与人的知觉有最直接关联的生活世界。他在《知觉现象学》中对知觉做了深入的探讨。但知觉是什么,他并没有给出一个确切的定义。定义是规定,是一种限制,肯定即否定。梅洛-庞蒂常用一些否定性或多义性的表达来表述一些重要概念。他说:"知觉不是关于世界的科学,甚至不是一种行为,不是有意识采取的立场,知觉是一切行为得以展开的基础,是行为的前提。世界不是我掌握其构成规律的客体,世界是自然环境,我的一切想像和我的一切鲜明知觉的场。"②关于"实在事物"的最初知识来自知觉,知觉世界始终是一切理性、价值以及被描述的具体存在物的先行基础,是一切真理观念的基础。知觉世界虽然包含了生活中的一切事实形式,但具有模糊的结构和混沌的特征。这个不可言说的混沌源头,是意识世界中各种事物规定性和可描述性的肇始,是人与自然浑然一体的初始状态。任何学说,达到一定的深度,就会触及一个混沌地带,在那里,可见与不可见纠缠在一起,可说与不可说交织在一处。知觉现象学看世界的方式与以往哲学家相比,其独特之处就在于:在这种看法中,"目光与事物、心灵与身体、真实与想象、自我与他人、本质与存在、可见者与不可见者不可分割地交织在一起"③。从某种意义上说"世界就是我们感知的东西"④。但得知道,我们所见不过是世界的极少的一部分,并且,即使是所见事物也都有其不可见的一面。"不可见的不是可见的对立面"⑤,须从"不同维度"去认识。维特根斯坦所说"神秘的东西"就是那不可见的,同时也是"不可说的东西"。不可言说的事物,是沉默的存在,中国古代先哲们早就意识到不言的存在者,老子说"不言之教",孔子说"天何言哉",皆指那个匿名的主宰。用这种认识论来审视文化,也当能认识到支配生活世界的"文化潜流"。"深层的文化潜流微妙细腻、始终如一地构建生活的方式,尚未被人有意识地表达清楚。正如空中隐而不见的气流决定风暴的轨迹一样,上述隐蔽的文化潜流塑造着我们的生活。"⑥

---

① [法]莫里斯·梅洛-庞蒂:《知觉现象学》,姜志辉译,商务印书馆,2001,第1页。
② [法]莫里斯·梅洛-庞蒂:《知觉现象学》,姜志辉译,商务印书馆,2001,第5页。
③ 张尧均:《隐喻的身体:梅洛-庞蒂身体现象学研究》,中国美术学院出版社,2006,引言第5页。
④ [法]莫里斯·梅洛-庞蒂:《可见的与不可见的》,罗国祥译,商务印书馆,2016,第12页。
⑤ [法]莫里斯·梅洛-庞蒂:《可见的与不可见的》,罗国祥译,商务印书馆,2016,第272页。
⑥ [美]爱德华·T.霍尔:《超越文化》,韩海深译,重庆出版社,1990,第4—5页。

不可见、不可言说的"文化潜流"也流经人的身体,"文化的身体""身体思想"（后文有专门的讨论）即是对身体中蕴涵的文化过程的研究。梅洛-庞蒂可以说是这个领域的先驱。传统哲学将身体与心灵看成二元对立的事物,他创立的知觉现象学,通过对行为的分析表明,正常的身体是一个身心统一的整体。身体的各种姿态和行为方式,都是某种特定结构表现出的功能,都有其内在的意义。一个人的面部表情、笔迹、思想、声音、身势都呈现出某些内在的相似。以至我们能够指认出与一个声音相应的侧面,与某一面部表情相应的笔迹。①从一个人走路的姿势、说话的语气和表情,也能判断其性格、脾气和爱好。内在本质与外部表现在不经意之中体现出一致性和统一性,除非是刻意而为的虚伪表现。梅洛-庞蒂提出的"身体图式",正是"文化潜流"在身体上留下的印迹。他指出在正常人中,运动不单单是指运动,它同时也是主体对运动的意识。正常人的行为实质上是"一种渐进的、不连续的结构化和重新构造运动"。人的身体实现了三个层次的统一:物理—生理—心理。"心灵和身体的观念应该被相对化:存在着作为一堆相互作用的化学化合物的身体,存在着作为有生命之物和它的生物环境的辩证法的身体,存在着作为社会主体与他的群体的辩证法的身体,并且,甚至我们的全部习惯对于每一瞬间的自我来说都是一种触摸不着的身体。这些等级中的每一等级相对于它的前一等级是心灵,相对于后一等级是身体。一般意义上的身体是已经开辟出来的一些道路、已经组织起来的一些力量的整体,是既有辩证法的土壤——在这一土壤上,某种高级形式的安置发生了,而心灵是由此而建立起来的意义。"②这可视为一个因果链条,已有的连带出后续的,后续的承继着先前的,每一后续的姿态都整合了先前的,运动姿态前后照应,各个环节内在关联,构成完美的整体,时间和空间、结构与功能都由身体统一起来。每一项运动的展开,都需要对下一项动作的空间和时间分布有一种"预料和把握",也就是说要有一种"运动筹划"或"运动意向性"。梅洛-庞蒂把这种机能称之为"意向弧"(arc intentionnel)。"意识的生活——认识的生活,欲望的生活或知觉的生活——是由'意向弧'支撑的,意向弧在我们周围投射我们的过去,我们的将来,我们的人文环境,我们的物质情境,我

---

① [法]莫里斯·梅洛-庞蒂:《行为的结构》,杨大春、张尧均译,商务印书馆,2017,第236页。
② [法]莫里斯·梅洛-庞蒂:《行为的结构》,杨大春、张尧均译,商务印书馆,2017,第307页。

们的意识形态情境,我们的精神情境,更确切地说,它使我们置身于所有这些关系中。"①意向弧的投射反映了正常的身体所具有的一种"身体图式"功能。"图式"概念源自康德,原指知性和感性之间的一种沟通协调功能,知性借此把范畴运用到直观所获得的众多材料中去,进而获得对外部对象的认识。因此,图式既是主体内部各部分(感性和知性)贯通统一的媒介,也是主体与外部世界产生联系的一个必要条件。只是在康德那里,"图式"不过为意识活动的一种功能,是抽象化的感性和知性的单纯媒介,而梅洛-庞蒂则是将其视作更为感性的一种活动,如生命冲动、情结或情感等,是在更加原初、更为基本的层次上,将其视为感性和知性的原初母体。身体和心灵虽为两个相对的概念,但却不是相互分离和对立的,两者总是处于互动和互构的关系之中。

梅洛-庞蒂关于身体形象的描述,不仅仅是一套关于客观身体的印象,它容纳了主体的"投射",揭示了精神性的身体主体。在他看来,身体"本质上是一个表达空间",通过身体其他的表达空间得以形成,因此,"身体的空间性……是一个有意义的世界形成的条件"。他赋予身体一个具有创造性的、姿势性的意向性,这种意向性有助于全面提高人类的能动性。②身体是一个"有意义的世界",很值得体味。它不是一个自然的身体,而是渗透、交织、纠缠着很多文化要素的身体。身体的运动,都是受具有意向性的大脑所支配,大脑经常地指使身体做同样的事情,就会使身体向着那个意向所指的方向生长,身体时刻处于定向的生长中。"身体图式"体现了身体对文化的记忆,也体现了人类生命的能动性与创造性。从"身体文化"的视角出发,将为教育文化研究开辟出更为广阔和深入的研究领域。

三、经典科学方法论

经典科学是指以牛顿-笛卡儿数学物理学原理为基础发展起来的科学。阿尔文·托夫勒(Alvin Toffler)在为伊利亚·普里戈金(Ilya Prigogine)③的《从混沌到有

---

① [法]莫里斯·梅洛-庞蒂:《知觉现象学》,姜志辉译,商务印书馆,2001,第181页。
② [美]安德鲁·斯特拉桑:《身体思想》,王业伟、赵国新译,春风文艺出版社,1999,第51页。
③ 伊利亚·普里戈金(Ilya Prigogine)又译为伊利亚·普利高津。

序》一书写的前言中指出,以17和18世纪时总称为"经典科学"或"牛顿体系"的那些概念描绘出这样一个世界,其中每个事件都由初始条件决定,这些初始条件至少在原则上是可以精确给出的。在这样的世界中偶然性不起任何作用,在这样的世界中所有的细部聚到一起,就像宇宙机器中的一些齿轮那样。这种世界观把法国数学家皮埃尔-西蒙·拉普拉斯(Pierre-Simon Laplace)引向了他那著名的主张:只要给出充分的事实,我们不仅能够预言未来,甚至可以追溯过去。而且这个简单、均匀、机械式的宇宙不仅塑造了科学的发展,它还旁及其他许多领域。[1]被普遍承认的科学发现,为研究者提供了典型问题和答案,成了方法论的指导、思维的基因图式、预设或起关键作用的信仰。其基本特征主要有以下几个方面。

(一)决定论

决定论者认为任何现存的事物,都是以前的某个"因"造成的"果",自然界和人类社会普遍存在客观规律和因果联系。这又被称为"拉普拉斯信条"。拉普拉斯提出了一个科学形式的决定论:"我们把宇宙的现在状态看作是它先前状态的结果,随后状态的原因。暂时设想有一位有超人的智力的神灵,它能够知道某一瞬间施加于自然界的所有作用力及自然界所有组成物各自的位置,并且能够广泛地分析这些数据,那么它就可以把宇宙中最重的物体和最轻的原子的运动,均纳入同一公式之中。对于它,再也没有什么事是不确定的,未来和过去一样,均呈现在它的眼前。"[2]后人把拉普拉斯所说的"智者"称为"拉普拉斯妖",它能够预言过去和未来的一切。之所以能够确定性地言说未来之事,遵循的是因果决定论的原理,事物和事件的发生,都有一个因果连续的系列,有因必有果。假如一个人了解了所有涉及某种即将发生事件的因素,那么他就可以精确地预测到这一事件。也可以循着相反的方向思考,如果发生了某个事件,那一定有其必然的原因。宇宙中任何事物或事件都由自然规律支配,一切都是自然规律作用的结果,这种规律是可以通过科学方法来揭示的。

确定性地言说事物是人类文明从一开始都在孜孜以求的。中国古代先哲瞽

---

[1] [比]伊·普里戈金、[法]伊·斯唐热:《从混沌到有序——人与自然的新对话》,曾庆宏、沈小峰译,上海译文出版社,1987,第8页。
[2] 转引自齐磊磊、张华夏:《论突现的不可预测性和认知能力的界限——从复杂性科学的观点看》,《自然辩证法研究》2007年第4期。

亹不舍地穷究事物之根本,循着事物的理路"探赜索隐,钩深致远",目的也在确定地把握世界。"履霜,坚冰至"(《周易·坤卦》)所表达的就是由已知事物推断未知事物。"占卜文化"的思想基础,从根本上说,就是依据事物之间的普遍联系来判断事物的思维方式。一方面,我们不能否认,确定性地言说事物,是人类思维的本质追求,但另一方面,决定论的适用范围也是有限的。人类认识只能在有限的范围内达到对于世界的某种程度的了解和把握,超过了一定的限度,一切都说不准了。对决定论的彻底颠覆来自维尔纳·海森堡(Werner Heisenberg)的不确定性原理(Uncertainty Principle),按照这个理论,你不可能同时知道一个粒子的位置和它的速度。按照因果律,如果能确切地知道现在,就能预见未来,这个关于前提的表述,最大的问题在于:我们不能知道现在的所有细节,微观世界的粒子行为与宏观物质很不一样。这是一个根本的原则。

卡尔·波普尔(Karl Popper)在他所著的《开放的宇宙——关于非决定论的论争》一书中写道:"常识倾向于认为每一事件总是由在先的某些事件所引起,所以每个事件是可以解释或预言的。……另一方面,……常识又赋予成熟而心智健全的人……在两种可能的行为之间自由选择的能力。"[①]这是关于"决定论"的二难推理。未来是由过去已经发生的、已有的事物给定的,还是一个不断变化的结构?这种思考也是对决定论的质疑。时间具有不可逆性,任何真理和规律都具有有限性和相对性,世上没有可以精准测量的东西。人类对世界的认识无论在宏观还是微观的层次上,都面临着无知与不确定性。如果说迄今人类所知的构成世界的最基本粒子,其时空位置都不能确定,何谈预料它在未来时空中的任何状态?

然而,非此即彼地看问题,也是一种简单化的思维方式。彻底抛弃决定论范式与拒绝混沌与不确定性同样是有害的。在人类文化领域中,文明的连续性体现在诸如"执古之道,以御今之有""继往开来"的理念与实践,其实质就是一种由已知到未知领域的时间之矢。文化研究的对象是人与社会,人的精神文化过程及其社会的发展过程,具有多种因素随机作用的高度复杂性。就个体来说,每个人都是由特定的历史文化塑就,带有特定时空环境作用留下的印记,有自己独特的发

---

① 卡尔·波普尔:《开放的宇宙——关于非决定论的论争》,转引自[比]伊利亚·普利高津:《确定性的终结——时间、混沌与新自然法则》,湛敏译,上海科技教育出版社,1998,第1页。

展历史和独特的内心世界,其对外部世界认识与关联的方式各有自己的独特性。无数具有这样的个人意志的个体之间的相互作用,具有特定情境、特定时空关系、特定历史文化背景的适切性,其复杂即由此而来。一因多果、多因一果,大到社会系统的运作,小至个体的行为方式,都是各种因素综合作用的结果,不能只以线性的因果关系来分析。对复杂因素估计越充分,联系越广泛,才越有可能接近世界的真实脉络。这完全不同于自然科学研究,要排除偶然、随机因素的作用,以"奥卡姆剃刀"割断一切不必要的复杂联系,以发现事物之间必然的因果联系。相反,混沌与不确定性、随机因素的关联性、独特性与不可重复性,正是文化研究必须考虑的。有限与无限、可知与不可知、必然与偶然、确定性与混沌,是人类文化过程中相互交织、纠缠不休的永恒主题。

"文化决定论"(cultural determinism)是决定论范式在文化研究中的体现,主要指那种认为个体完全由其所属文化来决定的思维倾向。文化是通过某个民族的活动表现出来的一种思维和行为模式,它使一个民族区别于其他民族。本尼迪克特在《文化模式》一书中指出,儿童通过观察那些指导他们人生过程的某种文化,感知其中的可能性与不可能性,而成为该文化的一部分。实际上,"文化决定论"所说的"文化"主要指民族性,以民族定义文化,以文化来描述民族,将民族视为文化的载体,把文化看作民族的特征,是今人习惯的看法。特定文化系统中的人通过后天的习得而形成某种思维方式和行为习惯,的确是文化的一个突出特征。一般地、笼统地谈已有文化系统对个体发展的影响也无不可,但要在决定论意义上精确言说,也是值得质疑的。决定论的实质是因果联系,已经发生的对其后续的进程具有因果联系的必然性,在这一点上,"文化决定论"与"历史决定论"实质上有共通之处。人是文化的动物,人在文化之中,受文化的影响和制约是毋庸置疑的。但正如在前文中对决定论的认识那样,对作为前提的文化系统的认识,也得从文化系统自身的不确定性来看问题,尤其在当今时代,文化的交流与融合日益广泛而深入,文化自身处在剧烈的变动之中。我们甚至不能精确地言说,一个文化系统的思维方式和行为方式,究竟有没有确定的边界和判断的标准。自身尚不确定,何以决定其他?再者,仅仅强调文化对人的决定性影响,忽略人的超越性,也是片面的。事实上,文化对人的影响是不确定的,难以在决定论的意义上精确测量和计算,更无法准确地预测到结果。文化本身就是一个混沌系统,文化过程中一因多果、多因一果的情形比比皆是。同一文化系统中的人具有不同的思维方式和行为习惯,在今天看来太平常了。不能根据线性的因果联系来预测文化中的人。人的能动性和创造性是文化发展的根本动力所在。恩斯特·卡西尔(Ernst Cassirer)的《人论》指出:人的与众不同的标志,既不是他的形而上学本性,也不是他的物理本性,而是人的劳作。正是这种劳动,正是这种人类活动的体系,规定和划定了"人性"的圆周。语言、神话、宗教、艺术、科学、历史,都是这个圆的组成部分和各个扇面。[①]因此,对"文化决定论"亦须两面看,既要看到其合理性一面,又要认识其不完善之处。

(二)还原论

主张将复杂的因素通过分离、简化还原为直接的经验内容,通过对简化了的对象的可控性研究,达到对复杂现象的认识。在还原论者看来,如果一门学科的理论、规律可以说明另一学科的理论、规律,则后一学科可以向前一学科还原。20世纪初的还原论者把人类社会运动还原为低等动物的运动,把生物学规律还原为分子运动规律,再继续还原为物理-化学过程。现代生物还原论借用分子生物学取得的成就,认为就像遗传过程可以还原为化学相互作用一样,所有生物现象都可归结为物理-化学运动。科学哲学还原论的著名代表为德裔美籍逻辑实证主义哲学家R.卡尔纳普(R.Rudolf Carnap)。他应用还原论研究逻辑语言的分析问题,主张可以从直接观察到的物体来给一切科学理论下定义或进行解释,复杂的知识经验体系都可分解为简单的因素,科学规律等同于许多观察报告的组合。

还原论同决定论一样,其思想的源头可追溯到远古时代,譬如泰勒斯(Thales)提出"万物生于水,又复归于水",赫拉克利特认为构成世界的本源是火,德谟克利特(Demokritos)认为万物的本源是原子和虚空等。还原论实质上是对世界进行解析和还原,在这种思想的指导下,物理化学的研究将构成世界的基本要素分解到最基本的粒子,生物学将生物体分解为组织,再分解为细胞,再分解到构成细胞的各种更基本的要素,科学的本质特征就在这种分解的过程中得到体现,从而推动了人对世界一步步更为深刻的认识。然而,返回来的路径却充满了高度的复

---

① [德]恩斯特·卡西尔:《人论》,甘阳译,上海译文出版社,2004,第95—96页。

杂性,并不是将细胞再加合到一起就能恢复生命的。与还原论相对的是整体论,明显具有整体论范式的系统论思想,于20世纪30年代由美籍生物学家L.V.贝塔朗菲(L.Von.Bertalanffy)创立。其核心思想是系统的整体观念,反对以局部说明整体的机械论的观点。他强调:任何系统都是一个有机的整体,不是各个部分的机械组合或简单相加,系统的整体功能是各要素在孤立状态下所没有的性质。系统中各要素不是孤立地存在着,每个要素在系统中都处于一定的位置上,起着特定的作用。要素之间相互关联,构成了一个不可分割的整体。要素是整体中的要素,如果将要素从系统整体中割离出来,它将失去要素的作用。正像人手是人体的劳动的器官,一旦将手从人体中砍下来,那时它将不再是劳动的器官了一样。在系统论之后逐渐完善和发展起来的信息论、控制论以及耗散结构理论、协同学、突变论、超循环论等横断学科理论,都在各自的研究领域中超越了决定论与还原论的范式。

还原论的价值和意义也要两面看。一方面,它体现着人类思维的本质特征,认识世界需要分析和还原。另一方面,也须知道世界是一个不可分割的整体,将其分解了,只能达到对于世界的近似的把握,不可能是绝对精确的真实世界。文化分析也要将整体论和还原论结合运用。文化领域由各种不同类别和样式的生命系统构成,各种生命系统之间彼此相互作用、密切关联,构成了整体关联的生态系统。整体可从不同的层次和维度来看:个体的有机生命包括了身体、心理和认知的结构,三者之间密切关联,自成一个整体;人与人、人与社会、人与自然,也构成了不同层次的局部与整体关系。文化系统犹如真正的有机生命系统一样,割断了彼此之间的联系,对文化现象进行孤立分析,是不可能达到对文化的深刻认识的。

(三)经验论

认为可靠知识只能来源于经验,理论和假设的可靠性取决于是否有经验证据的证实。弗朗西斯·培根是近代科学方法论的奠基人,他认为建立全新的科学,关键在于一个真正的科学方法。在其《新工具》一书中,他总结了科学实验的经验,提出了新的认识方法即经验归纳法。培根明确指出,科学的目的是在认识自然的基础上支配自然,达到人生的福利和效用。在此意义上,他提出了"知识就是力量"的口号。

经验论又常被视为经验主义的同义语,其认为感性经验是一切知识和观念的唯一来源,片面地夸大经验或感性认识的作用和真实性,贬低甚至否定理性认识的作用和真实性。"经验"一词含义比较宽泛,既包括直接从感性认识所做的规律性的总结,也包括某种心理体验、生活阅历等。哲学上的经验论指的是一种认识的理论,是与唯理论相对立的。根据经验论者对哲学基本问题的不同解决方法,经验论可分为唯心主义经验论和唯物主义经验论。前者主张经验是主观自生的或上帝赋予的,把经验限定为感觉或表象的总和,而这种感觉或表象是不依赖物质自然界的;后者则认为经验是外物作用于人的感官而引起的,是对物质自然界的反映。但二者的共同点都是把经验看作是知识、认识的唯一来源,片面强调经验的重要性,忽视理性的重要性。在真理的标准问题上,与唯理论将真理标准即在真理自身的看法相反,经验论者认为判定认识的真假须诉诸经验的检验和证实,部分唯物论的经验论承认真理的客观标准,其确立由实验来证明。一般的经验论者,包括某些唯物的经验论者,则认为知识的真理性是由个人或集体的感觉及知识的实用价值来证实的。

经验论有悠久的发展历史,西方古代的经验论可追溯至公元前5世纪的古希腊,经历了中世纪的经验论、文艺复兴时期的经验论直到近现代的经验论等发展阶段,形成了庞大的理论体系并涌现了大批著名的哲学家。经验论之争也是一个永无止境的话题,其所涉及的知识观、真理观,也随着人类认识的发展不断深化。我们坚持的是马克思主义的哲学观点,既承认以客观世界为基础的感性经验是知识和认识的源泉,同时也承认科学理论、思想即理性认识的重要性。这样,既反对了唯心主义的经验论,又克服了旧唯物主义在经验问题上的片面性。

(四)价值无涉论

认为科学只涉及事实,与价值问题无关,价值判断必须从研究中摒除或还原为事实问题,研究应持客观中立立场。科学一直被认为是追求纯粹真理的,因此应保持客观性。而价值关乎人的目的性,带有主观性和功利性。"科学真理不选择价值,不赞许、也不拒斥价值。换言之,科学真理恪守客观的中立而不意会主观的评价。"①"科学是价值无涉的"这一思想在大卫·休谟(David Hume)那里已有表述，他认为理性的作用在于发现真伪，即弄清观念与事实是否相符。海因里希·李凯尔特(Heinrich Rickert)认为自然科学肯定是不含价值判断的，它的兴趣在于普遍联系和规律，因此必须采用普遍化方法。而一切文化活动都有价值，他指出："自然是那些从自身中成长起来的、'诞生出来的'和任其自生自长的东西的总和。与自然相对立，文化或者是人们按照预计目的直接生产出来的，或者是虽然已经是现成的，但至少是由于它所固有的价值而为人们特意地保存着的。"②因此，他提出了自然科学与文化科学的对立。社会学家马克斯·韦伯(Max Weber)为价值中立提供了最全面和最有说服力的辩护，并将其视为科学的规范原则。他指出："一名科学工作者，在他表明自己的价值判断之时，也就是对事实充分理解的终结之时。"③逻辑实证主义者将价值无涉观点发展到极致，在他们看来，只有逻辑的语言句法分析和经验的可证实性才有意义，反之，都是没有意义的，应被排除在科学研究之外。不同时期关于价值无涉或价值中立的观点具有不同特色，有温和的互不干涉立场，也有强硬的对立和冲突立场。

"价值无涉"原则无疑具有科学性与客观性的合理因素，与马克思主义实事求是的科学原则相近。然而也须认识到，在文化研究中，由于研究者是具有情感、态度、价值观的认识主体，是历史与文化塑造的行为主体，因此其对事物的观察、认识、理解和阐释不能不带有特定文化的印记，就是说，任何研究都不可避免"前见"或偏见，研究中的价值渗透是必然的。再者，由于研究的对象是人与社会，往往还会在研究者与研究对象之间产生利益和价值的冲突问题，从而影响研究的客观性和科学性。在我们看来，社会现象及其规律本身是客观性与主观性、自在性与自觉性、实在性与价值性的对立统一体。在文化研究中应力戒主观偏见，以保持文化研究的科学性。

(五)普适论

普适论认为通过实验验证、运用统计分析，在一定的样本范围内可概括归纳出类的特征，强调研究结果的普遍适用性。物理学曾因其在科学研究中的学术权

---

① 转引自庞晓光：《"科学与价值无涉"何以可能》，《科学学研究》2006年12月增刊。
② [德]H.李凯尔特：《文化科学和自然科学》，涂纪亮译，商务印书馆，1986，第20页。
③ [德]马克斯·韦伯：《学术与政治》，冯克利译，生活·读书·新知三联书店，1998，第38页。

威地位被视为检验和判断一切科学的标准,并且这种物理学的基本范式一直影响着20世纪上半叶的学术研究,使得很多科学哲学家自然而然地认为物理学能够解释一切科学现象,具有普遍的适用性。如自19世纪以来,科学家通过电荷和电磁场等解释许多现象,认为化学现象亦可通过原子论加以解释;自达尔文论出现之后,生物学界认为物理学的规律属于物理学范畴的,而生物学可以利用这些规律解释生物学现象,以此演变为生物学规律,但没有试图摆脱物理主义的藩篱。此时,学界的共识是,物理学是能够检视和凌驾于其他科学之上的学科。

关于普适论的特点,普里戈金在《从混沌到有序》一书中说:"每一个科学定理都从世界的复杂性中选择并抽象出某一组特殊的关系来,但是哲学不能偏爱人类经验的任一特殊领域。通过概念实验,哲学一定要造出一种一致性来,这种一致性可以容纳经验的各个方面,不论它们属于物理学、生理学、心理学、生物学、伦理学等等。"[①]普适论体现着科学研究的一个重要的价值取向,如果一个研究不具有普遍意义,只停留在个别的、特殊的、偶然性的层面,那么其研究是没有价值的。牛顿的雄心就是要提供一个自然图景,该图景不仅是普适的、决定论的,并且是客观的(因为它不涉及观察者)、完备的(因为它达到摆脱了时间束缚的描述水平)。然而,牛顿之后的热力学、相对论和量子力学,都起源于发现了不可逆性,发现了经典物理学的雄心的局限性。普里戈金指出,科学描述必须和某个属于他所描述的世界的观察者可以利用的资源相一致,而不能涉及"从外部"来看这个物理世界的人。这就是说,要坚持相对论的立场而不是普适论。科学的增长,使"我们的自然观正在经历着根本性的变化,向着多重性、暂时性和复杂性的变化……我们过去一直在寻求能用永恒规律表达的那种包罗万象的普遍模式,但是我们却发现了时间、事件、演变着的粒子。我们也一直在寻求对称性,却由于发现了在各种层次(从基本粒子直到生物学和生态学)都存在着对称破缺过程而感到吃惊"[②]。这一切都预示着"普适性的完结"。

经典科学的基本范式曾经激起人与自然之间富有成就的对话,作为人类智慧

---

① [比]伊·普里戈金、[法]伊·斯唐热:《从混沌到有序——人与自然的新对话》,曾庆宏、沈小峰译,上海译文出版社,1987,第137页。
② [比]伊·普里戈金、[法]伊·斯唐热:《从混沌到有序——人与自然的新对话》,曾庆宏、沈小峰译,上海译文出版社,1987,第348—349页。

的结晶,有许多值得珍视的价值,以至今天对科学研究工作,仍然发挥着重要的作用,即使在人文社会科学研究领域,决定论、还原论、经验论、价值无涉论和普适论,也都具有指导性的意义。但是其局限性与不足之处也是显而易见的,因此要坚持两面看。有一点特别值得关注的是今天很多人深深意识到,长期以来唯科学主义和工具理性主义的泛滥对文化和人类生存造成了灾难性的影响。"两种文化"的对立在很大程度上就是起源于经典科学的没有时间的观点与在大多数社会科学和人文科学中普遍存在的时间定向的观点之间的冲突。"没有时间的观点"指的是对时间的不可逆缺乏深刻的认识和了解。但20世纪后半叶以来,发生了一些对经典科学来说具有颠覆性的变化。人们正越来越多地觉察到这样的事实,即"在所有的层次上,从基本粒子到宇宙学,随机性和不可逆性起着越来越大的作用"。这个革命正在一切层次上进行着,在基本粒子的层次上,在宇宙学的层次上,以及在所谓宏观物理学的层次上进行着。[1]

在不久以前的历史中,人们常常指出在人的世界和被想象得完全不同的自然的世界之间有着巨大的差异;而再往前追溯到文明伊始,则是另一种情境。维柯在其《新科学》里有一段著名的话,十分生动地描述了这一点:

……在那包藏着最古老的古董的漆黑之夜,在离开我们如此遥远的地方,闪耀着永恒的、永不衰竭的真理之光。毫无疑问,文明社会的世界肯定是人创造的,因此它的原理是在我们人的思维的改变之中发现的。无论是谁,只要想到这点,就禁不住感到惊奇:哲学家们竟会倾其全部精力去研究那由上帝创造的因而也只有上帝自己才能认识的自然世界,他们竟会忽略对各个国家所组成的世界(或民众世界)的研究,而这是人创造的世界,因而人能够去认识它。[2]

今天,科学最前沿领域的研究,正在使两种文化的割裂和对立逐渐消失,代之而来的是人与自然在更高层次上的重新整合和统一。

---

[1] [比]伊·普里戈金、[法]伊·斯唐热:《从混沌到有序——人与自然的新对话》,曾庆宏、沈小峰译,上海译文出版社,1987,第27页。
[2] 转引自[比]伊·普里戈金、[法]伊·斯唐热:《从混沌到有序——人与自然的新对话》,曾庆宏、沈小峰译,上海译文出版社,1987,第36页。

四、科学前沿方法论

范式(paradigm)是一种深深地铭刻在人的精神、植入人的意识深处、渗透到我们的文化和生活世界的方方面面的无形东西。它支配着语言和逻辑,通过元话语控制着科学和思想领域。在托马斯·塞缪尔·库恩(Thomas Samuel Kuhn)看来,范式是"一个特定社团的成员共同接受的信仰、公认的价值和技术的总和"。对科学理论进行构思、表述和组织的方式通常要受到一些前提或预设的指挥或控制,而范式则是一种隐蔽在预设或前提之下的、绝对而自明的集体资源。已经蔓延至当今整个世界的一种被称为"西方大范式"①的东西,于17世纪由勒内·笛卡儿(Rene Descartes)提出,其后一直伴随着欧洲历史的发展。自艾萨克·牛顿(Isaac Newton)的时代以来,"西方大范式"演化为一种线性的、简化论的思维方式,并逐渐成为统治着科学和人们思想的看不见的主宰。有一点必须强调,看问题不能偏执一端,至少要两面看。经典科学方法自有它存在的价值和意义,不然它也不会强大到如此地步,但也须看到它的不足和局限。"西方大范式"的基本特征是人与自然的分离、主体与客体的相互遮蔽,把整体的、复杂的统一体简化为秩序、测量和计算等。工具理性的泛滥与这种大范式有着极深的渊源。首先意识到这种匿名的主宰之存在的,是来自科学研究的各个重大领域里的先驱们。他们在各自的领域里发现了一个不断重复的共同主题:这个世界并不像决定论所描述的那样,是一个可以简化和还原并可分割为各个独立元素的世界,而是一个相互关联和不断进化的世界,从它诞生的那一天起,就不仅存在着混沌,也到处存在着结构和秩序。然而,旧范式所固有的分离原则和简化原则,在所有方面都破坏着有机的整体性,它们对一种越来越无法掩盖的复杂性根本视而不见。

自20世纪80年代以来,一批世界顶尖级的科学家在美国圣菲研究中心的定期聚会,形成了一种对经典的科学范式具有颠覆意义的复杂性问题的研究。这些科学家来自各个不同的领域,其中有诺贝尔物理学奖获得者、著名的经济学家、化学家、生态学家和生命科学家等。他们对于世界复杂性的一致看法导致了一个新

---

① [法]埃德加·莫兰:《方法:思想观念——生境、生命、习性与组织》,秦海鹰译,北京大学出版社,2002,第234—244页。

的研究领域和新的理论范式的诞生。而此前一些卓有成就的横断学科研究,都从不同的维度或层面对世界的复杂性问题做了奠基性的贡献。对这些被视为科学前沿的理论有大概的了解,可以拓展认识世界的深度和广度并为世界观和方法论的新结构奠定基础。

(一)耗散结构理论

耗散结构理论(Dissipative Structure Theory)是布鲁塞尔学派首领、比利时物理化学家普里戈金创立的,他并因此于1977年荣获诺贝尔化学奖。

自然界中有多种多样的不可逆过程,如热量总是自发地从高温流向低温;化学物质由浓度高的地方向浓度低处扩散;把一滴墨水滴入一杯清水中,很快墨水就和清水均匀混合。这些自发的物理化学过程,其方向是从复杂向简单、从有规律向混乱、从不平衡向平衡发展,是一个从有序到无序的过程,亦即熵增大的过程。然而,并非所有的系统都遵循这个规律。从宏观上看,像生命的发生和物种的进化等过程,都是从低级到高级、由简单到复杂、从无序到有序的变化,是一个熵不断降低的过程。普里戈金将其区分为两种类型的结构,"平衡结构"和"耗散结构",前者不与外界进行任何能量和物质交换,维持"死"的有序结构;后者则通过与外界不断交换能量和物质,从而能维持其有序状态,这是一种"活"的结构。普里戈金等人所创立的耗散结构理论,"描述了通过与环境交换所致的系统中能量转化的空间 - 时间自组织,它也可以看作描述了历史系统的进化。系统有历史,也就是该系统的发展依赖于其中的每一子系统的过去的历史"①。

"耗散"一词起源于拉丁文,原意为消散,在这里强调与外界有能量和物质交流这一特性。一个包含着多种要素和多层次的开放系统,无论是力学的、物理学的、化学的、生物学的,还是社会的、经济的系统,其演化到达远离平衡态的非线性区时,一旦系统的某个参量变化到一定的阈值,通过涨落,系统便可能发生突变,即非平衡相变,这时系统就由原来无序的状态变成一种在时间、空间或功能上有序的新的状态。其有序状态需要不断地与外界进行物质、能量或信息的交换才能维持。获得新的有序结构的系统能够保持一定的稳定性,在相当时期内不至于因外界的微小扰动而消失。这种在远离平衡态非线性区形成的新的稳定的有序结

---

① [美]埃里克·詹奇:《自组织的宇宙观》,曾国屏等译,中国社会科学出版社,1992,第62页。

构,就叫作耗散结构。①

耗散结构理论对文化研究来说,具有很强的解释力度。那些关于自然界的可逆性和不可逆性、对称性和非对称性、决定性和随机性、简单性和复杂性、进化和退化、稳定和不稳定、有序和无序等一系列重要的范畴,同样适用于文化研究。普里戈金有句名言常被引用:"非平衡是有序之源。"按照他的说法,这是在所有层次上发生的,无论是宏观物理学的层次,涨落的层次,或是微观层次,非平衡使"有序"从混沌中产生。②在他看来,科学的演进必须放在一定的文化背景中加以考察。动力学与热力学、物理学与生物学、自然科学与人文科学、西方文化传统与中国文化传统也应当结合起来,在一个更高的基础上建立人与自然的新的联盟,形成一种新的科学观和自然观。他还指出:"自然史的思想作为唯物主义的一个完整部分,是马克思所断言,并由恩格斯所详细论述过的。当代物理学的发展,不可逆性所起的建设性作用的发现,在自然科学中提出了一个早已由唯物主义者提出的问题。对他们来说,认识自然就意味着把自然界理解为能产生人类和人类社会的自然界。"③这些思想对于认识人类文化产生的初始条件和阐释文化现象极为有用。

(二)协同学理论

协同学理论(Synergetics)是德国著名物理学家赫尔曼·哈肯(Hermann Haken)于20世纪70年代提出的。协同学研究了系统演化过程中的有序化问题,揭示了系统由无序到有序及从有序到混沌的动力机制。"协同性"是指一个开放系统内部各要素或子系统之间协调同步的非线性作用的特性。在一个复杂系统里从无序到有序的进程取决于序参量之间的竞争与协同。对于一个复杂系统来说,尽管其变量可能成千上万,影响事物发展的因素也可能不可胜数,但是能决定系统状态的演化进程的是序参量,它不易受运动过程中其他变量的影响。不论什么系统,如果某个参量在系统演化过程中从无到有地变化,并且能够指示出新结构的形

---

① 冯国瑞:《系统论、信息论、控制论与马克思主义认识论》,北京大学出版社,1991,第119页。
② [比]伊·普里戈金、[法]伊·斯唐热:《从混沌到有序——人与自然的新对话》,曾庆宏、沈小峰译,上海译文出版社,1987,第342页。
③ [比]伊·普里戈金、[法]伊·斯唐热:《从混沌到有序——人与自然的新对话》,曾庆宏、沈小峰译,上海译文出版社,1987,第304—305页。

成,反映新结构的有序程度,那么它就是序参量。这似乎有点像我们教育实践中常常采用的认识论范式中的"主要矛盾"或"矛盾的主要方面",但是,若把序参量看作是系统中某个占据支配地位的子系统,这就又回到了还原论。因为序参量实际上是大量子系统集体运动的宏观整体模式之有序程度的参量,既反映子系统之间相互竞争与合作的效应,又反映系统整体的运动状态,是一种宏观参量,不是分析式的思维模式所认为的可以进行分解或分离的东西。序参量一旦形成之后就会支配或役使系统中其他子系统,主宰着系统整体演化过程。

哈肯有一个经典的例子来说明协同学的原理:"设想一个游泳池,池中游泳者从池的一端游向另一端。夏日炎炎,游泳池中人满为患,如果游泳者这样游泳,则将互相妨碍。因而某一游泳救生员建议,让游泳者作环游,这样,相互间的妨碍会大大减少。这里,游泳救生员引导游泳者们所进行的是一种集体运动。但即使没有游泳救生员的指导,游泳者们也会想到环游这个主意。开始时也许只有几个人,但当他们觉得这样游法对他们很便利时,越来越多的人将会参加进来。于是最终在没有任何外来指导的情况下出现了一种集体运动,也就是一种自组织的运动。"[1]这类事件与耗散结构原理所揭示的规律是一致的:在关键时刻,同样是一个微小的涨落,导致了宏观的有序。

协同学的原理可以解释人类社会领域中的很多现象。城市中同类的商店会聚集在一起,会形成购物中心,这样城市就会越来越大。社会组织也是如此,由个人形成公司,由公司形成集团,由集团再形成更大的经济共同体。经济的联盟、政治的联盟、军事的联盟、文化的联盟、科学研究群体的形成等,都可以用协同学的原理来解释。还有,社会的突发事件,也是一种协同效应。在所有这些现象中,结构形成的过程似乎不可避免地朝某一方向前进,本来无序的部分系统都被卷入新的有序结构,而且其行为受主导行为模式的支配。"整个群体的行为似乎突然倾向于一种新的观念——也许是一种风尚,或倾向于一种文化思潮,诸如一种新的画派或一种新的文学风格"[2],都可以促成更大的有序结构的形成。某一种模式的涨落,如果能通过非线性作用反馈加以放大,就逐渐会形成其主导模式的统治模

---

[1] [德]赫尔曼·哈肯:《协同学:大自然构成的奥秘》,凌复华译,上海译文出版社,2005,第29—30页。
[2] [德]赫尔曼·哈肯:《协同学:大自然构成的奥秘》,凌复华译,上海译文出版社,2005,第8页。

式,会抑制其他模式的作用,迫使内部的子系统臣服,按照统治模式的格式进行相似的自我复制,并按照统一步调行动,形成具有特定时间和空间结构的整体。

哈肯对"自组织"有一个著名的定义:"如果一个体系在获得空间的、时间的或功能的结构过程中,没有外界的特定干涉,我们便说该体系是自组织的。这里'特定'一词是指,那种结构或功能并非外界强加给体系的,而且外界是以非特定的方式作用于体系的。"[1]所谓自组织系统即指:无需外界特定指令而能自行组织、自行创生、自行演化,能够自主地从无序走向有序,形成有结构的系统。当然,还存在着"被"组织或"他"组织的事物,即不能自行组织、自行创生、自行演化,不能够自主地从无序走向有序,而只能依靠外界的特定指令来推动组织和向有序的演化,从而被动地从无序走向有序。

(三)突变论

突变论(Catastrophe Theory)由法国数学家、法国科学院院士雷内·托姆(René Thom)创立,他并因此于1958年获菲尔兹奖。

自然界多种事物的变化具有连续性和渐变的特征,例如:植被沿着地势呈草地—灌木—森林的阶梯状分布、大陆的漂移、煤炭的形成,还有伴随着岁月流逝而来的肌体衰老终致死亡的过程等,可以看到,这些都是由于连续的变化缓慢形成的结果。但另外一些事件,如天体的碰撞、地震的发生、水的沸腾、细胞的分裂、生物的变异、物种绝迹、新物种的出现等,都具有不连续性和突然跃迁的特征。在人类社会的领域,诸如市场变化、股市崩盘、经济危机、战争爆发、革命发生、政权更迭、示威游行等,都是突发事件。最为典型的例子是统治了东欧四十年的苏联,竟在1989年的几个月之内轰然坍塌,并且这个第一次在世界上建立了无产阶级政权的国家自身也在其后不到两年的时间内分崩离析;经济发展一直被看好的东南亚骤然发生震动全球的金融危机;等等。当然,所有这些现象背后,都有连续变化的原因。但是,连续变化的原因为什么会产生不连续变化的结果?托姆创立的突变论研究了系统演化的可能途径,提供了形象而精确的数学模型,用以描述和预测系统演化从一种稳定状态跃迁到另一种稳定状态的现象和规律。他将大千世

---

[1] H. Haken, Information and Self-Organization: A Macroscopic Approach to Complex Systems, Springer-Verlag, 1988, p.11, 转引自吴彤:《自组织方法论研究》,清华大学出版社,2001,第5—6页。

界形形色色的突变过程,用七种最基本的数学模型来表达。它们是:(褶皱)折叠型、尖点型、燕尾型、蝴蝶型、双曲型、椭圆型和抛物型。譬如"折叠"突变模型,可用"鹰"与"鸽"作为比喻,用来解释当一个国家面临着外部威胁时的决策情形。"鹰"与"鸽"代表内部的两个敌对势力。随着威胁增强,"鸽"派终将放弃他们的思想方式而采取"鹰"派的思想方式。如果威胁减低,相反的情形就会发生。但是,从一种方式转变为另一种方式并不是连续的,而且威胁程度不变时两种情况的转变都不会发生。在某种方式突然转为另一种方式之前,只要有可能,每一派都将坚持其思想方式(处在某种亚稳态)。①这是一种最简单的突变模型,许多族群内部都会有此种情形发生,处在势均力敌的对抗状态之中的两派势力,会由于偶然的随机因素而形成平衡被打破的局面,转而采取一致的行动。这也是涨落的一种形式。突变论揭示出系统从一种稳定状态进入不稳定状态,随参数的再变化,又使不稳定状态进入另一种稳定状态,系统状态就在这一刹那间发生了突变。

突变是由于系统内各种要素之间的竞争和对抗非但没有使系统毁灭,而使系统脱离通常的特征状态,产生了向更高层次的跃迁,系统获得了能够继续生存的适应性的手段。渐变、临界和突变是突变论中的主要概念。从变化的速率上理解渐变与突变,即把缓慢变化称为渐变,把瞬间完成的明显急促的变化称为突变,这是人们通常的理解。普通意义的突变指的是系统遭到了破坏并不可逆转地让位于另一个系统,如砍伐森林,垦荒造田,造成水土流失,使生态系统不可逆转地让位于荒漠化,并非寿终正寝而由于意外事故所造成的死亡等都属于此;突变论意义上的突变,是由于系统内各种要素之间的竞争和对抗但没有使系统毁灭,而使系统脱离通常的特征状态,产生了向更高层次的跃迁,系统获得了能够继续生存的适应性的手段,它具有涌现的意义。至于渐变与突变的区别,则在于变化的临界局域有无"不连续"性质出现,突变是原来变化的间断,渐变是原来变化的延续。所以突变与渐变,一个属于间断性范畴,另一个属于连续性范畴。②

(四)超循环理论

超循环理论(Hypercycle Theory)是诺贝尔奖获得者德国化学家曼弗雷德·艾

---

① [美]埃里克·詹奇:《自组织的宇宙观》,曾国屏等译,中国社会科学出版社,1992,第67页。
② 吴彤:《自组织方法论研究》,清华大学出版社,2001,第69页。

根(Manfred Eigen)于1971年从生物领域的研究中提出的。他通过对分子生物进化过程的研究,描述了在生命起源过程中,化学分子和生物大分子是如何由超循环形式构成稳定性结构的。"循环"在日常意义上,比喻事物周而复始的运动;在物理学意义上,指物理系统从某一状态出发经过一系列变化回复到初始状态的过程。超循环不是一个封闭的圆圈中的重复现象,它是在循环基础上的新的循环。无论是自然界还是人类社会,无论在时间上还是空间上,完全重复的东西是没有的。超循环不仅是一种形式上的循环系统的整合,而且是一种功能性的综合。超循环意味着存在非线性的作用,意味着一个系统具有自复制、自适应和自进化的功能。超循环结构是保持信息稳定性,并促使其继续进化的一个必要前提。[①]超循环的自复制、自适应和自进化的功能来自由系统自身所产生的自催化的作用。自然界里处于进化之中的系统总是存在着催化循环的作用,这使它们具有凭借各种各样的资源维持生存的能力,从而经得起选择的压力和时间的考验。

循环体现了一种动态的关联性。动态系统之间的循环、组织层次的跃迁(即系统由低级的或基础的组织向更高层次的演化),乃至在循环之上的无限上升的循环,是自然和社会系统中的一种普遍现象,我们在诸如自然生态系统和人类社会系统的进化、季节的变化、宇宙的演化、人类精神的成长和知识的改造,甚至在巴赫(Johann Sebastian Bach)的音乐和当代解释学理论中都能看到这种螺旋式的循环和递归的机制。人类精神的成长,也类似有机生命的演化过程。在黑格尔的哲学中,人类精神好比一个大圆圈,每一种观念的系统,相当于大圆圈上的一个小圆圈。否定之否定规律也具有超循环解释结构和特征。黑格尔认为文明的兴起源于"世界精神"的光临,这种在时间上和空间上处于运动与变化的"世界精神",从世界的东方开始向西方转移,最终回归东方。人类在经历了黄河文明、印度文明、古希腊文明、古罗马文明、近代西方的资本主义文明之后,在进入21世纪之际,亚太地区逐渐成为令世人注目的繁荣中心,中国再度崛起,似乎在印证着世界精神重返东方的超循环原理。《周易·系辞上传》以精辟简洁的表述"原始返终"揭示了这个万物运作的根本规律。历史总是螺旋式地上升。

个体作为一个有机生命,其机体内有各种循环结构,如血脉和神经网络等。

---

① [德]M.艾根、P.舒斯特尔:《超循环论》,曾国屏、沈小峰译,上海译文出版社,1990,第61页。

"如同河流一般,我们的身体随着细胞的有规则更替每时每刻都在不断更新。同时,我们心里所相信的身体中的那个'自我'也处于变化之中。我们既是十年前的'同一'人,又是实质上新的人。而且,我们还在继续变化着。"[①]人的精神状态和人的物质存在之间,也构成一个循环系统。人的身体的、心理的和知识结构的系统之间的循环交流与互动,体现在以下的过程之中:良好的知识结构和文化素养,促使个体从事有益于个体身心发展的活动,身心的陶冶会增进健康,从而可以保持良好的心理状态,进而促进认知能力的成长。这整个就是一个超级的循环结构。处在一定社会环境中的个体,与社会之间也存在着循环与互动关系。"恶有恶报,善有善报"的道德信条,以循环的机制作用于社会中的每个人,从而保持了社会的秩序结构。人类对自身复杂性的探究是一种永远不会停顿的思想追逐,这种不断上升的追逐又使人类的思维与世界的隐秩序之间产生循环。超循环使组织之间的结合更紧密,使系统具有了更大的丰富性和多样性,使历史的经验成为晋升的阶梯,从而使系统的复杂性不断提高,具有更大的适应性。

(五)分形理论

分形理论(Fractal Theory)由美国数学家本华·曼德勃罗特(Benoit B. Mandelbrot)所创立。1967年,他在美国权威杂志《科学》上发表《英国的海岸线有多长?》一文,提出了海岸线"局部与整体的自相似"问题;1975年,他创立了分形几何学并在此基础上形成了分形理论。"fractal"是曼德勃罗特创造的新词,用来命名由形态各异的碎片和片段组成的集合分形被理解成"其组成部分与整体以某种方式相似的集合"(A Fractal is a shape made of parts similar to the whole in some way.)[②]。由海岸线测不准原理可知,世界上没有完全可以精确地重复的东西。说"世界上没有两片完全相同的树叶"谁都相信,要说"世界上没有两片完全相同的雪花",这就不是人人都能用经验来检验的了。然而,的确如此,事物只是相似而已。分形理论发现了一个自然事物所具有的结构方面的重要特点——局部与整体的自相似性,即观察尺度改变时对象的形状不变,因而也可以说分形具有无

---

① [美]约翰·布里格斯、[英]F.戴维·皮特:《混沌七鉴:来自易学的永恒智慧》,陈忠、金纬译,上海科技教育出版社,2008,第4页。
② [日]高安秀树:《分数维》,沈步明、常子文译,地震出版社,1994,重版说明。

标度性。①对于有规分形,这种自相似性表现为无穷嵌套或无穷自相似性,即不断放大微小部分,都可以发现部分(不管多么小)与整体的自相似,并且这种放大可以无限进行下去;对于无规分形,自相似只存在于一定的范围内,或在一定的标度空间中才呈现出自相似性。②简单的线性叠加只产生简单的东西,但是简单的非线性叠加(迭代)就会产生复杂的东西。分形是非线性变换下的不变性,它是观察无穷的有形思维方法。

"递归"③、"嵌套"与"自相似"的概念成为理解不同学科研究对象之复杂性的重要工具。分形的自相似性是跨越不同尺度的对称性,它意味着递归、嵌套在不同层次的演化和交替。复杂性也表现为某种意义上的对称性之无限或有限的自我嵌套。分形理论使我们在有限与无限、简单与复杂、部分与整体、规则与破碎、有序与无序等对立的事物间找到了结构的联系。

当我们用分形的观点重新审视世界时,会发现自然界中除了一些人造物之外,并不存在数学意义上的点、线、面、体。从某种意义上说,人把自己封闭在规则之中。大量存在的自然物形态是不规则的、粗糙的、凹凸不平的、不可微分的。各种各样的自然事物的形态从本质上都具有分形结构,如海岸线、国界、雪花、云层、闪电、河流、树根、树干等。"一棵树的形状反映在不同尺度上,它是由种子的遗传程序的混沌动力学交互作用和环境中的流动(包括阳光、气候、疾病、土壤条件、周围其他树的位置等)造就而成。树干分叉成树枝,树枝分叉成细枝丫。枝丫上的叶子在叶脉上重复树枝的模式。在其大尺度形状和小细节上,树时时刻刻的自相似记录,是不可预测的混沌活动(chaotic activity)创造并维持了它。"④河流与人体的各种脉络都是树结构,从主干到细节具有分形的自相似性。

分形的原理包含着深刻的哲理。中国古代的先哲们早已用另一种语言表述分形现象,如《周易》中有"是故易有太极,是生两仪,两仪生四象,四象生八卦";格

---

① 林夏水等:《分形的哲学漫步》,首都师范大学出版社,1999,第103页。
② 林夏水等:《分形的哲学漫步》,首都师范大学出版社,1999,第12页。
③ 敖力布等:《分形学导论》,内蒙古人民出版社,1996,第7页。
④ [美]约翰·布里格斯、[英]F.戴维·皮特:《混沌七鉴:来自易学的永恒智慧》,陈忠、金纬译,上海科技教育出版社,2008,第99页。

言中有"一沙一世界,一花一天堂;袖里有乾坤,壶中有日月""一粒粟中藏世界";等等,讲的都是分形的自相似性。中国古代有分身术之说,塑造的神像中有"千手观音",还有三头六臂的神祇等,其中都含有"自相似"之意。

　　无穷变化的世界可以被认识,是因为空间分布的对称性和时间延伸过程的周期性,虽然都不是严格的和规整的,但却是有结构的,而一旦认识了结构,就会到处发现结构。随机的联想活动,是创造性智能的源泉,而分形的自相似性,使我们可以在通常认为不相干的事物之间架设意义的桥梁。学习过程中,对图式与结构的认识在本质上就是一种分形方法。一些策略性的、创新性的行为来源于对信息的自组织,而这种自组织建立在对信息的甄别和判断上,结构、模式、图式就是判断的基础。

　　分形不仅存在于结构方面,还存在于功能和信息方面;不仅存在于个体的发育过程中,也存在于人类种群的层次中。如人类个体,由基因中携带的信息到胚胎发育,再到成长为一个其外表与家族有着某种相似性的独立的个体。每一个个体与同类中其他的个体,都是分形。由一粒种子长成一株大树,可以看作是遗传信息的分形,同一种类的树木之间,存在着结构的分形等。还有个体的发育与人类进化史,人类精神与个体思维等,都可以看作是功能和信息的分形。100多年前恩斯特·海克尔(Ernst Haeckel)发现了生物重演律,即"个体发育是系统发育的重演",这就是生物演化在不同的时空序中的分形。各种复杂的文化系统演化过程中,都存在自然和人类社会共同服从的基本法则,在这些基本法则的作用下,系统在不同的时空序中形成了在结构、功能和动力学特征方面具有某种相似性的演化状态,可以从"局部与整体的自相似"来理解。

　　分形作为一种方法,其精髓在于把握"非线性变换下的不变性",它是观察无穷的有形思维方法。所谓不变性,即是自相似性;所谓非线性变换,指的是不同的时空序中随机因素的相互作用所导致的变化。有形指的是结构、功能和动力学特征的可把握的形式。混沌运动的随机性与分形结构的无规则性,都来自系统演化的初始条件在非线性因素间随机的相互作用。

　　分形理论的重要意义在于它提供了一个认识世界的新的视角:基本原理在不同的时空序中迭代生成的分形秩序结构,通向无穷。将分形方法用于人文社会科学研究,能使我们走出实证论的困境,在"可变性中的不变性"与"差别中的统一性"这些相反相成的张力作用之中寻求人文世界运作的真实脉络,更为深远的意义还在于通过不同领域的现象世界之比较,发现自然系统和人类社会系统之间的异质同构性,从而达到对于世界的深刻认识。另外,分形原理使我们看到表面上极为不同的事物之间在结构和功能方面的相似性,从而发挥隐喻的整合功能,形成具有创新性的研究思路。

(六)混沌理论

混沌理论(Chaotic Theory)由美国数学与气象学家爱德华·诺顿·洛伦兹(Edward Norton Lorenz)于1963年提出。洛伦兹这样定义非线性动力学混沌:"我用混沌这个术语来泛指这样的过程——它们看起来是随机发生的而实际上其行为却由精确的法则决定。"[1]在另外的地方,他所说的更准确的被重新定义的混沌系统是指敏感地依赖于初始条件的内在变化的系统。对于外来变化的敏感性本身并不意味着混沌。[2]另一位混沌理论创始人,是在美国圣菲研究中心工作过的诺曼·帕卡德(Norman Packard),他对元胞自动机的研究有重要贡献,他这样描述混沌现象:"初始状态失之毫厘,最终状态就会谬之千里。初始状态微小的差别随着系统的演化越变越大。这种现象有三个名称:蝴蝶效应,对初始条件的敏感性依赖以及信息增殖。比方说,一片树叶落入潺潺小溪。如果你让另一片叶子'精确地'落入与前一片叶子相同的地方,刚开始,两片叶子的运动可能会一样。但不久它们所表现出来的运动形式会截然不同。原因之一就是你把第二片叶子放入小溪的地方不可能与第一片绝对相同。这点微小的差异会逐渐放大,最终表现出完全不同的行为。"[3]

混沌理论研究了系统自组织过程中的时间复杂性问题,它与分形表达的复杂性问题常常构成一个问题的两个侧面,即分形研究了事物走向复杂性的空间特性和结构,而混沌研究了事物走向复杂性的时间演化特性。可以说"混沌是时间上

---

[1] [美]E.N.洛伦兹:《混沌的本质》,刘式达等译,气象出版社,1997,第3页。
[2] [美]E.N.洛伦兹:《混沌的本质》,刘式达等译,气象出版社,1997,第20页。
[3] [美]巴斯:《再创未来:世界杰出科学家访谈录》,李尧、张志峰译,生活·读书·新知三联书店,1997,第338页。

的分形,分形是空间上的混沌"①。在普通意义上,混沌只是意味着混乱、无秩序,而在非线性动力学系统中,"混沌"一词则有更精细的十分不同的意义。②"混沌"并非真正的混乱,在那不可预测的混沌状态中隐藏着丰富的信息和有秩序的深层结构,正因为丰富才显得貌似随机和无序。一切事物的起始点,都是一堆看似毫不关联的碎片,但"涨落"会使混沌状态结束,这些无机的碎片会有机地汇集成一个整体。秩序和混沌是两个极端点。在这两极的中间阶段,存在某种被抽象地称为"混沌的边缘"的相变阶段。而在这个阶段里发现了复杂现象。"混沌的边缘——便是一个系统中的各种因素从无真正静止在某一个状态中,但也没有动荡至解体的那个地方。混沌的边缘就是生命有足够的稳定性来支撑自己的存在,又有足够的创造性使自己名副其实为生命的那个地方;混沌的边缘是新思想和发明性遗传基因始终一点一点地蚕食着现状的边缘的地方。"③这就是说:生命诞生于混沌边缘。人们在日常生活中会认识到这样的道理:一个稍微杂乱的办公室是有效率的;欢闹的家庭是幸福的;经济状况在不足的情况下才充满活力。这是混沌的边缘,而不是混沌自身。④

耗散结构理论、协同学、突变论、超循环论、分形理论和混沌理论并非各自独立互不相干的,事实上它们之间相互渗透、相互关联,构成了复杂理论的基础。其中一些关键性的概念,如"涨落""突变""自组织""循环""分形""混沌"等对于它们所指称的事物具有很强的命名力,既使用来表述人文社会领域的各种现象,也具有极强的解释力,能够极为有效地揭示事物的本质。美国科学理论家埃里克·詹奇以《自组织的宇宙观》一书,总结了前述的研究。他与前述理论的多位创立者有密切的联系。如该书译者所说,他在该书中考察了耗散结构理论、超循环论和协同学等自组织理论的最新成果,结合过程哲学、系统哲学、东方传统哲学乃至佛教的宗教哲学思想,广泛涉猎从宇宙之初到精神现象,从自然演化到文化进步,从量子跃迁到社会动荡,从物理节律到全息学说乃至天人感应,从技术应用到发展战

---

① 林夏水等:《分形的哲学漫步》,首都师范大学出版社,1999,第216页。
② 吴彤:《自组织方法论研究》,清华大学出版社,2001,第125页。
③ [美]米歇尔·沃尔德罗普:《复杂:诞生于秩序与混沌边缘的科学》,陈玲译,生活·读书·新知三联书店,1997,第5页。
④ 吴彤:《自组织方法论研究》,清华大学出版社,2001,第175页。

略以至伦理、道德、艺术、管理和创造性等领域,从而首次系统阐述了一种大统一的、要消除一切二元论的进化论——自组织进化论。该书表达的深刻思想之一,就是对科学与人文的整合与统一进行的阐述。他试图以复杂科学研究的理论成果来解释人文现象,从而为人文社会科学研究提供了新的认识论和方法论。当然,这也为我们进行文化研究开辟了新的视角和新的途径。

五、马克思主义方法论

马克思主义方法论主要指辩证唯物主义和历史唯物主义,由马克思恩格斯在继承西方哲学方法的基础上创立起来,后人在继承和发扬的同时,又不断地对之进行了发展与完善。它是关于自然、社会和人类思维发展的最一般规律的学说,也是科学的方法论体系。在人文社会科学研究领域,它是影响力最大、最深刻、最透彻和最有解释力度的理论与方法。譬如,认识和阐释教育文化,必得从梳理历史文化传统开始,这是一个不可逾越的基础。马克思在《路易·波拿巴的雾月十八日》中指出:"人们自己创造自己的历史,但是他们并不是随心所欲地创造,并不是在他们自己选定的条件下创造,而是在直接碰到的、既定的、从过去承继下来的条件下创造。一切已死的先辈们的传统,像梦魇一样纠缠着活人的头脑。"[1]任何社会现实的文化存在,包括知识经验、价值观念、道德风尚、心理认知、行为方式等,都与历史文化有着割不断的联系。这就是一种历史唯物主义的观点。作为文化研究的理论基础和指导思想,马克思主义方法论的地位是不言而喻和毋庸置疑的。只是其具体内容早已为人们所熟知,前人已经有很多系统的论述和概括,这里没有必要赘述。我们只是在讨论文化原理,分析和思考具体问题的时候,会不断引用马克思主义经典作为理论依据。这里需要强调的是,在另一层意义上所指的方法论,那就是马克思主义对待自身方法论的方法,亦即使马克思主义成为"活的灵魂"的方法论。

西方哲学史上的成名人物,其理论体系基本上都是自洽和完满的,多为自圆

---

[1] 《马克思恩格斯选集》第一卷,人民出版社,2012,第669页。

其说的封闭的思想体系,不管是否明说,他们所追求的,都是一种终结性的话语。而马克思主义的创始人,常把自己的学说看作有待发展和完善的理论,他们真正看重的是实践。有很多经典名句都体现出这一方法论特色。马克思、恩格斯在《德意志意识形态》一书中指出:"在思辨终止的地方,在现实生活面前,正是描述人们实践活动和实际发展过程的真正的实证科学开始的地方。"[1]要按照事物的本来面目及其产生情况来理解事物,不是把理论视为摆在一切之上的教条,不是脱离实践去争论思维的真理性,而是主张"人应该在实践中证明自己思维的真理性"[2]。恩格斯指出:"原则不是研究的出发点,而是它的最终结果……不是自然界和人类去适应原则,而是原则只有在符合自然界和历史的情况下才是正确的。"[3]"我们只能在我们时代的条件下去认识,而且这些条件达到什么程度,我们就认识到什么程度。"[4]尊重实践,一切从实际出发,以科学精神、科学态度来对待自身,这就从根本上为"活的灵魂"奠定了存在的依据。

马克思主义的创始人,一方面对自己的学说持有严谨的科学态度,总是在对人类的全部历史进行考察,对各种理论观点之审视批判的基础上对现实问题做出论断;另一方面,从不把自己的理论视为终结性的话语,恰恰相反,将其看作是需要在实践中不断验证的东西。恩格斯在《反杜林论》中曾经明确指出:坚持实践第一的观点"最可贵的结果就是使得我们对我们现在的认识极不信任,因为很可能我们还差不多处在人类历史的开端,而将来会纠正我们的错误的后代,大概比我们有可能经常以十分轻蔑的态度纠正其认识错误的前代要多得多"[5]。恩格斯还指出:"整个人类历史还多么年轻,硬说我们现在的观点具有某种绝对的意义,那是多么可笑。"[6]他们之所以对自己的学说有"不信任"之感,是因为没把自身的学说看作绝对正确的东西,而是以辩证的观点来对待。由此可见,马克思主义最宝贵的,不在于某些具体的理论内容,而在于一种科学精神,这种精神本身就具有科学方法论的意义。

---

[1] 《马克思恩格斯选集》第一卷,人民出版社,2012,第153页。
[2] 《马克思恩格斯选集》第一卷,人民出版社,2012,第134页。
[3] 《马克思恩格斯选集》第三卷,人民出版社,2012,第410页。
[4] 《马克思恩格斯选集》第三卷,人民出版社,2012,第933页。
[5] 《马克思恩格斯选集》第三卷,人民出版社,2012,第462页。
[6] 《马克思恩格斯选集》第三卷,人民出版社,2012,第492页。

马克思主义有活的生命感,就在于它有自我更新的精神内涵。它要求人们不断地检验、修正、发展、完善或更新理论,而不是将其奉为神圣的教条,因此它也充满着历史感。真正的科学方法论必然是科学精神的体现,而科学是在一连串的错误和试错中发展的,革命精神是科学的本质特征之一。考察科学发展的历史,可以清楚地看到,人类的认识总是在继承并纠正前人已有成果的基础上发展的。没有任何科学成就是一下子从天上掉下来的,它必然包括不可分割的两个方面:继承和批判。不仅是科学,考察全部的人类历史,也会明晰地看到,历史不是直线展开的,而是弯弯曲曲的、螺旋形发展的。总是有后者对前者的继承和发扬,也总是有后者对前者的批判和扬弃。没有错误,就不可能有前行的路。老子有句名言:"反者,道之动。"如果我们把"道"理解为行走的"道",那么行走的运动,必是两种相反相成的力量交互作用的结果,前行,就意味着两种力量的交错运动。这就是辩证法所阐释的原理。

马克思、恩格斯关于他们的理论将来也会被后人大幅修正的科学预见,是一个重要的方法论启示。它将我们的思维引向一个无限的、开放的未来,而这是以人类实践为基础的认识运动。在马克思主义创始人看来,根据人类以往的全部经验,每个人的思维所能够达到的都是有限的认识,需要改善的比之不需要改善的要多得多。"今天被认为是合乎真理的认识都有它隐蔽着的、以后会显露出来的错误的方面,同样,今天已经被认为是错误的认识也有它合乎真理的方面,因而它从前才能被认为是合乎真理的。"[1]马克思主义首先从根本上来说,就是一种科学的方法论,它向我们昭示:什么是科学真理,这是要由实践来验证的。是不是马克思主义,也是要由实践来决定的。恩格斯曾经指出,俄国人,不仅是俄国人,不要生搬马克思和他的话,而是要根据自己的情况像马克思那样去思考问题。只有在这个意义上,"马克思主义者"这个词才有存在的理由。[2]马克思主义创始人极为高明的地方,就是清醒地意识到,机械模仿、照抄照搬必将失去生命和生境。富于创造性和自我批评的精神,在不断自我更新的机制中找到自己的永恒归宿,才能成为"活的灵魂"。

---

[1] 《马克思恩格斯选集》第四卷,人民出版社,2012,第251页。
[2] 《智慧的明灯:回忆马克思恩格斯》,中央编译局编译,人民出版社,1983,第91页。

当代西方出现的新马克思主义思潮,也是需要关注的。新马克思主义也称为当代马克思主义,它与西方马克思主义并不是同一个概念。按照中西学界的共识,一般把以格奥尔格·卢卡奇(Szegedi Lukács György Bernát)、卡尔·柯尔施(Korsch, Karl)和安东尼奥·葛兰西(Antonio Gramsci)为代表的,产生于西欧地区、区别于苏俄马克思主义、具有批判性的马克思主义思潮称之为"西方马克思主义"。它发展至法兰克福学派达到极盛,而后再到存在主义、结构主义的偃旗息鼓,到了20世纪70年代许多激进的西方马克思主义学派都退出了历史舞台。西方马克思主义是一个特殊的称谓,并非泛指一切西方的马克思主义思潮或流派。从20世纪70年代末开始一直延续到现在的西方马克思主义哲学诸形态,如分析的马克思主义、生态的马克思主义、后现代主义的马克思主义、后马克思主义、市场社会主义、女性主义的马克思主义、新批判理论、法国的批判主义等,则是在狭义的"西方马克思主义"之后产生的西方新马克思主义诸流派。从广义上说,新马克思主义仍属于西方马克思主义范畴。还有学者认为,西方马克思主义尽管流派纷呈,科学主义与人道主义并杂其中,但其核心问题是西方的现代性问题,而20世纪70年代后,由于受到后现代主义或后结构主义思潮的冲击,西方马克思主义的议题转向后现代领域,是对现代性的反思、批判和质疑,于是才产生了"后马克思主义"或"晚期资本主义的马克思主义"。此外,20世纪90年代全球化问题的凸显,更使得西方的马克思主义研究呈现出不同于以往的形式和特点,如对生态问题、全球化问题、全球争议问题的关注。在这种情况下,很多学者认为狭义的"西方马克思主义"已经"终结"于20世纪70年代。当然,对西方马克思主义概念和范围还存在很多争议,它反映了相关学者对西方马克思主义发展史中的"断裂性"与"连续性"的不同认识。但一般都认为20世纪70年代是西方马克思主义发展史上的一个重要分水岭。20世纪的后30年,西方社会的剧烈变动和冷战后全球化进程,使得西方马克思主义研究学者开始对传统马克思主义、"现实社会主义"进行反思和总结,并对处于"后现代化"过程中的西方资本主义制度和价值观进行了以"解构、多元、异质"等为特征的文化批判和理论颠覆。这种具有"后现代取向"的、多元的马克思主义思潮因此应运而生。

前期的西方马克思主义流派强调无产阶级意识、哲学批判、文化领导权对于实现社会革命的重要作用,坚持马克思主义基本原理,并在肯定唯物史观重要作用的基础上补充和丰富了马克思主义理论。而具有后现代取向的马克思主义则明显更为激进和"叛逆",他们厌烦了马克思主义的宏大历史叙事,质疑和批评马克思主义的"经济决定论""科学主义"和"历史目的论"色彩,注重社会的微观基础,主张从个人出发研究资本主义后工业社会中现代人生存状态所表现出的各种新异文化现象。因此有与马克思主义"断裂"或"告别"的意义,雅克·德里达(Jacques Derrida)称是通过"哀悼"马克思主义的方式来使马克思主义的幽灵重新显形、在场。后期的新马克思主义的主要特点:一是受后现代主义影响,以解构、多元、异质、碎片化为特点向现代哲学提出质疑和挑战,其中产生较大影响的是米歇尔·福柯(Michel Foucault)和德里达;二是回归个体生活世界,个体在当代资本主义社会中遭遇到的诸多困境——社会控制、意识形态的质疑、消费异化、种族和性别歧视等——都成为人们反抗和批判资本主义社会的现实基础;三是立足全球,以一种国际化、全球化的视角审视、反思和探讨全球化时代的社会问题和国际正义格局,发展模式、南北差距、贫富悬殊、移民问题、生态问题、国家主权、全球治理、文化冲突等都是其所关注的问题;四是突显政治诉求,在新自由主义盛行、马克思主义面临危机、左翼日益消沉和迷茫之时,西方新马克思主义者突显了政治相对于经济的积极作用,主张展开各种激进民主和反抗统治的政治活动,试图提出一种非阶级的、去总体化的、多元的、激进的民主政治方案。

总的来说,西方新马克思主义既秉承了马克思主义理论中对资本主义社会进行批判的精神,也继承和发展着马克思主义理论中的某些部分,同时还对未来的理想社会抱有同马克思一致的价值观,努力寻找着替代资本主义社会的未来社会主义方案。德里达说:"不能没有马克思,没有马克思,没有对马克思的记忆,没有马克思的遗产,也就没有将来:无论如何得有某个马克思,得有他的才华,至少得有他的某种精神。因为这将是我们的假设或更确切地说是我们的偏见:有诸多个马克思的精神,也必须有诸多个马克思的精神。"① 马克思主义作为一份世界遗产,像幽灵一样已经异质化为多种马克思主义。但是无论如何演变,只要它们具备上

---

① [法]雅克·德里达:《马克思的幽灵:债务国家、哀悼活动和新国际》,何一译,中国人民大学出版社,1999,第21页。

述所列出的一些基本特征,就可以将这些多元的新马克思主义形态归入"马克思主义哲学形态"发展史中。

　　以上重点讨论了认识论与方法论体系,教育文化研究还会用到一般的具体方法如归纳与演绎、分析与综合、历史与逻辑、比较研究等科学思维方法,以及搜集资料的实证研究方法,如人类学的田野方法等,这里不再赘述。但须提及的是中国传统哲学方法论。国学经典中许多经典名句,表达了深刻的思想,或者揭示一个原理,"以通神明之德";或者立象寓意,"以类万物之情"[①]。深刻精辟,蕴涵丰富,具有阐幽发微、通达真理的认识论和方法论意义。其对于阐释按照中国传统思维方式构建起来的心理和精神文化系统,具有独特的适用性和极强的解释力度。我们探讨教育文化原理,就是要发现"本原"之理。来自文化之根的原理,是后文重点讨论的内容。

[①] "以通神明之德,以类万物之情",语出《周易·系辞下传》。

第二章

文化理解

　　文化理解是教育文化研究的基本前提,这一概念有时指来自不同源头、有不同生产和生活方式、有自己独特的精神家园和发展历史的人类种群之间通过交流、碰撞达到理解与共识,这是不同文化之间的相互理解。还有另一种层次的文化理解,即对广义的人类文化的理解。当今人类相对于自然的生存状态是文化过程的结果,它来自自然,又超越自然,蕴涵着人类的共同经验。这个意义上的文化理解,是不同文化之间相互理解的基础,也是构建人类命运共同体的终极关怀所在。教育文化原理的探究,是以后一种层次的文化理解为逻辑起点的。

一、人与文化

　　人创造了文化,文化也创造了人,文化与人类并生。从一定意义上说,正是由于文化,人才成为了人。

　　长期以来,人们普遍认为,制造工具、有目的劳动,还有后天习得性是人类所独有的,据此在人与动物之间划出严格的界限,从而使人与自然区分开来。这种认识源自一种简单化的思维方式,它使人们将整体关联的世界进行分解——由整体到部分、由连续到离散,人类思维就穿行于连续与离散的永久矛盾之中。恩格斯在《自然辩证法》中指出:"僵硬和固定的界线是和进化论不相容的——甚至脊椎动物和无脊椎动物之间的界线也不再是固定的了,鱼和两栖动物之间的界线也是一样。鸟和爬行动物之间的界线正日益消失。"[①]"辩证的思维方法同样不承认什么僵硬和固定的界线,不承认什么普遍绝对有效的'非此即彼!',它使固定的形而上学差异互相转移,除了'非此即彼!',又在适当的地方承认'亦此亦彼!',并使对立的各方相互联系起来。这样的辩证思维方法是唯一在最高程度上适合于自然观的这一发展阶段的思维方法。"[②]恩格斯还有关于动物能够使用工具的论述:"有些猿类用手在树上筑巢,或者如黑猩猩甚至在树枝间搭棚以避风雨。它们用手拿着木棒抵御敌人,或者以果实和石块掷向敌人。"[③]由此来看,人类文化形态的发生,与人类由之而走出的动物行为,有着不可割断的连续性。

制造工具并不是人类特有的,有目的的劳动也不是动物所不具有的,这些已为越来越多的科学发现所证实。来自"古人类学研究第一家族"的人类学家路易斯·利基(Louis Leakey),于1959年5月在坦桑尼亚的Olduvai Gorge发现的"东非人"Zinjanthropus,是一种介于猿与人之间的动物,其生存年代距今约200万年,它能直立行走,且骨骸周围有用砾石制成的小型工具。它可以用来说明:动物是能够制造工具的。最近的研究证明这一能力在现代类人猿中几乎普遍具有,其中黑猩猩表现得最为出色。利基的助理秘书、英国动物学家珍妮·古道尔(Jane Goodall)以出色的观察记录生动展现了动物制造工具并用于特定目的的行为。[④]还有更多的研究表明动物还能制造更为复杂的工具。只是关于动物能否制造"工具的工具",尚未有足够的证据。恩格斯所说的"最粗笨的石刀"[⑤]就是这类工具。木质的工具可能早于石器,能用石器来砍削木棒应是更高阶段的事情。但就工具的制造和使用来看,所谓人和动物的界限,确实很难判然分明。

---

① 《马克思恩格斯选集》第三卷,人民出版社,2012,第909页。
② 《马克思恩格斯选集》第三卷,人民出版社,2012,第909—910页。
③ 《马克思恩格斯选集》第三卷,人民出版社,2012,第989页。
④ 郑开琪、魏敦庸:《猿猴社会》,知识出版社,1982,第113—114页。
⑤ 恩格斯曾经指出:"人类社会区别于猿群的特征在我们看来又是什么呢?是劳动","劳动是从制造工具开始的"。他还提出了另一个论断:"任何一只猿手都不曾制造哪怕是一把最粗笨的石刀。"参见恩格斯《劳动在从猿到人的转变中的作用》,载《马克思恩格斯选集》第三卷,人民出版社,2012,第988—998页。

埃里克·詹奇(Erich Jantsch)在《自组织的宇宙观》一书中曾经谈到，非口语的自我表现也是文化的形式之一，它在动物中也存在。人们只要见过澳大利亚北部严格的一夫一妻制的伯格鸟的优美婚礼舞蹈，海豚的可爱游戏或者野马的优雅奔腾，就不会怀疑这种自我表达中也包含着文化。它甚至比遵循逻辑程序宣读的论文更接近人类的艺术。①意识归根结底是大自然的产物，因此它不可能只为人类所独有。欧文·拉兹洛(Ervin Laszlo)在《用系统论的观点看世界》一书中指出：可以肯定，你的狗和我的狗都有意识。它感到疼痛、饥饿和渴，还有交配的欲望；它能感受到快乐和悲哀，因为一般来说，它是有内心活动的。可是，在另外一个意义上，意识不但可以指具有感觉能力，而且还可以指体验到自己具有感觉的能力。②

文化曾被认为是专属于人的后天习得性所致，但学习的行为可以在许多动物中发现。日本九州岛上的猴群会将土豆在海水里漂洗之后再吃，这样做比沾满泥土的土豆味道好得多。这种小本事并非来自本能，而是来自一只年轻的雌性猕猴的偶然发现。尝到了甜头的这只猴子，有意无意地将这个发现毫无保留地传授给了其他猴子。不久，除了几只抵制变化的老猴外，整个猴群都学会了这一招。③当然，这种技能最后遍及了九州岛所有的猴群，也不足为怪。这件事情颠覆了生物学中的传统观念，被称为"动物界的文化传播"。动物后天习得的现象在自然界中非常普遍。母雪豹用活捉的野兔来训练幼豹捕猎，鸟类训练雏鸟学飞都是明证。

理查德·道金斯(Richard Dawkins)在《自私的基因》一书中，是在"科学"的意义上使用"文化"一词的。他认为"文化传播并不为人类所独有"。他引用詹金斯(P. F. Jenkins)提供的新西兰岛上的黑背鸥的例子来证实他的观点。这是一种极善于歌唱的鸟类，能唱出九支曲调完全不同的歌曲，而每只雄鸟只能唱这些歌曲中的一支或几支，而这些鸟又根据所唱歌曲的不同而分为不同的群体。通过对父子两代所唱歌曲的比较，发现歌的曲式不是遗传下来的。年轻的雄鸟往往是通过模仿，将邻近的不同群体的歌曲学会，这种情况与人类的语言学习很相似。詹金斯通过观察发现，新歌的产生体现在音调高低的改变、音调的重复、一些音调的省略以及其他歌曲的一些片断的组合等，新曲调的歌是突然出现的，它在几年之内可以稳定不

---

① ［美］埃里克·詹奇：《自组织的宇宙观》，曾国屏等译，中国社会科学出版社，1992，第195页。
② ［美］E.拉兹洛：《用系统论的观点看世界》，闵家胤译，中国社会科学出版社，1985，第77页。
③ 朱晶：《"它"还是"他"？——动物界的文化》，《世界博览》2007年第11期。

变,而且能准确无误地传给新一代歌手,从而形成唱相同歌曲的显明一致的新群体。詹金斯把这种新歌的起源称作"文化突变"(cultural mutations)。①

认为文化为人类所独有,是一种狭义的文化理解。将文化看作是人与动物相区分的重要标志,这种认识使我们把文化与自然的本质相对立。将文化单纯归结为人类智力或精神的产物,也就是把自然驱逐出人类社会,也可以反过来说——把人类从自然中驱逐出去。达尔文(Charles Robert Darwin)早在《人类的由来》一书中指出:在智力方面,人与高等哺乳类动物之间并没有根本的区别。从感性知觉、记忆、模仿、注意力、情绪、想象、审美、学习、预言、推理直到使用和制造,人类和低于人类的动物之间只有程度上的差异,并无本质差别。而怀特(Leslie A. White)在《文化的科学——人类与文明研究》一书中提出并捍卫他的观点是:"在人类心智与非人心智之间存在着根本的区别;这种区别是性质上的区别,而非程度上的不同;至少对比较行为科学来说,这两类心智间的区别具有最为重要的意义;人使用符号,此外再无其它生命种系使用符号;一种有机体或则具有使用符号的能力,或则没有这种能力,不存在任何中间阶段。"②尽管存在着如怀特所说的把最低级的蒙昧人与最高等的猿猴分隔开来的"智力鸿沟",人具有其他动物所没有的能力,但像使用符号这样的能力,只是人在发展到后来阶段才出现的,它不是一开始就有的,也不是突然从天上掉下来的,而是在一个漫长而连续的形态发生过程中逐渐形成的。这就是说,"鸿沟"只是人与非人当前存在的状态,至于两者之间的分岔究竟发生在哪一刻,是谁也无法说清楚的。

许多新的科学发现足以证明人类是在一个文化过程中成为人类的。而个体,无论从心灵到肉体,从遗传素质到后天习得,无不是文化的创造物。按照传统的说法,智人阶段就是人类脱离动物的那个关节点,从此人类跃迁到一个前所未有的高级阶段,以其优越的智慧创造出技术、语言、艺术、社会等文化形态。然而,非要说清"先有人还是先有文化"的问题,无疑就像那个"先有鸡还是先有蛋"的问题一样永远无解。费尔巴哈有个人所熟知的说法:人是人的作品,是文化、历史的产物。汤因比的《历史研究》也有句名言:人本身就是历史的产物。然而,我们也确

---
① [英]R.道金斯:《自私的基因》,卢允中、张岱云译,科学出版社,1981,第264页。
② [美]莱斯利·A.怀特:《文化的科学——人类与文明研究》,沈原等译,山东人民出版社,1988,第25页。

然知道,人类是从自然中涌现出来的,说人是"自然的产物"也是顺理成章的。当我们将两种不同的说法放在一起的时候,难免有迷惑之感:到底是"自然的产物"还是"历史、文化的产物"? 看来,偏执任何一端,都可能带来问题。从这种逻辑陷阱中振拔出来,得靠"形态发生学"所提供的思维路径,由此出发,我们能看到生命系统是如何在一种动态的关联中共同发展的,从而能够认识自然过程和文化过程是如何在几百万年的漫长时间里共同创造了智人的。美国人类学家格尔茨(Clifford Geertz)说"每个人有生日,而人类没有生日"[1]。用"形态发生"的过程思想,才可解读这句话中蕴含的深意。柏格森认为生命的本质特征就是"绵延","生命从起源开始,就是同一个冲动的延续,它分成了各种不同的进化路线"[2]。绵延意味着中间没有断点,科学意义上的复制、遗传、变异都可说明生命系统的连续性。人与动物的区别,是一个漫长的、没有断点的连续发展过程,我们永远找不到那样一个端点,一个分水岭,从那里开始,人不再是非人。美国人类学家爱德华·霍尔(Edward Hall)也曾表达过这样一种认识:在人作为产生文化的动物而发挥作用的现在与既无人也无文化的过去之间没有间歇。在远古和现今之间有着不停顿的连续性,因为"文化是有生物学基础的生物活动"。[3]

上述论证,意在阐述这样一个观点:文化说到底,还是一个自然过程。我们今天称为"文化"的各种事物,尽管与文化的初始形态大相迥异,但终不能否认文化是从自然中涌现出来的这个事实。可以说,"文化创造了人"与"劳动创造了人"具有同样的合理性。"文化"与"劳动",无论从形态发生学还是从逻辑思路上说,都先于人的出现。也许更为合理的说法是"共创说",人与文化有双向互动的关联性,是共生和共创的生命系统。关于文化是一种生命系统的观点后文有详细的阐述。

二、文化源头

人与动物同源,一同从自然的深处走来,走着走着,逐渐分离,各走各的道,分

---

[1] 转引自[法]埃德加·莫兰:《迷失的范式:人性研究》,陈一壮译,北京大学出版社,1999,第41页。
[2] [法]柏格森:《创造进化论》,肖聿译,华夏出版社,2000,第49页。
[3] [美]爱德华·T.霍尔:《无声的语言》,刘建荣译,上海人民出版社,1991,第39页。

别朝不同方向进化,差距越来越大,以至于今天,人们可以轻而易举地根据一些重要特征将人与动物区别开来。从哪儿开始分化的、什么原因促成了分化、为什么灵长类中只有一支进化成了人类、而其他的种类却停留在原来的状态或缓慢地进化着?人类一直试图解开这个谜。

考察人类发展的历史使我们了解到,人类是在死亡与迁徙的大涨落中不断完善起来的物种。摧毁与建构并存的大自然,成就了适应动态变化的种类。在自然界诸多物种中脱颖而出进化成为"人"的这种生命系统,有着一些不同寻常的特点和境遇。这种特点就是,与具有特定适应性的物种不同,人类的个体在构造上具有极大的不完善性和非特定性,并能通过与环境的交流互动进行整合性的重构,实现后天的不断丰富、完善和发展。环境的变迁为这种适应性变化提供了条件。恩格斯在《劳动在从猿到人转变过程中的作用》中提到,在好几十万年以前,在热带的某个地方,生活着一种高度发展的类人猿,他用一些直觉的形象描绘了这些猿类是如何完成了从猿到人的第一步转变的。"究竟是什么因素促使南方古猿脑子扩大,并逐渐获得直立行走和制造工具的能力,从而向人属的方向转化的呢?"法国古人类学家科庞(Yves Coppens)以"东边的故事"为题描绘了这种发展的模式,指出1200万年前东非大裂谷地带,持续的地质构造力量使早期猿类的生存环境发生了变化,从而为人和猿的分支进化提供了条件:"大峡谷西部的群体生活在湿润的树丛环境,最终成为现代的非洲猿类。而大峡谷东部的群体,为了适应开阔环境中的生活,发展了一套全新的技能(两足直立行走、解放上肢、开始使用和制造工具),从而经过南方古猿向人属方向转化。"[①]循着人类祖先的足迹,我们不难想到,天地系统的微小扰动,会引起生物世界中革命性的变化,在灭亡与迁徙中,一些物种产生并发展起来。人类最早的足迹发现于因气候变化而干旱起来的东非。要么是这些灵长类离开了树木,要么是树木离开了它们,人类进化的步伐在森林和草原的边缘地带展开。这个分岔点是决定人类命运的关节点。于是人类的产生以环境的灾难、遗传的变异和社会的分裂作为序曲。人类从无到有、从弱到强、从小到大的演化过程,受自然界摧毁与建构的根本法则所支配和控制。没有恐龙的灭绝就没有哺乳动物的繁荣,没有生存环境的巨变就没有走向人类的

---

① 刘武:《寻找人类祖先的足迹:南方古猿》,《科学》1999年第4期。

猿群。在生命系统的发育过程中,大小强弱的变化中隐藏着大自然最为深邃的秘密和惊人的奥妙。

人类不同于其他灵长类的进化,还有另外一些因素,正是这些因素导致了人与动物的分化。动物在接近10亿年的漫长时期中是仅仅通过突变和自然淘汰而进化的。而从猿进化为人类,是短短的1400万年的瞬息时刻发生的事情,这个时间显然发生了一些重要的变化,猿类的大脑进化出了非遗传性的继承和演变系统,开始有了我们今天称为"学习"的行为模式。这实际上是一些灵长类普遍具有的习得性行为,人类早期这种习得性行为越来越多,并且由一些有意识的传递活动得到强化。学习是生命系统沿着最近的通道延伸拓展的基本模式,是一个普遍的法则。善于学习的种类能获得更多适应性生存的机会。学习行为使具有存在价值和意义的行为模式一再被复制,从而得以流传并不断被新的经验补充完善。这或可用来解释最初一些简单行为的文化意义。在初始条件下,"文化"就从有意地存留那已经存在的东西开始,有了最初的形态发生。在此意义上理解的"文化存在",具有本源的意义。

人类进化过程是遗传、环境、大脑、社会和文化的相互作用产生的复杂的多方面的形态发展过程。狩猎活动与游戏中孕育了原初形态的文化。动物的游戏,常常是以狩猎为主题,成年动物与幼年动物之间的嬉戏,实质是一些生存策略的信息传递过程,"学习"的行为模式在这个过程中发生并不断得到强化。专心、顽强、好斗、勇敢、狡猾、施诡计、设陷阱、做埋伏等技巧的传递与训练,可看作教育的最初形态,其手段的运用与大脑结构的变化之间存在着必然联系。这些活动在促进人类大脑结构与功能的进化上具有重大的意义。有科学家观察到,野生的灵长目动物经常会有意识地为自己的同胞布一些迷惑阵,而它们这一恶行的发生频率直接与其大脑皮层的平均大小相关。例如,一种非洲产的丛猴和狐猴大脑皮层体积较小,所以它们的行为也相对"怯懦"。而那些经常在邻居和同胞之间耍花花肠子的猕猴和大型猿猴(如大猩猩、黑猩猩、倭黑猩猩)则拥有相对较大的大脑皮层。那些使用伎俩多的猿群,大脑结构也就越复杂,而那些体质弱小的比那些强大的更多使用计谋。灵长类动物将自己的"智慧"用于相互欺骗及满足个体利益之中,这种策略难以简单地归结为本能,桁鸟装作受伤来吸引捕猎者并将之引离雏鸟,这种骗术在许多动物甚至不那么高等的动物中很常见。灵长类只是更为复杂和多样化,而走向人类的这一支,习得性行为及其我们所称为"文化"的那些东西得到突出的发展,成为人类进化过程中的一个动因。

正是在以弱小对付强大这样一些事件上我们更多地观察到动物的"智慧"。人类由野蛮走向文明的进程,本质特征就体现为以"柔弱胜刚强"(《道德经》第三十六章),以"文德"代"武功"。最原始的"文化",也许就是从越来越多地依靠精神力量开始的。靠"武力"和"霸权"摧毁事物的种类,违反大自然的生命法则,而"文"从本质上体现着自然之美,以这种方式生存的种类,能有更多的生存机会也就不足为怪了。

有一个值得深思的现象是人类进化的速度并不均匀,而是以很高的加速度演进,人类的大脑因日益发达而走上发展的高速路。脑量增加是进化的一个重要标志,一些重要的数据如下:生活在距今600万~700万年前的托麦人,其脑量与黑猩猩接近;距今440万~150万年前的南方古猿,其颅容量为400~530毫升;距今250万~160万年前的能人,颅容量为510~752毫升;距今170万~20余万年前的直立人,颅容量为600~1251毫升,平均为1050毫升左右;距今20万~10余万年前的早期智人,颅容量为1100~1500毫升;距今10万~3万年前的晚期智人,在世界各地都有所发现,颅容量为1300~1750毫升。我国更新世晚期智人山顶洞人的颅容量为1300~1500毫升,柳江人的颅容量为1400毫升。人类脑量增加是新结构所造成的,而新结构是处理信息的场所,符号化功能与之密切相关。

在从动物到人的演化过程中,沿着大脑日益复杂化的方向上发生的生物突变,为文化的发展准备了条件。人化自然是从人的身体的自然开始的,确切说,是从大脑开始的。诺贝尔奖得主、澳大利亚生物学家约翰·C.埃克尔斯在其《脑的进化》一书中指出:"在过去的4万年里,人类的生物进化已停滞于静态。7万年前就已定型了的现代人脑为文化发展提供了极大的潜力和动机。这不仅改变了人类的生活方式,而且也改变了整个地球的面貌。文化进化从而取代了生物进化。"[①]脑的进化中积累的生命信息、人类特殊的境遇以及还有许多尚未被人们认识到的因素的综合作用,导致了人类的涌现。人类起源问题中蕴藏着许多我们永远无法

---

① [澳]约翰·C.埃克尔斯:《脑的进化——自我意识的创生》,潘泓译,上海科技教育出版社,2007,第41页。

解读的大自然的奥秘。人类为自身理性所限制,身处特定的时空关系之中,对于多维的宇宙缺乏洞察能力是显而易见的。人类已有的理性让我们看到的是它能够让我们看到的,在它的解释力度所能及的范围之外,我们一无所知。

在人从动物刚刚走出的数百万年时间里,人类的新皮层的进化速度与其他灵长类差距不是很大,只是在最近的几十万年中得到了惊人的发展。其中,符号系统的运用是至关重要的。德国哲学家恩斯特·卡西尔(Ernst Cassirer)说:符号化的思维和符号化的行为是人类生活中最富于代表性的特征,并且人类文化的全部发展都依赖于这些条件,符号系统的原理,由于其普遍性、有效性和全面适用性,成了打开特殊的人类世界——人类文化世界大门的秘诀!一旦人类掌握了这个秘诀,进一步的发展就有了保证①。

三、文化概念及文化研究

文化的源头可以追溯至遥远的洪荒时代,人们不难想到,与这一概念相关的必然是一些简单的、低级的、零散的、偶然的事件。而今,文化的内涵无限丰富、包罗万象,人们使用的"文化"一词,也衍生出了无穷多的意义。它蕴含着高度的复杂性,在不同的语境中具有不同的含义。历史有多么悠久,文化就有多么深厚;世界上有多少人类种群,就会有多少种文化;有多少种文化,就会有多少关于文化的定义。我们先来看西方的文化概念。

英文"culture"来自拉丁语 colere(种植、培养),原意是开垦土地以收获农作物、树木和水果。"colere"同时还衍生出了另一个词"cultus"(崇拜),意指对于神的景仰和膜拜,这种同源关系使后来"culture"一词在"精神"意义上的延伸有了解释的根据。文艺复兴运动使"文化"一词有了更多的意义。1420年《牛津词典》中第一次通过隐喻引申了"文化"一词,但当时是含糊不清的。差不多到了16世纪,"文化"的真正转义——才智、举止的培养与锻炼,才引进到语言中来,开始摆脱"种植"等本义。

---

① [德]恩斯特·卡西尔:《人论》,甘阳译,上海译文出版社,2004,第35—45页。

"文化"这一概念作为专门术语,于19世纪中叶出现在人类学家的著述中。而同源的词cultivé,用来表述受过教育的、有教养的、熟悉文明生活中各种文雅习惯的人。"文化"(culture)和"有教养的"(cultivé)使用上有很大差别,后者一直未被作为"术语"使用。人类学家认为,所有民族,即使不是被视为有教养的民族,也都拥有文化。有教养的人,即从前的文人墨客或满腹经纶者,一直是指接受过所谓高等知识教育的人,他们是在智力上不同于多数同胞的佼佼者。当然,这是属于文化活动的结果,并不等于文化本身。

从表述农耕及对自然界生物的驯化培育引申为对人的品德和能力的培养,"culrura"这个词语符号所包含的信息不断增值,负载了更多的意义,从而能在更多的方面使用。而一个符号能在更多的场合使用,也表明了其获得的生命力。在表面看来极为不同的事物之间发现意义的关联,这是思想家们的创造。这种认识影响了诸多教育家。"文化"一词的转义和引申使不同文化背景的人产生共识。中国的教育家叶圣陶也说:教育像农业,而绝对不像工业。文化与教育之间的意义关联,使人们总是把有文化的人即"受过教育的人""有教养的人"等概念联系起来。虽然文化与教育在词源上有着千丝万缕的联系,但文化不等于传授知识,也不等于教育。

西方将引申来的"culture"一词作为不加限定词的独立概念使用,最早见于德国法学家兼外交家萨穆埃尔·普芬道夫(Samuel Pfeiffer)的著作,在他看来,文化生活和精神生活基本上是同义词。人类群体最重要的表现和成就,就是创造语言;语言是作为一个群体存在基础的一致性的象征;同时,作为交流手段,又是群体生活的必要条件。各个不同民族以各种不同的语言形式表达同一种思想、同一个理念。由于文化的作用人们才得以扩大他们的权利范围;确定所有权问题,决定物品价格,处理各种权力形式所包含的附属关系等等。文化是人的活动所创造的东西及有赖于人和社会生活而存在的东西的总和。[①]

后来的学者们对"文化"的认识和阐释就逐渐复杂起来。根据美国人类学家A.L.K.克罗伯(Kroeber)和K.克鲁克洪(Clyd Kluckhohn)的统计,1871—1951年的80年间,严格的文化定义就有164个之多。后来的法国社会心理学家A.莫尔新的

---

① 刘进田:《文化哲学导论》,法律出版社,1999,第36—37页。

统计资料表明,"70年代以前世界文献中的文化定义已达250多个"。①这本身就是值得深思的文化现象。每种观点都有自己的根据和理论背景,见仁见智,各有偏重。罗素在评价以往哲学家时指出:一个人的见解与理论只要是值得研究的,那么就可以假定这个人具有某些智慧;但是同时,大概也并没有任何人在任何一个题目上达到过完全的最后的真理。当一个有智慧的人表现出来一种在我们看来显然是荒谬的观点的时候,我们不应该努力去证明这种观点多少总是真的,而是应该努力去理解它何以竟会看起来似乎是真的。这种运用历史的与心理的想象力的方法,可以立刻开阔我们的思想领域;而同时又能帮助我们认识到,我们自己所为之而欢欣鼓舞的许多偏见,对于心灵气质不同的另一个时代,将会显得是何等之愚蠢。②关于对文化的理解与阐释有各种不同的视角和立场,国外有影响的学者对文化的理解,虽然不能圆满完善地表达文化的全部意义,但无疑对于文化理解都具有重要的参考价值。总的来看,广义的文化具有包罗万象的含义,涉及人类活动的一切领域,都可视为文化。

值得提及的是在关于文化的所有定义中,英国文化人类学的奠基人爱德华·泰勒(Edward Tylor)的说法影响最广。在《原始文化》(1871)一书中他提出:"文化,或文明,就其广泛的民族学意义来说,是包括全部的知识、信仰、艺术、道德、法律、风俗以及作为社会成员的人所掌握和接受的任何其他的才能和习惯的复合体。"③其实,这个外延性定义自身并不周全和完善,它只是列举了作为文化过程之结果的精神性的存在和对人的塑造,像器物这样的物质形态的文化,还有很多我们称之为"物典"的那些代表了以往时代文化最高成就的文物,显然也都是具有文化意义的物化形态,然而却不在泰勒视界之中。另外,文化概念也不仅仅指结果,还指过程本身。对文化的理解和阐释,不仅是要说明文化包含了什么,还应当回答"文化是什么"的问题。尤其值得提及的是,我们在后文着力讨论的"身体的文化"(详见第十一章),似乎全然没有进入泰勒的理论视野。

总的来看,关于文化的定义,基本上是西方话语体系的表述方式,有着西方话语体系固有的不足和先天的缺陷,那就是在给一个事物下定义的同时,就否定了

---

① 刘进田:《文化哲学导论》,法律出版社,1999,第36—37页。
② [英]罗素:《西方哲学史》上卷,何兆武、李约瑟译,商务印书馆,1963,第67页。
③ [英]泰勒:《原始文化》,连树声译,广西师范大学出版社,2005,第1页。

那些处在边界地带模糊不清的事物。那些亦此亦彼、可此可彼的东西，原本就是自然的本质，在人的思维中，它们被割裂和断开了。关于这一点，黑格尔(Hegel)欣赏斯宾诺莎(Spinoza)的一个伟大命题——"一切规定都是一种否定"，确定的东西就是有限的东西。确定自身就包含着否定，它的本质是建立在否定上的。因此，我们在思考任何一个关于事物的定义时，都要知道它的局限性，尤其是像"文化"这样的事物，将它局限于任何一种框架中，显然都是不足以体现它全部的丰富性的。

《中国大百科全书》社会学卷如此表述文化概念："广义的文化是指人类创造的一切物质产品和精神产品的总和。狭义的文化专指语言、文学、艺术及一切意识形态在内的精神产品。"①在哲学卷中则如此表述："广义的文化总括人类的物质生产和精神生产的能力、物质的和精神的全部产品。狭义的文化指精神生产能力和精神产品，包括一切社会意识形式，有时又专指教育、科学、文学、艺术、卫生、体育等方面的知识和设施，以与世界观、政治思想、道德等意识形态相区别。"②显然，在日常语言的运用中，所谓广义和狭义的文化，也难以囊括一切，不属于"能力"和"产品"的文化现象普遍存在，用"物质"和"精神"两个传统哲学概念，也远远不能说明问题。有学者在精神、物质之外，还加上了制度、习惯和行为方式等概念来表述文化，这也不过是体现了文化本质丰富性在不断展开而已，并非终结性的定义。

马克思从人与自然的关系出发，提出"人化自然"的思想，深刻地揭示出文化的本质。"人化自然"是客观的自然界不断进入人的生存世界的过程，是人的活动所涉及的客观世界对象化的过程。马克思指出："不仅五官感觉，而且连所谓精神感觉、实践感觉（意志、爱等等），一句话，人的感觉、感觉的人性，都只是由于它的对象的存在，由于人化的自然界，才产生出来的。五官感觉的形成是迄今为止全部世界历史的产物……一方面为了使人的感觉成为人的，另一方面为了创造同人的本质和自然界的本质的全部丰富性相适应的人的感觉，无论从理论方面还是从

---

① 中国大百科全书总编辑委员会《社会学》编辑委员会、中国大百科全书出版社编辑部：《中国大百科全书·社会学》，中国大百科全书出版社，1991，第409页。
② 中国大百科全书总编辑委员会《哲学》编辑委员会、中国大百科全书出版社编辑部：《中国大百科全书·哲学》，中国大百科全书出版社，1992，第924页。

实践方面来说，人的本质的对象化都是必要的。"①马克思所说的"人化的自然界"，从对象角度讲，是自然的人化；从主体角度讲，就是人的本质力量的对象化。文化是"人化的自然界"，或者说是"人类学的自然界""实践创造对象世界""通过工业形成的自然界""人的本质力量的现实""人的本质的对象化"等，是始终贯穿在马克思、恩格斯学说中的深刻思想。②马克思关于"人化自然"的思想，比泰勒的文化定义更深刻，它不仅是指经由人手改造过的外部世界，还包括作为文化过程之产物的人类身体及思想感情等，譬如"有音乐感的耳朵""能欣赏形式美的眼睛"，除此之外，还有体现着人同世界的任何一种关系——嗅觉、味觉、触觉、思维、直观、情感、愿望、活动、爱等，都是历史地形成的。总之，人的现实的一切，都是作为文化过程之结果的存在物。马克思关于"人化自然"的论述为我们理解文化提供了重要的思想基础和理论视角。而对文化的根本认识，还须回归文化之根。值得提及并深思的是，中国传统的文化观，与马克思主义有着深层次的一致性和亲和力。

关于文化研究，有必要指出的是，尽管说文化的源头可以追溯到没有文字的洪荒时代，甚至更远，直到从非人到人漫长的转变时期，然而，作为一个学科领域的文化研究却不过才有一两百年的历史，并且，这个领域的研究成果基本上都是西方的。当然，这主要是因为对文化的研究，是随着科学研究的广泛兴起而发展起来的。西方文化理论的形成与发展，与人类学和社会学研究密不可分。欧洲于19世纪下半叶出现了文化人类学，它是人类学进一步发展的产物。人类文化演进与体质的关系曾是关注的一个焦点。文化人类学很快从人类学中分化出来成为独立的研究领域，其中心任务是解释人类群体的文化行为，描述不同文化的特征，阐释其发展过程。对欧洲以外许多原始民族的习俗和生活做实地的调查是早期研究的主要内容。20世纪30年代以后，开始研究当代欧洲和美洲社会的文化现象，并试图解决人类生存和发展过程中的三大重要关系：第一，人与自然的关系；第二，人与人的关系；第三，人与自身心理的关系。

西方先后出现过多种研究文化的流派，最著名的如进化学派、历史学派、社会学派、功能学派、心理学派、结构主义、传播学派等。还可依照不同的标准列出诸

---

① 马克思：《1844年经济学哲学手稿》，人民出版社，2014，第237页。
② 张建云：《自然人化：马克思主义文化本质观及其当代意义》，《学术论坛》2015年第6期。

如符号学派、相对主义学派、工具学派、象征学派、存在主义学派等。名称本身在一定程度上体现着这些学派进行文化研究的视角和特点。一般来说，只要是已经成熟的理论体系，都会在社会学、人类学、文化学的领域中有自己独特的观点和看法，形成派别色彩。文化形态的发生与文化系统的发展与演进，总是与特定人类群体的生存状态密切相关。特定人类群体在特定时空中特定的生产、生活方式，决定了其文化形态所呈现的样式。社会、文化、人类这三种不同视角的研究，紧密地交织在一起，以至于各种学派，也都在三个领域相通。每种学说都有合理之处，但也都有一定的局限性。人类社会现象的研究不同于自然科学研究，后者可以在控制条件下进行，而前者的实验室是社会，社会系统充满着各种非线性因素的随机作用，实验往往不可能重复进行，还原论和决定论的经典科学范式难以奏效。

  人类文化是一个无限复杂的巨系统，对文化本质的认识和阐释，具有多维度、多向度和无限多样化特点，其复杂性远远超出了人类认知所能够达到的极限。文化过程的功能与作用也是多方面的，不可能全部估计到。但总的说来，从事文化研究的各个学派，都做出了有价值的努力。不同研究背景的学者从不同的视角阐释文化，都从不同的方面揭示了文化的本质。关注一下是谁、用什么方法、研究了什么、提出了什么观点和看法，对深刻认识文化本质和阐释文化原理，并获得方法论的启示是十分必要的。一些核心概念，如"文化相对论""文化生态学""文化丛""文化带""文化圈""集体无意识""原始思维""深层结构"等，都从不同的角度涉及文化系统的本质特征，对全面认识和阐释文化变迁具有重要的参考价值。

四、文化意义的新思考

  文化是不断生长着的生命系统，它向着未来时空全方位开放。随着人类社会的发展和人类生活的全面展开，文化的丰富性也在不断增长，文化的新质不断涌现，人们认识文化的视角也不断开阔，不断更新，从而对文化本质的认识也更为深入。前人的文化观念，已有的理论和见解，构成了我们认识文化、理解文化、阐释文化的思想基础，也即哲学家所说的"前见"。后人对文化的各种看法和说法无论多么新颖和独特,也总是在前人基础上的发展。有很多时候,新的解释也不过是换个说法而已。当然,新的说法也不是毫无意义的。这里我们也试图在已有文化理解的基础上,提出几点新的思考。

第一,文化进程是有价值导向的。与自然和谐一致,是人类文化的终极价值追求。人的本质力量的对象化即"人化自然",与"自然本质的人化",是同一过程的两个方面。人类文化所创造的精神和物质形态,与自然根本法则保持一致才能存在并被传承,违反自然根本法则就必然被自然所毁灭。人在使自己的本质得以实现的过程中,必须遵从自然规律,反过来,也只有依自然之"文"而化成的"人"的世界,才会为自然所存留,从而才会有文明的延续。人的世界里一切方面的有序化成,都在本质上体现了与自然法则的一致性。譬如,科学与知识的目的在于认识自然的复杂性,把握真实世界的脉络;政治上的公平与正义要以人为本,而人本的原理自有其天则为依据;艺术的真谛是和谐,大美美于野,"大乐与天地同和",违反了自然法则的艺术是不具有生命力的;经济的开发和利用要考虑可持续发展,对增长极限的觉悟是正确处理人与自然关系的出发点;宗教使人们相信:善待地球上一切生灵并放弃穷奢极欲的物质追求是最高目的所要求的;习俗则是将"与四时合其序"的生活及行为方式化民成俗。人类文化领域中的一切方面,始终是那些与自然保持联系的创造物存活下来。符合了自然法则的事物,自然能够因"存"而"在",它能够从无到有、由小到大、由简单到复杂、由低级到高级化生出丰富多彩的世界。反之,违反自然根本法则,脱离了自然,其最终结果就是被自然所毁灭。人类文明之所以具有连续性,正是因为其保存了对未来发展有价值和意义的东西。"执古之道,以驭今之有""继往开来",就是这个文化价值原理的经典表述。

第二,文化是一个过程,就是说,一切文化都在生成之中。"文化"就其"化"的本义来说,就是发展变化。这是一个发生学意义的理解。就文化的主体来说,它创造了文化,文化也在创造着主体自身。不仅人的文化心理和后天习得的知识和技能,还有诸如"有音乐感的耳朵"和"能欣赏形式美的眼睛",以及我们人自身很多具有社会功能的器官,甚至包括那些我们以往认为得自遗传的肢体的功能,也都是文化塑造的。并且,这些业已形成的具有了相对稳定形态的东西,也在与外部世界的关系中变化着,并且也在创造着新的形态。在这个过程中,文化发挥着一种选择作用,它使那些符合生命根本法则的形态得到保存并得以发展。人创造了精神和物质财富,也同时被精神和物质形态的创造物所改变。这正是马克思话语中的"对象化"所揭示的道理。对技术的依赖导致的人的形体及机能的萎缩和改变是反面例证,它导致了与文化的方向不一致的反向过程,本质上具有反文化的特征。文化的现实包含着以往所有的创造,也指向未来的发展。所有现存的文化形态都是由以往的文化传承来的,这是一个连续的没有断点的过程。没有天上掉下来的文化,而已有的也会以不断的变化获得适应性生存。稳定形态是相对的,变化是绝对的。

第三,文化的创造物包括作为"类"的存在物的人自身,都具有符号意义。它们负载着文化的价值追求,昭示着人的世界与自然的各种关系。符号化的文化创造物又参与到文化过程本身,影响着文化前进的方向。如泰勒等所提到的"知识、信仰、艺术、道德、法律、习俗和个人作为社会成员所必需的其他能力及习惯"等,都属于文化过程的创造物,它们都是文化过程在某个阶段形成的相对稳定形态,并不是自"人之初"就有的。它们被先前的文化过程所创造,又以符号化的功能影响未来的过程。从符号意义来认识文化,要从显性和隐性两种层面来透视。显性的文化见于可用语言表述和阐释的一切形态,而隐性的文化则需要从隐秩序来看。非语言的、情景性的习惯、生活方式等背后,都有着文化系统运作的隐秩序。在此意义上,符号的意义也需要拓宽,不仅是那些有形的、可识的形式,行为方式及诸如此类活动着和变化着的模式,只要具有相对稳定性,都可视为表征文化的符号。

第四,文化过程形成了从个体直到人类社会整体的多种不同层次的结构与秩序。在每一种层次上,相互作用的各种要素间,如果关系和谐即可由小到大、由弱到强自发形成更大的结构与秩序,不和谐则分裂、对立或解体。文化是一个巨大的复杂适应系统,系统内部有各种要素之间的相互作用,在外部联系上,主要体现在文化与自然环境和社会的政治、经济之间的相互作用和彼此适应的关系。自然界和人类社会一些难以理解的现象,如无形的手所操纵的人类社会的经济秩序、飞鸟顺应邻居的行为将自己聚集成群、生物体经常相互适应而得以共同进化,还有人类种群自发形成的文化模式等,都可用复杂适应系统的运行机制来解释。"在所有这些情形中,一组组单个的动因在寻求相互适应与自我延续中或这样、或那样地超越了自己,从而获得了生命、思想、目的这些作为单个的动因永远不可能具有的集成的特征。更进一步的是,这些复杂的、具有自我组织性的系统是可以自我调整的……最后一点,每一个这样自我组织的、自我调整的复杂系统都具有某种动力。"①文化过程能自发地形成结构与秩序,在此意义上,文化也可说是一个生态自组织系统。

第五,文化系统的生命特征,还体现在很多方面,如"文化基因"、"文化生境"、"复制"与"更新"等。生命机制是解释文化传承、文化传播与文化变迁的核心概念。文化之所以有连续性、特定时空环境中的整体性和适应性,都是生命力的体现。生命是没有断点的绵延之流,绵延就是进化,绵延意味着创造,由低级到高级,由简单到复杂。过去绵延到当下,当下又绵延地伸向未来。②文化也像有机生命系统那样是创新、是永不停息的创造。华夏文明演进的历程,典型地体现了文化系统的生命特性,后文对此有较多的讨论。

综上所述,我们把文化看作人类社会按照与自然和谐一致的方式由简单到复杂、由低级到高级的演进过程。这个过程不断化生出在精神、物质、制度、习惯等方面具有相对稳定形态的结构与秩序,它们被赋予符号意义并获得生命的功能,在不断变化的时空环境中,以自我复制和自我更新的方式发展。③

---

① [美]米歇尔·沃尔德罗普:《复杂:诞生于秩序与混沌边缘的科学》,陈玲译,生活·读书·新知三联书店,1997,第4—5页。
② [法]柏格森:《创造进化论》,肖聿译,华夏出版社,2000,第2—26页。
③ 倪胜利:《教育文化论纲》,重庆大学出版社,2011,第37—38页。

第三章
本土文化观

　　教育文化既是人类文化的组成部分,就必然地与主流文化存在着深刻的渊源关系。任何一种教育文化,都不可能脱离本土文化之根而独立存在。文化的连续性使一切的文化存在都与它经历过的全部的丰富性密不可分地关联着。本土文化观的历史考察,关乎文化自觉、文化自信,是教育文化研究必不可少的环节。本土文化观的核心在"文"与"化"的解读。西文的"culture"用"文化"来翻译,固然两者间有着共同的思想基础,但"文"与"化"在本土文化语境中有着更为深刻的含义。重返经典,回归文化之根,重新思考并发现本土文化的价值和意义,可进一步深化对文化的理解和阐释,并使中华文化的世界意义得以充分展示。

一、文脉与道统

　　本土文化的历史记忆可追溯到没有文字的遥远时代。"道沿圣以垂文,圣因文而明道"一语出自《文心雕龙·原道》。儒家梳理的道统,为我们认识华夏文明的演进路径,提供了一个逻辑理路。"有巢氏""燧人氏"以及许多口头流传的故事、古歌、民谣等,都是文字产生之前的文化存在。"传说"之所以能够代代相传,其文化价值和意义就在于它与后续文明有内在的关联性。典籍中记载的最早的关于"文"的意识或思想,与传说中的文明始祖伏羲有关。《尚书·序》曰:"古者伏羲氏之王天下也,始画八卦、造书契,以代结绳之政,由是文籍生焉。"①文籍按现在的理解就是文章典籍,但伏羲的时代,显然没有今人所理解的典籍。"籍"字的构成要素有"耒""昔""竹",其原生语境,与原始农耕有关,有"祖先种地的地方"之意,从"竹"则有"以竹简记载"之意。"文籍"当理解为"文"之始生。《尚书》和《春秋左传》都提到"三坟、五典、八索、九丘"②,在古人的词汇中,"坟"是比"典"更早的文化遗存。何谓"坟"?《礼记·檀弓》曰:"古也,墓而不坟。"在古人看来:"土之高者谓之坟。"《周易·系辞下传》曰:"古之葬者,厚衣之以薪,葬之中野,不封不树,丧期无数。后世圣人易之以棺椁,盖取诸《大过》。"看来,"坟"的出现是文明发展到一定阶段的产物。逝者有大坟,当非寻常之人。孔安国《尚书序》中说伏羲、神农、黄帝之书,谓之三坟,言大道也。"坟"具有文化记忆的功能,是个重要的文化符号。不管是田野里隆起的大土堆,还是人们内心矗立的"坟",都是一个符号。在没有文字的时代,"三皇五帝"之名能够代代相传,"坟"的作用功不可没。"典",它原指置于架子上的简册。《说文》:"典,五帝之书也,从册在丌上,尊阁之也。""丌"是供奉贵重物品的几案,尊之于"丌"上的册,自然是尊贵、紧要的书籍。传说中的"三皇五帝"之时当然不会有"书"供于几案之上,"五典"不过是传说中的"五帝"之"常道"而已。由此可见,本土文化之根,可追溯至"炎皞遗事""唐、虞文章"③。

"文"与"化"的意义关联,《周易·彖上传》有所表述:"刚柔交错,天文也;文明以止,人文也。观乎天文,以察时变;观乎人文,以化成天下。""人文之元,肇自太极"(《文心雕龙·原道》)。这是说,人文来自天文。天地不言,日月运转,大化流行,生生不息。由天地之文感悟天地之道,依循天地之道化成人的世界,即所谓"文明以止,人文也"。此处"文明"不是一个词,而是两个字。"文明"即真理彰显于天下,"以止"即举止有所依循和规矩。当行则行,当止则止,行止皆依理而定。人是天地间最有灵性的生命体,能感受万事万物并能依据对象世界的特点,从本质

---

① 姜建设注说:《尚书》,河南大学出版社,2008,第388页。
② 《尚书·序》:"伏羲、神农、黄帝之书,谓之'三坟',言大道也。少昊、颛顼、高辛、唐、虞之书,谓之'五典',言常道也。""八卦之说,谓之'八索',求其义也。九州之志,谓之'九丘'。"
③ (梁)刘勰:《文心雕龙》,郭晋稀注译,岳麓书社,2004,第4页。

上把握其规律,从而对自身做出合适的调整,以适应不断变化的时空环境。王弼注:"止物不以威武而以文明,人之文也。"①古人悉知以与"威武"相对的文明教化来裁人治物之道,这与后世人们所说的理性与精神文明是一回事。依天地系统运行之道制定礼法制度、伦理纲常,使人类社会秩序保持与自然根本法则的一致,则可周行不殆,生生不息。

"观天文以极变,察人文以成化"(《文心雕龙·原道》)说的是太皞伏羲"仰则观象于天,俯则观法于地,观鸟兽之文,与地之宜,近取诸身,远取诸物,于是始作八卦,以通神明之德,以类万物之情"(《周易·系辞下传》)的史迹。值得说明的是,伏羲为传说中的文明始祖,八卦之象是否为其所创制,尚未有历史的定论。儒家关于"人更三圣,世历三古"②的说法,是一种文化逻辑,并不等于真实的历史。然而,以八卦之象比类万物的先民占卜实际,积累了中华人类生存的知识、智慧、经验,经历了千百年漫长生存实践的打磨和检验,是不争的史实。这个巨大的历史文化存在,是符号化思维的开端,为后来逐渐发展完善起来的一整套中华思维范式奠定了思想基础。在历史事实与文化逻辑之间,虽然不能直接画等号,但合理的阐释对后续文明的演进,必然具有价值引导作用。倒推过来,后续文明之所以能够如此演进,恰能反证那些文化逻辑是与历史发展相吻合的。"仰观"与"俯察"的对象为自然界,中国古代先哲以矻矻不舍的精神,"探赜索隐,钩深致远"(《周易·系辞上传》),试图发现天地万物运作的根本道理。思考和探索的核心是"法""象",实质为天地之"文"。形态各异的万千事物不过是天地之道不同的表现形式,是宇宙法则在不同事物之上的体现。"在天成象,在地成形"(《周易·系辞上传》),鸟兽的"纹路",万物的"理路",就是古人所说的"文"。"文"是天地系统的一个根本特征,它"与天地并生"③,即是说,自有天地,就有其理路。《周易·系辞下传》:"物相杂,故曰文。文不当,故吉凶生焉。"物与物相交就会有"文","文"是事物相交呈现的形状。物与物之间的相互作用,会有各种方式,有合作,也有对抗,从而也会产生各种不同的结果。相交不当,则摧毁事物;相交得当,则成就事物。《文心雕龙·原道》中所谓"云霞雕色""草木贲华""林籁结响""泉石激韵",都是事物相交呈现

---

① (魏)王弼、(晋)韩康伯注:《周易正义》,孔颖达疏,余培德点校,九州出版社,2004,第245页。
② (汉)班固:《汉书》,马玉山、胡恤琳注析,三晋出版社,2008,第37页。
③ (战国)庄周:《庄子》,万勇译注,中华书局,2010,第31页。此处为化用。

的华彩文章,正所谓"形立则章成矣,声发则文生矣"(语出《文心雕龙·原道》)。"日月叠璧,以垂丽天之象;山川焕绮,以铺理地之形"(语出《文心雕龙·原道》),天地之法象,四时之变通,皆遵循着一定的路数。"宇宙""时空"以各种方式,展现了自然之文,或曰"天文"。"文"字表达的是自然的原本之理,它内在地蕴含着人的价值追求。

文化的连续性在中华文明演进的历程中有一以贯之的脉络,体现为一种"道统"。《尚书·尧典》:"曰若稽古,帝尧,曰放勋,钦明文思安安,允恭克让,光被四表,格于上下。克明俊德,以亲九族。九族既睦,平章百姓。百姓昭明,协和万邦。黎民于变时雍。""稽古"意为"顺考",这里意在点出尧帝不只是简单地遵循古人之道,而是经过考量和究索,方采取适宜举动。《尚书正义》曰:"能顺考校古道而行之者,是帝尧也。又申其顺考古道之事曰,此帝尧能放效上世之功而施其教化,心意恒敬,智慧甚明,发举则有文谋,思虑则能通敏,以此四德安天下之当安者。在于己身则有此四德,其于外接物又能信实、恭勤、善能、谦让。恭则人不敢侮,让则人莫与争,由此为下所服,名誉著闻,圣德美名充满被溢于四方之外,又至于上天下地。言其日月所照,霜露所坠,莫不闻其声名,被其恩泽。"这是说,帝尧曰"放勋",即"仿效"上世之"功",承继前人美德,实施教化。孔子说:"大哉尧之为君也!巍巍乎!唯天为大,唯尧则之。荡荡乎!民无能名焉。巍巍乎!其有成功也;焕乎,其有文章!"①尧帝恭敬节俭,明察四方,善理天下,道德纯备,温和宽容。他忠实不懈,又能让贤,其光辉普照四方,思虑至于天地。他能发扬才智和美德,使家族亲密和睦。家族和睦以后,又辨明其他各族的政事。众族的政事辨明了,又使诸部落协调和顺,从而使黎民百姓顺时变通而相互协调和睦。帝尧的功德,皆与其"文思""章法"密切关联。唐尧如此,虞舜亦然。《尚书·舜典》曰:"曰若稽古,帝舜,曰重华,协于帝。"这是说,舜也是顺考古道而行,"华"即为文德,"重华"是说帝舜文德之光华与帝尧重合,皆为圣明之光。《尚书正义》曰:"顺考古道之事曰,此舜能继尧,重其文德之光华,用此德合于帝尧,与尧俱圣明也。此舜性有深沈智慧,文章明鉴,温和之色,恭逊之容,由名闻远达,信能充实上下,潜行道德,升闻天朝,尧乃徵用,命之以位而试之也。"所谓"唐虞文章",由此可见。

---

① (宋)朱熹:《四书章句集注》,浙江古籍出版社,2013,第84页。

黄帝尧舜氏之后，禹汤文武周公孔子之学，无不循着先贤开辟的文明路径，继往开来。《大学》中提到："《诗》云：'穆穆文王，於缉熙敬止！'为人君，止于仁；为人臣，止于敬；为人子，止于孝；为人父，止于慈；与国人交，止于信。"文王形象，高雅端庄，睿智神明，那是由于承继了文明的成果，袭迹古人开创的文明路径，从而使文德蓄蕴，光华四射，溢于言表。"敬止"，即对前人开创的文明，无所不敬且安其所止之意。前文曾释"文明以止"，"文"既已彰显并昭示于天下，则上至君王，下至臣民，行止各遵其道。老子说："始制有名，名亦既有，夫亦将知止。知止所以不殆。譬道之在天下，犹川谷之于江海。"（《道德经》第三十二章）人不能想象，没有谷底、没有堤岸的河流，还是不是河流。正是有了河谷堤岸，水流才能绵延不息。这与"文明以止"讲述的是同一个道理。总之，中华民族人文演进的路径，遵循着一个前后相连的脉络，它来源于天地之道，肇始于先王时代。文明伊始，"黄帝尧舜垂衣裳而天下治"（《周易·系辞下传》），大道行于天下，人民以德相合。这个巨大的历史文化存在，只是到了孔子的时代，经由文化巨人之凝练和提升，才成为中华民族自觉的、一以贯之的道统意识。儒家有"三不朽"①之说，纵观历史，可以这样评说：黄帝尧舜"立德"，"汤武革命""立功"，孔老诸子"立言"，中华文明一脉相承，道统永续。

二、中华文化之魂

中华文化的精华在儒家和道家学说，老庄思想和儒家学说就是中华文化之魂。老子和孔子是中国的文化巨人，他们生活的年代，是中国历史上重要的文化转型时期，上古文明从这里开始升华，跃迁至更为高级的文明形态，形而上学成为中国思维的精神脊梁，中华文明趋于定型，知识阶层由"史"转向"士"，思维的逻辑由巫性转向理性，古老中国社会开始由混沌产生出有序结构。这就是西方话语所说的世界文明的"轴心时代"。在诸子百家竞相争鸣的文化繁荣时期，涌现出对中华文化走向产生了决定性影响的老庄学说和儒家经典。

---

① 语出《左传·襄公二十四年》："太上有立德，其次有立功，其次有立言，虽久不废，此之谓三不朽。"

(一)老子的文化精神

老子的思想是中国古代文化的产物,是历史悠久的华夏文明结出的硕果,是中华文化精神的重要组成部分。研究老子的文章专著浩如烟海,各种解读层出不穷。日本学者池田知久的新作《问道:〈老子〉思想细读》试图还原《老子》的真面貌。他从哲学思想、伦理思想、政治思想、养生思想和自然思想五个方面,挖掘老子思想的现代价值,很有见地。然而,这远不能穷尽老子思想的全部意义。事实上,在老子那里,"道"大而"不肖"[1],若要细的话,恐怕早已细不可支,无以支撑华夏精神脊梁数千年。老子所谓"大道"是全方位开放的,它展开了,可通达人类世界一切方面。一般来说,只要能使老子思想焕发出时代精神和生命力,让它活在当下的,都是有价值和意义的。只有运用历史唯物主义的认识论和方法论这个有力的思想武器,才能做到这一点。同任何伟大思想的产生一样,它也有历史和现实两个源头。现实指的是老子当时所生存的环境,春秋战国是一个大动荡、大变革的时代。老子思想的丰富性、深刻性和精神境界的超越性,正是基于各种思想的交流与碰撞,是那个时代所涌现出来的精华。而历史渊源,则指先于老子的圣人留下的遗训和道家的传统。如《道德经》第五十七章有直接引用圣人的话:"故圣人云:我无为,而民自化;我好静,而民自正;我无事,而民自富;我无欲,而民自朴。"

关于道家的文化传统,可追溯到传说中先王时代的"隐士",那都是些有道之士,老子开创的道家的源头就在那里。《庄子》里提到,尧要把他的位置传给许由的时候,许由觉得玷污了他的耳朵,他就跑到河边去洗耳朵。《诗经》也留下了隐士的踪影,"考槃在涧,硕人之宽"(《诗经·卫风·考槃》)[2]所歌即是隐居山林、自得其乐、不因世道改变而笃守其志的得道之人。这应该是典籍中记载的最早的关于隐士生活状态的描述。老子说:"古之善为士者,微妙玄通,深不可识。夫唯不可识,故强为之容:豫兮若冬涉川,犹兮若畏四邻,俨兮其若客,涣兮若冰之将释,敦兮其若朴,旷兮其若谷,混兮其若浊。""孰能浊以静之徐清?孰能安以久动之徐生?""保此道者,不欲盈。""夫唯不盈,故能蔽不新成。"(《道德经》第十五章)春秋以后这样

---

[1] 《道德经·第六十七章》:"天下皆谓我道大,似不肖。夫唯大,故似不肖。若肖,久矣其细也夫!"
[2] 书中引用《诗经》的句子出自《诗经》,梁锡锋注说,河南大学出版社,2008。后文只列篇名,不再做注。

的隐士很多。《论语》里提到的嘲笑过孔子的长沮、桀溺、接舆等人,视孔子为五谷不分、四体不勤的书呆子。而孔子对之也不以为然,认为"鸟兽不可同群"(《论语·微子》)、"道不同,不相为谋"(《论语·卫灵公》)。在老子和孔子的时代,那些隐士都生活在大国争雄的夹缝或边缘地带,那是统治相对薄弱的地方,像陈、蔡、宋、卫这些小国都是适宜隐士生存的环境。老子和道家的深根也就扎在这片土壤之中。

对老子思想产生重要影响的各种史迹之中,最值得提及的是《金人铭》。《孔子家语·观周》记载:

孔子观周,遂入太祖后稷之庙。庙堂右阶之前,有金人焉,三缄其口,而铭其背曰:"古之慎言人也,戒之哉!无多言,多言多败;无多事,多事多患。安乐必戒,无所行悔。勿谓何伤,其祸将长;勿谓何害,其祸将大;勿谓不闻,神将伺人。焰焰不灭,炎炎若何?涓涓不壅,终为江河。绵绵不绝,或成网罗。毫末不札,将寻斧柯。诚能慎之,福之根也。口是何伤?祸之门也。强梁者不得其死,好胜者必遇其敌。盗憎主人,民怨其上。君子知天下之不可上也,故下之;知众人之不可先也,故后之。温恭慎德,使人慕之;执雌持下,人莫逾之。人皆趋彼,我独守此。人皆或之,我独不徙。内藏我智,不示人技。我虽尊高,人弗我害。谁能于此?江海虽左,长于百川,以其卑也。天道无亲,而能下人。戒之哉!"①

与《金人铭》类似的话语和思想出现于多种典籍记载。由这些典籍记载可以感觉到《金人铭》与那个时代的历史经验之间的密切联系,它也昭示着那个时代由武力称霸到文化征服转变的历史必然性。

《金人铭》与《道德经》的关系也是显而易见的。老子当时身为东周的史官,不仅掌管着所有的史料,而且对《金人铭》也有极为深刻的理解。《道德经》中许多经典名句,都可在《金人铭》找到相对应的原句,例如:"多言数穷,不如守中";"人之所教,我亦教之";"强梁者不得其死,吾将以为教父";"是以圣人后其身而身先,外其身而身存";"是以圣人欲上人,以其言下之;欲先人,以其身后之";"知其雄,守其雌";"江海所以能为百谷王者,以其善下之,故能为百谷王";"天道无亲,常与善

---

① 王国轩、王秀梅译注:《孔子家语》,中华书局,2009,第91—92页。

人";等等。《金人铭》可以说是目前人们所知道的最古老的完整文献,对认识老子思想的文化之根无疑具有十分重要的意义。其作为文献的出处非常独特,记载于简帛竹书之上的文献,有可能被增删和涂改,而刻在铜人背上的东西,却是最为可靠的,它经历的年代也最为久远。由此可知,《金人铭》比任何最古老的文献都更为久远和可靠。并且,其为孔子亲自抄录,背景、时间、地点、人物、载体、内容等十分明确,是非常珍贵的文献,即使今天人们已无法一睹金人尊容,但它已经永久地镌刻在历史档案中。正是由于它的存在,揭示了老子思想的道统渊源。

老子的《道德经》中蕴藏着丰富的思想宝藏,这里我们特别关注《金人铭》与老子的《道德经》的关系,意在突出老子思想的文化意义。关于"强梁者不得其死"(《道德经》第四十二章),考古学提供了可靠的证据。大约公元前2000年,大河以东的晋东南地区,曾经辉煌一时的陶寺文化由盛转衰。陶寺古墓的挖掘,一方面发现了大量制作精美的彩绘木器、彩绘陶器、玉石器具以及"前铜礼器"群,足以证明陶寺的统治者的奢侈豪华,不难想象,这得需要多少人的劳动才能供养!另一方面,一些触目惊心的迹象也证明这里曾发生过一场暴力革命,这是陶寺社会底层对上层的暴力行动,数千年后的考古学家,面对那样的场面也不寒而栗。《何以中国:公元前2000年的中原图景》记载了那些令人发指的场面,并指出陶寺"革命"应当是迄今所知关于"水能载舟,亦能覆舟"古训的最早实例。① 可以推测,中国上古社会在由野蛮向文明过渡的历程中,此类事件屡屡呈现在历史背景之上。老子作为东周的史官,掌握大量的史料,对历史的教训理解最为深刻。强梁者靠武力称霸,多行不义必自毙。显然,老子反对暴力和杀伐,他主张守柔、守弱,"温恭慎德""执雌持下",将"尊道""贵德"(《道德经》第五十一章)视为"深根固柢,长生久视之道"(《道德经》第五十九章)。这实质上正是文化原本应有之义。我们在前文"人类文化的形态发生"一节,曾提到"弱胜强""柔胜刚"的行为方式在人类进化过程中的意义。华夏人类演进到先王时代,从中原到蛮夷诸部落,正处在由野蛮向文明过渡时期,是由部落联盟向国家雏形发展的阶段,以柔克刚不是软弱无能,而是"聪明睿智神武而不杀者夫"(语出《周易·系辞上传》)。以神明之德协和万邦,乃是先王的不朽圣功。直至今天,野蛮与文明的交战仍未有穷期,只是其形

---

① 许宏:《何以中国:公元前2000年的中原图景》,生活·读书·新知三联书店,2014,第2—4页。

式有所不同。在现代社会里,文明与野蛮的战争演变为极其高级的形态,以极为复杂的方式纠缠交织在一起,不仅有以各种隐蔽的方式施展的"软暴力",还有披着文明外衣的野蛮(后文将论及的现代教育文化中各种隐蔽的排斥现象,即是这种"文明的野蛮")。人类源自动物的野蛮根性之一,就是霸道,而文化从根本上说,正是克服野蛮根性的历史进程。

当然,老子思想的文化意义远不止此。《道德经》精辟地阐释了老子的全部思想,其内容博大精深、玄奥无极、涵括百家、包容万物,被后人尊奉为治国、齐家、修身、为学的宝典。这部神奇宝典,对中国古老的哲学、科学、政治、宗教等,产生了深刻的影响,无论是对中华民族性格的铸成,还是对当代社会的政治治理、精神文化建设等,都具有重要的影响作用。在当代国际事务中提供中国方案的智慧,很多来自老子的经典名句。老子文化精神的世界意义更值得关注,在西方学者眼中,老子被视为东方三大圣人之首。《道德经》在7世纪便传到国外,18世纪传至欧美各国,以后逐渐风靡世界,对世界文化尤其是西方文化产生了重要的影响。有研究指出,从1816年至今,各种西文版的《道德经》已有250多种。20世纪80年代,据联合国教科文组织统计,在世界文化名著中,译成外国文字出版发行量最大的是《圣经》,其次就是《道德经》。《纽约时报》把老子评为古今十大影响最大的作家之首。

(二)孔子的文化贡献

文化巨人孔子对历史的贡献几乎是前无古人后无来者。当然,他与先前的文明一脉相承。《庄子·天运》有一段孔子与老子关于《六经》的精彩对话:

孔子谓老聃曰:"丘治《诗》、《书》、《礼》、《乐》、《易》、《春秋》六经,自以为久矣,孰知其故矣;以奸者七十二君,论先王之道而明周、召之迹,一君无所钩用。甚矣夫!人之难说也,道之难明邪?"老子曰:"幸矣,子之不遇治世之君也!夫六经,先王之陈迹也,岂其所以迹哉!今子之所言,犹迹也。夫迹,履之所出,而迹岂履哉!夫白鶂之相视,眸子不运而风化;虫,雄鸣于上风,雌应于下风而风化;类自为雌雄,故风化。性不可易,命不可变,时不可止,道不可壅。苟得于道,无自而不可;失焉者,无自而可。"

孔子不出三月,复见曰:"丘得之矣。乌鹊孺,鱼傅沫,细要者化,有弟而兄啼。久矣夫,丘不与化为人!不与化为人,安能化人!"老子曰:"可。丘得之矣!"①

这段文字中,多次涉及"化",尤其是,孔子终结性的话语,是从老子话语中悟出的"化"的道理。这对理解"文化"含义,无疑提供了一种独特的视角。这段文字说的是,孔子自以为研究《六经》很久了,熟悉了旧时的各种典章制度,用违反先王之制的七十二个国君为例,论述先王(治世)的方略并彰明周公、召公的政绩,可是一个国君也没有取用其主张。先王之制如此难行,是人难以规劝,还是大道难以彰明呢?老子告诉孔子,幸亏他没遇到治世的明君,否则他将更为难堪。因为他所见的所谓《六经》,不过是后人所记述的先王陈迹,人只知其然而不知所以然。世间万物众生,各有各的生存之道,而大道隐匿其中,需要用心参悟。天性不可改易,本命不可变更,时光不可能停滞,大道不可能闭塞。得道者怎样都行得通,失道者如何都行不通。孔子闭门不出三个月后再去见老子,说是参悟了万物化生的道理,众生之化皆依其生存之时空条件,没有一成不变之理。人文之成化,亦须依循天地化生之道理,否则无以化人。老子这才给予了肯定。庄子这段话描述了孔子由"不化"到"化"的转变,是受到老子的启发。庄子不像后来的儒家弟子那样忌讳谈孔子之不足,甚至还对孔子有激烈的批评。然而孔子师从老聃也是不争的史实。圣贤之所以为圣贤,就在于对"天地之道"有共识。

孔子后期思想发生了很大的转变。他彻底参悟了先王治世之精髓。"天地变化草木蕃"(《周易·文言传》),"先王以茂对时育万物"(《周易·象上传》),"夫大人者,与天地合其德,与日月合其明,与四时合其序,与鬼神合其吉凶"(《周易·文言传》),"圣人南面而听天下,向明而治"(《周易·说卦传》)。这些经典话语都是孔子用来阐释《易经》之根本要义的,它们所体现的是一种后来发展为中国传统文化之轴心理念的天人观。《礼记·孔子闲居》记载子夏与孔子讨论"三王之德参于天地"时,孔子说三王之德像天那样无私地覆盖万物,像地那样无私地承载万物,像日月那样无私地照耀万物,"天有四时,春秋冬夏,风雨霜露,无非教也。地载神气,神

---

① (战国)庄周:《庄子》,方勇译注,中华书局,2010,第243—244页。

气风霆,风霆流形,庶物露生,无非教也"①。孔子心目中的"三代圣王"皆以天地之道教化万民。"教"即是"效天地之道"。孔子向老子问道,老子有两个最重要的思想,一是"无为之益",二是"不言之教"(《道德经》第四十三章),天下人鲜有明白其中道理的。何谓"不言之教"? 现代人往往将其理解为老师不是用言谈说教,而是以自身行为来教育人,这不过是一种通俗的理解。此意固然没错,但老子另有深意。孔子晚年深有感触地说:"天何言哉! 四时行焉,百物生焉,天何言哉。"(《论语·阳货》)"天不言,以行与事示之而已矣。"(《孟子·万章上》)天地不言,"显诸仁,藏诸用,鼓万物而不与圣人同忧"(《周易·系辞上传》)。效天地之道,即是我们今天说的向自然学习。"天地之教",就是"不言之教"。"教"是对天地之道的"觉悟"。从"天"那里学习什么?"天行健,君子以自强不息。"(《周易·象上传》)从"地"那里学习什么?"地势坤,君子以厚德载物。"(《周易·象上传》)"仁者乐山,智者乐水"(《论语·雍也》),从山水草木都能悟出天地之道。孔子晚年思想深沉而全面,他关于人道与天道之看法,在帛书《易传·要》篇中有非常明确的表达:

> 故明君不时不宿,不日不月,不卜不筮,而知吉与凶,顺于天地之心。此胃《易》道。故《易》又天道焉,而不可以日月星辰尽称也,故为之以阴阳。又地道焉,不可以水火金土木尽称也,故律之以柔刚。又人道焉,不可以父子君臣夫妇先后尽称也,故要之以上下。又四时之变焉,不可以万勿尽称也,故为之以八卦。②

在这里,孔子明确提出了"天道"、"地道"和"人道"的概念,"天道"和"地道"总称"天地之道",亦简称为"天道",与"人道"对偶。两者之间的关系就是"天人关系"。这在一定意义上可以说是老子以"道"为本的思想通过孔子在易学之中的展开。"天人合一"其后成为儒家学说的核心支柱。

只有灵透的心才能感知天地之心,而只有使内心世界丰富起来,才有聪明睿智以洞察世界,从而才能"观天文以极变,察人文以成化"。《六经》之教即是以提升人的本质的丰富性为圭臬。孔子将这些重要思想融入了《六经》之中,尤其在《易

---

① (元)陈澔注:《礼记》,上海古籍出版社,2016,第583页。
② 刘彬:《帛书〈要〉篇校释》,光明日报出版社,2009,第16页。

经》中,通过《易传》尽伸其义。

今人已无从得见孔子所见的那个被老子称为先王"陈迹"的《六经》原貌,孔子按照自己的理念重新编订了《六经》。脍炙人口的经典名句"诗三百,一言以蔽之曰:思无邪",道出了《诗经》所体现的孔子思想。事实上《六经》中从头至尾都贯穿和渗透了孔子主张的价值观。漫长历史时期凝结的文明成果,经历了文化巨人孔子之手的筛选和修订,去除糟粕,提炼精华,熔铸为后世绝学。《文心雕龙·原道》说:"至夫子继圣,独秀前哲;熔钧《六经》,必金声而玉振。"何为"金声玉振"?《孟子·万章下》曰:"孔子之谓集大成。集大成也者,金声而玉振之也。金声也者,始条理也;玉振之也者,终条理也。始条理者,智之事也;终条理者,圣之事也。"中国古代音乐演奏,以金钟发声为起始,以玉磬振响来结束。"金声"有极强的穿透力,有疏通条理,引发共振之功。玉声"清越以长,其终诎然"(语出《礼记·聘义》),有戛然而止感。这就是说,条理贯穿始终。孔子编订《六经》,将体现着华夏文明知识、智慧、经验之结晶和道德精神之精华的六种不同的历史文本,依循天经地义贯穿起来,融为一个统一的整体,从而成为了不朽的文化经典,引领了两千多年的中华文化,这是不可磨灭的历史功绩。

《六经》之中作为众经之首的《易经》,经由孔子之手,实现了从占筮之《易》到哲理之《易》的转变,从而推动了中国社会由巫性文化向理性文化的转型。孔子之前卜筮盛行,当然,那个不可无视的巨大文化存在,不能简单视为先民的愚昧和无知。因遵循了某种德性原则的指导而导致了预期结果的事例通常会成为集体的记忆,很多这样的事例的原始积累,最终发展为道德哲学原则,这是一种历史的必然。《史记·龟策列传》云:"自古圣王将建国受命,兴动事业,何尝不宝卜筮以助善!……王者决定诸疑,参以卜筮,断以蓍龟,不易之道也。"[①]卜筮积累了人类经验,是留住善的可靠手段,是使道德和善永驻人间的有效途径。孔子正是由于深刻地意识到卜筮之《易》的重大文化价值和深远历史意义,才有了晚年那些对《易经》奥义的深入挖掘和精辟的哲学阐释,从而也才有卜筮之《易》与后续文明的历史连续性。

帛书《易传·要》中有段话,可为思考中国文化转型的思想基础提供证据:

[①] (汉)司马迁:《史记》,中华书局,2013,第3889页。

子赣曰:"夫子亦信亓筮乎?"子曰:"吾百占而才当。唯周梁山之占也,亦必从亓多者而已矣。"子曰:"《易》我后亓祝卜矣,我观亓德义耳也。幽赞而达乎数,明数而达乎德,又仁守者而义行之耳。赞而不达于数,则亓为之巫。数而不达于德,则亓为之史。史巫之筮,乡之而未也,好之而非也。后世之士疑丘者,或以《易》乎?吾求亓德而已。吾与史巫同涂而殊归者也。君子德行焉求福,故祭祀而寡也;仁义焉求吉,故卜筮而希也。祝巫卜筮亓后乎?"[①]

这段话明确表明了孔子对《周易》的解释同传统解释的重大区别,它从根本上改变了《周易》文本的存在性质。所谓巫性文化和理性文化的本质差异在这里得到充分的体现。占筮易学对吉凶福祸的命运关怀及其对命运之神的寄托与依赖,到了孔子这里,发展成为通过德行与仁义来把握自身的命运。由占筮走向哲理,彻底摆脱了宿命论,体现了一种从必然王国走向自由王国的主体性意志。从孔子"德行焉求福""仁义焉求吉"等话语中,可以感觉到道德哲学塑造未来的力量。遵道而行,就能把命运掌握在自己手中,施行仁义,就能带来吉祥。"天之所助者,顺也;人之所助者,信也。履信思乎顺,又以尚贤也。是以自天佑之,吉无不利也。"(《周易·系辞上传》)《易传》各篇所阐释的核心理念就基于孔子的这种道德哲学。对占卜之《易》所做的历史性转变,孔子也心存疑虑:"后世之士疑丘者,或以《易》乎?"这疑虑与《孟子·滕文公下》的那段话所表达的意思颇有相似之处:"世道衰微,邪说暴行有作,臣弑其君者有之,子弑其父者有之。孔子惧,作《春秋》。《春秋》,天子之事也。是故孔子曰'知我者,其惟《春秋》乎?罪我者,其惟《春秋》乎?'"(《孟子·滕文公下》)孔子重新解释春秋与解释《周易》,都是具有历史意义的文化事件,而事实上,整个《六经》的重新修订,都是孔子为中国文化的转型做出的巨大贡献。孔子之后,后世儒家在《六经》元典基础上加以阐发和完善的"四书五经",成为了主导中国文化的精神支柱中重要的组成部分。中华文化历经数千年,先秦时代以前,是中国从野蛮步入文明的漫长时期,是从一种混沌状态进入有序发展的时期。自尧、舜、禹至孔子,始成道统,在物质、精神、制度等方面发展出独特的文明体系。

---

① 刘彬:《帛书〈要〉篇校释》,光明日报出版社,2009,第16页。

三、人文化成

  作为万物之灵的人类,度过了两百多万年漫长的童年时代,只是在近一万年来,才开始发生质的变化,跃迁到一个以符号化思维为主要特征的新阶段。中国古代典籍多处记载的文明始祖伏羲创立八卦的典故,实质就是华夏民族符号化思维的发端,在"仰观""俯察"的基础上,"近取诸身,远取诸物,于是始作八卦,以通神明之德,以类万物之情"(《周易·系辞下传》),这是一个具有深远历史意义和文化价值的开端。最早以符号方式体现的天地之"文",即"八卦之象"。对中华人类来说,这是在漫长而蒙昧的暗夜里透射出的最早的朦胧的理性之光,是一个突变的起始点。符号化思维将人类引入一个无限广阔、无限深邃、无限开放、无限遥远的宇宙。万物相连的思维方式,在那些表面看来极为不同的事物之间,建立起了意义关联,由此,通达广阔生存世界的大门敞开了,人的创造性被激发并得到充分发展。

  《周易·系辞下传》有"作结绳而为网罟,以佃以渔,盖取诸《离》""斫木为耜,揉木为耒,耒耨之利,以教天下,盖取诸《益》""服牛乘马,引重致远,以利天下,盖取诸《随》"等经典描述,揭示了符号化思维与人的创造性活动的关系。古人"观象制器"的智慧和动因是从哪里来的?"盖取诸"表达了一种文化逻辑。以驯化动物为例,将自然状态的事物按照人的意志进行改造,让其服务于人的目的,这正是"人化自然"。之所以能够做到这一点,是人依循了自然之理。这就是"服牛乘马,引重致远,以利天下,盖取诸《随》"所表达的逻辑。驯化动物是一种顺应自然的创造性活动,这是《随》卦的核心要义。"顺天应时"是一个重要的文化原理。《随》卦彖曰:"随,刚来而下柔,动而说,随。大亨贞无咎,而天下随时。随时之义大矣哉!"(《周易·彖上传》)王弼注:"得时则天下随之矣。随之所施,唯在于时也。时异而不随,否之道也。"[1]无论动植物,其驯化和培植,关键都在于把握时机,错过时机便不能成功。并且,在驯化和培植的过程中,始终得遵循"随其自然"这个原则。所以王弼说:"'时异而不随,否之道'者,凡所遇之时,体无恒定,或值不动之时,或值相随之时,旧来恒往,今须随从。时既殊异于前,而不使物相随,则是否塞之道,当

---

[1] (魏)王弼、(晋)韩康伯注;(唐)孔颖达正义:《周易正义》,中国致公出版社,2009,第92页。

须可随则随,逐时而用,所利则大,故云'随时之义大矣哉'!"①六十四卦的卦象,无疑都具有符号意义,《周易》以哲学化的语言阐释了这些符号的奥义。《周易·系辞上传》曰:"鼓天下之动者存乎辞","辞"即揭示了天经地义的文化符号。"言立而文明"(《文心雕龙·原道》),文明则天下有道。人文之成化,有赖于语言的引导,得益于符号化思维的发展。这段关于人化自然的具象化描述,体现了一种文化逻辑,即依循自然之理来改造世界,从而使人的生存世界丰富多彩。

人文之成化,妙在一个"化"字。西方话语中的"文化"概念,基本看不到"化"的意义,而本土文化观中,"化"的意义十分突出。若说"文"具有本体论意义,那么"化"则具有方法论意义。

汉字"化"的甲骨文字形,从二人,像二人相倒背之形,一正一反,以示变化。本义为变化、改变,也有变易、生成、造化之意。古人对变化之道颇有讲究。"《天元纪大论》云:物生谓之化,物极谓之变。又《六微旨大论》云:物之生从于化,物之极由乎变。"②这是说,物之生从化而来,物之极由变而来,即新事物产生的过程,也就是"化"的过程,而旧事物由小到大发展到盛极的过程,也就是"变"的过程;张载说:"气有阴阳,推行有渐为化,……'化而裁之谓之变',以著显微也。"③按照古人的说法,改变先前的状态谓之变,事物从有到无,一下彻底改变,叫作化。按《黄帝内经》的解释,新事物产生谓之"化",即"化生",而另一种说法是从有到无谓之"化",这就成了"化无"。两者看上去似乎相矛盾,其实,无论是从有到无,还是从无到有,讲的都是实在本质彻头彻尾的改变,而且,这个过程,如张载所说,是逐渐进行的。因此,看到诸如坐化、腐化、融化、化生、转化、消化、气化等词语,立刻能明白其意思。可以说,"化"是一个生命力强大的词语,它内涵丰富,具有极强的结合能力,可与很多别的词语结合而"化"出新意。

"化"字的经典用法中,内在地关联着"文"。《道德经》第三十二章说:"道常无名……侯王若能守之,万物将自宾。"《中庸》说:"可以赞天地之化育,则可以与天地参矣。"《周易·文言传》说坤之德"含万物而化光",这是说坤德化育广大,"化"在此有"化生"之意,"光"即"广"。若从物性来理解,物之能放射出光华,必是其内在

---

① (魏)王弼、(晋)韩康伯注;(唐)孔颖达正义:《周易正义》,中国致公出版社,2009,第93页。
② (唐)王冰撰注:《黄帝内经素问》,鲁兆麟等点校,辽宁科学技术出版社,1997,第130页。
③ (宋)张载:《张载集》,章锡琛点校,中华书局,1978,第16页。

要素和谐作用的结果，也说得通。又如《礼记·乐记》曰："和故百物皆化""合同而化"。物与物相交的方式，有和有不和，不和则破裂、败坏，相和则化生。礼乐有极大的教化功能，故而为自古以来明君圣王治国之道。再如《礼记·学记》曰："发虑宪，求善良，足以謏闻，不足以动众。就贤体远，足以动众，未足以化民。君子如欲化民成俗，其必由学乎！""化民成俗"是中华文化的一大特色。执政者靠发布政令，征求善德之人辅佐自己，可以产生一定的影响，但不足以调动民众；接近贤明之士，体贴被疏远的人，可以感动民众，但不足以彻底改变他们。要彻底改造民众，使其在不知不觉中形成良好的风俗，必须通过学习。学习是获知"道"的重要途径，遵循"道"才能成化。不过，对于万民百姓来说，《礼记·学记》所言的"教学"远离他们的生存之境，广义的学习，不仅限于教学，效法也是一种学习。老子说："人法地，地法天，天法道，道法自然"（《道德经》第二十五章），效法天地"不言之教"化成人文世界，这是教化之道的真谛。一旦"化民成俗"，就会达到"百姓日用而不知"（《周易·系辞上传》）的自然之境，那是潜移默化之功。

"化"的神奇之处在"默而成之"，正可谓"桃李不言，下自成蹊"。"化"的过程遵循着一种隐秩序，那就是宇宙自然的文理和理路，亦即我们所说的"文"。物化、风化、人化、濡化、涵化、教化，各遵自己的"文"路，即遵循形而上学意义上的"道"。人文世界的化成，依据的是天地系统运作之道。"化"是事物运动的一种普遍方式，它的特点是逐渐推进，没有断点，渗透交织，边界模糊。如老子说"道"："其上不皦，其下不昧"（《道德经》第十四章），各种独立的要素相互纠缠，浑然而成为一体。遵循了自然根本法则的化育过程有自在、自为、自动、自发的特点，因而有"不为而成"之功。那"折冲千里之外，还师衽席之上"①，可使四夷宾服、万邦和睦的无形之力，来自教化，其实质就是依"文"而"化"。大化流行之时，一切皆入"化"境。

尽管"化"具有使事物彻底改变的特点，但也不是化为乌有。一切已经产生的事物，不可能在一瞬间湮灭。有价值的东西，都会被宇宙法则所保存，只不过在形式上要发生变化而已，在我们这个特定的语境中，就是"化"做另一种形式。本土文化经典名句"天地之大德曰生"（《周易·系辞下传》），说的是同样的道理。宇宙法则保存生命的价值和美，人类文化活动的永恒追求就是生命和美。文化过程中

---

① 《大戴礼记》，方向东译注，江苏人民出版社，2019，第3页。此处为化用。

作为文明成果的一切,都凝结在诸如知识、思想、精神、情感、行为方式等载体之中,已有的一切,都"化"为了"符号",它负载着人类种群在特定时空中生存的全部价值和意义,主导和引领着人类社会发展的方向。文化的绵延,文明的延续,靠符号化生存得以实现。老子说"执古之道,以御今之有"(《道德经》第十四章),儒家经典中多有"稽古""重华""缉熙""袭迹"等词语,表达的是遵循先哲开辟的文明路径继往开来的道统。即使在"孝"道中,不仅含有上下的秩序,也含有前后相继的秩序。"历史感"和"历史意义",就是从文化的连续性中体验和感知的。中华文明绵延数千年,展现出比世界上任何其他文明都更为突出的可持续发展品性,正是文脉和道统发挥的作用。历史上中华民族经历过各种灾难,遭受过各种打击和碰撞,但从未使文明的连续性中断,反而每经历一次打击却愈加强大。中华民族可持续发展的根本动力就蕴涵于文化之根。

人文之成化,肇自天文,经历了与自然的分化,最终还是要回归自然。文化从某种意义上来说,似乎是在摆脱自然状态,是离自然越来越远,但实质上却是在更高的层次上回归自然。人与自然在一个对象化的运动中,交流互动,彼此渗透。"人化自然"与"自然化人"交织、纠缠在一起。人的地位虽然在不断提升,但永远也不能超越天地时空。本土文化的经典理念之一,即"人与天地参"。《中庸》云:"唯天下至诚,为能尽其性;能尽其性,则能尽人之性;能尽人之性,则能尽物之性;能尽物之性,则可以赞天地之化育;可以赞天地之化育,则可以与天地参矣。"儒家极其看重的"诚",不仅是道德意义上的诚恳、诚实、诚信,更重要的意义在于强调真实无妄之理或"道",是指无违于自然之本性,与我们今天提倡的"求真""实事求是"有一致性。儒家主张"慎独",心灵纯洁、贞正、至纯、守一,里里外外,彻头彻尾地与天地合一,顺承天意而无所违,仿佛以天地之道洗过自己的心,即为"至诚"。唯其如此,才能尽人性、物性,达到"参天地,赞化育",这是本土文化中人与自然关系所遵循的逻辑。《周易·系辞下传》云:"圣人之大宝曰位",圣人之所以为圣人,其据以为法宝的,就是把握时空位置。诚如《中庸》所言:"天地位焉,万物育焉。"由此可见,人之回归自然,须得一个"化育"过程,这个"化",使人与自然在一个更高的层次上达到一致。

追溯华夏文明起源,考察中华文化演进的路径,清晰可见本土文化的文脉和道统。不能忘却的记忆展现于历史背景之上,凸显出其文化意义:比类万物的八卦之象开创了符号化思维的先河;历代先王袭迹古人,彰显文明,顺承天道,化育万物,为华夏民族的人文化成奠立了初始的结构与秩序;文化巨人将无数先民和前哲在漫长的历史时期创造的文明成果,包括知识经验、道德精神、情感价值等,提炼升华,熔铸为不朽的经典,推动了中华文化的历史转型,奠定了中国思维的基石,引领了长达两千多年的中华文化发展路向;中华文化在经历了近现代以来与西方文化的激烈碰撞和交流互动之后,吸纳了新的营养,增添了文化新质,又为时代精神所激发,焕发出更为强大的生命力,并以新的面貌展现于当今世界,开始展示她更为博大的胸怀和世界意义。何以能够如此?中华文化中的一些特质,体现着人类的终极关怀,具有永恒的价值。如对天人关系以及人与人、人与社会之关系的阐释和处理上,所遵循的最基本的价值原则是顺应自然、和而不同、和谐共生、和平发展。使这些价值理念成为中国社会的现实,经历了人文化成的文化实践过程,其基本路径是垂文明道、继往开来、设教兴学、以文化人。

文化看不见、摸不着,无法量化、不能重复,它的功能,不能以西方科学思维来衡量,只有在根深蒂固、源远流长、历史悠久、博大精深的文化系统中,人们才能切实感觉到文化力量之强大坚固和无所不在。中华文明的历史有力说明:文化具有凝聚力,融汇民族精神、心理、情感、道德及价值观;文化是和合之力,以生生之德促进理解与合作,使人与人、人与自然和谐共生;文化是无形之力,具有潜移默化、不为而成之功;文化是绵延之力,生生不息,代代相传;文化是生产之力,直接生产并再生产着思想、知识、智慧,是人类社会得以前进和发展的巨大精神母体。文化之根越强大,由之孕育的人类也越强大;文化之根越深远,它的未来也越长久;文化之根越丰富,就越具有再生产的力量。概言之,文化是一个民族之未来的全部依据所在。

四、文化复兴

文化既然是依"文"而"化",那么天地间道理的复杂性就不能不反映到人类社会的文化运动之中。广义来看,"文"即是"理",狭义来说,"理"不过是人对世界的认识而已，认识总会有时代的局限性和视角的片面性。因此，狭义的"理"可以如此说，也可以那样说。顺理可以成章，穷理也可以致命，这遵循的是物极必反的道理。儒家文化的核心是人生哲学，"穷理尽性以至于命"（《周易·说卦传》）曾是古老中华"鼓天下之动"的经典名言，透射着朦胧的理性之光，引无数贤哲矻矻不舍地探赜索隐，不穷尽天下道理必不甘休。"致命"是终结生命，"至于命"则是达至"天命"。儒家文化经宋明理学被推向极致，儒学的生命力也逐渐枯萎。后世儒家主张的修身养性、忠君报国的化民之道，造就的不过是顺民而已，到头来末路途穷也是在所难免的。走到山穷水尽之时，世道就要变了。就如一棵大树，顺着它的理路到了末梢，那就是"一岁一枯荣"的生死之地了。实质上，顺天命不过才是认识必然性的初级阶段，人的本质是自由，从必然王国走向自由王国，是人类文化向更高层次的跃迁。自由、民主、平等、共和等现代理念，不可能在一个自我封闭的文化系统中产生，必得在不同文化的交流与碰撞的过程中被揭示出来。

批判是文化系统得以发展的必要条件，是文化生命自我更新必不可少的重要机制。两千多年以来，儒家学说一直是中国传统社会的根基，对中国社会的长期稳定起到了重要作用，这是儒家文化的功劳。然而一个文化系统的长期稳定，有利也有弊。长期的稳定会导致系统趋于平衡，保守与封闭会成为维系稳态的必然选择路径，从而使社会发展处于停滞状态。"非平衡是有序之源"（见前文）是普遍适应于从自然到人类社会一切领域的科学原理，作为认识和阐释文化的一种方法论，我们在科学前沿方法论一节有过讨论。对中国几千年来稳固的传统文化产生了根本性扰动的巨大力量，不仅来自外部世界，也有内部张力的驱动。近代以来，由于西学东渐，中国新知识阶层将贫弱与落后归咎于儒家思想。于是有了新文化运动。对于这个新文化运动，有各种各样的评说，难有完全统一的认识，也不会有终结性的评价。像历史上一切重大事件一样，不同时期的人们都会给予其重新评价。价值观的冲突和论战，自有历史予以评说。没有什么理论是绝对正确的，所有重大的文化命题都需要全面地看、历史地看。对新文化运动当然也不例外。

一场巨大的文化运动，必然得有激进的先锋，否则根本不可能掀起摧枯拉朽的狂飙。毋庸置疑，新文化运动的激进派有彻底的反传统、反儒学的倾向，他们将近现代以来国家民族的落后与贫弱完全归咎于儒家学说，将儒学与传统说得一无是处,以为中国的未来前途,有赖于彻底砸烂孔家店,放下天朝大国的架子,全盘接受西方文明。甚至,连负载儒家经典的汉文字符号也得废除,改为拼音文字。当然,没有猛烈的冲击,根深蒂固的儒学传统是无以撼动的。但也得理解,这并不是新文化运动的全部。事实上,很多主张新文化的人,对待儒学的态度并不完全相同。新文化运动中的稳健派如胡适,虽然对儒学也进行了严厉的批判,但出于学者本然的理性和严谨态度,并不主张根本否定和彻底打倒儒学,而是要具体分析,既要看到不足,又要着力去发掘其合理内核,寻求与西方近代科学方法相互沟通的契合点。梁漱溟也主张理性地认识新文化运动。他肯定西方近现代以来科学与民主的价值和意义,认为在精神、物质和社会生活三个方面,东方文化以及儒家哲学都远不能相比,但未必要全盘接受西方文化。西方是既进的文化,而东方文化是一种未进的文化。中西文化的不同是本然的事实,但并不说明谁比谁先进。文化无法从量上测定,离开其生存发展的社会土壤便无法衡量优劣。在他看来,中国文化的未来发展,要靠弘扬儒家的真精神,在传统基础上进行新创造,从而实现自身的现代化,全盘西化或调和东西方是没有出路的。他主张对西方文化采取既吸收又排斥,对中国文化既排斥又再创的态度。文化发展并非单向进程,中西文化的差异在于文化体系、思维路向和人生态度的根本不同。中国传统文化以儒家思想为核心价值理念,它要求人们顺应自然的道理,顺从生活本性,活泼流畅地发挥自然本性,这种活泼和乐的生活就是孔子所提倡的"仁的生活",未来世界文化的价值取向也在此。他指出:"孔子是全力照注在人类情志方面的",并断言,西洋人看不到这一层,一旦看到,"就不怕他不走孔子的路!"①。将近一个世纪过去,今天再来回味梁漱溟的话,不能不使人惊叹于这位"东方哲人"的远见卓识。我们看到,孔子正在以前所未有的形象成为当今世界文化关注的中心。

新文化运动以来,已有很多学者通过反思提出了颇有见地的观点,凸显出文化自觉和文化主体性对本土文化发展的价值和意义,而这都与弘扬儒学、复兴文化密切相关。从一定意义上说,他们代表了本土文化观的主流意识。仅举几例如下:

贺麟认为,就人类文化发展来说,传统与现代的联系是割不断的,任何新的思想,如果和过去完全没有联系,无异于无源之水、无本之木。对本土文化来说,本

---

① 梁漱溟:《东西文化及其哲学》,中华书局,2018,第183—184页。

和源就是儒学。"在儒家思想的新开展里,我们可以得到现代与古代的交融,最新与最旧的统一……新文化运动的最大贡献在于破坏和扫除儒家的僵化部分的躯壳的形式末节,及束缚个性的传统腐化部分。它并没有打倒孔孟的真精神、真意思、真学术,反而因此洗刷扫除的工夫,使得孔孟程朱的真面目更是显露出来。"①

张岱年指出:"一个独立的民族文化,与另一不同类型的文化相遇,其前途有三种可能:一是孤芳自赏,拒绝交流,其结果是自我封闭,必将陷入衰亡。二是接受同化,放弃自己原有的,专以模仿外邦文化为事,其结果是丧失民族的独立性,将沦为强国的附庸。三是主动吸取外来文化的成果,取精用宏,使民族文化更加壮大。"②

杜维明说:"现在大家谈的就是应该有一种'文化的主体性',这种文化主体性与原来的所谓'中国文化本位'是有所不同的。'文化的主体性'不只是一个立场的问题,而是一种自我意识,费孝通先生就特别强调文化自觉,文化的自我意识。……'主体性'意味着以下几个方面的特点:首先,主体性绝对是开放的,这种开放性意味着不仅是政府、企业、媒体、学术机构各个不同领域都能够参与这种建构的工作;其次,它的民间性比较强,不是从上到下;再次,它是发展的,是一个动态的发展过程。最后,它一定与传统资源的开发、发展有密切的关系,不是站在反传统的立场上把外来的价值嫁接进来。"③

汤一介:"要有文化的主体性,任何一个民族文化必须扎根在自身文化的土壤中,只有对自身文化有充分理解和认识,保护和发扬,它才能适应自身社会合理、健康发展的要求,它才有深厚地吸收其他民族的文化的能力。一个没有能力坚持自身文化的自主性,也就没有能力吸收其他民族的文化以丰富和发展其自身的文化,它将或被消灭,或全盘同化。"④

费孝通提出要对自己的文化进行反思:"我们的文化是哪里来的?怎么形成的?它的实质是什么?它将人类带到哪里去?"所谓"文化自觉",就是指"生活在一定文化中的人对其文化有'自知之明',明白它的来历,形成过程,所具的特色和

---

① 贺麟:《文化与人生》,商务印书馆,1988,第4—5页。
② 张岱年:《张岱年全集》第七卷,河北人民出版社,1996,第63页。
③ 陈壁生:《儒家与文化保守主义——杜维明教授访谈》,《博览群书》2004年第12期。
④ 汤一介:《儒学的现代意义》,《光明日报》2006年12月14日,第6版。

它发展的趋向,不带任何'文化回归'的意思,不是要'复旧',同时也不主张'全盘西化'或'全盘他化'。自知之明是为了加强对文化转型的自主能力,取得决定适应新环境、新时代文化选择的自主地位。文化自觉是一个艰巨的过程,首先要认识自己的文化,理解所接触到的多种文化,才有条件在这个已经在形成中的多元文化的世界里确立自己的位置,经过自主的适应,和其他文化在一起,取长补短,共同建立一个有共同认可的基本秩序和一套各种文化能和平共处,各抒所长,联手发展的共处守则"①。这里所谓"回归"当是指"复旧"。

  总的来说,新文化运动的积极意义是值得肯定的。正是由于近现代以来一大批新文化运动的先驱对腐朽没落的封建统治思想所进行的文化批判,才使传统文化得以脱落自身的糟粕,在汲取新文化滋养,融入时代精神的基础上,再度焕发出生命的活力。我们也看到,主流的本土文化意识,充满着开放的、进取的、积极向上的内在动力,并以她宽容、博大的胸怀拥抱世界精神。文化的复兴,已经成为当今中国社会毋庸置疑的现实。

---

① 费孝通:《反思·对话·文化自觉》,《北京大学学报》(哲学社会科学版)1997年第3期。

第四章

立德树人的经典方法论

立德树人是中国教育文化传统的突出特点,也是教育的原本之理。"经典方法论"是指国学经典中有关立德树人的经典表述,具有方法论意义。一些看上去很零散的经典名句,不能简单地被视为只不过是一些碎片化的教育智慧,实质上它们与庞大的文化之根紧密联系,与文脉和道统有内在的关联性,是中国社会人文化成的根语言和元话语。有必要指出,中国思想的表达方式与西方有很大区别。西方思想常常表现为以系统、全面、自洽、完满的形式呈现的理论体系。如康德、黑格尔的哲学,都是严密的范畴演绎和概念推论,步步联结、环环相扣。构建一个理论体系需要庞大的支撑结构,一旦建构成理论大厦,它就成为一个自洽的和自我封闭的系统。理论的更新常常体现为将一个旧的体系彻底推翻,并在此基础上进行另一体系的构建。黑格尔的庞大哲学体系被彻底打碎,马克思只取了其作为"合理内核"的辩证法。对费尔巴哈哲学,则是只取了其唯物主义的基本内核。中国国学经典中深刻的思想和方法论原理,常以精辟的名句形式表述,大多是语录体,善用象思维和隐喻,不遵循 A=A 的逻辑以确定性地言说事物,因而具有开放、通达、自由、包容等特点,既富有科学探求的精神,也充满了诗性的智慧。以汉字为载体的经典名句,内涵丰富,精义艰深,常有"一言兴邦"之神功妙用,如"和而不同"即是。中国经典表达方式还有一个很大的好处,因其精辟凝练,言简意赅,具有文化基因的功能,便于用来建构理论体系,也容易解构和重构,譬如将其从后世附加其上的糟粕中剥离开来,为各种形式的新组合提供可能性,从而为发展留下空间和自由度。它向未来开放,可以按照时代的需要用作思想与理论重构的材料,犹如文化基因的重组。先哲说:"鼓天下之动者存乎辞。"(《周易·系辞上传》)海德格尔说:"语言是存在之家。"[①]正是一些核心概念和关键词语创造了生存的现实,它们比一些思想体系更具有基元意义,有着强大的结合力,因而也更具有存活力。基于此,有必要对经典话语的方法论意义进行深入的思考和对比。

一、养正于蒙

"养正于蒙"出自《周易·蒙卦》,这个经典表述所蕴含的思想前提和逻辑基础,与一个科学原理有着高度的一致性——"系统演化对初始条件的敏感依赖性"(见前文"科学前沿方法论"之"混沌理论")。明末清初著名思想家王夫之说:"差之黍米而已背之霄壤"[②],即熟语所说的"差之毫厘,谬之千里",皆在指出一个来自生活的普遍经验——起始点的状态对后续过程有着决定性的意义。《周易·系辞下传》说:"知几其神乎……几者,动之微,吉之先见者也。""知几"者,以小见大,见微知著,从起点就看到了全部的未来。知几而作,自有神妙之功。就教育来说,初始的文化建构,可视为居于首位的教育原则与方法。它不仅对于个体文化生命的生长过程,而且对于教育文化的整体发展,都是一个至关重要的原理。从一定意义上可以说,不懂起点之重要性,就全然不懂教育。

(一)经典解读

《周易·彖上传》曰:"蒙以养正,圣功也。"《蒙》为《周易》第四卦,六十四卦排序,描述了一个宇宙演化由发生到发展、由小到大、由简单到复杂、由低级到高级层次递进的顺序。从天地万物说起,"有天地,然后万物生焉。盈天地之间者唯万物,故受之以《屯》。屯者,盈也。屯者,物之始生也。物生必蒙,故受之以《蒙》。

[①] [德]海德格尔:《林中路》,孙周兴译,上海译文出版社,2004,第325页。
[②] (清)王夫之:《张子正蒙注》,中华书局,1975,序论。

蒙者,蒙也,物之稚也。物稚不可不养也,故受之以《需》"(《周易·序卦传》)。乾坤定位之后的"屯",处在"刚柔始交而难生"(《周易·彖上传》)的状态,有混沌之象。接下来的"蒙"卦,则指始生之物,童稚蒙昧,尚未开窍,需要养育之功以成就生命,养正了才有功。用现代科学话语说,这是起始点的秩序化建构。《程传》解释说:"未发之谓蒙,以纯一未发之蒙而养其正,乃作圣之功也。发而后禁,则扞格而难胜。养正于蒙,学之至善也。"①王夫之论张载的《正蒙》时说:"谓之《正蒙》者,养蒙以圣功之正也。圣功久矣,大矣,而正之惟其始。蒙者,知之始也。孟子曰:'始条理者,智之事也。'其始不正,未有能成章而达者也。"②前文曾提到"金声玉振",即孟子所谓"始条理""终条理"之说,儒家道统以天经地义贯穿始终,这是宏旨大义。就个体来说,道理亦然。

何谓"圣功"? 一可理解为崇高无上之大功,立正起点,能成就大功;也可理解为"圣人之功",即"不为而成""不行而至""不疾而速"之功,就是说,起点立正,能成自然之功。根基歪了,日后再去纠正就难了。关于这个道理,《礼记·学记》如是说:"大学之法,禁于未发之谓豫,当其可之谓时……发然后禁,则扞格而不胜。"养正之道,始于未发,当"童蒙"之时,当须以正道涵养其正性。老子《道德经》第五十五章说:"含德之厚,比于赤子。"赤子之心,童蒙之时,情窦未开,纯朴未散,天真自然,完全顺应天道。《周易·系辞上传》曰:"与天地相似,故不违。"其至柔可和顺万物,其亨通可崇德广业。如果童蒙之时因无所养而失其正,不"时"不"中",则失其道也。

关于"圣功",王夫之曾论到,古之大学兴《诗》《书》《礼》《乐》之教,以"三德六行"③来启迪人,这都是"日用易知简能"之道理,然而北宋理学家张载阐释《周易》道理的《正蒙》之论,极推天下道理,穷神知化,以"达天德之蕴"④,其与古大学之教旨归不同。《正蒙》强调自始至终都有条理,而这似乎只是圣人才有的。他引用子夏的话说:"有始有卒者,其惟圣人乎!"⑤他还进一步解释道:"大学之教,先王所以

---

① (宋)程颐:《周易程氏传》,九州出版社,2010,第20页。
② (清)王夫之:《张子正蒙注》,中华书局,1975,序论。
③ 《中庸·问政》:"知、仁、勇三者,天下之达德也。"《周礼·地官·大司徒》释六行为:孝、友、睦、姻、任、恤。
④ (清)王夫之:《张子正蒙注》,中华书局,1975,序论。
⑤ (清)王夫之:《张子正蒙注》,中华书局,1975,序论。

广教天下而纳之轨物,使贤者即以之上达而中人以之寡过。先王不能望天下以皆圣,故尧、舜之仅有禹、皋陶,汤之仅有伊尹、莱朱,文王之仅有太公望、散宜生,其他则德其成人,造其小子,不强之以圣功而俟其自得,非有吝也。正蒙者,以奖大心者而使之希圣,所由不得不异也。"①张载的为学宗旨是"求为圣人",在他看来,只求做贤人而不求成为圣人,是秦汉以来学者之大蔽。"先王"即尧舜禹汤文王等儒家所称的"圣人"。先王时代为教化万民,使之能够依循礼制与法度行事,故而设立大学之教,"明明德""新民""止于至善"是也。"成圣"并非人人可为,"贤者"和"中人"各得教益而已。"中人""贤人""圣人"是不同层次,贤人修为,当以"大心""希圣"为旨归。何谓"大心"?天地之大,人所皆知。心与天地一样大的人是"大人",《周易·文言传》说:"夫大人者,与天地合其德,与日月合其明,与四时合其序,与鬼神合其吉凶。"圣人之学,是与天地合一之学,"惟求合于所自来之天而无所损益;其言虽若高远,而原生之所自,则非此抑无以为人。周子曰:'贤希圣,圣希天。'希圣者,亦希其希天者也"②。周敦颐说的是贤人崇敬仰慕圣人,圣人崇敬仰慕天道。仰慕圣人亦即仰慕天道,即为"大心"之志。"大心者"无思无为,诚与天地为一,故而"无所损益"。在《张子正蒙注》中,张载说:"圣者,至诚得天之谓。"王夫之解释道:"至诚体太虚至和之实理,与絪缊未分之道通一不二,是得天之所以为天也。"③只有"圣人"方能够以赤诚之心体验到天之所以为天的道理,"诚"意味着纯洁自然,与天地之道不二。张载与王夫之所论,深化了"圣功"含义,从中也能使人认识到,成就圣人之功,是遵循客观实然之真理的必然结果。诚如王夫之所言,不能指望人人都能成圣,但"作圣之功"施与常人,即从始点就开始养正,致力于"始条理",无论如何努力都不为过。

《周易·象上传》曰:"山下出泉,蒙。君子以果行育德。"王弼解释说:"山下出泉,未有所适之处,是险而止,故蒙昧之象也。"④"'果行'者,初筮之义也。'育德'者,养正之功也。"这是说,要以坚定正确的选择立"中正"之德。摇摆不定,犹豫不决,就亵渎了正道。生活的常识告诉我们,很多事情,第一次处理不当,回头重做,

---

① (清)王夫之:《张子正蒙注》,中华书局,1975,序论。
② (清)王夫之:《张子正蒙注》,中华书局,1975,第49页。
③ (清)王夫之:《张子正蒙注》,中华书局,1975,第18页。
④ (魏)王弼、(晋)韩康伯注,孔颖达疏:《周易注疏》,中央编译出版社,2013,第59页。

事情就麻烦了。万事在起始点上,要一下就放正,若逡巡畏缩,左右摇摆,只须两三个来回,事情刚一开头就"玩坏了"。所谓"初筮之义",是指《周易·蒙》卦辞所讲的道理:"初筮告,再三渎,渎则不告。"事情在发展过程中有左右摇摆是正常的,但在起点,不能摇摆。工匠值得敬重,就在于操作的第一步,下手精准果断、端正平稳。匠人做活,一下子就能稳准狠地做到位,不需要第二下,他是怎么做到的?那是凭经验,可想而知,成就匠人得下多少工夫!处蒙之时,"君子以果行育德",这可以从两个方面理解,一是果断地以确定正确的行为来培育德行,一下子就做到位;二是将"果行"理解作种下"因"就结出"果"的行为,内中隐含着种善因结善果的意义。"不果"则意味着下了无用的工夫。养正于蒙之"正",意味着一切具有正向能的事物之萌芽,而不是"歪""邪"的萌芽。

然而,在教育人的问题上,第一时间当如何做方为"正",这就不是童蒙自身所能知道的了,是"童蒙求我,非我求童蒙"。这就是说,需要具有丰富知识和经验的人来"开蒙"。《周易·彖上传》曰:"蒙亨,以亨行时中也。"张载解释说:"教者但观蒙者时之所及则道之,此是亨行时中也;此时也,正所谓如时雨化之。如既引之中道而不使之通,则是教者之过;当时而道之使不失其正,则是教者之功。养其蒙使正者,圣人之功也。"①这就是说,教人者之所以有功,就在于处蒙之时,抓住时机养之以正,即"当时而道之",这就是"时中"的含义。得"时"得"中","发而皆中节",自然亨通顺畅。

(二)各正性命

混沌初开,秩序始现,"养正"成为确保后续过程良性发展的基础。何谓"正"?这自然是指以天地为坐标定位的"正",实质就是顺应自然之本性。《周易·彖上传》曰:"乾道变化,各正性命,保合太和,乃利贞。"《程传》解释道:"乾道变化,生育万物,洪纤高下,各以其类,各正性命也。天所赋为命,物所受为性。保合太和乃利贞,保谓常存,合谓常和,保合太和,是以利且贞也。天地之道,常久而不已者,保合太和也。"②《朱子语类》阐释其原理说:"天之生物,莫不各有躯壳。如人之有体,果实之有皮核,有个躯壳保合以全之。能保合,则真性常存,生生不穷。如一粒之

---

① (宋)张载:《张载论易集》,山东画报出版社,2004,第12页。
② (宋)程颐:《周易程氏传》,九州出版社,2011,第3页。

谷,外面有个壳以裹之。方其发一萌芽之始,是物之元也;及其抽枝长叶,只是物之亨;到得生实欲熟未熟之际,此便是利;及其既实而坚,此便是贞矣。盖乾道变化发生之始,此是元也;各正性命,小以遂其小,大以遂其大,则是亨矣;能保合矣,全其大和之性,则可利贞。"朱熹还有解释:"'各正'者,得于有生之初。'保合'者,全于已生之后,此言'乾道变化',无所不利,而万物各得其性命以自全,以释'利贞'之义也。"①"各正"是讲生命诞生之初所得自然禀赋,"保合"则指获得生命之后所要保持和完善的状态,"利贞"可理解为后续发展之有利。

顺性命之理,是成就生命的根本法则。王弼说:"性者天生之质,若刚柔迟速之别;命者人所禀受,若贵贱夭寿之属是也。"②前文提到《中庸》开篇名句"天命之谓性,率性之谓道",儒家有关"性命"之说,是理解"正"之要义的逻辑起点。孔子早期慎言"性"与"命",以致子贡如此感叹:"夫子之文章,可得而闻也。夫子之言性与天道,不可得而闻也。"(《论语·公冶长》)这里所说的"文章"指《诗》《书》《礼》《乐》等,孔子常常举以教人,然而却很少谈性命与天道。对此钱穆有番解释,他说天道犹云天行,孔子有时称之曰命。孔子屡言知天知命,然不深言天与命之相系相合。"孔子之教,本于人心以达人道,然学者常欲由心以及性,由人以及天,而孔子终不深言及此。故其门人怀有隐之疑,子贡发不可得闻之叹。及孔子殁,墨翟、庄周昌言天,孟轲、荀卿昌言性,乃开此下思想界之争辩,历百世而终不可合。可知圣人之深远。"③事实上,孔子晚年读《易》之后,思想发生了重大转折,其关于性命之理的见识,也体现于他晚年对《易》所做的道德哲学阐释之中。《周易·说卦传》曰:"昔者圣人之作《易》也,幽赞于神明而生蓍,参天两地而倚数,观变于阴阳而立卦,发挥于刚柔而生爻,和顺于道德而理于义,穷理尽性以至于命。"又曰:"昔者圣人之作《易》也,将以顺性命之理,是以立天之道曰阴与阳,立地之道曰柔与刚,立人之道曰仁与义。"前文第二章论及孔子的文化贡献时,通过对帛书《要》的分析,指出孔子推动占筮易学走向哲理易学,彻底摆脱了对命运之神的寄托与依赖,体现了一种从必然王国走向自由王国的主体性意志。这就是说,虽有天命之必然,但孔子更看重的,是以道德行为把命运掌握在自己手中之自由,"德行焉求福""仁

---

① (清)李光地撰:《周易折中》(上),李一忻点校,九州出版社,2002,第493页。
② (魏)王弼、(晋)韩康伯注,孔颖达疏:《周易注疏》,中央编译出版社,2013,第22页。
③ 钱穆:《论语新解》,生活·读书·新知三联书店,2002,第122页。

义焉求吉"是也。

老子也曾言及"性"与"命"。前文提到《庄子·天运》所记孔子拜见老子时,谈到虫鸟皆各有其道,有"性不可易,命不可变,时不可止,道不可壅"之论。说的就是世间万物,各有各的生存之道,天性不可改易,本命不可变更,时光不可能停滞,大道不可能闭塞。得道者怎样都行得通,失道者如何都行不通。"各正性命"即指万物各依其自然本性而化生。有一点须当明白,人能认识到自己的"性"与"命",并非易事。孔子自称"五十而知天命",足见"认识自己"是一个深奥的哲学命题,需要时间、需要阅历、需要大量的生命体验。《周易·蒙》卦经文说:"非我求童蒙,童蒙求我。"处"蒙"之时,必有求于外部力量。就个体来说,开蒙需要"大人"施教;就人类社会整体来说,文明有续,则须继往方能开来。

"乾道变化,各正性命,保合太和,乃利贞"(《周易·彖上传》)表达了孔子的"性命"本体论与方法论思想。"性"与"命"之客观存在具有必然性,"保合太和"则是通达自由的途径与方法。"乾道"就是天道,是"元"基,是"善"之所由出、所由长之根本所在。天道运行于万物的发生和发展过程,万物皆由"道"所生,即所谓"道生之"。天道之运行于万物,有不同的作用方式和反应方式,从而也使万物形态各异,变化万千。冲突、碰撞、对立、解体、交流、协作、和合、共生,等等,都是万物相互作用的方式和存在形式,在升降、浮沉、动静、生灭的过程中,万物皆因循其自然禀赋及其特有规律获得其适应性生存。古代先哲最早认识的道理,就是两种相反相成的力量交互作用形成了天地间万事万物。《周易·系辞下传》曰:"天地细缊,万物化醇,男女构精,万物化生。"又曰:"一阴一阳之谓道。"所谓"细缊",是指阴阳二气交合、紧密相连之状。《周易程氏传》解释:"细缊,交密之状。天地之气,相交而密,则生万物之化醇。醇为酝厚,酝厚犹精一也。男女精气交构,则化生万物,唯精醇专一,所以能生也。"①老子说:"万物负阴而抱阳,冲气以为和。"(《道德经》第四十二章)说的都是"和合"的道理。孔子说:"君子和而不同,小人同而不和"。《国语·郑语》记载史伯对郑桓公言及西周末年天下兴衰更替的道理时说道:"夫和实生物,同则不继。以他平他谓之和,故能丰长而物归之;若以同裨同,尽乃弃矣。"②

---

① (宋)程颐:《周易程氏传》,九州出版社,2010,第166页。
② 仇利萍校注:《〈国语〉通释》,四川大学出版社,2015,第551页。

这是"和而不同"思想的最早表述,也是今天"构建人类命运共同体"的思想基础和文化之根。"天地所以能长且久者"(《道德经》第七章),皆因品质相异的事物相互作用,"和合"共生所致。道家主张的"太一"之说,即在"和"的基础上达到的统一,是阴阳二气会和所产生的动态平衡的和谐状态。《周易本义》指出"太和"是"阴阳会和,冲和之气也"。阴阳相反而不相违,相暌而不相悖。阴阳不和,乾坤背离,即否闭不通。天地相交,阴阳互补,即能通泰和顺。

"保合太和"有生生不息的生命感,是一种孕育生命的混沌状态,朱熹使用"浑沦"一词来表述。他说"乾道变化,各正性命"之理"处处相浑沦",他拿种子来比喻:"如一粒粟生为苗,苗便生花,花便结实,又成粟还复本形。一穗有百粒,每粒个个完全;又将这百粒去种,又各成百粒,生生只管不已。初间只是这一粒分去。物物各有理,总只是一个理。""'保合太和',即是保合此生理也。'天地氤氲',乃天地保合此生物之理。造化不息,及其万物化生之后,则万物各自保合其生理,不保合则无物矣。"①朱熹的"理一分殊"之论,直接就是混沌与分形(见前文"科学前沿方法论"一节)的本土化表述,只是它比后者早了几百年。生命之所以能生生不息,皆因阴阳两种力量此消彼长,从混沌到有序循环往复,以致无穷。由此可知,"保合太和"道出了一个深刻原理:保持生命法则,就能通泰和顺。

万物各有其正,端正性命,实质就是处理好人与自然的关系,摆正位置,方能使之各得其所。"养正于蒙"就是着力于培育和培固元灵根,善之所以长,德之所以蓄,人之所以成形,从根本上说就是元灵根的生发。旨在立德树人的教育,从一开始就要遵循自然规律。西方教育经典强调顺应儿童之天性自然实施教育,就是基于同样的原理。天下道理,具有跨越时空的永恒性,古今中西,概莫能外。

(三)思想启示与价值重构

从社会发展的现实来说,"养正于蒙",立意不在成就圣人。圣人可以作为楷模,但显然并非人人都能成为圣人。当代教育的根本目标是立德树人,培养全面发展的劳动者。毛泽东在《纪念白求恩》一文中提出要做"一个高尚的人,一个纯粹的人,一个有道德的人"②。"高尚""有道德"的意义尽人皆知。而"纯粹"的意义,

---

① (清)李光地撰:《周易折中》(上),李一忻点校,九州出版社,2002,第494页。
② 《毛泽东选集》第二卷,人民出版社,1991,第660页。

实质就是几千年来儒家倡导的"慎独""至诚""诚信""惟精惟一"理念所要达到的境界,欲达此至高境界,必得从起点开始建构。老子说:"善建者不拔""善抱者不脱""修之于身,其德乃真",养正于蒙,才是"深根固柢,长生久视之道"(《道德经》第五十九章)。

每个人都是一个独特的宇宙,朱熹说:"天地便是大底万物,万物便是小底天地。"(《朱子语类》)按照这一逻辑思路,人也是一个小天地,人的身体是世界的隐喻,了解人类就是了解宇宙。每一个体都有不同于他人的时空概念,有自己独特的内心世界,其身心结构存留着对世界的独特记忆。成熟的个体,都有自己独有的性情和思维方式,那是个体不同的历史造就的,其源头都可以追溯到尚未形成初始结构的混沌起点。依据"天命之谓性"的说法,人来到世间的第一时间、第一地点,就与时空万物建立了全息的联系。一个胎儿,从原先那个温暖的世界突然一下子来到有硬度、有湿度、有温度、有光亮、有磁场等各种刺激物的世界,各种能量与信息以不同的方式和渠道作用于个体,个体也有它自己回应的独特方式。"形立则文生矣,声发则章成矣。夫以无识之物,郁然有彩;有心之器,其无文欤?"①(《文心雕龙·原道》)这第一时间建立的反应方式,即源于自然的天性。同样的反应模式会在人生不同场合反复出现,也随情境的变换不断产生出细节上的变化。我们今天所称的"个性",是伴随人终生的印记。当然,个体与世界相互作用时的独特方式,也随着生命世界的展开而不断发展变化。变中有不变,不变中也有变,这是今天尽人皆知的道理。现代科学研究也早已开始关注生命起始点建立的秩序结构。人们发明了仪器和技术手段,从生命来到世间的第一时间,开始测量和记录体现生命节律的三条曲线——身体、心理和认知。不难想到,科学讲把握规律,古人讲顺应天道自然,道理是一致的。找准个体生命在天地时空中的位置,端正生命态度,以正确的方式回应自然万物的作用。即朱熹所说"小以遂其小,大以遂其大",当大则大,当小则小;当分则分,当合则合;当行则行,当止则止,即如《周易·文言传》所说:"知至至之""知终终之"。如此,生命之发展自然能达到通泰和顺。

古今中外的教育经典,都提到要顺应个体自然天性成就个体的未来发展。天

---

① (梁)刘勰:《文心雕龙》,郭晋稀注译,岳麓书社,2004,第2页。

性之自然,是以"道"来统领的,教育之道,本于自然。"养正于蒙"从本体论和方法论意义上,揭示了以文化人的方法论原理。今天人们看重"学前教育",其道理不言自明。事实上,文化对个体的影响,从出生前就已经开始。个体文化过程的起点,早已延伸至出生之前。如果我们把"生境"的营造视为教育文化的首要途径,那么使生境充满了驱动力和生长资源的主导因素就是家长和教师,而家长比教师更具有起点的意义。按照卢梭在《爱弥儿》一书中阐述的教育哲学,人的教育在他出生的时候就开始了,在能够说话和听别人说话以前,他就已经受到教育了。生命之初养成的生活习惯,包括喂奶的时间和方式、襁褓的厚薄松紧、抱孩子的习惯等细节,最初施加于婴儿的一切外部力量及婴儿对之做出的习惯的反应方式,都对后续发展具有至关重要的影响作用。卢梭还指出,应该让孩子具有的唯一习惯,就是不要染上任何习惯。"不要老用这只胳膊而不用另一只胳膊抱他;不要他习惯于常常伸这只手而不伸另一只手,或者老是用那只手;不要到了那个钟点就想吃、想睡、想动;不要白天黑夜都不能够独自呆在那儿。应该趁早就让他支配他的自由和体力,让他的身体保持自然的习惯,使他经常能自己管自己,只要他想做什么,就应该让他做什么。"① 稍具哲学意识,当不难理解这些看上去琐碎的细节处理之深远意义。任何生命个体,都面临自身生命法则和生命机制的最初建构,这是任何人都无法替代的。"保合太和"是这个深刻的生命原理的本土化表述。

对个体文化过程起始点的关注,无论多么提前,都不会过分。用科学话语来说,生命系统在起始点上建立的秩序结构,锁定了系统演化的道路,后续的进程有着对路径的依赖。两千多年前中国古代的先哲们就用本土话语表述了这一事物发展的真谛,并且,更进一步地强调处蒙之时必须"养正"。何时开蒙,何事启蒙,如何发蒙,人与人有不同的人生境遇。不仅每个人都要经历"人之初"的养正阶段,人生中也还会碰到许多的"第一次",在人生发展的各个时段和关节点上,都有个端正起点的问题。当今教育中流行的一句话"系好人生第一枚扣子",是个通俗易懂的道理,它来自一个生活的常识。系扣子可由上到下,也可由下到上,但无论怎样开始,都要循序渐进,第一枚系错,以下全部错乱。说到人生的"第一枚扣子",那是各不相同的。每个人的人生,都有不同于他人的"第一枚扣子",从一定

---

① [法]卢梭:《爱弥儿》(上),李平沤译,商务印书馆,1978,第49页。

意义上说,它可以视为"关口事件"。影响人生的关口事件,可以发生在各个不同的时期,可在学前,也可在学校教育的各个阶段。父母、老师对于处在发展期的孩子来说,就是"童蒙求我,非我求童蒙",为父母、为人师的神圣职责和历史使命即"圣功"所在。我们谈"价值重构",意在赋予"养正于蒙,圣功也"这个经典名句以时代意义。端正起始点,从宏观意义上说,是一个社会文化工程的基础建构问题,关乎民族的生存和国家的兴亡,是千秋万代永续长存的圣功伟业。落到实处,就是以什么内容和途径实现"以文化人"的问题;从微观上说,"养正于蒙"关乎人的一生,教育者首先当有使命感和责任心,把握好个体发展的时机和条件,提供充满正向能的丰富文化资源,促成特定时空条件下个体文化生命的有序发展。

二、学不躐等

"学不躐等"一语出自《学记》,"学"可宽泛地理解为学习、学业、学问;"躐等"就是僭越、超越之意,亦即打乱次序。后人据此提出做学问要"循序渐进"。先哲将"学不躐等"视为"教之大伦","伦"即次序、理路,有天伦,有人伦,天地人文,皆有内在的秩序结构。如前所述,在中国古代先哲话语中,"教"乃天地之道,而"大伦",就是大法则,有"范围天地之化"(《周易·系辞上传》)的支配力量。人类生存的世界,大化流行,生生不息,正是渐变与连续性这个自然法则的体现。如前所述,所有现存文化形态都在传承的基础上发展而来,文明的演进是一个连续的没有断点的过程。为学之道,连通天地之道。

(一)教之大伦

《学记》曰:"玉不琢,不成器;人不学,不知道。"人之为人,全在学习与适应,通过学习方能知"道",知"道"才能"周行而不殆"(《道德经》第二十五章)。如前所述,人类认识世界,从身体开始,由近及远,由直接到间接,由已知到未知。人的文化过程是一个由低级到高级的循序渐进过程。《学记》论及"教之大伦"时提到:"大学始教,皮弁,祭菜,示敬道也。《宵雅》肄三,官其始也。入学鼓箧,孙其业也。夏、楚二物,收其威也。未卜禘,不视学,游其志也。时观而弗语,存其心也。幼者听而弗问,学不躐等也。此七者,教之大伦也。"古人说的"大学",概言探究天下道理之大学问。教学之道,须遵循七条规矩。今天这些规矩大多不可照搬,但其蕴含的敬学精神和方法论意义,依然具有现代教育价值。其中有两条最为突出:一是为学必须先立志,二是学问须"次第着力"(朱熹语)。立志不定不济事,杂乱无章不成学。原典所说"幼者听而不问",自有它的道理,以"根语言"和"元话语"作为起始点,不必究问其所以然。童蒙不知,不能有疑问,要以"果行"育德,避免旁生枝节。深刻的道理往往要在生活世界里展开它的全部丰富性。当然,"不问"为何符合"学不躐等"的原则并不是此处讨论的重点,这里要深入思考的是"学不躐等"这个词语本身表达的原理意义。

《学记》曰:"不陵节而施之谓孙","杂施而不孙,则乱坏而不修"。"陵节"就是超越阶段,"孙"就是"顺"。这自然是说,要按顺序来,超越阶段,杂乱而没有章法,是不能成就学业的。事物之由小到大、由低级到高级、由简单到复杂的有序发展,是一个普遍原理,人文世界毫无例外。儒家早已深知"建国君民,教学为先"的意义,千百年来在传承道统方面积累了丰富的经验。朱熹与他的弟子们讨论教学之道,说到圣贤千言万语,教人从近处做起。譬如洒扫庭除之事,大厅大廊,得从细小处做清洁,小处干净了,大处才能干净。学者贪高慕远,不肯从近处做起,是无以成就大学问的。《中庸》讲谨独、谨言、谨行,说的就是从人所不知不觉的细微末节端正自身。"古人于小学小事中,便皆存个大学大事底道理在。大学,只是推将开阔去。向来小时做底道理存其中,正似一个坯素相似。"(《朱子语类》)这与前述的"养正于蒙"是同一个道理。中国古代教育大致分小学和大学两个阶段,两者之间密切关联,是一个统一的整体。儒家教育之道,着力于系统培养。朱熹可谓中国历史上著名的教育思想家,从事教育活动达四十年之久,其教育实践为中国教育文化发展提供了值得珍视的宝贵经验。他在《大学章句序》中说:"人生八岁,则自王公以下,至于庶人之子弟,皆入小学,而教之以洒扫、应对、进退之节,礼乐、射御、书数之文。及其十有五年,则自天子之元子、众子,以至公、卿、大夫、元士之嫡子,与凡民之俊秀,皆入大学,而教之以穷理、正心、修己、治人之道。此又学校之教、大小之节所以分也。"[①]"洒扫""应对""进退之节",用今天的话语来说就是劳

---

① (宋)朱熹:《四书章句集注》,浙江古籍出版社,2014,第3页。

动、交往、礼节。端正做人之道,得从做事开始,起始点上养成的德性,有路径锁定的效应。这是培养圣贤"坯璞"的必经之路。"穷理、正心、修己、治人"的"大人之学",则是在"小子之学"基础上的顺承、延续、深入、拓展、提升。朱熹说:"古者小学已自养得小儿子这里定,已自是圣贤坯璞了。"(《朱子语类》)从小儿这里就立定的根基,自是不可逆转的。"坯璞"已经蕴含了内在的品质,只是尚缺乏圣贤的"知见"而已。在朱熹和他那些研究教育的弟子们看来,小学基础打好了,"穷理""致知"就是顺理成章之事。"自小失了,要补填,实是难。"他们十分看重做事的意义:"古人小学教之以事,便自养得他心,不知不觉自好了。到得渐长,渐更历通达事物,将无所不能。""小学是事,如事君,事父,事兄,处友等事,只是教他依此规矩做去。大学是发明此事之理。"(《朱子语类》)教小儿做事的目的是要"养其心",与大学的"明理"是一致的。

"做事"与"明理"处在发展的不同阶段。明白事物的道理,才能将道理推展到一切方面。在此阶段之前,还必得经历一个不可逆转的打基础阶段。所谓"幼者听而弗问,学不躐等也"(《学记》),强调幼儿所学,必须是不容置疑的正确的东西,要坚定而不能动摇。这就是为什么柏拉图要限制儿童学习的内容、卢梭主张不能和儿童讲道理的原因,儿童应该具有的初始根基,必须确定无疑,要通过做事,奠定生理和心理的基础。这并非一般地反对提问题,只是说小儿阶段,尚不会思考且不会提出问题,不知道什么是正确的,什么是错误的。应听从长者所教,做合适的事情,对事物做出正确的反应,在行动中培养能力,在过程中培养德性,这是一个不可超越的阶段。说它是"教之大伦"一点都不为过,教育中最根本的大道理都在这里了。西方学者对认识发生的过程,从科学的角度进行了阐释。皮亚杰说:"认识既不能看作是在主体内部结构中预先决定了的——它们起因于有效的和不断的建构;也不能看作是在客体的预先存在着的特性中预先决定了的,因为客体只是通过这些内部结构的中介作用才被认识的。"[①]认识形态的发生,是一个身体与世界相互作用的过程,在起始点上,并没有主客体之间的分化。身体器官有自身的逻辑,感知运动的已有格局,影响着智力的形成,智力是从本能中涌现出来的。必须认识到认知结构的生物根源及其形态发生的必然性,既不能简单归因于

---

① [瑞士]皮亚杰:《发生认识论原理》,王宪钿等译,商务印书馆,1981,第16页。

环境的作用,也不能将之归结为先天地形成的,而"应当看作是在循环往复的通路中发生作用的、并且具有趋向于平衡的内在倾向的自我调节的作用"①。皮亚杰使用"格局""同化""适应"等概念来描述的认识发生原理,与"天命之谓性,率性之谓道"说的是一个道理。他把儿童思维发展分为四个阶段:感知运动阶段;前运算阶段;具体运算阶段;形式运算阶段。关于认识发生的科学原理,阐释了感知运动对认知结构形成的基础作用,细致地划分了儿童智力发展的不同阶段。这种智力,主要是以语言能力和数理—逻辑能力为核心的、以整合的方式存在的一种能力,它可以通过适当的方式测量出来。中国古代教育大致分为小学与大学,这与国学内在的人文意义有着必然的联系。国学强调人之为人的全部要义,突出了做学问先做人的道理,注重循序渐进的原则。作为一个全面的人所需要的丰富品质,无法以科学手段来测量,但从童蒙开始,在正确的指导下做合适的事情以养其心、定其志,在全息关联的生活世界里获得身心的全面发展,无疑是立德树人的重要原理。

"学不躐等"连通着很多大道理。就教育技术而论,今天的程序化学习原理,就与古人揭示的道理相通。《朱子语类》论及为学之方时有个说词:"圣人之道,有高远处,有平实处。""学不躐等"的原理意义,可从个体文化过程的平实之处来讨论,也可从教育文化乃至人类文明演进的宏观高远之处来审视。《大学》中有段话将此意表达得十分明白:"古之欲明明德于天下者,先治其国;欲治其国者,先齐其家;欲齐其家者,先修其身;欲修其身者,先正其心;欲正其心者,先诚其意;欲诚其意者,先致其知;致知在格物。物格而后知至,知至而后意诚,意诚而后心正,心正而后身修,身修而后家齐,家齐而后国治,国治而后天下平。自天子以至于庶人,壹是皆以修身为本。其本乱而末治者否矣,其所厚者薄,而其所薄者厚,未之有也!"②这些道理,实质上就是"学不躐等"意义的拓展。

(二)"简""易"道理

老子说:"天下难事,必作于易,天下大事,必作于细。是以圣人终不为大,故能成其大。"(《道德经》第六十三章)层次递进是事物发展变化所遵循的普遍规律,

---

① [瑞士]皮亚杰:《发生认识论原理》,王宪钿等译,商务印书馆,1981,第67页。
② (宋)朱熹:《四书章句集注》,浙江古籍出版社,2014,第5—6页。

生命的绵延、文明的有续、知识的增长、科学的进步，都是由简单到复杂、由低级到高级循序渐进的，没有什么是一下子从天上掉下来的。无根之木、无源之水是没有生命力的。国学经典《周易》如此阐释天道运行的法则："天尊地卑，乾坤定矣……乾知大始，坤作成物。乾以易知，坤以简能。易则易知，简则易从。易知则有亲，易从则有功。有亲则可久，有功则可大。可久则贤人之德，可大则贤人之业。"（《周易·系辞上传》）大业的起始点，即"基元"之所在，简单、微小，但蕴含着大的未来，有宏大的未来就是善，正所谓"元者，善之长也"（《周易·文言传》）。具有创生之大德的"乾"，起点小，未来大，关键在于成就它的坤，以"简"德来跟从，简单易从，则能成就大业。道统的实质是文明的连续性。儒家讲仁义，"亲亲为大"。"亲亲"即是"亲"那亲近者。孔子说："其为人也孝弟，而好犯上者，鲜矣；不好犯上，而好作乱者，未之有也。君子务本，本立而道生。孝弟也者，其为仁之本与！"（《论语·学而》）美好的正义社会得以实现的根本基础，是人与人之间的和谐相处，而这种良好关系的建立，是从最亲近的人开始的，这是人之"大伦"，其与"教之大伦"同源。庄子说："天尊地卑，神明之位也；春夏先，秋冬后，四时之序也。万物化作，萌区有状，盛衰之杀，变化之流也。夫天地至神，而有尊卑先后之序，而况人道乎！宗庙尚亲，朝廷尚尊，乡党尚齿，行事尚贤，大道之序也。语道而非其序者，非其道也；语道而非其道者，安取道！"（《庄子·天道》）由近及远、继往开来，是人文演进的根本法则，与天道运行是同一个法则。人文与科学统一于自然和宇宙的根本法则。人类认识世界，所知皆为已知，不知皆为未知。我们知道离地球最近的星球，却永远不知道离地球最远的星球。唯一的进路，是沿着已知，接续而行。通向未来之路，都是"摸着石头过河"。恰如庄子所说："知人之所为者，以其知之所知以养其知之所不知。"（《庄子·大宗师》）"知"通"智"，智者所为，即通过所知达到未知。经典阐述的"简""易"道理，有两个值得关注的要点：一是起点简单而蕴含长善的基元；二是步步紧随，连续不断。看重"简""易"道理，并非简单化思维，这不是割断事物之间的复杂联系，恰恰相反，这是从动态的关联性来看待简单与复杂的关系。事物的变化发展，因顺序连接而变得简易可行。"夸克"与"美洲豹"看上去是那样不同，一个如此简单，一个高度复杂。事实上，数以亿万年计的连续不断的变化过程，成就了从"夸克"到"美洲豹"的生命系统演化。从构成世界的简单的基本粒子,到高级复杂的生命系统,存在着渐变的连续性,当然也必然有突变式的"跃迁"。渐变过程中变化的每一个细节,其实都很简单,不过是步步紧随而已。笛卡儿方法要点之一就是把复杂的问题解析为简单的部分并逐步予以解决,再就是循序渐进,先易后难。人类进入理性时代,就从认识必然性开始,而事物之间的必然联系,就体现在时空的连续性上。

教育是一个生长过程。何谓"生长"？生长是一个连续过程。幼苗长高了,孩子长大了,常识告诉人们,那是一点一点地在长,边生边长。但在确定的瞬间里,生长和变化是看不到的。古希腊哲人芝诺关于"飞矢不动"的哲学命题,细细品味,至今仍有嚼头。生长的细节看不见、摸不着,它没有断点,只是在经历了必要的过程后,才能看到生长的结果。从哲学意义上说,这是一个时间和空间的连续性问题。生长也是一种能力。知识可通过读书学习从前人获得,也可由做中学。两者都是十分必要的,其作用不同。从书本获得的知识,如果不能内化为学习者自身的素质,是完全没有用的。譬如摄取食物,各种食物纳入腹中,得经过一个消化吸收过程,长成骨骼和血肉。不能消化,摄入的食物就是浪费。内化就是一种生长过程。在能够学习书本知识之前,有一个打基础的阶段,杜威强调儿童要在做中学,实质就是在为"生长"奠定生理和心理的基础,这也是一个思维的物质基础建构问题。在杜威看来,教育中最大的浪费,就是教育与生活隔离,学校与社会隔离。课堂里学习的东西在实际生活中派不上用场,生活中获得的经验不能提升到知识和学问的层次,由这种断裂所造成的浪费,在现代教育中处处可见。在正确指导下的生活体验中获得的知识和经验,与获得这些知识和经验的能力内在地相关联。譬如语言学习,就是一种能力生长,是像肌肉那样的生长,只要坚持运动,肌肉就会增长。语言也是如此,只要不断应用,语言能力就会增长。只是语言能力的获得,比纯粹生理上的肌肉生长更高级复杂。两者的共同之处,就是一点一点地接着生长,日日见长,并不觉特别费力。生长是记忆与新体验综合作用的结果,这实质上也是"确立性"与"新奇性"的对立与统一,连续性就是记忆的延伸。文化过程的内在秩序,是"结构稳定"与"形态发生"相互交织、循环往复的过程,在这个过程中,充满着生命能动性和创造性的主体,总是在寻找着"最近发展区"。

"最近发展区"这个概念是20世纪30年代苏联著名教育心理学家维果茨基根

据他对高级心理机能的研究而提出的。他认为学生有两种发展水平，一是现有水平，二是通过努力可能达到的水平。两者之间的差异，就是最近发展区。①教学就是要从最近发展区着眼，为学生提供带有难度的内容，调动其积极因素，推助学生的发展潜力，达到下一阶段发展。儿童在某种程度上，具有诸如感觉、知觉、不随意注意、形象记忆等之类的天生能力，维果茨基视之为低级心理机能，具有消极适应的特点。在儿童与成人或更为成熟的同伴的交往中，能发展出更为高级、复杂的认知功能，他称之为高级心理机能。因此，他也把"最近发展区"界定在"儿童现有的独立解决问题的水平"和"通过成人或更有经验的同伴的帮助而能达到的潜在的发展水平"之间的区域。在我们看来，活动与交往实质上是一种生命体验和文化实践，它使知识和智慧的增长在一种没有边界、没有断点的连续过程中得以实现。在生活世界里，每一个体实质上都是就近发展的。

事物发展、系统演化、人文化成，皆可以"简""易"道理来阐释。"学不躐等"作为"学之大伦"，其思想基础和科学原理，在古今中外的思想家、哲学家、科学家、教育家的各种学说中都能得到印证。从实践上来说，可从大处着眼，小处着手。从"平实"到"高远"，也是一个连续不断、层次递进的过程。

（三）有序发展

教育立足于人的全面发展，"发展"概念内在地蕴含着"连续性"。断续即发展的中断，继续、延续、持续，意味着连续和秩序，"续"中有"序"，有序才能发展。《学记》多处强调层次递进、有序发展的道理，并引用《尚书·兑命》的话："敬孙务时敏，厥修乃来。""孙"讲顺序，而"时"则指恰当时机，即"当其可之谓时"。《礼记正义》曰："敬孙，敬道孙业也。敏，疾也。厥，其也。学者务及时而疾，其所修之业乃来。""敬重其道，孙顺学业，而务习其时，疾速行之……若敬孙以时，疾行不废，则其所修之业乃来。"②急功近利者，常常忘记了这一点。贪图抄近道的便利，不"敬"不"顺"，偏离正道。老子说："大道甚夷，而民好径。"（《道德经》第五十三章）在先哲看来，有良知的人走的是大道，大道也是正道。为求名利不择手段，不避歪道，纵有所成，也不过"盗夸"（盗魁）而已。当代教育的误区之一，就是让儿童提前进

---

① [苏]维果茨基：《维果茨基教育论著选》，余震球选译，人民教育出版社，2004，第386页。
② （汉）郑玄注：《礼记正义》（中），上海古籍出版社，2008，第1433—1434页。

入学校课程，以便"不输在起跑线上"。这实质上就是古人所不齿的"凌节而施之"，它与有序发展背道而驰，因而也难以有真正的可持续发展。这里，我们再次认识到技术理性在教育领域的全面渗透，技术从本质上追求捷径，它排除一切对直达目标来说非必要的因素，直奔目的和功利，是真正简单化思维的体现。人的全面发展，在生命展开的广度上，追求的是全方位；从过程来说，追求的是有序的和可持续的发展。学前儿童，本应全面体验人生，增进人的丰富性，然而，以人为的非平衡手段，谋求某些方面的突出发展，舍本求末，实不足取。马克思主义关于全面发展的学说，指明了一个重要的原理：全面发展不是教会的，而是历史地形成的。历史就意味着连续性，是沿着"最近发展区"逐渐展开的过程。发展的起点，从个体来说必然不丰富、不完善、不全面，正因为如此，外部条件必须能够满足主体的发展所需要的全部丰富性，为主体的自我调整和适应，留有足够的空间和自由度。我们真正想看到的，是个体发展中自发地产生的结构与秩序。

朱熹及其弟子在《朱子语类》中论及有序发展的话题，将"小学"与"大学"之间的序列关系谈得很透彻，并拿古时的圣人与近世的学者做比较，强调学前的自然养成对后续发展的意义。"古者，小学已自暗养成了，到长来，已自有圣贤坯模，只就上面加光饰。如今全失了小学工夫，只得教人且把敬为主，收敛身心，却方可下工夫。"如此来看，以击鼓开箧为学业开端，固然有"敬顺"之意，但比起古代圣贤，又次了一等。这主要是由于"失了小学功夫"，不得不以威严的方式使学子生出敬畏之心，从而将身心凝聚在学业上。如果此前已在一个潜移默化的过程中奠定了牢固的根基，实质上就是将"孙顺"的德性养成放在了一个自然的进程中，这才是上乘功法。现代教育将以文化人过程的起点不断往前延伸，学前教育早已成为全社会普遍关注的核心和热点问题，其制度化建设也日益完善。然而，幼儿之学在实践上远未达到应然状态，打基础比后续过程要难得多。日常话语把"小儿科"视为低水平的代用词，但儿童的教育实质是一门大学问，可以说，教育的全部根基就在这里。对学前儿童来说，立德树人是突出的、首位的、根本的目标。何以立德？老子说："道生之，德畜之，物形之，势成之。"（《道德经》第五十一章）德性不是靠说教，而是在正确的引导下自然养成的，是由合乎道的行为积蓄起来的。如前所述"击鼓开箧"以培养"敬道顺业"的精神追求，虽不失为"教之大伦"，然而，以为只要把这个做好了，就能立德树人，那就大错特错了。要让孩子爱国，不是靠抽象的爱国词语和空洞的说教来实现的。世界上没有无缘无故的爱，培养爱心，要从爱自己身边的人和事物开始，爱父母、兄弟、姐妹、同伴，爱花草树木和动物，这种感情是切身的、合理的、必要的，并且是可以培养的。然而，爱那看不见摸不着的抽象物，显然不符合"德"与"善"的理念，因为那可能是虚假的。如果一个儿童张口能说出一大套自己不懂的大人话，那是"有德"还是"不德"？老子曰："上德不德，是以有德，下德不失德，是以无德。"（《道德经》第三十八章）道德问题，玄之又玄，有时简直犹如"黑洞"一般不可揣度，常识到了那里就变成谬误。将道德教育当成是说教，是德育失败的一个重要原因。立德树人，必须遵循生长的规律，要从切身的人和事做起。

经验告诉人们，学业失败的原因，大多归结到基础没打好，正如俗语所说"一步赶不上，步步赶不上"。追根溯源，就到了那个学前的混沌期。有序发展可以用"非平衡是有序之源"的科学原理来阐释。个体文化生命的发展也遵循通过"涨落"达到"有序"的规律。这里讨论的"教之大伦"与前述的"养正于蒙"话题有衔接和交叉，但侧重点有所不同。此处关注的重点是连续性问题，依据的是"简""易"道理，它符合科学原理，也富含人文意蕴。地球生命的起源，可追溯至混沌的"原汤"，有机大分子间随机的相互作用构成更大的混合体，是生命诞生的最初条件，它是通过有机大分子之间的接触而实现的。这就是说，由小到大、由低级到高级、由简单到复杂的生命演化过程，是从贴身之处的接触和衔接开始的。文化生命起始点的"原汤"就是生活，在那里"人在与世界的接触中不断学习，人脑随之不断加强或减弱神经元之间无数的相互关联"[①]。正是那些经由生命体验不断强化的身体记忆，形成了相对稳定的结构与秩序，成为后续发展得以实现的内部条件。忽略或者僭越了这个基本的建构环节，其后的学业将失去牢固的基础，用孔子的话说就是"学则不固"。在朱熹的时代，为未来学业打基础的早期生命体验，很看重"洒扫庭除""礼貌应对"之类生活细节，正是这些活动，培养了美德，强化了正确的为人处世方式，从而为理解圣人之学打下牢固的根基。在今天看来，这些充满了

---

① [美]米歇尔·沃尔德罗普：《复杂：诞生于秩序与混沌边缘的科学》，陈玲译，生活·读书·新知三联书店，1997，第198页。

正向性和积极意义的劳动与交往,仍不失为立德树人的有效途径。但这已经远远不够。生活世界日益丰富多彩,按照真、善、美的标准为儿童设计全景式生活体验,成为时代需求。若要成为一个完整的人而不是专业化劳作的工具,从一开始就不能将未来寄托于走捷径,而是要遵循"学不躐等"的秩序法则,有序地、全面地展开人生。

三、成性存存

文明之有续,一个重要的原因,是具有主体性和创造性的社会精英,有选择地保存了前人的文明成果,将具有永恒价值的道德精神和知识经验加以继承并发扬光大,从而引领了有序发展的道路。对人类历史文化的沉思,不能不触及一个带有根本性的问题——"为什么总是有而不是无"?[①]历史告诉人们:只有那些有价值和意义的事情才被记忆。"成性存存"这一原理,可从宏观上阐释历史文化发展的动力机制,也可从微观上解释个体道德养成的路径。从大处说,继往开来是"崇德广业"的根本途径,从小处看,"成德以行"可成就"进德修业"之功。

(一)经典疏义

《周易·系辞上传》引孔子的话:"夫《易》,圣人所以崇德而广业也。知崇礼卑,崇效天,卑法地,天地设位,而易行乎其中矣。成性存存,道义之门。"《周易本义》释为:"天地设位而变化行,犹知礼存性而道义出也。成性,本成之性也;存存,谓存而又存,不已之意也。"[②]先贤解释,大抵如此,都将"存存"理解为"存之而又存",而人之"性",则与"天命之谓性,率性之谓道"中的意义一致。"人之性,浑然天成,盖无有不善者,更加以涵养功夫,存之又存,则无所往而非道,无所往而非义矣。"[③]这说的是以天地之道来涵养得自于天的人性,自然是"与天地相似故不违"(《周易·系辞上传》),如此则所行皆是符合道义的。"圣人知礼至于效天法地,则本成之性,存存不已,而道义从此出,故曰'道义之门'。盖道义之得于心者,日新月盛,则

[①] [美]米歇尔·沃尔德罗普:《复杂:诞生于秩序与混沌边缘的科学》,陈玲译,生活·读书·新知三联书店,1997,概述第3页。
[②] (宋)朱熹注:《周易本义》,王玉德、朱志先整理,凤凰出版社,2011,第80页。
[③] (清)李光地撰:《周易折中》(下),李一忻点校,九州出版社,2002,第802页。

德于是乎崇矣,道义之见于事者,日积月累,则业于是乎广矣,此易所以为圣人之崇德广业,而易书所以为至也。"①

《周易》所论变化之道,以天地为准。天地万物,有生之者,有成之者。按《周易》中体现的思想即"天生之,地成之"。"天尊地卑,乾坤定矣",乾坤既定,变化之道就行乎其中,这是天地之道运行的秩序结构。遵循这种秩序结构,就可以"崇德广业"。何谓"德"?"德"就是沿着道走所积蓄起来的品质。由此可知,所谓"成性"是成就的天然之"性"。就个体来说,它是人来到世间的第一时间天地时空所赋予之本性,亦即"天命"。"天命"是"道"在个体身上的体现,正所谓"乾道变化,各正性命"。因此,"成性"也可理解为成就"道"之所生。或可说,"成性"所指,是成就其自然本性,如上所述,天然之性亦即本成之性,来自自然的东西,当然是好的而不是坏的。西方哲人卢梭说:"出自造物主之手的东西,都是好的,而一到了人的手里,就全变坏了。"②我们已经讨论过,先有自然,后有人,人是从自然中涌现出来的。自然之本性,早于人性。人性之恶,不能归咎于自然本性。人之性,若违反了自然本性,最终必将不可"存"、不能"存"、不得"存"、不会"存"。所以,与自然保持一致是人类的终极关怀所在。然而,人不是简单的自然动物,人是积极的、能动的有价值选择的主体,人总是在不断的更新和创造中保持着自身的存在,人类的生存本质上是一种创生,是本性的完善。儒家将大学之道定位于"明明德""亲民""止于至善",这"亲民"被解释为"新民",即"日日新"之意,是颇有道理的。古代圣王"能新其德以及于民""自新新民,皆欲止于至善也"(《尚书·康诰》)。日日更新方能生生不息,而"存存"与"生生"是不可分割的统一体。"生生之德"来自天地之道,即宇宙自然的生命法则。"生生"就是给生者以生存的机会。儒家倡导并践行"中和位育"理念,所谓"育",即"遂其生也","遂其生"即是"长善"。不遵循天道运行法则,无以"遂其生",只会"害生"或"毁其生"。

"存在"从一定意义上说,即是因"存"而"在"者。"存存"即是"存"中那由"道"所生之物。文化也是一种存在,由于有价值的东西被保存,才有了绵延不息的文明演进。"存存"是中国传统道德哲学中一个意蕴深刻的命题,许多经典表述与之

---

① (清)李光地撰:《周易折中》(下),李一忻点校,九州出版社,2002,第802页。
② [法]卢梭:《爱弥儿》(上),李平沤译,商务印书馆,1978,第5页。

相关联。"一阴一阳之谓道。继之者,善也,成之者,性也。"(《周易·系辞上传》)这与"保合大和"之意相通。"富有之谓大业,日新之谓盛德。生生之谓易。"(《周易·系辞上传》)《易》道讲"生生之德","生生"与"存存"必然关联。"积善之家必有余庆,积不善之家必有余殃"(《周易·文言传》),"善不积,不足以成名,恶不积,不足以灭身"(《周易·系辞下传》)。因此,君子不存不善。"颜氏之子,其殆庶几乎?有不善未尝不知,知之未尝复行也。"(《周易·系辞下传》)良知不仅能辨善恶,且能即刻弃恶从善。"庸言之信,庸行之谨,闲邪存其诚,善世而不伐,德博而化。"(《周易·文言传》)君子日常谨言慎行,所存者,唯有"德"与"善"。"闲邪"即是"无邪","存其诚"即是与天地为一,"忠信"于天地之道,方能"进德修业"。

老子的"道生""德畜""物形""势成"之说,也关乎"存存"道理。尤值得提及的,是这个说法中蕴含的深刻哲理,在两千多年后德国哲学家海德格尔的哲学中得到透彻的阐释,海德格尔对老子之"道"的语义丰富性和宏大思想内涵多有体会。在他的学说中,"物"(thing)这个词语就意味着"聚集"(Versammlung)。①万物皆由"道"所生,顺道而行,就积蓄了"德"。不断地保存由"道"所生之物,物积而"形"成,能聚而"势"成,皆为"德"之体现,"德"不是别的,即"存存"的结果。积小成大,积少成多,"合抱之木,生于毫末;九层之台,起于累土"(《道德经》第六十四章)。可见,生长的道理也在"存存"。善于建树,方能"子孙以祭祀不辍"(《道德经》第五十四章),"重积德"是"深根固柢,长生久视之道"(《道德经》第五十九章)。老子曾为东周史官,其《道德经》中所表达的最深刻思想,来自他厚重的历史感。老子的《道德经》中多有引用《金人铭》(见前文)的话语,历史经验被视为治国安邦之本,将之铭刻于金人之上,足见"存存"之举关乎大义。存什么、如何存、存多久?由"金人铭"可见用意之深远。"执古之道,以御今之有。能知古始,是谓道纪。"(《道德经》第十四章)"道"记录着万物演进的轨迹,蕴含着生存的法则,保留着成功的记忆,亘古及今,知"道"才有"存在"。

就"存存"的内涵方面来看,道家讲求存"道",尊道便有德,"道"和"德",在很大程度上是不可言说的。儒家讲求存"善",积善便是德。在儒家看来,"仁义礼智信""温良恭俭让"都是善,是可以言说的。道家侧重方法论意义,儒家侧重价值论

---

① 孙周兴:《语言存在论:海德格尔后期思想研究》,商务印书馆,2011,第259页。

意义。老子《道德经》中出现较多的字眼之一也是"善",但重心是表达遵循"道"行事所积累的品质及其达到的最高境界,如"善建者不拔"(《道德经》第五十四章)、"善数不用筹策"(《道德经》第二十七章)、"善胜敌者"(《道德经》第六十八章)、"善摄生者"(《道德经》第五十章)、"心善渊""动善时"(《道德经》第八章)、"善为士者"(《道德经》第六十八章)等。这些"善"皆为尊道而行的至高境界。儒家强调的是保存善良的品德,如《论语》有"笃信好学,守死善道"(《论语·泰伯》)、"择其善者而从之,其不善者而改之"(《论语·述而》)、"见善如不及,见不善如探汤"(《论语·季氏》)、"子欲善,而民善矣"(《论语·颜渊》)、"君子尊贤而容众,嘉善而矜不能"(《论语·子张》)等。荀子立场鲜明地说:"见善,修然必以自存也;见不善,愀然必以自省也。善在身,介然必以自好也;不善在身,菑然必以自恶也。"①"修然"表达整饬、严正的状貌,"愀然"表达严以律己的态度,"介然"表达坚持不动摇的意志,"菑然"表达弃恶如敝屣。总的来看,儒家刻意存留和毅然弃绝的,都有明确的价值指向。实质上,道德和善,本质上互联互通,儒家的全部伦理道德学说,都是建立在天地之道的基础上的,这与道家并无本质的不同。老子的"不言之教"指的就是"道"。朱熹说:"凡言道者,皆谓事物当然之理,人之所共由者也。"②孔子与老子早已在对天地之道的认识上达成共识(见前"中华文化之魂"一节)。这里要说的是,道德和善,皆可视为"存存"的历史效果。纵观历史,"强梁者不得其死"(《道德经》第四十二章),邪恶者必有恶报。"存存"所系,道义之理。良善千秋在,道德万故存。

(二)存在者存在

老子曰:"天之道,损有余而补不足;人之道则不然,损不足以奉有余。"(《道德经》第七十七章)老子将天道比作张开的弓,自然地存在着一种张力。确然如是,"木秀于林,风必摧之","堆出于岸,流必湍之"③,维持平衡的天则处处可见。然而,有一类事物却受着相反的规则支配——非平衡原理。"拥有者被施予""拥有者获得",④如日常经验所知,越有就越有,越穷就越穷。这也是"耗散结构"理论所揭

---

① 方勇、李波译注:《荀子》,中华书局,2011,第13页。
② (宋)朱熹:《论语集注》,中国社会出版社,2013,第8页。
③ (南朝梁)萧统选:《文选》,李善注,商务印书馆,1959,第1146页。
④ [美]米歇尔·沃尔德罗普:《复杂:诞生于秩序与混沌边缘的科学》,陈玲译,生活·读书·新知三联书店,1997,第4—5页。

示的普遍法则。结构与秩序是自发地产生的,是从混沌之境中涌现出来的,最初的结构与秩序一旦形成,有序发展的程序便启动,这是生命系统的主要特征之一。刘易斯·托马斯(Lewis Thomas)在《细胞生命的礼赞》一书中,用非洲大白蚁筑穴的例子来说明自发的结构与秩序是怎样产生的。①

非洲大白蚁的巢穴,结构十分复杂壮观,这段描述告诉人们,在没有设计者和指挥者的情况下,那些一个个头脑简单、力量单薄、行为盲目的生物,是怎样构建了那令人惊叹的宏伟大厦的。由此可体会到最初自发生成的"有"对后续建构的意义。类似的事例在自然界和人类社会不胜枚举。秩序从混沌中诞生,亦即老子说的"有生于无"。而一旦有了,就会越来越多。有了硅谷,高科技公司都到那里安营扎寨;有了经济特区,发展的资源(包括物力、财力、人力、智力资源等等)皆在那里聚集。《圣经·马太福音》里说:"凡有的,还要加给他叫他多余;没有的,连他所有的也要夺过来。"经济学中的"报酬递增率",信息学中的"正反馈",与此同理。

生命的生长,也是一种有序的发展。有序也意味着有向度,在这里,向度就是运动的方向,后续总是前辙的延伸。可用"芒刺"和"藤蔓"的生长机制来说明。诺贝尔文学奖获得者斯坦培克(John Steinbeck)笔下的燕麦、狐尾草、苜蓿等植物,都长有芒刺,等待其他动物或行人的裙子裤脚把它们的种子带向远方。还有的具有螺旋形的箭头或降落伞(如蒲公英)那样的设备,等待一阵风把它们吹到一片新的生境。②藤蔓也生满了带有方向性的小刺,只要有风吹动,它就往同一个方向生长。存有生长基元的种子或藤蔓,看似不动,其实能动,它们是处在一个远离平衡的状态,只是在等待,只要有一点儿微小扰动,就会产生巨大的涨落。具有"不行而至""不疾而速"之妙。凝神沉思芒刺和藤蔓生长的道理,不由会想到老子所说的"道",万物生长皆有各自的道,道之所存,生之所存。"尺蠖之屈,以求信(伸)也。龙蛇之蛰,以存身也。"《周易·系辞下传》屈而求伸,存而求生,存身与进身,实乃不可分割的统一体。"无识之物"尚且如此,"有心之器",生长欲望更有其复杂的表现形式。"得寸进尺"这个词语常被用来比喻贪心和不知足的人,事实上这个词语中也蕴含着"存存"的道理。春秋战国时期著名政治家范雎向秦王献书说:"王不如

---

① [美]刘易斯·托马斯:《细胞生命的礼赞》,李绍明译,湖南科学技术出版社,1997,第117页。
② [美]斯坦培克:《愤怒的葡萄》,胡仲持译,外国文学出版社,1982,第15页。

远交而近攻,得寸则王之寸,得尺亦王之尺也。"①"远交近攻",得一寸是一寸,步步为营,确为制胜的法宝。在心理学中,"得寸进尺"也被用来表述一种特殊的心理效应。美国社会心理学家弗里德曼为此设计过专门的试验,证明人在应允做了第一个被要求的事情后,第二次应允更高要求的概率显著提高。人的意志行为有着前后一致的连贯性。"得寸"之所以能够"进尺",可以用"存存"原理来阐释。

"存在者存在"这个表述,是前苏格拉底时代古希腊哲学家巴门尼德(Parmenides of Elea)提出的哲学命题,"不存在者不存在"也是其必然结论。在他看来,"能被思维者和能存在者是同一的"。他还说:"存在者不是产生出来的,也不能消灭,因为它是完全的、不动的、无止境的。"②他把"存在"看成宇宙最真实的东西,而把运动、变化看作"非存在",是不真实的东西,从而否认了物质世界的客观实在性。所以他所说的"存在"是一个无任何具体属性的空洞抽象。从"存在者存在"这个哲学视角思考"存存"的哲理意义,与巴门尼德使用的语言形式相同,实质有区别。所谓"存在者",并不是指"存在物",而是人的存在,是具有主体性和创造性的人的存在。存在主义哲学提出"存在存在""存在是自在的""存在是其所是",将"自在"与"自为"进行了区分。事实上,两者之间的密切关联更值得重视。存在主义也指出人是由自己造成的东西,"人实现自己有多少,他就有多少存在"(见前文"现象学与存在主义")。"实现自己"也是"人的现实"的实现,而"人的现实"无非就是那些历史地形成的东西。我们这里思考的"文化存在",是因"存"而"生"和因"生"而"存"的互生关系,是一种"形态发生学和结构稳定性"意义上的思考。存在者保存了"道","道"使存在者绵延有续。若要追问先有"存在者"还是先有"道",这就回到了我们一开始就讨论的话题——先有人还是先有文化。先前既没有人也没有文化,人与文化是互生和共生的系统(见前文"人与文化"),在一个形态发生的历史过程中,从无到有,由简单到复杂,由低级到高级,演化到了现实的存在。人的本质,从一定程度上说,也不过是"存存"的全部历史而已。"存在者的存在"永远处在一个动态的"超循环"之中。真正的中国"形而上学"能回答西方"形而上学"无法回答的问题。宇宙自然无穷的奥妙就在"一阴一阳之谓道""万物负阴而

---

① (西汉)刘向:《战国策》卷五《范雎至秦》,上海古籍出版社,1985,第190页。
② 《西方哲学原著选读》上卷,北京大学哲学系外国哲学史教研室编译,商务印书馆,1981,第31—32页。

抱阳""保合太和"等话语描述的太极图式中。

文化存在是一种特殊的记忆,人类漫长的历程中有价值的东西,都留存于文化的记忆中。从文化的视角考察往古来今人类生存的历史,历史就成了文化史。草木一岁一枯荣,但生生不息;每个人都有生死,但道德和善长留人间。人类社会是怎么留住了道德和善的?考察一下古人的方式,当能获得启示。《论语·学而》曰:"慎终追远,民德归厚矣。"朱熹《论语集注》如此解读:慎终者,丧尽其礼。追远者,祭尽其诚。民德归厚,谓下民化之,其德亦归于厚。盖终者,人之所易忽也,而能谨之;远者,人之所易忘也,而能追之:厚之道也。故以此自为,则己之德厚,下民化之,则其德亦归于厚也。①儒家看重丧葬之礼,因为那是留住道德和善的有效途径。《周易·系辞下传》曰:"古之葬者,厚衣之以薪,葬之中野,不封不树。"丧礼并非一开始就有,而是文明发展到一定阶段才开始有的。这也可视为"存存"的历史效果。前文提到孔子推动了中国由巫性文化向理性文化的转型,说的是占卜易学向哲理易学的转变。《左传》记载了多例占卜的史迹,卜筮之后循例要由卜人对应验与否进行记录、整理和统计。《周礼·春官宗伯·大卜》曰:"凡卜筮,既事,则系币,以比其命。岁终,则计其占之中否。"占算统计结果可想而知,一定存在大量不验之占。然而,记录和统计之目的不在于以不验之占对卜筮本身提出怀疑,恰恰相反,而是通过技术手段进行适当调整,增强筮占的可信度。卜筮盛行,不能简单视为先民的愚昧和无知。因遵循了某种德行原则的指导而导致了预期结果的事例通常会成为集体的记忆,很多这样的事例的原始积累,最终发展为道德哲学原则,这是一种历史的必然。历史所现只是"有"而不是"无",是因为只有那些有意义的事情才被记忆。《史记·龟策列传》云:"自古圣王将建国受命,兴动事业,何尝不宝卜筮以助善。……王者决定诸疑,参以卜筮,断以蓍龟,不易之道也。"卜筮积累了人类经验,是留住善的可靠手段,是使道德和善永驻人间的有效途径。孔子正是由于深刻地意识到卜筮之《易》的重大文化价值和深远的历史意义,才有了晚年那些对《周易》奥义的深入挖掘和精辟的哲学阐释,从而也才有卜筮之《易》与后续文明的历史连续性。

"成性存存"这一经典表述体现了深刻的历史感。历史中深深隐藏着人类思

---

① (宋)朱熹:《论语集注》,中国社会出版社,2013,第6页。

维的玄机。往古来今,最优秀的思想者一切有价值的建树都基于对历史的思索,人类最高的知性也体现为对历史的觉悟。为什么马克思把历史视为真正的科学,由此也可以得到启示。"存存"之说,可谓中国本土的"历史现象学"。如果追问历史"为什么总是有而不是无",盖因"存存"之故,才有"历史性地生存着并能够历史性地生存"①的事物。透过历史所"现"之"象",可以把握文化演进的真实脉络。

(三)成德为行

人的存在是社会的、历史的、文化的存在,"存"什么才能永"在"? 并非一切存在的东西,都值得肯定。人类社会、历史文化之所以存在,必是由于那些共同的价值追求,凝聚了无与伦比的存在之力。个体生命体验的价值意义,与共同价值的认同程度成正相关。诗人说:有的人活着,他已经死了;有的人死了,他还活着。②诗人要表达的,是怎样活着才有价值和意义。时光如梭,岁月流逝。"子在川上曰:'逝者如斯夫'!"(《论语·子罕》)圣人之所以叹江河之流逝,无尽的意蕴系于"存在"之思。为了将有价值的东西永留人间,孔子付出了毕生的精力。

人类整体与人类个体,都有不同层次的历史记忆,两者有着整体与局部的"自相似"(见前文"科学前沿方法论之分形理论")。个体的人生体验,是一个漫长的历程。当人们回首往事时,会发现并非所有的经历都能存留于记忆中。记忆只能将生命中极小的一部分拾掇起来,逝去的生命中的大部分时光,我们穷尽脑汁也记不起自己究竟在做什么,它们仿佛流进永远不可知的黑洞。深思每一件记住的事情,都会发现其对后续的人生经历产生某种程度的影响,或者反过来说,它之所以被记住,正因为其有后续的意义关联。没有连续性的事物,如昙花一现,不会留下记忆。只是,并非所有的意义关联,我们的思维都能洞察并用清晰的语言加以表达,其中蕴含着不可见、不可说的意义。这也可以用来说明,生命的记忆,是一种超越了思想的存在。人们记住了什么,也就在某种程度上以什么方式存在。记住仇恨,心中就隐藏着恶念;记住恩德,心中长存仁爱。用什么来占有生命,是一个人生观问题,也是立德树人要面对的根本问题。

"君子以成德为行,日可见之行也。"(《周易·文言传》)这是孔子阐释乾卦爻辞

---

① [德]马丁·海德格尔:《存在与时间》,陈嘉映、王庆节合译,生活·读书·新知三联书店,2014,第427页。
② 郑雪芹:《臧克家代表作:老马·有的人》,中国现代文学馆编,华夏出版社,1998,第99页。

未尽之意的说辞,是说君子之行,以成就和完善道德为宗旨,体现于每日可见的行为。"进德修业"须将"知"与"行"在实践中统一起来,体验、做事就是实践。"知行合一"的教育理念是明代著名思想家王阳明提出的,当然,他是继承了早已有的"儒术"。后来的杜威"教育即生活"理论,表达的是同样的思想。王阳明在《答顾东桥书》中说:"学校之中,惟以成德为事,而才能之异,或有长于礼乐、长于政教、长于水土播植者,则就其成德,而因使益精其能于学校之中。"[1]所要成就之"德",因人而异,要在做事的过程中,就个人的禀赋以成就其德。他主张的"事上磨练",亦即"就学者本心、日用事为间体究践履,实地用功"[2],就是说要通过日常行为去体认"良知"。在实际的生活世界里,真正的精英都是善于将知与行统一起来的人。知与行是一个双向互动的过程,"所谕知、行并进,不宜分别前后,即《中庸》'尊德性而道问学'之功,交养互发,内外本末一以贯之之道"[3]。能做到"一以贯之",显然离不开"存存"之功。他对知行关系的真知灼见还有如此一番表达:"知之真切笃实处即是行,行之明觉精察处即是知,知行工夫本不可离;只为后世学者分作两截用功,失却知、行本体,故有合一并进之说。真知即所以为行,不行不足谓之知。"[4]今日之学校,与王阳明时代已经大为不同,只是,知行的分离却日益加深,技术理性泛滥造成文化生命断裂的现象处处可见。道德认知与道德行为的分离、课程与生活的脱节、课程与文化的割裂等都是突出的问题。细究起来,当今时代学校教育中的一切文化断裂,都能从技术理性的泛滥中找到根源。而"存存"则从根本上强调文化连续性的意义。

"成德为行"充满着实践智慧,身体力行才能"成德"。"体究践履,实地用功"即是把实践放在了第一位。所谓好学者,是"敏于事而慎于言,就有道而正焉"(《论语·学而》)的人。慎言、敏行,"敬孙务时敏",都在强调立即见之于行动的重要性。万事开头难,充满了未知与不确定性的事情,先做起来,一旦开始行动,便能通过边做边学增长知识,丰富学问。人并非生而知之,常是由"做"中学来。"就有道而正"一说,先贤释为跟从或向有道者学习来正己之身,实质就是"循道而行""修己

---

[1] (明)王阳明:《传习录注疏》,邓艾民注,上海古籍出版社,2015,第114页。
[2] (明)王阳明:《传习录注疏》,邓艾民注,上海古籍出版社,2015,第93页。
[3] (明)王阳明:《传习录注疏》,邓艾民注,上海古籍出版社,2015,第94页。
[4] (明)王阳明:《传习录注疏》,邓艾民注,上海古籍出版社,2015,第95页。

正身"。真知和良知是在实践过程中获得的,"成德"即积累生长的经验。"体究践履"无疑是一种对时间和生命的占有,占有与被占有是同一事物的两个方面。道德和善的存留,就是对邪恶和不善的剥夺。所以"成性存存",理在"长善"。《孟子·告子上》以"牛山之木"来比喻养善的道理。茂美山木若遭遇斤斧滥伐、牛羊啃啮而不得滋养,便会成为光秃秃的濯濯童山。良善人心也是要不断地温养的,若任其放纵自流,便退回到蛮荒禽兽。"山木人心,其理一也。"(朱熹语)孟子总结到:"故苟得其养,无物不长;苟失其养,无物不消。孔子曰:'操则存,舍则亡;出入无时,莫知其乡。'惟心之谓与?"(《孟子·告子上》)持守那已有的,关乎存亡兴衰。未来之事,难以预料,时空变幻莫测,惟有"成德为行",方能永远走在"道"上。

个体文化生命的生长遵循"成性存存"的原理,生命的长生和拓展,是"存存"留下的轨迹。有一个重要的规律值得注意:"习惯于赢的个体就越是会赢,习惯于失败的个体就越是要失败。"①"成功是成功之母"与"失败是成功之母"都有道理。一种生命要生存下去,必得有肯定其存在的力量。"褒奖"赋予它更高程度的确立性,从而成为支配(slaving,或役使)生命系统的"序参量"(见前文"协同学理论")。生命有序发展的模式,是个体在自身所处的环境中,以其独特的身体、心理和知识结构参与生命体验所涌现出来的,不是外来因素强加和施予的。有序结构的形成,不是外部力量控制和干预的结果。那么,教育究竟能做什么?当教育把视野转向培育生境,而不是以规训和惩罚来影响和制约人的时候,关爱、鼓励、赞赏、肯定等会被视为最有效的生命催化剂。教育思想家王阳明用富有传统人文韵味的话语说:"大抵童子之情,乐嬉游而惮拘检,如草木之始萌芽,舒畅之则条达,摧挠之则衰痿;今教童子必使其趋向鼓舞,中心喜悦,则其进自不能已:譬之时雨春风,沾被卉木,莫不萌动发越,自然日长月化;若冰霜剥落,则生意萧索,日就枯槁矣。"②所谓"条达",就是井井有条、通达顺理、活力勃发、长生无滞。要使儿童"天天向上",需要"实地用功",让每一步都有牢靠扎实的基础。"存存"的道理可比作走路,每一步都有此前迈出的"跬步"做基础,所以说"不积跬步无以至千里"。然而正是这个简单而平凡的道理,有着深刻的哲学、科学、历史、文化意义。

---

① [英]理查德·道金斯:《自私的基因》,卢允中等译,吉林人民出版社,1998,第104页。
② (明)王阳明:《传习录注疏》,邓艾民注,上海古籍出版社,2015,第175页。

以上主要从方法论视角探讨"养正于蒙""学不躐等""成性存存"等儒家核心教育理念的意义,并以此为轴心梳理了中国传统教育思想。三者之间既有联系也有区别。"养正于蒙"谈端正起点的意义,"学不躐等"谈有序发展,"成性存存"重在讨论历史文化的连续性。事实上,具有方法论和价值论意义的中国教育经典表述,远不止这些。人们熟知的"不言之教""止于至善""格物致知"等经典名句,也都具有现实的教育价值和意义。只是这些话语都已在本书不同章节的相关话题中有所关涉,不宜在这里重复。需要提及的是,中国传统教育文化资源宝库中,值得挖掘的教育思想和教育智慧,深刻丰富,精华萃聚,且有"言约而达"、精辟简洁的语言特点,富含正向能和生命力,对构建本土化教育文化理论,具有重要的现实意义。

第五章

教育文化概说

文化是一个人类经验累积、人类精神丰富、人类文明延续、人类社会发展的过程。精神、物质、制度、习惯和行为方式等方面的文明创造物，都会以符号的方式存在，并且，这些体现了知识、经验、情感和价值观的符号化存在，会随着时空的变换，以自我复制和自我更新的形式延续和发展，不断获得新的适应性。就在这个过程中，教育也同步发生。生存技能的传递可能是教育的诸多意义中最原始的意义，它可以追溯至人尚未成为人的阶段，很多动物来自本能的游戏活动，都具有传递生存技能的功能。然而，诸如情感、态度、价值观和知识等的传递，则是符号化思维的产物，这是人之为人的重要标志。一旦有了符号，教育文化就以全新的形式加速展开。随着人类文明进程，教育文化形态经历了由低级到高级、由简单到复杂的发展过程，其本质的丰富性也随着人类生活的全面展开不断增长。

一、文化与教育词源考

教育文化的初始形态主要体现为简单工具制作的自发传递，自人类进入文明的时代以来，教育与文化的联系就有了新的结合点。考察中西教育文化词源，可深化我们对教育文化原理的认识。

西方"文化"(culture)一词的词源(见前文第一章"文化概念")考证,揭示了这一词语所蕴含的教育意义,有文化的人总是指那些"受过教育的人"和"有教养的人"。但毕竟,这一词语与"education""pedagogue"等教育概念还是有极大区别的。在德语中表达文化观念使用了Kultur和Bildung两个词,前者与culture同源,而后者的意思即为"教育""教化"。这两个词翻译成法语都是"文化"(culture)。德语bildung有"教化"的意思。民主德国1971年出版的《迈尔百科辞典》中把文化解释为:"文化最初指土地的开垦及植物的栽培;以后指对人的身体、精神、特别是艺术和道德能力和天赋的培养。"[1]黑格尔的《精神现象学》中用了三个章节论述"自身异化了的精神:教化(bildung)"。他说:"在文化的开端,即当人们刚开始争取摆脱实质生活的直接性的时候,永远必须这样入手:获得关于普遍原理和观点的知识……新精神的开端乃是各种文化形式的一个彻底变革的产物……"[2]在他看来,人类思想的形成过程,首先是摆脱感性生活和复杂现象,通过组织模糊的普遍概念来着手简化工作,进而达到明确性、完善性。文化的进步是从无知和愚昧向知识、向思维普遍化的发展。虽然他认为人类精神、整个人类历史和文化的进步是绝对思想(世界精神)发展的体现,然而他毕竟第一次在思想方法上深刻揭示了世界历史和文化进步的基本特点:其必然性、矛盾性和前进性。[3]"在文化概念的生成过程中,Bildung代表着一个主要的阶段。人类知识、美学和道德的培养表达了人类全体性理想,人类全体性是根据自由的要求,以改造国家和主权关系为条件的,特别是受广义的教育进程的制约。教育加快人的进化速度,最终把他培养成有意识的人,而不是孤独的人。一种三重的根本关系把人和世界联系起来。这种三重关系就是人和自然,即他人、社会和全人类,以及人和天神或超凡的力量之间的关系。让-雅克·卢梭对德语国家文化概念演变的重要影响即在于此。为了使人实现完全的自由而对人自身的培养和上述三重关系的建立,这两个观念是作

---

[1] 译自德意志民主共和国:《迈尔百科辞典》(1971),转引自《文明和文化》,中共中央党校科社教研室编译,求实出版社,1982,第39页。
[2] [德]黑格尔:《精神现象学》上卷,贺麟、王玖兴译,商务印书馆,1979,第3—8页。
[3] [苏]尼·瓦·贡恰连科:《精神文化:进步的源泉和动力》,戴世吉等译,求实出版社,1988,第12页。

为 Bildung 的文化概念的两个组成部分。"①卢梭使用"culture"一词与"教育"是相通的,他认为人们通过耕作培育植物,通过教育培养人才。西方的哲学家和教育思想家们,对文化的理解与阐释尽管各有所重,但显然都未曾忽略人与人、人与自然的关系,从中都可体会到"人化自然"的意蕴。

中国古代的哲人们对教育文化的理解,集中体现在"教""育""学"三字造型及其意义表述。本土话语中"文化"一词的解读,前文已有讨论,此处不再赘述。

"教"字,在甲骨文、金文和小篆中有多种变体。

人们通常将其解释为手执棍棒教育孩子,其根据是《尚书·舜典》中有"扑作教刑"一说,扑就是棍棒,相当于后世先生的戒尺教鞭。据此认为中国的教育自一开始就意味着严厉的管教,这个字就体现了这种传统。这未必是"教"字的原初含义。《尚书·舜典》中的"扑作教刑"不可做断章取义的理解。《尚书正义》中有这样的说词:"鞭作官刑,以鞭为治官事之刑。扑作教刑,……不勤道业则挞之。……金作赎刑,误而入刑,……出金以赎罪。"不勤奋学习就拿棍棒敲打,或可视为曾有的历史事实,但却不足以对"教"的含义做出合理的阐释。"教"字早期的甲骨文字形中并非都有"子"。解读的关键在于这个字的构成要素"爻"和"卜"。"爻"是什么?《周易·系辞下传》有如下解释:"爻也者,效此者也。""爻也者,效天下之动者也"。"爻"在构成上是"交五",就是两个"五"相交。两个五,一个代表天数五(一三五七九),一个代表地数五(二四六八十)。"天数五,地数五。五位相得而各有合。"(《周易·系辞上传》)其中要表达的意义,即为天地万物的化成,都是来自天的要素与地的要素的结合。构成要素的数量和构成方式都随时空变化,导致事物形态各异。而不同的事物之间存在不同的生克与消长关系。只有"极深研几""彰往察来",并顺承天意,依时而动,方可"自天祐之,吉无不利"(《周易·系辞上传》)。然而人往往不知道自身在时空和社会关系中的位置,不认识自己,就会导致"比而不周"和"同而不和"的行为方式,那就吉凶难料。如何知道自己身为何物、在天地系统中

---

① [法]维克多·埃尔:《文化概念》,康新文、晓文译,上海人民出版社,1988,第69—70页。

身处何境？古代先哲观天地变化，总结规律，创制八卦以推演天地运作之道与占者的关系，从而决定做事应遵循的基本理念。《周易·系辞上传》如此表述："探赜索隐，钩深致远，以定天下之吉凶。成天下之亹亹者，莫大乎蓍龟。是故天生神物，圣人则之。天地变化，圣人效之。天垂象，见吉凶，圣人象之。河出图，洛出书，圣人则之。""爻"所表达的，正是上述意义。甲骨文中"教"字的右半边，是手与卜筮的结合。"教"字与"效"字同源。

许慎《说文解字》有"教，上所施，下所效也"。许慎融合了古代典籍和当时用法，而当时之世离"教"的原生语境不远，中国社会还没有经历巨大的震荡和变动，对"教"的理解尚未偏离圣人之意。上行下效之说揭示了人文演化所遵循的秩序结构。从空间来看，天为上，地为下，因而"人法地，地法天，天法道，道法自然"（《道德经》第二十五章）；从时间来看，前为上，后为下，所以儒家主张"袭迹古人"，效法先王；从人伦来看，君为上，臣为下，父为上，子为下，师为上，徒为下，所以有"天、地、君、亲、师"的秩序结构。孔子奉行的治国理政的道德哲学，核心就是这种伦理秩序，他说："夫道者，所以明德也。德者，所以尊道也。是以非德道不尊，非道德不明……是故，昔者明王内修七教，外行三至。"[①]何为七教？孔子说："上敬老则下益孝，上尊齿则下益悌，上乐施则下益宽，上亲贤则下择友，上好德则下不隐，上恶贪则下耻争，上廉让则下耻节，此之谓七教。七教者，治民之本也。政教定，则本正也。凡上者，民之表也，表正则何物不正？是故，人君先立仁于己，然后大夫忠而士信，民敦俗璞，男悫而女贞。六者，教之致也，布诸天下四方而不怨，纳诸寻常之室而不塞。等之以礼，立之以义，行之以顺，则民之弃恶如汤之灌雪焉。"[②]由此来看，"教"之义大矣！"教"字从整体来看，表达的意义就是"效天地之道"。圣王以天地之道教化万民，老子主张行"不言之教"，孔子倡导"六经之教"。《中庸》曰："天命之谓性，率性之谓道，修道之谓教。""教"中蕴含着对天地运行法则的觉悟，体现着向自然学习的精神。人文之成化，就在于遵循了天地之道。《魏书·食货志》曰："教行三农，生殖九谷；教行园圃，毓长草木；教行虞衡，山泽作材；教行薮牧，养蕃鸟兽；教行百工，饬成器用；教行商贾，阜通货贿；教行嫔妇，化治丝枲；教

[①] 王国轩、王秀梅译注：《孔子家语》，中华书局，2009，第19页。
[②] 王国轩、王秀梅译注：《孔子家语》，中华书局，2009，第20页。

行臣妾,事勤力役。"①"教化"之功能由此可见。

"育"(毓)为会意字,甲骨文字形是妇女生孩子的形象,儿子的子倒过来,下面是个肉(月),意指婴儿是母体身上掉下的肉。

字形中有水,应指羊水,示意一个刚刚来到生冷世界的幼小生命,尚离不开养育它的资源环境。"育"的本义当是指幼小新生命的生与养的过程。国学经典中"育"字使用的语境,多关乎"天地之道",有遵循"道"来养育万物之意。老子说:"故道生之,德畜之;长之育之;亭之毒之;养之覆之。生而不有,为而不恃,长而不宰,是谓玄德。"(《道德经》第五十一章)这是说,"道"生化万物,"德"养育万物。生它养它,使它成长成熟,然而却不主宰它,使它遵循着"道",成其自然生长之功,这是深厚奥妙之德。《周易·象上传》曰:"先王以茂对时育万物。""茂"指草木繁盛之状,枝繁叶茂须正当其时。何谓"时"?《学记》曰:"当其可之谓时。"日月运行,寒暑往来,万物之生长发育,必得顺势而作,顺时而成;《中庸》曰:"致中和,天地位焉,万物育焉。""中、和、位、育"四个字凝聚了儒家的核心理念。喜怒哀乐为人之常情,常随外物而发动。其未发之时,处于天性之自然状态,无所偏倚,故谓之中。"情"之萌发合乎时宜,即为"中节",犹如舞蹈踏在节拍之上,无所乖戾,才能达到和谐。万物之生长发育,是诸多要素和合之结果。《孟子·告子下》曰:"尊贤育才,以彰有德。"《孟子·尽心上》曰:"得天下英才而教育之,三乐也。"这里"教"和"育"宜理解为两个字而不是一个词,意为以"教"育之,并非今人所讲的"教育"之意。"教"亦指"天地之道"。为什么要得英才方能以"教"育之? 草木未华曰"英",人之慧者曰"才"。并非人人都能参悟天地之道,"朽木不可雕也"。《周易·系辞上传》曰:"百姓日用而不知,故君子之道鲜矣。"孔子说过:"民可使由之,不可使知之。"(《论语·泰伯》)但"道之不传",亦非圣贤之道。所以要以天地之道为内容哺育灵慧之英才,以继承往圣之绝学。总之,"育"所体现的,是生生之德。

与"教"字在字形和意义上密切关联的"学"字,在甲骨文、金文和小篆也有很多变体,足见其意义的丰富。

---

① (北齐)魏收:《魏书》,仲伟民标点,吉林人民出版社,1995,第1662页。

其构成要素似有教学的内容、场所、教学活动本身。上部似为双手捧爻,演绎天地变化的"大衍之数"。关于"爻"的意义前文已有分析,它是代表天地变化的。甲骨文"𱎖"字下半部"上栋下宇"的房屋形状,最初并非专指"教学的场所",后来才有教学场所的含义。早期该字所示为卜筮或祭祀的场所,如《礼记·王制》篇称"天子将出征……受成于学;出征执有罪,反,释奠于学"。可见,"学"是一个效天地之道的场所,遵循天地之道是古代国家社会生活的根本法则,所以有"学在官府"("学术官守")之说。《周易·系辞上传》曰:"天地变化,圣人效之。"在甲骨文中教和学是相通的,甚至读音也是一致的。《说文解字》将"斅"解释为"觉悟也"是有道理的。明末的方以智在《通雅》中对"学"的考据为:"學、教、覺俱从爻,學字本于孝声,生于覺孝。"①朱熹说:"学之为言效也。人性皆善,而觉有先后,后觉者必效先觉之所为,乃可以明善而复其初也。"②其意义都是相通的。

古人如何使用"学"字,可从下列经典名句体悟:

《诗·周颂·敬之》:"日就月将,学有缉熙于光明。"这是说,日日收获,月月长进,觉悟就在于追寻光明,与时俱进。

《尚书·说命》:"惟教学半,念终始典于学,厥德修罔觉。"古人将第一个"学"字写为"斅",意为"教"。《尚书·说命》曰:"教人然后知困,知困必将自强,惟教人乃是学之半,言其功半于学也。于学之法,念终念始,常在于学,则其德之修渐渐进益,无能自觉其进。言曰有所益,不能自知也。"由中可体会"學""教"的原本相通之意。

《学记》曰:"君子如欲化民成俗,其必由学乎……是故古之王者建国君民,教学为先。"是说天子诸侯及卿大夫想要教化民众,成其美俗,非学无以成就之。古

---

① (明)方以智:《通雅》,中国书店出版社,1990,第1页。
② (宋)朱熹:《四书章句集注》,浙江古籍出版社,2014,第41页。

代君王建立国家统驭民众,始终要将教学放在首位。这里"教"与"学"当理解为两个字而不是一个词,其意义如前所述。《学记》又云:"故君子之于学也,藏焉,修焉,息焉,游焉。"君子知识与学问的增长,始终不离学业,"藏"是说内心常怀抱学业;"修"是说不断修习而不能荒废;"息"有繁殖、滋生之意,如说"休养生息",这或可理解为知识学问的增长与更新;"游"为交游,有今人所谓"知识交流"之意。总之,知识学问不是僵死的东西,而是有生命的事物,可种植于心田,不断维护、修习、生长、交流。

《论语·学而》:"学而时习之,不亦说乎?"在今人看来,学如逆水行舟,不进则退,艰难困苦具备,何乐之有?此句的原生语境中,"学"有"效"之意,人们觉知天地之道,有先有后,后觉者效先觉者所为,且又在合适的时机和场合不断体验和展示,能够派上用场,方有喜悦之情。"习"字古体为鸟展开翅膀之状,《说文解字》:"习,数飞也。"效法而又见习,是"学以致用",其中蕴涵着学习主体的积极性和能动性。"时"所突出的是时机和场合,古人云"运用之妙,存乎一心",效法来的东西,在何时何地派上用场,都需要一种实践的智慧。犹如小鸟效法成年鸟,在树丛间不断抖擞翅膀,忖度合适的时机以实现飞跃动作。"学"的乐趣,关键在主体性的发挥和学用的结合,被动的学习和没有成就感的学习,无乐可言。

回归文化之根,梳理教育原道,当能体会到,在古人话语中,依文而化是天则,建国君民,化民成俗,必当效法天地之道。今天我们提倡以人为本,以文化人,正体现了教育之道的精髓,这是教育文化的起点,也是其最终的归宿。

二、教育文化的形态发生学考察

教育与文化是共生的,两者在起始点上密不可分。初始教育文化形态究竟是什么样子,并没有任何直接可考的证据,只能从人的本质特征和特有的行为方式及一些考古发现,做一些间接的推测和思考。"形态发生学"是借用托姆的"突变论"中所使用的词语,按照他的说法,当一个系统的特性出现突变,"我们把它理解为原有形态的改变,即形态发生学"①。这里我们在最广的意义上使用"形态发生"这一用语,包括了物质形态和意识形态。"形态"在一定意义上等同于以稳定形式存在的结构。在托姆看来,前苏格拉底时代的哲人阿那克西曼德(Anaximander)和赫拉克利特(Heraclitus)运用蕴涵人类和社会起源意义的词汇来解释物质世界的面貌,并非错误而是因为他们具有如下基本的确实的直觉:"支配自然现象进化的动态情景基本上与统治人类和社会进化的动态情况相同",这"深刻地证明在物理学中应用拟人词的正确性"。②当然,反过来也一样。这也是我们在研究文化现象时使用"形态发生学"概念的依据。这个词语本身意义自明,清晰而明确地表达了一种历史感,一提到"形态发生",人们就不由得将关注的焦点倾注于系统发育的源头和起始点。在追问和思考教育文化的"原初"和"原本"之理时,符号化思维和人类生命的本质特征,就会凸显其教育文化形态发生的历史意义。

  教育文化形态的发生,实质上是人文世界演化的连续过程中由某种因素引发的本质性变化,如前所述,这种导致了根本性变化的事件就是符号化思维的出现,而在这之前,漫长的人类进化史上,文化的原始形态及其传递现象极其缓慢且简单。有证据可考的人类早期的传递现象,可从美国科学家卡尔·萨根(Carl Edward Sagan)的一段描述中推知:"在东非200万年前的岩石记录中,你能发现我们祖先所设计和使用过的一系列劳动工具。他们的生活依赖制造和使用这些工具,当然这是石器时代早期的技术。曾几何时,专门制作的石头被用来戳刺、切削、剥离、切割、雕刻。尽管制造石制工具有很多种方法,值得一提的是,在一个特定的地点,在漫长的时期内,工具都是以同样的方法制造的——这意味着数十万年前一定存在教育体制,即使主要是学徒制度。"③当然,说其中有"教育体制"有点过头。旧石器时代的遗存遍布世界各地,这些石制工具在质料、器形、用途及制作方法等方面数十万年没有变化,这足以证明"传递"的发生,可称作"前教育形态"。学会制造工具的人类,适应性大大增强。旧石器时代被视为早期文明,传递和继承使文明得以延续,从而为后续的文明做了铺垫和积累。

---

① [法]雷内·托姆:《结构稳定性与形态发生学》,赵松年等译,四川教育出版社,1992,第8页。
② [法]雷内·托姆:《结构稳定性与形态发生学》,赵松年等译,四川教育出版社,1992,第374页。
③ [美]卡尔·萨根:《魔鬼出没的世界:科学,照亮黑暗的蜡烛》,李大光译,吉林人民出版社,1998,第358—359页。

形态的连续性是自然科学和历史科学研究的中心问题,正如托姆所指出的,"无论现实世界的终极特性怎样,我们生活的宇宙不是混沌的,这毋庸争辩。我们观察生命,客体和周围事物并为其命名。这些事物或客体的形状或结构都有一定的稳定性,占有一定的空间位置,最终表现出某种时间周期"[①]。为事物命名,是最早的符号化思维形式之一。在工具的制造和劳动技术的传递过程中,正是那些反复不断出现的事物,为符号化思维提供了基础和条件。

最初的人类显然是关注到那些带有某种规律性而重复出现的事物,它们在大脑的相关区域引起固定的感觉与反应。初始状态的人类会把感觉经验中重复出现的构型固定下来,使它们成为跟共同构型一致的感觉集束。然后,用符号表示这些不变性。有意义且是自觉的符号表达,可考的证据出现在旧石器时代晚期。法国布兰查德地区出土的骨板雕刻,距今已有3万年历史。它表明当时的古人已经发明了有关月亮周期变化的符号系统。骨版雕刻上清晰可见的月相周期变换图案,不仅体现着雕刻工具的精细和雕刻技术的高明,还体现着古人的认知能力、观察能力和符号思维能力。那些符号集合及其组合方式,显然具有定量性,尽管不是算术性的运算,也不是语言性的书面记录,但就它所涉及的构造,以及其按顺序来排列一组符号的问题解决方式来看,其已经具备了后来发展起来的符号系统的基本特征。在法国泰岩洞发现的与此非常相似的骨板雕刻,比布兰查德骨板记号更复杂和先进,但那已是布兰查德版之后1万多年的遗迹了。埃克尔斯在其《脑的进化》一书中对这一考古发现有详细的描述,他引用马沙克(Marchack)的话说:"雕刻该骨板的古人不仅留下了月相圆缺的图像,而且制作了一幅反映时间本身的连续性和周期性的抽象化了的图像。属同一文化的任何一个人,看到这样的图像并知道惯例,就多半能从蜿蜒曲折的图案里看出一幅反映时间的连续性和周期性的图像。"[②]最早的符号记录的是日月运行的天象,

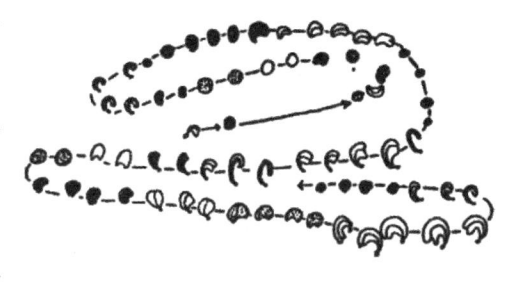

---

① [法]雷内·托姆:《结构稳定性与形态发生学》,赵松年等译,四川教育出版社,1992,第1页。
② [澳]约翰·C.埃克尔斯:《脑的进化——自我意识的创生》,潘泓译,上海科技教育出版社,2007,第158页。

这在世界各民族的文化源头,具有共同性。

发现日月运行的规律,显然对早期的人类生活具有非同寻常的意义。无怪乎中国古代先哲说:"观天文以极变,察人文以成化。"(《文心雕龙·原道》)"法象莫大乎天地,变通莫大乎四时。"(《周易·系辞上传》)另一点值得关注的,是布兰查德骨板之后的1万多年里,迄今尚未发现可与之媲美的文明遗迹。这似乎显示了混沌源头的文明之光,寥若晨星,最初的秩序建构,具有偶然性、随机性,呈点状分布,具有碎片化特点。很多处理人与自然关系的有效手段,因没有适当的方法保存从而永久地消失在蒙昧时代的历史黑洞之中。人类经验的丰富性需要漫长时间的积累,才能涌现出导致突变发生的条件。"自鸟迹代绳,文字始炳"(《文心雕龙·原道》),一旦入道,文明永续。

符号化思维的初始形态发生,还可从人类个体文化生命起始点的最初秩序建构得到启示。乔哈迈德·弗里德里希·特奥多尔·弥勒(Joharm Frichdrich Theoder Muller)通过其生物学研究提出个体发育可为祖先的历史提供线索,而海克尔(Ernst Heinrich Heackel)则进一步发挥并总结出重演律:个体发生就是种系发生短暂而迅速的重演。① 婴儿发出的第一个具有文化意义的声音,大多情况下可能是"妈妈",用一种固定的符号表达反复出现的事物,在符号与事物之间建立意义关联,这就是符号化生存的起始点,这也是人类个体生命于混沌迷茫之中开始建立的第一个秩序结构。人类的个体如此,人类也是同样,只是形式上有差别、复杂性程度有所区分而已。

语言和工具都属于发展较早的符号系统,不过,最初它们只是原始的、不自觉地被运用的符号。诸如仪式、敬畏、族群首领地位的固有的表达方式等,从某种意义上说,则是一种有目的、有意义的符号建构。初始工具的符号意义,可以这样来理解:一个最简单的石头工具,它能派上什么用场,靠的是一种经验。即使是一块用来投掷的工具,也可能被一用再用,这种行为模式导致对以往行为效果的记忆。那些更为复杂一些的工具就更具有符号的意义。而对大脑结构的改变具有更为重要意义的是语言系统的发展。拉兹洛指出:语言可能是在长达五十万年这样一段时期内一步一步发展起来的。它从像动物用以进行信息交流的那类表情达意

---

① 林夏水等:《分形的哲学漫步》,首都师范大学出版社,1999,第116页。

的姿态和叫声开始,进化成有含义的符号,而这正是现代语言的典型特点。表情达意的姿态和叫声可以造成一种刺激,表示出在信息交流者所处环境范围内的某种直接的意义,但符号却能够包含有完全不受此时此地这种条件限制的含义。某些鸟类的舞蹈,作为交配仪式的一部分,表示此时此地它已做好交配的准备,而一首情歌却能一般地谈到性爱交流及随之发生的感觉,或者谈到在遥远的过去和遥远的地方发生的这种事。因此,采用表义符号而不采用表情达意姿态和叫声的人类语言,成了交流意思的有效手段。它使人不仅能在他周围的这个世界生存下去,而且能支配这个世界。由于共同使用一种语言进行信息交流,在大家都理解的一套语义维系着的范围内,存在变成了社会存在。文化诞生了,社会组织的精细复杂的形式创造出来了,人成了社会文化动物。[①]的确,一些动物在用表情达意的肢体传递信息方面比人类有更多的优势,如漂亮的羽毛、优美的舞姿、婉转的歌喉、光亮的毛发以及雄健体魄的展演等,依靠这些,它们可以在特定的环境稳定地生存下来。而人类没有这些优势,只有慢慢发展的对话器官,恰恰是这种符号系统被其后的演化史证明,对促进人类大脑的发展发挥了巨大的作用。

人类创造符号的能力,首先得自于人的一种比动物更为高级和复杂的能力。当然,动物也具有这种能力,只是处于低级的层次。构造内隐模式的能力存在于一切生命之中,从最低等的动物到最高级的生命,其内部都有一个虚拟的外部世界的模型。在人类社会这种能力表现为一种更为高级的形式,即根据环境及其自身与环境之间相互作用的信息,总结出所获信息的规律性,并把这些规律提炼成一种"图式"(schema)或模型,最后以图式为基础在实践中采取相应的行动。图式是一个系统对所受刺激进行规范化的模型。它由一系列规则组成,系统用于现时运作和判断下一步运作所采取的行动,还包括系统调节自己以适应外部环境变化的规则。人类的适应性图式具有符号化的特征,所以图式在某种意义上就是一种符号。在让·皮亚杰的学说中,图式是行为主体用来同化外界刺激的。主体可以根据外界刺激的作用不断对图式进行调节。适应包括同化和调节两种作用和机能。通过同化和调节,认识结构就不断发展,以适应新环境。凡能在行为中重复和概括的东西,都可以称为图式。他把图式假定为人们表征、组织和解释自己的

---

① [美]E.拉兹洛:《用系统论的观点看世界》,闵家胤译,中国社会科学出版社,1985,第87页。

经验和指导自己行为的心理结构。①图式是我们对相互联系的事物结构的把握，是一种对外界信息的压缩的描述。从分形意义上看（见前文第三章"分形理论"），世界上千差万别的事物都是以某种模式存在的。模式是客观存在的，而图式则是行为主体的符号建构。通过可识别的特征和模式我们可以轻而易举地辨别出各种不同的事物。

观察反复出现的事物并发现其规律，据此对将要发生的事物做出判断，这种今天被视为科学的活动，在人类生活的早期则是以"占卜"方式体现的，是具有符号化思维特征的普遍文化存在。支配自然进化的动态情景与统治人类和社会进化的动态情况相似，从一定意义上说，这可以视为文化解释的一个重要依据或原理。托姆这样解释其文化意义："所有过去的与当前的预言将来的技艺是怎样依赖下述原则，的确是令人惊异的：一广义突变（杯中的茶水，手掌上的纹路，纸牌的图画，以及鸡肝的形状等等）被加以研究，它的形态发生通过一个适当的同构与求卜者的偏见和困难相联系。这个方法并不荒唐，只要形态发生的动力系统能够包含具有人类情形动力学的局域偶然同构，而一个天才的占卜者往往能从这些考察中得出一些颇有价值的结论。"②儒家关于中华文明始祖伏羲创制八卦符号系统的道统描述，遵循的是相同的科学逻辑。

符号的发明、使用和进一步发展，将人类从动物中提升出来，人类的创造能力大大增强。这主要是因为符号化的思维，使人具有了根据事物之间关系来处理一切的能力。卡西尔这样表达这个意义："关系的思想依赖于符号的思想。"③符号化思维可以使人摆脱感性事物直接的限制，而在思想中、在抽象的意义上思考和处理各种关系，就为人类的创造性行为开辟了广阔的天地。符号化思维是人类生存发生本质性变化的根本动因。符号可以在无限多样性的外部世界之间建立意义联系的桥梁，这就使人类生存的世界得以扩展，人类活动的领域不断扩大，人的内心世界大大丰富，从而也使人的复杂性日益增加。这是一种非常重要的特征，它能够使人保持对不断变化的外部环境的适应性；符号以简易的形式反映了事物间本质的联系，各种各样的符号，具有多样化的功能，它使人类之间的交流突破了时

---

① ［瑞士］让·皮亚杰：《皮亚杰教育论著选》，卢濬选译，人民教育出版社，1990，第1—2页。
② ［法］雷内·托姆：《结构稳定性与形态发生学》，赵松年等译，四川教育出版社，1992，第382页。
③ ［德］恩斯特·卡西尔：《人论》，甘阳译，上海译文出版社，2004，第52页。

间和空间的障碍,从而使文化能够在时间上得以延续,在空间上得以扩展。人们可以根据岩画和石刻来解读远古人类的内心世界,也可以通过艺术和语言与遥远世界的民族进行交流。日益广泛和深入地交流,促进了文化的发展,符号使人改变了生存的状态。将今天的人类的生存状态同几百万年前的人类的生存状态相比,我们会发现,最大的区别还不在于物质的丰富和生产手段的先进,而在于一种符号化的生存。今天的人类,远远不只是一个吃饱喝足就可以满足的存在物,我们已经离不开一种精神的生活,一种虚拟的实在;符号使文化基因的遗传有了最合适的工具和途径。文化生命一旦形成,它就会不断为自己开辟生境,以便获得复制自身的资源环境,而符号,对于文化来说,就成为一种最合适的生存工具和途径。任何一种符号,都会承载着一定的文化价值,解读一种符号,就是解读一种文化。

三、教育文化的本质含义

教育文化是人类文化的一个组成部分,它一方面具有整体的性质,另一方面也有其独特性。这个概念不同于"亚文化",亚文化常被认为是"更为广泛的文化的一个亚群体"。[①]亚文化有局部的、次生的、派生的、衍生的、寄生的等意义,而教育文化则是社会的主流文化。从教育文化的传递内容看,它是人类文化整体中的精华;从它发挥的功能来看,它起着价值引导作用。概括来说,教育文化就是以教育为途径的人文化成,它是主流文化在教育中的展开。在此过程中,教育主体以人类终极关怀为价值导向,以人类文化的精华为实质内容,以自由人的素质养成为目的,以符号系统为载体,以特定文化系统所要求的行为方式为规范,遵循自组织原理展开交流与互动。作为这个过程的结果,宏观上形成精神、物质、制度、群体生活方式及习惯等方面的相对稳定形态,微观上规约并促成个体与所在文化系统相适应的行为模式。[②]

这里使用"人文化成",是一个本土化的表述。《周易·彖上传》曰:"观乎天文,以察时变,观乎人文,以化成天下。"如前所述,"人文"来自"天文","天文"即天地

---

① [英]阿雷恩·鲍尔德温等:《文化研究导论(修订版)》,陶东风等译,高等教育出版社,2004,第324页。
② 倪胜利:《教育文化论纲》,重庆大学出版社,2011,第97页。

系统运作之道,也是今天人们常说的"自然规律"。"人文"指人类社会依循天地之道而化成的秩序结构,包括伦理、道德、知识、信仰、精神、心理、语言、艺术等。教育从本质来看,就是一种文化过程。有着逾五千年历史的中国社会人文化成,与世界各大文明相比,突出地显示了一种文明的连续性和稳定性,这是靠"人文教化"而得以实现的。"教育文化"这一概念在中国语境中的适用性及其使用频率,远高于世界上其他国家,凸显出中国教育深深植根于文化土壤这一重要原理。"人文化成"这一说法,《旧唐书》即已有之,如"国之华彩,人文化成"。[①]依文而化的人,逐渐远离自然状态而日益"社会化",来自动物本性、本能的行为方式,不断为人之为人所应有的方式所取代,所谓"应有的方式",即是"文明的方式"。这也是一种"人化自然"。"人文化成"既可看作过程,也可看作过程的结果,按照习惯的理解,既是动词,也是名词。这与文化本质的解释是一致的。

所谓"主流文化在教育中的展开",是指人类文化的主体精神和精华要素,通过教育的途径得以弘扬、传递和拓展。其中,价值引导和文化选择功能十分突出。教育文化不等同于人类文化。人类文化的演进在更大更广更深的范围体现着自组织动力学的原理,其所追求的价值是在全人类的文化过程中"涌现"出来的。人类文化的终极价值是什么?说到底是一个人类生存的问题,是人与自然的关系,而人与自然的合理关系依赖人类的和谐,人类的和谐建立在国家与民族社会和谐的基础上,社会的和谐是以个体的自由发展为基础的。然而教育文化中的价值追求,却在更大程度上是人为的,是教育主体依照人类文化的终极价值而确定的。教育究竟"教"什么,始终是一个不断被拷问的问题。具有永恒意义的智慧要素和系统的、整体性的知识结构总是本质追求的目标,其中也总是掺杂着现实的功利目标。从古至今,从中到西,教育的文化传承保存了人类文化宝库中一切有价值的东西。人类的文化生命是一个绵延不断的生长过程,使文化这个独特的生命系统得以延展的根本机制就是文化基因的一代代复制。有机生命的遗传信息存在于基因,而人类文化的精华则是那些具有永恒价值的文化基因。传递与传播内容的选择,也是文化路径的选择。教育文化在教育内容上的体现,就是按照"真、善、美"的标准选择人类文化,使其进入课程;在教育目标上体现为身心知的全面发

[①] (后晋)刘昫等:《旧唐书》,中华书局,1975,第5085页。

展。当然,教育系统的实际运作,是否真正体现了这些价值取向,也常常成为人们对教育提出质疑的根据。因工具理性主义泛滥而导致的价值偏离现象,会形成局部的、暂时的"文化"逆流。但是,教育文化最终的现实,必将受人类文化主流与本质的制约并与其保持一致。文化过程所导致的结果,有升有沉,有消有长,文化就是"化"去不合理性的东西,化生出新的适应性系统,永恒价值在这个不断自我更新的过程中得以展现。

教育文化过程是由主体的活动决定的,主体应从"复杂适应性主体"来认识。教育是"以文化人","人"这个主体,首先是生命个体,这个个体又是一个整体,由身、心、知三方面的要素构成。三个方面存在着错综复杂的联系,而整体体现出一种和谐与统一。不和谐,就难以成为一个完整的人。因此,人的教化,首先以个体自身的和谐作为起始点。儒家成功的教化之道就是从"格物、致知、正心、诚意、修身"开始,由己及人,由低级到高级,由简单到复杂,从个体的身心和谐开始,逐步扩展,最终达到社会的和谐,这是一个层次递进的文化过程。人类终极关怀的实现是一个历史的进程,要从个体的基础文化建构开始,这就是自组织原理所说的"基于底层的建构"。整体所呈现出的结构与秩序,是从具有自主行为的个体之间的相互作用中涌现出来的,这是一个普遍的法则。主体的复杂性不仅体现于其作为一个个体整体,要调节自身内部的各种要素使之达到和谐与统一,还要通过学习,达到与外部世界的和谐与统一。个体间的相互适应,又构成更高层次的整体,个体只有在相互关系之中,才体现为主体。教育主体就是教育活动中具有自主性和能动性的人,有教育者、受教育者和管理者,教育者又可分为教师和家长。各种主体间存在着动态的关联性,教育者与受教育者也同时相互渗透并不断易位。所有主体都在寻求意义关联之中获得适应性生存。主体的活动是教育文化存在的基础和先决条件,就是说,有了主体及主体的活动,才能展开丰富多彩的教育文化。三种类型的主体各有自己的文化模式,这就是人们所称的"教师文化""学生文化""管理文化"。以往相对独立、分散的家长们,并没有多少群体的意识,其教育功能总是被人们忽视。而今,由于互联网的联结作用,"家长群"实质上在参与学校教育决策和教育过程之中发挥着越来越重要的作用,"家长文化"有可能以突出的影响力凸显在教育文化的现实景观之中。事实上,家长不仅仅是参与到学校管理和决策之中,尤为重要的是,在教育文化过程的起始点上,家长这个主体对个体的未来发展的影响,甚至具有决定性的意义。卢梭的《爱弥儿》所讲述的,就是这个道理。就此意义上说,有一门"家长教育学"是十分必要的。

追求自由是人的本质,人类的文化过程从一开始就与这个问题密切相关。马克思所说的"人化自然",就是文化过程,这个过程将人类从完全被动的服从提升到运用自然之力开发自然,从而提高了自由度。从人类文化的轴心时代起,中西方教育文化所追求的就是能成为自由人的那些知识和价值。联合国教科文组织提出的教育概念,目标定位于导致"学习",[1]养成学习的态度并学会学习,将安身立命之本定位于一种动态的学习与适应过程,这种对教育的认识和理解,超越了以往传统的教育观念。《学会生存》一书指出"教育在历史上第一次为一个尚未存在的社会培养着新人"[2],尚不存在的社会是一个什么样的社会? 在马克思的话语中,它是"自由人的联合体"[3]。什么是自由的人? 巴鲁克·斯宾诺莎(Baruch Spinoza)说,自由就是认识了的必然性。马克思话语中的"自由"是对"必然王国"的超越,这种人是全面发展的人而不是为专业化劳作所禁锢的人,是身心和谐发展并能根据不断变化的环境进行自我更新的人。自由人必不可少的基本素质,首先是整体关联的知识系统,即真正意义上的"通识",还有学习与适应的生存方式的养成。这个过程是通过教育文化实现的。要让每一个人都成为自由的人,人的全面发展就成为必然的和唯一的正确途径。

所有文化都须有符号载体,这是就文化的传递和传播的途径而言,就这一点来说,教育文化并没有什么不同。但教育文化的符号系统,的确有着与其他符号系统不同的特点。教育文化的主要符号系统是语言文字。为教育而撷取的语言文字是经过过滤的,教育主体在教育活动中使用的语言,既是交流思想的工具,也是教育的内容。在教育中,语言文字的符号化功能得到淋漓尽致的开发和利用,因为这是教育文化的主要载体。除此之外,教育文化的辅助符号系统,还有其他

---

[1] 联合国教科文组织国际教育发展委员会:《学会生存:教育世界的今天和明天》,上海师范大学外国教育研究室译,上海译文出版社,1979,第221页。
[2] 联合国教科文组织国际教育发展委员会:《学会生存:教育世界的今天和明天》,上海师范大学外国教育研究室译,上海译文出版社,1979,第38页。
[3] 《马克思恩格斯全集》第一卷,人民出版社,1995,第217页。

多种形态,例如,校徽、校服、校歌、校风、校貌也是教育文化符号;另外,教育主体在教育环境中的言行举止、表情态度等,也具有符号意义,这是因为,在所有这些事物背后,都有着教育的意义关联,它们以什么样的方式出现,是以教育文化的价值追求为准绳的。

教育文化过程是由主体间的交流与互动来进行的。这个意义在汉字"教"与"学"的原生语境中体现得最充分(见本章"文化与教育词源考")。教师主体与学生主体在教育文化中有着不同的角色和作用。学生的主要任务是学习,而学习也可以通过"教"来增益;教师的任务是教育教学,而"教"必先"学",或者边教边学,无学必无教,教学相长。大约是进入工业化的时代以来,教育逐渐演变成为一个单向的传递过程。对这种教育文化进程中的"退化"和"蜕变"我们还须从各个方面来认识和反思。即使单从教育者"教"的行为来看,这也是一个永远处于动态中的适应性过程,没有人可以不学而永远"教"下去的。可以说,施教者不断从被施教者的反馈中意识到自身的不足,从而调整和调适自己的教育教学方式和内容,这是另一种意义上的学习和适应。复杂理论的研究者盖尔曼在《夸克与美洲豹》一书中提到,当人在训练一只狗时,实际面对的是一个运作中的复杂适应系统,而人自己也正是充当着这样一个系统,训练过程就是两个复杂系统彼此相互适应的过程。①动物的训练尚且如此,人的教化就更不用说了。教学过程中主体间的互动与彼此相互适应,是更高层次上的循环与互动,是一种"超循环"(见前文"超循环理论")。交流与互动发生在教育文化生态环境中各种形态的复杂适应系统之间,这不仅是指作为教育活动主体的有机生命,还有各种观念系统。如前所述,文化基因所负载的生命信息,也是要通过各种媒介进行复制和传递的,在这个过程中就有不同生命系统之间的交流与互动,其影响具有双向性、循环性、渗透性。每次互动,都有超循环意义上的扬弃与消长。沿着这种思路拓展开来,对不同文化之间的碰撞、交流、融合的理解也就有了统一的认识基础了。

作为教育文化过程之结果而存在的相对稳定形态,有精神、物质、制度、习惯及生活方式等。"相对稳定",一方面是指它们具有可描述和把握的秩序结构和固

---

① [美]M.盖尔曼:《夸克与美洲豹:简单性和复杂性的奇遇》,杨建邺等译,湖南科学技术出版社,2002,第19页。

定形式,从而影响和制约着现有文化系统的运作。另一方面是说,这种固定形式只是暂时的,实质上,业已形成的结构与秩序,也都处在不断的变化之中。教育文化也像真正的有机生命系统一样向外部世界全方位开放,通过与外部世界的交流与互动获得自我更新的动力,从而保持着生命的活力和创造性。教育文化本质的丰富性是随着人类社会的发展而不断增长的。

四、教育与文化的关系

教育与文化的关系已有久远的历史。文化是一种生命,而教育则是使文化生命得以遗传、复制、变异和再生的途径和工具。教育与文化是一个共进化的系统,两者是互为存在和发展的条件,共生共荣。

(一)文化传统与传承

教育深深地植根于文化之中。在尚无文字的年代,较低发展阶段的文化传递是一个自上而下的过程,通常是从年长者向年轻一代进行传递。依"闻道"的先后来决定传递方向,而不是以年龄秩序为准,这是文化发展到较高水平,文明的成果有了很多的积累,有了文本记载的知识时才会出现的。原始的文化传递主要包括生产、生活的知识和经验以及习俗和价值规范。自上而下的过程是一种传统,年长者将本民族在特定的时空中长期积累的知识、经验、习俗、价值规范,通过各种各样的方式(正规的和非正规的、家族的、家庭的等)传递给年轻一代。它与现代学校教育根本不同的特点,就在于其原生性、自发性、生存性、直接性和时空适应性。

文化不只是有了传承就可以延续的,还必须得有创新才能有发展,就像有机生命的基因一样,有遗传也得有变异。一套完整的生命机制是必要的,它是在不断变化的时空环境中获得适应性生存的基本条件。文化传统与文化创新之间的关系,就是"确立性"和"新奇性"的关系,是对立和统一的关系。确立性需要保持稳定的形态,复杂与多变导致不稳定,因此它抵制变化。然而要发展,就得打破已有的稳定和平衡状态。在"确立性"和"新奇性"之间,存在着一个价值选择的空间。生命系统不断自我更新并不断调节这个过程以保持其结构的整合性,这是受自组织动力学支配的行为,是一个深刻的自然法则。通过传播渠道而来的外来文化对传统具有冲击力,它能导致原有文化系统的变化和发展,但如果超过了原系统能承受的程度,就会导致传统的毁灭。这一切都与生命的机制完全相同。传递是一个纵向的过程,横向而来的传播对其生存来说,是一种外部环境的变化。是变革和适应,还是保守而消亡,所有生命系统都必须直面这个现实,迎接挑战并做出抉择。

一个文化系统中的传统的价值规范和思维方式,集中体现在知识、语言、艺术、民俗、礼仪等方面。人们学习、吸收了一种知识,也就潜在地、无意识地接受了一定的思维方式。价值与思维范式是灵魂,文化的具体样式是载体。文化传统渗透到文化和生活世界的方方面面,进入人的意识深处,虽看不见摸不着,但却无处不在。有一些传递的形式是属于显性的,如不同时代的制度化的教育或正规的学校教育对传统文化进行的复制;还有一些在价值传承方面是以隐性形式进行的,如民俗、礼仪、生活方式等。教育作为传统文化的复制工具,自身就体现着文化的传统,表现在其所传递的价值理念、思维方式和传递方式方面的传统色彩。在这一点上,每个文化系统中的教育传递,都带有传统色彩。这种情况不仅存在于像中国这样有悠久历史和深厚文化传统的国家,而且世界范围不同国家的历史中都有明证。例如,斯巴达和雅典同为古希腊强大的奴隶制"城邦",但由于两者具体的政治、经济和地理条件不同,文化也就各有不同的特征,表现出极为不同的价值系统。斯巴达人尚武,重视集体观念,而雅典文化却倡导个人自由、首创精神。[①]两种不同的文化决定了它们各自教育的性质,斯巴达只注重单纯的军事教育,忽视文化教育,雅典则强调博雅教育(liberal education)。教育内容方面,雅典比斯巴达要充实、丰富得多。英国的绅士教育、美国的民主教育、中国的整体意识教育都与文化传统有关。

文化的传递和传播,大多是通过教育途径实现的。从广义上理解的教育,甚至包括了像宗教的传播和某种栽培技术从西域传到中原那样的过程。然而,任何

---

① [美]理查德·D.范斯科德、理查德·J.克拉夫特、约翰·D.哈斯:《美国教育基础:社会展望》,北京师范大学外国教育研究所译,教育科学出版社,1984,第2页。

传递和传播都不是原样重复。世界上没有完全相同的东西,绝对的重复也不存在。在教育传承文化的过程中,会在一定程度上发生变异,也会使某种文化的要素得以强化从而使其增值。环境的变化要求生命系统不断调整和更新自身以获得新的适应性,这是所有生命系统演化的规律。从个体教育文化过程来看,受教育者不同的身心状况以及教育者自身价值观的差异,都会以不同的方式和途径赋予已有文化传统以新的文化意义。社会变革、时代更替、文明冲突、文化交流,也必然会发生已有文化要素与新文化要素的碰撞与交流,导致新的组合和融汇,使文化传统发生性质、功能等方面的变化,衍生出新的文化要素,从而更新文化。

(二)教育对文化的选择

教育与文化的不同,除了有内容与途径方面的差别外,在系统的特征上也有本质的不同。在文化的系统中,虽然有价值的引导,但整个系统是按照自组织的原理构造起来的,这也是复杂适应系统的主要特征。而教育,我们指的是制度化的教育(而不是泛指一切传递活动的广义教育,如像"教化"那样的事情)则是人类社会有目的、有计划、有组织的行为所构建的系统。我们在这种区别的基础上审视教育在文化传递中的一个重要方面——选择文化。

教育对文化的选择主要体现在教育内容方面。教育"教"什么的问题是任何时代、任何人类种群面临的实在的问题,并不是什么东西都有"教"和"学"的价值。在初始的教育文化形态中,所有"教"和"学"的东西与生存的一切方面,就像血和肉的关系一样不可分离。最初阶段,一切都是简单的,教育不过是一种单纯的劳动技术的传递而已。随着人类的进化和社会的发展,生活世界变得丰富多彩,社会成员交往不断扩大,多种需要及能力日益增长,人的本质的丰富性大大提高,教育文化也表现为通过各种途径和方式传递知识和传承价值。例如,人们借助神话故事,寄托勇敢、正义、智慧、爱情等价值追求;在生产活动中教人合理安排农事,务求"与天地合其德,与日月合其明,与四时合其序"(《周易·文言传》);在祭祀中宣扬善德的积累;在歌唱中追求高尚的品德和创造的才华;等等。

作为一个最强有力的文化复制工具,教育系统所发挥的作用,是对一个文化系统中所有业已创造的文化进行选择,在此基础上进行加工以构成教育的内容。对文化所进行的选择,依据的是代表当时社会主流价值观所确定的理念。教育所选择的文化,在相对封闭的时代,通常是本民族文化系统中的最高文化成果和精华,在一个开放的全球化时代,则是以人类的文化成果为审视和选择的对象。

这种对文化的选择,保存并复制了文化,将文化的载体从一代人传递到下一代,从而为文化生命系统的再生和更新提供了机会。一般来说,通过教育途径传递的价值规范、思想观念、知识系统等,是一个民族、一个社会文化的基本内核,它的意义在于维护了传统文化的稳定性和连续性。然而由于教育是人为事物,教育对文化的选择,实际上是具有一定价值理念的人对文化所进行的选择,其中难免有选择者审视文化的视野限制。教育文化选择功能的发挥,在多大程度上代表了人民的意志、体现了时代精神,就看它如何回应社会发展提出的现实问题。教育对文化的选择,绝不是个人行为,而是代表一定阶层利益的社会主流话语的选择。如果是缺乏远见卓识并为短期功利蒙蔽的利益群体做出的选择,很可能导致对传统文化的灾难性摧毁。盲目崇拜外来文化而遗弃国学就是一个典型例子。

(三)教育与文化变迁

关于文化的变迁及新文化诞生的过程,历史上曾有多种学派,如地理环境说、种族生物说、心理偶然模仿说(the psychie-accident theory)、习惯说、特殊本能说、心理社会说等。当今人们倾向于从两个基本过程着眼,一个是新文化因素的产生,也就是文化创造、文化更新问题;另一个是新因素从一个群体到另一个群体的传播(diffusion)。

文化从一个社会传到另一个社会、从一个区域传到另一个区域,必然会有文化的变迁,因为它每到一个新的时空关系之中,都有一个开辟生境的问题。文化传播中的媒介和方式多种多样,而最为有利和常用的方式和途径即教育。

文化创新实质上可以看作是由于传递和传播所造成的文化增值。教育导致文化创新就基于这个原理。这可以用信息增值或者报酬递增效应来解释。传播或传递的过程中,每加入一个新的要素,比如,经历一个具有主体性的人的活动,就会有信息的增值,那是在一个新的时空关系中,文化生命的资源环境发生变化的缘故。教育活动本身,作为文本之间的双向交流,会有新的东西产生是不言而喻的。教育在传递、传播文化的过程中,从来就不是简单地复制文化,它或因社会变革、受教育者不同的身心状况以及教育者自身价值观的差异,赋予已有文化传统以新的文化意义;或因各文化要素的重组、整理、融合,使文化传统发生性质、功能等方面的变化,衍生出新的文化要素,从而更新文化。文化传递中所产生的文化意义或要素,就形成了文化传统的扩展和延伸。教育的文化创新功能还表现在它所培养的人才上。文化是人类社会生活与社会实践的结晶,教育特别是学校教育作为培养人的创造精神、创造才能的主要力量,可以在一定程度上激发起人机体内的各种潜能,促使其成为创造性人才,从而为文化创造提供原动力。

在文化变迁的整个过程中,教育的作用,既可以为文化变迁提供基础,也可能产生阻碍作用;既可促进文化间的融合,也可因封闭性而限制文化接触、交流与碰撞;既可因培养创造性人才而增进文化变迁,也有可能因教育的技术化蜕变而造成创新精神的泯灭。教育在文化变迁中所起的作用,其正面与反面的影响都需要有全面的价值判断。

总的来说,教育与文化的关系可从三个方面来看:其一,文化是教育的内容;其二,教育是文化的过程;其三,教育与文化共生共荣。教育与文化之间相互渗透、相互依赖。这种依赖关系构成了彼此存在的前提条件,这就是说,没有教育,文化就不能传承下来,而没有文化,教育也就没有了实质内容。文化与教育是共生的系统,文化的发展,为教育提供了丰富的资源环境,而文化也通过教育为自己不断开辟新的生境。

第六章
教育文化核心理念

教育文化发展的价值取向由社会主流价值观决定,人与自然关系是终极的价值关怀。因此,教育也必然是"为了人"并"通过人"所展开的文化过程。以文化人体现了内容与过程特点,人的自由全面发展则是最终目标。以人为本、以文化人和人的自由全面发展,构成了主导教育文化系统运作的核心理念。

一、以人为本

探究教育文化的原本之理,必将溯及起点并关怀终点。对"起点与归宿"的拷问,是一个具有"超循环"意义的思考命题。一切具有"继往开来"性质的事业,必得在发展的各个阶段上有对起始点的关照和回应,如此才能不断上升,实现更高层次上的跃迁。经典表述有"原始反终"(《周易·系辞上传》)一说,"原"有"源"之意,可指起源、根源、本源,进而引申为考究、溯源、探究起始点之意。"反"即"返",有"复归""顺考""往返"之意。在起点和终点之间,有着联结的理路,前后照应,循环往复,这是生命连续性所产生的根本机制。佛家语"不忘初心,方得始终",《诗》曰"靡不有初,鲜克有终"(《诗经·大雅·荡》),道理皆在强调始点与终点的关联性。

在一个前进的运动中又有着向起始点的回归,这并不等于"复旧",它不是返回到原点重复旧的主题,而是在一个新的高度上,以包含着整个过程的全部丰富性关照起始点。在关于人的发展问题上,向着人的本质的回归,实质就是"归根"。"异化"所走的是"不归之路",那是终结生命的道路,其结果之"凶"自然是不言而喻的。从根本来说,教育文化发展所依循的就是生命原理。

"以人为本"的提法最早见于春秋时期齐国名相管仲的传世之作,他提出:"夫霸王之所始也,以人为本。本治则国固,本乱则国危。"①这是说,成就霸业的良好开端在于以人民为根本,理顺关系则能巩固国家,反之则面临危亡。他说的"人"实际上就是"民人",《诗经·大雅·瞻卬》有"人有民人",《国语·周语上》有"其德足以昭其馨香,其惠足以同其民人"②。《孟子·滕文公上》:"五谷熟而民人育。"民人就是百姓,管子所说的"人"指百姓。今人所说的"以人为本",是从人出发来思考和处理一切问题。儒家"以民为本"的思想尽人皆知,其中固有为王者的盛德大业奠定民本基础之用意。然而,在儒家看来,民本的基础,也是建立在人本之上的。儒家的经典表述:格物、致知、正心、诚意、修身、齐家、治国、平天下,是这一思想的集中体现。北宋大儒张载有句名言:"为天地立心,为生民立命,为往圣继绝学,为万世开太平",其中"为生民立命"来源于孟子的"立命"说。③《孟子·尽心上》有云:"尽其心者,知其性也。知其性,则知天矣。存其心,养其性,所以事天也。"显然,儒家"安身立命"之说就是"以人为本"的。"以人为本"思想的源头,无论中国还是西方,都可追溯至更为久远的时代,可以说,它是全部人类文明的基石。

(一)从身体到世界

西方前苏格拉底时代的哲人普罗泰戈拉(Protagoras)有句人所熟知的名言:"人是万物的尺度;合乎这个尺度的就是存在的,不合乎这个尺度的就是不存在的。"黑格尔说他说出了"一个伟大的命题"。④"人为自然立法"是康德提出的命题,它将自普罗泰戈拉以来的"人本"概念发展到极致。从对自身与世界的关系的思考开始,探索人合乎理性的行为举止,是人类文明的起始点。中华文明始祖伏

---

① 赵守正:《管子注译》(上),广西人民出版社,1982,第238页。
② (三国·吴)韦昭注:《国语》,商务印书馆,1958,第10页。
③ (宋)张载:《张横渠集》第三册,中华书局,1985,第168页。
④ [德]黑格尔:《哲学史讲演录》第二卷,贺麟、王太庆译,商务印书馆,2011,第28页。

羲"近取诸身,远取诸物,于是始作八卦,以通神明之德,以类万物之情"(《周易·系辞下传》),固然基于一种原始的思维方式,但原始并不意味着卑下,因为我们就从那里来。人类是从自己的身体开始认识和了解世界的,身体与世界的联系就是人的全部本质所在。从身体各个部分的物质构造和功能来看,其形态发生在一个漫长的进化过程中,都体现为一种寻求平衡的态势。譬如,在身体上最集中地体现了人与世界关系的那些器官:眼睛、耳朵、双手、双腿、双脚等,之所以有对偶的两个部分,其所体现的正是一个有关平衡的深刻自然法则。我们将两只眼睛、两个耳朵看作是两个"部分",是因为它们共处于一个平衡的统一体中。对偶两分的事物相互交织、渗透、碰撞、交流,在身体构造上各有不同的表现形式,但无论是什么器官,都能体会到两种相反相成的力量的相互作用。特别要指出的是,有充足的科学根据表明,人类大脑两半球在结构和功能上存在着明显的不对称,左半球以分析处理为优势,右半球则以整体处理为优势。最显著的不对称性还体现在语言脑区,大脑右半球具有比迄今公认的多得多的语言功能。然而,或许正是这种不对称,却促成了以动态求平衡的进化机制。[①]人的时刻运动着的身体,在动与静的平衡之中达到某种相对稳定的状态。上下、前后、左右的方位概念,即古人所说的"六合",体现的就是人的身体与世界的关系。从这些与身体最贴近的关系出发,人对外部世界的感知、认识和表达,都有了普遍的规定和尺度。作为符号化思维高级形式的人类语言,包含着很多来自身体的隐喻,还有一些来自身体与世界关系的表述。

　　身体本身就是世界的模型,从遥远的洪荒时代,人类就以自己的身体为参照去构想和表述外部世界,世界各民族留下的创世神话,许多都是以身体来描述世界的。如中国古代流传的盘古创世神话,说盘古从混沌中开辟出天地,呼出的气成为风云,发出的声音成为雷霆,双眼化为日月,四肢五体为四极五岳,血液为江河,筋脉为地理,肌肉为田土,发髭为星辰,皮毛为草木,齿骨为星石,精髓为珠玉,汗流为雨泽。诸如此类的神话,在世界各民族中都有流传。这种"人体式的宇宙",就是人对世界所做的最初的命名。人从自身中发现了宇宙万象及其潜在结

[①] [澳]约翰·C.埃克尔斯:《脑的进化——自我意识的创生》,潘泓译,上海科技教育出版社,2007,第230—236页。

构,看到了生命活动的秩序原则。

《礼记·礼运》曰:"故人者,其天地之德、阴阳之交、鬼神之会、五行之秀气也。故天秉阳,垂日星,地秉阴,窍于山川,播五行于四时,和而后月生也。是以三五而盈,三五而阙。五行之动,迭相竭也,五行、四时、十二月,还相为本也。五声、六律、十二管,还相为宫也。五味、六和、十二食,还相为质也。五色、六章、十二衣,还相为质也。故人者,天地之心也,五行之端也,食味、别声、被色而生者也。"所以,"与天地合其德,与日月合其明"(《周易·文言传》),是人之根本所在。而以身体为宇宙的符号,则能"通神明之德""类万物之情"(《周易·系辞下传》)。人用自己的身体来为世界上的万事万物命名,也以人体的结构与秩序来认识和解释世界。今天人们日常运用的语言中,有大量根源于人类身体器官的词语,如"山头""山腰""山脚""井口""河口""车尾""瓶颈""天眼""扶手""重心"等。"体认"这个概念,从其最深刻的意义上理解,就是以身体来认知世界。

"身体是一个人最初的也是最天然的工具,或者更确切一些,不用工具这个词,身体是人的最初的和最天然的技术对象(technical object),同时也是人的技术手段(technical means),是人的身体。"①人的身体也是世界的隐喻。焦万尼·巴蒂斯达·维柯(Giovanni Battista Vico)在他的《新科学》中把这种基于人的身体来理解世界的方式,概括为原始心智的普遍规律。梅洛-庞蒂创立了以身体为基础的存在现象学,诠释了身体在世界构成中的奠基作用。人之所以为万物之灵,为"天地之心",皆在于其能以自身立足之处为根基,将万事万物纳入一个相互关联的、可整体把握的世界之中。由身体到物体、由近及远、由简单到复杂、由低级到高级、由实体到关系、由具体到抽象,人类循着这个路径,构筑了一个以人为本的世界。人的身体、心灵、认知就是这样一个统一体,它是充满了高度复杂性的宇宙模型。正是在这个意义上,突变论的创立者托姆说:"谁了解人类,谁就了解了宇宙。"②可以说,人所了解的"世界",压根儿就是"人本"的世界,也就是以人为本解读的世界。

(二)人与世界关系反思

追溯人本思想的源头,使我们看到,从自然中涌现出来的人,从本质上体现着

---

① [法]Mauss, M:Sociology and Psychology(1979),转引自[美]安德鲁·斯特拉桑:《身体思想》,王业伟、赵国新译,春风文艺出版社,1999,第19页。

② [法]雷内·托姆:《结构稳定性与形态发生学》,赵松年等译,四川教育出版社,1992,第375页。

自然的根本法则，人之所以能够"体认"自然，是因为从一定意义上来说，人就是自然的一部分。人与自然同构，人在以自己的身体来认识和解释世界的同时，世界也以它的方式不断塑造着人。一个"完整的人"所具备的全面本质，是历史地形成的，是在形态发生与结构稳定的交替运动和交互作用中不断完善的。在人与世界的关系上，人为自然立法，只是一个方面，当须意识到，无言的自然，也有不可逾越的法则，人所制定的一切法则，最终也须以自然法则为依据。这是中国古代先哲所说的天地自然"不言之教"的意义所在。西方的哲学家们早已批判过人类中心论思想，如斯宾诺莎就认为，人们对自然作为一个整体的秩序和统一性一无所知，却总想根据自己的道理来安排一切。①无知与幻想往往是灾难的一种标准范式。需要很多年以后，人们才会知道，即使是科学技术的发明，也并非全都能为人类带来福祉。在漫长的时间里，人们并没有意识到，在原始的思维中，做自然的主人的欲望里隐含着毁灭自身的危机，直到历史发展到一定阶段，这个问题才凸显出来。

　　西方世界在经历了文艺复兴、启蒙运动之后，一度受到压抑的主体精神得以充分发挥，人性的张扬犹如决堤的洪水，一发不可收拾。正是由于有了压制，才会有爆发；也正是由于不加约束的彻底释放，人才会张狂到无法无天的地步。历史的辩证法就是如此。在人与自然的关系上，"人为自然立法"的命题推动了主体性的发挥，人的主体性高扬的同时，人在自然界中的地位也日益上升。恩格斯《自然辩证法》指出："如果说动物不断地影响它周围的环境，那末，这是无意地发生的，而且对于动物本身来说是偶然的事情。但是人离开动物愈远，他们对自然界的作用就愈带有经过思考的、有计划的、向着一定的和事先知道的目标前进的特征。"②这种有目的、有计划的"人化自然"的行为，在漫长的手工劳作的时期，也还在很大程度上是自然过程的一部分。只是到了人用现代科技对自然进行大规模干预的时候，人与自然的关系就变得越来越紧张了。近现代以来，由于科学的发展，人把自然界视为可以理解和改造的对象，人类逐渐成为自然界其他一切存在者的主人。人相对于其他存在者，成为了具有支配地位的主体，而其他一切存在者则是认识、把握和支配的客体。由此而带来的所谓现代性的危机，成为诸多批判话语

---

① [美]威尔·杜兰特：《哲学的故事》，金发燊等译，生活·读书·新知三联书店，1997，第239页。
② 《马克思恩格斯全集》第二十卷，人民出版社，1971，第517页。

的核心指向。恩格斯还说过:"不要过分陶醉于我们对自然界的胜利。对于每一次这样的胜利,自然界都报复了我们。"①深刻认识这一原理,需要一个历史过程。对人与自然关系的认识,是一个螺旋式上升的过程,它也遵循一个三段论的模式,必得有人类实践的基础,也需要有很多教训,才能获得普遍的认同。

20世纪以来,许多哲学家基于已经发生的人类现实,对人与自然关系的传统命题提出了批判性思考,批判的焦点集中在技术带来的负面效应。人们大多将技术看作一种制造和利用工具的人类活动,是为实现某种目的而采取的手段,有代表性的观点是"技术工具论""技术中立论"等。海德格尔则是从更深刻的哲学层面对技术进行了追问和思考。他认为只是将现代技术视为目的和手段,并不能深刻揭示技术的本质。"如果我们把技术当作某种中性的东西来考察,我们便最恶劣地被交付给技术了;因为这种现在人们特别愿意采纳的观念,尤其使得我们对技术之本质盲然无知。"在他看来,"单纯正确的东西还不是真实的东西。唯有真实的东西才把我们带入一种自由的关系中,即与那种从其本质来看关涉于我们的关系中"。②技术正是这样一种关涉很深的事物,无论你是肯定还是否定它,都会不情愿地受它的束缚。事实上,技术不单是实现目的的工具和手段,它还参与到自然过程之中,生成着世界,改变着现实,构建着人与世界的关系。海德格尔指出,现代技术是一种"解蔽"的方式,所谓"解蔽",自然是从"遮蔽"到"无蔽"的产出。技术作为一种解蔽方式,或可理解为揭示或展现本质的途径,它是能够推动现实发生根本性转变的东西。或者说,技术获得了本质性力量。但这正是它的可怕之处。这主要是因为,现代技术的解蔽实质上是一种"促逼"(Herausfordern),它向自然提出蛮横要求,强逼自然提供本身能够被开采和贮藏的能量。这和古代风车不同,风车的叶片和水轮利用风力和水力来转动,并没有为了贮藏能量而开发出气流的能量。现代技术向自然强行索取,迫使自然物进入非自然状态,从而达到人对它的技术需求。农民的耕作,不是促逼耕地,他把种子交给生长之力,并且守护着种子的发育。"耕作"(bestellen)意味着关心和照料。但如果某个地带被"促逼"地进入对煤炭和矿石的开采之中,那么这个地带便揭示自身为煤炭区、矿产基地,

---

① 《马克思恩格斯全集》第二十卷,人民出版社,1971,第519页。
② [德]海德格尔:《海德格尔选集》(下),孙周兴选编,生活·读书·新知上海三联书店,1996,第925—926页。

沦于一种完全不同的摆置着自然的订造(Bestellen)的漩涡中了。它在促逼意义上摆置自然。于是,耕作农业成了机械化的食物工业。空气为着氮料的出产而被摆置,土地为着矿石而被摆置,矿石为着铀之类的材料而被摆置,铀为着原子能而被摆置,而原子能则可以为毁灭或和平利用的目的而被释放出来。当今时代,各种高新技术已经使部分自然事物完全丧失自身的独立性和尊严,人们要求鸡多下蛋,牛多下奶,猪只长瘦肉,还移山填海,改变河道。就连人自身,也在遭遇着由技术带来的异化。海德格尔使用"摆置"(Stellen)一词,意指从某种单一取向安排事物的用途,譬如从木材的用途去取用森林,从矿产的方向取用土地,从试验的方向取用动物。这是将一种事物确定、固定、定位于某种用场。实际上,不仅自然事物从功能取向上被如此摆置,人也是如此被摆置的。当人被按照投入和产出的利润算计来取用的时候,就被"摆置"在人力资源上。所谓"订造",就是技术时代人类对自然的加工制作。山川河流是自然系统的一部分,原本有着自我调节的系统功能,是作为对象而与我们相对而立的。然而当它被订造为发电和旅游的存在物的时候,就成为了"持存",成为了一种备用物,它所标识的,无非是为促逼着的解蔽所涉及的一切东西的在场方式。例如,莱茵河也表现为某种被订造的东西:水力发电厂被订造在莱茵河上,并不像一座几百年来联系两岸的古老木桥。河流进入发电厂而被隔断,莱茵河现在所是之物,即水压供应者,它来自发电厂的本质。进入发电厂而被隔断的"莱茵河",与从荷尔德林的同名赞美诗这件艺术作品中被道说的"莱茵河",两者的不同之处是显而易见的。即使它仍然享有"美丽风景"之名,但也无非是休假工业已经订造出来的某个旅游团的可预订的参观对象。当今时代,基因工程在技术上,不仅能够完成很多物种的订造,甚至人本身也会因被订造而到场。事实上,今天人类恰恰无论在哪里都不再碰到自身,亦即他的本质。人类已经置身于现代技术的促逼的后果中尚不自知。他说:"对人类的威胁不只来自可能有致命作用的技术机械和装置。真正的威胁已经在人类的本质处触动了人类,座架之统治地位咄咄逼人,带着一种可能性,即:人类也许已经不得进入一种更为原始的解蔽而逗留,并从而去经验一种更原初的真理的呼声了。"① "以人

---

① [德]海德格尔:《海德格尔选集》(下),孙周兴选编,生活·读书·新知上海三联书店,1996,第933—935、945—946页。

为本"正是那种更为原初的真理的呼声,已经被技术异化的人,也许只能听听那种呼唤,而要真正回归人本,则日益艰难起来。

海德格尔关于技术的追问,使我们想到中国古代先哲的深刻洞见。在他们看来,质朴的东西往往是整体的、统一的、有着丰富联系的事物。老子说过:"为天下谷,常德乃足,复归于朴。朴散则为器,圣人用之,则为官长,故大制不割。"(《道德经》第二十八章)整体是不可分割的。若整体被分解为派具体用场的器具,那么其就成为被掌控的对象,从而失去自由自在的本色。孔子说"君子不器",君子是通达的,不是派专门用场的,不能被局限和束缚于一隅。在这些经典的表述中,就有着关于安身立命之本的深刻思想。而今,技术将整体关联的世界肢解了,人从大地被连根拔起,人与自然间的鸿沟日益加深,人类已经处于无家可归的状态。离开了人之为人的根本,人已"不是其所是",而"是其所不是"(萨特语)。人迷失于技术世界中,找不到回归的道路。当代很多思想家都提出要回归自然,让河流尽情流淌,让自然事物"是其所是"。海德格尔还指出,人与自然是一个整体,自然界是人类生存的根基所在,用诗意的话说,是人类栖居的家园。人的生存尺度在天地之间,因而说到底,还是自然为人立法。这个意义也是早已为中国古代的哲人们认识到的。老子说:"人法地,地法天,天法道,道法自然。"(《道德经》第二十五章)庄子说:"圣人者,原天地之美而达万物之理。"(《庄子·知北游》)然而,尽管思想界的先驱们,早已指出技术化可能带来的危机,却根本不能阻挡它的步伐。马克思有一种深刻的洞见:"哲学家们只是用不同的方式解释世界,问题在于改变世界。"[①]推动世界发生根本性转变的现实力量在哪里?途径是什么?这是当代人必须思考和探索的重大现实问题。

(三)回归人本

推动现实发生根本性的转变,关键在于主体自身的基础文化建构,这正是当代教育的历史使命所在。教育要引领社会,必然要将解决当代社会发展和人类面临的现实问题作为自己要担当的责任。然而,当须认识到,技术理性在教育世界的渗透和蔓延,情形可能比任何其他领域更为严重且更为令人担忧,因为,它是一切领域技术化扩张的基础,它所动摇和改变的也是人类世界的全部根基。教育的

---

① 《马克思恩格斯选集》第一卷,人民出版社,2012,第136页。

技术化蜕变体现在从外在形式到主体的内心世界、从方法途径到教育内容、从教育目的到现实运作的一切方面。海德尔格尔的分析与追问,揭示了技术无比巨大的力量,"技术化"意味着技术本身也具有"化"万物于无形之功,它悄无声息地侵蚀着一切领域,对文化生命系统有隐而不见的摧毁力。技术之所以具有现实力量,还因为它排除复杂性,按照设计好的程序,环环相扣,使复杂工作变得简单易行,不需要思想、个性和创造性,正好迎合了人性中具有劣根性的一面,那就是懒惰和简单化。教育偏离原道,整体上演变为教学的技术,无益于促进生命"生长"与"发展",这已成为显而易见的事实。稍微留意,就能发现教育中到处存在的技术结构:课程实施的过程与结果的检验都可以用技术的方式应对,通过技术化的培训,什么考试都变得简单易对付了,因为技术过程排斥复杂性和不确定性,只要按照程序操作就可达到预定目标;不管数量与世界之间有什么本质联系,只要求运用公式进行运算,从小学到大学的数学课程都是这样教授的;技术正在使有机的大脑变成"傻瓜机",它只要能够排除与生活世界的一切联系(好比是"归零"),就能有效地接受那些程序化地设计好的知识。相反,那些总是为课程与生活的意义关联问题而纠结的大脑,不可避免地会被学校教育所淘汰。教育就是这样批量化地复制和再生产着失去自主价值的头脑简单的工具性个体。世界日益复杂,正需要具有相应高度复杂性的智慧头脑去应对各种挑战和风险,然而,塑造人类灵魂和精神的教育事业,却因技术理性的泛滥,批量化地生产着统一规格的、缺乏个性与创造性的个体。人们深切地意识到,被技术侵蚀的教育世界,生命日益萎缩。在教育世界里,没有什么比全面落实"以人为本"更为根本、更为现实、也更为迫切的任务了。

"以人为本"落实到教育实践中,就是以每一个人的全面发展为本。西方教育自古希腊时代开始,一直本着人文精神培养目标,从古希腊的"七艺"、博雅教育到近代的绅士教育,都还没有偏离以人为本的目标。中国盛行两千多年的儒家教育,为中华文明的延续和中国社会建构奠定了牢固的基础,实质就是以人为本的教化所发挥的作用。中国近现代以来的教育发展史上,陶行知、晏阳初、陈鹤琴等教育家的理论与实践,也都关注了以人为本的全面发展。中国的工业化和现代化进程比西方晚了许多,只是最近半个世纪以来才有了突飞猛进的发展,而工具理性主义的滥觞,也呈现爆发式增长态势,从而使中国教育的现实,也日益偏离以人为本的宗旨。与西方近现代以来工具理性主义泛滥的态势相比,有过之而无不及。

教育文化作为一项以人类终极关怀为价值取向的事业,必然要把人的全面发展放在首位,而发展,是基于人的现实的实现,是对人的本质的全面占有。马克思主义关于人的全面发展的理论是现时代我国教育文化发展的指导思想,因为从根本上说,马克思主义是真正的"以人为本"的学说。他在《1844年经济学哲学手稿》中有着对人与自然关系的深刻思考,对基于人的本质的未来社会建构,也有深刻的论述:"共产主义是对私有财产即人的自我异化的积极的扬弃,因而也是通过人并且为了人而对人的本质的真正占有;因此,它是人向自身、也就是向社会的即合乎人性的人的复归,这种复归是完全的复归,是自觉实现并在以往发展的全部财富的范围内实现的复归。这种共产主义,作为完成了的自然主义,等于人道主义,而作为完成了的人道主义,等于自然主义,它是人和自然界之间、人和人之间的矛盾的真正解决,是存在和本质、对象化和自我确证、自由和必然、个体和类之间的斗争的真正解决。它是历史之谜的解答,而且知道自己就是这种解答。"①马克思还指出,人的感觉、感觉的人类性,是由于存在着人化了的自然界才产生出来的。人类通过劳动既改变着"身外的自然",又改变着"自身的自然","不仅使自然物发生形式变化,同时他还在自然物中实现自己的目的"。②事实上,"人化自然"的过程中,也内在地包含着人的自然化,人与自然是双向互动的。人与自然的同构性,不能仅仅被理解为静态的稳定构造上的相同性,人与自然的双向互动,体现在这样一种过程:人在改造着自然,自然也在改造着人。这是马克思所说的"对象性"的关系,两者在同一个过程中,不断地构造和生成着新的形态。动态意义上理解的"同构",就是共生、共创。这最典型地体现在人对身体这个自然物的改造,这就是我们讨论的文化过程,叫"人化自然"。

马克思在《1844年经济学哲学手稿》中不止一次提到"通过人"并且"为了人"。通过人就是通过人的对象性关系,通过人的实践,对人的本质的全面占有。为了人就是为着人的发展,为着人的现实的实现。这是从目的和手段的统一来认

---

① 《马克思恩格斯文集》第一卷,人民出版社,2009,第185—186页。
② 《马克思恩格斯文集》第五卷,人民出版社,2009,第208页。

识的道理。"异化"现象的一个重要特点就是目的和手段的割裂。"人以一种全面的方式,就是说,作为一个完整的人,占有自己的全面的本质。人对世界的任何一种人的关系——视觉、听觉、嗅觉、味觉、触觉、思维、直观、情感、愿望、活动、爱,——总之,他的个体的一切器官,正像在形式上直接是社会的器官的那些器官一样,是通过自己的对象性关系,即通过自己同对象的关系而对对象的占有,对人的现实的占有;这些器官同对象的关系,是人的现实的实现(因此,正像人的本质规定和活动是多种多样的一样,人的现实也是多种多样的),是人的能动和人的受动,因为按人的方式来理解的受动,是人的一种自我享受。"[1]人的全面的本质,就是人同世界的全部关系,体现为那些对象化的器官。按照历史唯物主义的观点,那些器官是以往全部世界史的产物。因此我们也有理由可以说,那些器官是作为文化过程之结果的存在物。在后文所要阐释的教育文化原理中,我们将之视为"文化塑造的身体"。"能欣赏形式美的眼睛""有音乐感的耳朵"就是最典型的文化塑造物。当然,人的相互关联着的身、心、知系统,都是文化塑造的。在这里,所谓"历史"就是"文化史"。在漫长的文化过程中业已形成的这些器官,就是人的现实。人的现实的实现,就是人的一切感觉和特性的彻底解放,就是以"完整的人"占有自己的"全面本质"。"以人为本"和"全面发展"的深刻意义也正在于此。

总的来说,人类与自然关系的三段论应当这样来认识:第一阶段,在起始点上,人是自然的一部分,人处于纯自然状态;第二阶段,人从自然中涌现出来,逐渐上升到地球霸主的地位;第三阶段,回归自然,在更高的层次上达到与自然的和谐共生。当今时代,由于技术对人类生存世界的全面占领,人与自然和谐共生能否实现,成为一个沉重的话题。从根本上扭转发展的趋势,要从基础建构开始。"深根固柢,长生久视之道"(《道德经·第五十九章》),唯有寄托于以人为本的教育文化功能。

二、以文化人

教育从本质上说,就是以文化人的过程。"文"是内容,"化"是方法途径。以文

---

[1] 《马克思恩格斯文集》第一卷,人民出版社,2009,第189页。

化人也是"人化自然"返回到人类自身的过程。人一生下来或可看作是一个自然物,从马克思主义的历史唯物主义观点来看,这个自然物也是"人化的自然",在这个意义上,人类的身体也是人类历史的产物。只是从相对于个体出生后的文化过程来说,起始点可看作自然状态。然后人类文化以各种途径和方式介入个体,个体的文化生命也就此开始。对待个体生命,如何以文化之,古今中外的哲学家、思想家、教育家,都有深刻而独到的见解,并留下了丰富的思想资源和可以借鉴的人类经验。

(一)西方传统的人文教育

以何种"文"来化人,中西各有特色。西方人文教育传统,已有两千多年历史,人文教育的意义和内容随着时代的变迁,也在不断发生着变化。

西方人文渊薮肇发自古希腊,智者学派、古希腊三杰、文艺复兴、宗教改革、启蒙运动是追溯西方人文精神起源与发展的必然路径。西方哲人们关于"美德"和"善"的主题,与中国古代先哲倡导的"仁义"之道也有殊途同归之感。可以说,古希腊的哲人们从生存的实际出发,以人为本,洞察宇宙,探索人生,为西方人文主义教育奠定了深厚的思想基础。

人文教育关注的核心问题是人之为人需要什么样的品质以及如何培养理想的人。理想的人性应具备的品质包括文化教养、道德和善、理性和智慧,而这些品质的获得,离不开传统,更与语言的运用密不可分。在古希腊人看来,理想的人是不受羁绊的真正自由的人和通达的人,理性、道德和善,还有艺术,都是通向自由的必由之路,因此西方人文传统始终贯穿着"自由"的理念。"人文教育"(liberal education)和"文科"(liberal art)等词语的构成,明晰地体现了这一脉络。关于"自由"的学问,在亚里士多德看来,不应以功利、致用为目的,而应该追求德、智、体的完善,这种完善本身就是目的。他重视文雅学科而轻视实用学科,重视文雅教育而轻视职业培训,从而开启了非功利教育目的先河。古希腊时期被认定的人文教育的必修科目有苏格拉底以来的雅典教育四大学科:算术、几何、音乐(和声学)、天文,它们均是广义的数学学科。对柏拉图而言,还有作为善的科学的辩证法(不只是辩论术)。

公元前1世纪的罗马执政官马库斯·图留斯·西塞罗(Marcus Tullius Cicero),

被认为是最先关注"humanitas"(人性、仁慈、博爱)的价值意义的人,他在他的《论雄辩家》一书中将"humanitas"列为辩论者的基本训练项目。这个来自拉丁文的概念被认为是"humanities"和"humanism"的源头。将汉语中古已有之的"人文"用于"humanism"一词的翻译是近现代以来的事情。这个词语被译成"人文主义",也有译作"人本主义"的。而"humanities"依《牛津英汉双解词典》的解释是"古典文学(与古希腊及拉丁文化有关的学科);人文学(尤指文学,历史和哲学)"。①西塞罗时期的人文主义,有着从野蛮向文明转型时代的特征。有着灿烂文明的古希腊被罗马人以武力征服之后,"野蛮无文的民族开始自觉到自己之野蛮,自己之纯为赤裸裸的原始生命之不足,反省到自己之寒伧,而想要过一种有文化的生活。……西塞罗的人文主义,正尽了这个责任"②。这种人文主义旨在促成有教养、合规范的社会政治生活,从而达到一种秩序化的社会建构之目标。西塞罗执政期间发表过很多著名的演说,并在哲学、法律、政治、雄辩术等方面有内容丰富的论著,被誉为罗马最杰出的演说家、教育家,是古典共和思想最优秀的代表,是罗马文学黄金时代的天才作家,其典雅的拉丁文体促进了拉丁文学的发展,他的思想在漫长的时期里影响了欧洲的人文教育。罗马时代从4世纪起将文法、修辞、辩证法、几何、算术、天文、音乐"七艺"视为高等教育的标准课程,七艺中的四艺是数学学科,其中的辩证法则越来越多的指逻辑。所以,七艺中的五艺应属科学学科。

中世纪大学以探求真理、完善人格为宗旨,实施人文教育,强调大学远离喧哗的城市,与时代变迁保持一定的距离,思索与探讨人类几千年来积累下来的文化遗产,以获得心性的纯洁与智慧的高扬。亚里士多德的著作于12世纪后重新流行起来,对逻辑和推理的崇尚逐渐改变了基督教神学的形态,出现了极为偏重推理和逻辑的经院哲学,它以科学理性的方式为教义辩护,而不是单纯强调信仰。近代科学的发展可以在这里找到源头。怀特海(Whitehead)说:"在现代科学理论还没有发展以前人们就相信科学可能成立的信念是不知不觉地从中世纪神学中导引出来的。"③因为经院哲学的逻辑把严格确定的思想习惯深深地种在欧洲人的

---

① [英]郝恩贝、巴恩维尔:《牛津英汉双解词典》,李北达等译,牛津大学出版社,1983,第198页。
② 牟宗三:《人文主义的完成》(1982年),转引自张晚林:《论人文主义的成立及其内涵(上)——以牟宗三、唐君毅、徐复观为中心的基础性理解》,《重庆社会科学》2005年第8期。
③ [英]A.N.怀特海:《科学与近代世界》,何钦译,商务印书馆,1959,第13页。

心里,这种习惯即使在经院哲学被否定以后仍然流传下来,比如伽利略(Galileo),"他那条理清晰和分析入微的头脑便是从亚里士多德那里学来的"[①]。中世纪后期,随着大翻译运动出现了不少远远超出传统七艺的学科,如神学、罗马法和教会法、医学、天文学与占星术、形而上学和自然哲学等。

文艺复兴时期的人文主义,对古希腊、古罗马的古典文化来说,既是回归,更是超越。中世纪是西欧的"黑暗时代",封建势力借助天主教作为统治手段,建立了一系列的等级制度,上帝被视为绝对权威,基督教经典《圣经》的教义统治着哲学、文学、艺术等一切知识领域。教会大力宣扬禁欲主义,人的自由意志受到压抑,人的价值与尊严完全丧失。中世纪后期随着商品经济的发展资本主义开始萌芽,日益增长的自由意识使资产阶级思想逐渐成熟,人文主义应运而生。争取自由和回归人性成为了文艺复兴时期的主导思想。人文主义起始于13世纪末的意大利,继而在欧洲大地,开始了一场倡导人性的思想解放运动。该时期的人文主义的主要特点为:一是强调人的地位、价值和尊严,以人为中心,肯定现实人生和世俗生活,尊重理性,强调个性自由;二是反对禁欲主义,强调现实生活的意义,倡导积极人生,鼓励人们追求现实幸福生活和世俗享乐,这正是新兴资产阶级价值观的体现;三是提倡科学和理性,反对蒙昧无知。文艺复兴时期的人文主义获得了世界意义因此也具有了深远的历史意义。它使人们挣脱了神权的桎梏,思想摆脱了束缚,个性得以张扬。人的想象力和创造力得到激发,人们探索自然、研究科学、追求真理、创造艺术,在思想、艺术和科学领域涌现出一批巨人,有力地推进了人类文明的进程。然而,文艺复兴使人性张扬,突显了人的自然本性,却冷落了普遍理性和人的社会属性;削弱和排斥宗教信仰,就为纵欲和道德沦丧埋下伏笔,也为近现代文明的危机种下祸根。有学者指出,文艺复兴使得"'人之一切自然本能,蛮性的权力意志,向外征服欲',得一尽量表现之机会;而形成近代文化中另一种人之神性与其兽性之纠缠"[②]。文艺复兴时期,自然科学得到了前所未有的发展。比如,天文学领域有哥白尼的"日心说";物理学领域,伽利略发现了落体、抛物和振摆三大定律。随着古典文化的复兴和科学的进步,学校教育内容随之扩

---

① [英]A.N.怀特海:《科学与近代世界》,何钦译,商务印书馆,1959,第12页。
② 唐君毅:《人文精神之重建》,台湾学生书局,1974,第141页。

大,学习科目大大增加。学校不再停留在传统的神学、拉丁语、希腊语等古典文科学科的教学,也不满足于"七艺"(文法、修辞学、辩证法、算术、几何、天文、音乐)学科教学,而是逐渐将人类科学知识成果纳入学校教育之中。

启蒙运动是欧洲继文艺复兴之后又一次人文精神发扬光大的时期。这是一场发生于17—18世纪的一场资产阶级和人民大众的反封建、反教会的思想文化运动。其核心是理性的张扬,批判的矛头指向封建专制主义、宗教愚昧及特权主义,倡导自由、民主和平等,为继之而来的资产阶级革命奠定了思想基础并做了舆论准备。启蒙运动覆盖了自然科学、哲学、伦理学、政治学、经济学、历史学、文学、教育学等诸多知识领域,为美国独立战争与法国大革命提供了理论基础和框架,导致了资本主义的兴起。启蒙运动的中心在法国,领袖人物是伏尔泰,其思想对18世纪的欧洲产生了巨大影响。启蒙运动倡导者自视文化先锋,肩负引导世界走向理性和光明的使命。他们不再以宗教辅助文学与艺术复兴,而是力图以经验加理性思考而使知识系统能独立于宗教的影响,作为建立道德、美学以及思想体系的方式。最为著名的代表人物除了伏尔泰外,还有反对君主专制、主张君主立宪制的孟德斯鸠,18世纪法国唯物主义哲学家、美学家、文学家、教育理论家、百科全书派代表人物狄德罗,倡导天赋人权和人民主权的法国著名思想家、哲学家、教育家、文学家及18世纪法国大革命的思想先驱卢梭。在英国和德国,还有霍布斯、洛克和康德,也都为启蒙运动做出了巨大贡献。反抗权威、理性、启蒙、乐观通达、回归自然、人权自由等成为那一时代的核心概念和关键词。

狂飙运动指18世纪70年代到80年代由德国兴起的声势浩大的文学运动,其名称来自德国作家克林格的剧本《狂飙突进》。这是德国文学和音乐创作领域的一场变革,参加者多为市民阶级的青年作家。他们受启蒙运动的影响,特别是受卢梭哲学思想的影响,歌颂"天才",主张"自由"和"个性解放",提出"返回自然"的口号。文学史上把这个时期称为"天才时期"或"天才时代"。这是文艺形式从古典主义向浪漫主义过渡时的阶段,也可以说是幼稚时期的浪漫主义。有些年轻作家并不完全认同启蒙运动过分强调理性的观点,也反对启蒙运动时期的社会关系,其创作表现出欲使德国人的生活与艺术摆脱启蒙运动的理性枷锁的倾向。但总体说来,狂飙运动可以视为启蒙运动的继续和发展,启蒙运动的主旨由狂飙突进运动得以加强和提高。这场运动的代表人物是歌德和席勒。歌德的《少年维特之烦恼》是其典型代表作品,表达的是人类内心感情的冲突和奋进精神。文艺复兴时期的人文主义,因追求个性的张扬使人的能力得以发展,然而却与兽性纠缠不清。歌德基于人格的整全性而倡导的人文主义,关注人的全面发展,这是18世纪德国人文主义的最大贡献。狂飙运动虽然在政治上没有产生积极的结果,但却为德国留下了一笔丰富的精神遗产,它对古典文学、浪漫主义、自然主义、表现主义等文学思潮和毕希纳、布莱希特等作家都产生了深刻的影响。

西方人文教育内容,随着一波又一波人文运动而不断更新和发展。早期人文教育致力于语法、修辞、诗歌、历史和道德哲学,相当于今天我们所称的"文史哲"。其后的发展,人文主义者在对外交流过程中不断吸收外来文化和新知识,促进了传统知识与新兴学问的融合与发展。总的来看,西方传统人文教育旨在通过塑造理想人格,丰富人性,提升人的精神境界,让人得以全面发展,成为自由的人。

(二)西方教育经典中的化人之道

西方教育经典多出自著名的哲学教育家之手,思想深刻,内容丰富,文化意味浓厚,历史意义深远。一些经典名作,旨归皆在阐释教育以文化人的原理及其价值和意义。这里从教育文化的视角,择要审视一下在教育的历史上产生过重要影响并具有当代价值的几位教育思想家的学说及教育实践。

首先必须提及的是柏拉图《理想国》中表述的教育思想,尽管那里面有很多观点和看法遭到后人的批判和质疑,但也充满着具有永恒价值的深刻思想,有教育原道意义,是一个值得不断回归的起点。柏拉图是古希腊伟大的哲学家,在那个时代,所有的哲学家都与教育有关联。罗素说过:"从柏拉图到笛卡儿之间,所有的哲学家都是教师。"[①]在起点上,教育与哲学尚未分离。对教育的思考,也必然是深刻的哲学思想的一部分。柏拉图的不朽名典《理想国》是哲学的经典,也是教育的经典。它被视为西方最早的系统阐释教育思想的著作,提出了一个完整的教育体系,内容包括学前教育、终身教育、身体教育、音乐教育、男女平等教育、国家教育等。在柏拉图看来,理想的国家形态应建立在公平正义原则之基础上。"理想国"的实现,"第一桩事要考虑的,就是教育。教育分作两部分,即音乐与体育。它

---

① [英]罗素:《西方哲学史》下卷,马元德译,商务印书馆,1976,第80页。

们每一种都具有比今天更广泛得多的意义:'音乐'是指属于文艺女神的领域之内的一切事物,而'体育'则指有关身体的训练与适应的一切事物。'音乐'差不多与我们所称的'文化'同样广泛,而'体育'则比我们所称的'运动'更要广泛。"①这段引自罗素《西方哲学史》的话语中,关于音乐与体育的含义,值得深深体味。中国儒家倡导和践行的"《六经》之教"中,"乐教"具有使人"广博易良"的功能(详见后文"六经之教"),由此当能体会,何以柏拉图所说的"音乐"与"文化"的意义一样广。而"体育"在柏拉图那里,不仅仅是被看作"运动",而且是"训练与适应"所涉及的一切方面。身体在我们今天看来,是适应性生存所需要的全部基质所在,包括了身体的生理反应、心理的调节机制、大脑的认知功能,以及这三个方面的有机统一。以整体关联的视角重新审视文化塑造的身体,是当代教育文化的前沿和热点话题之一。关于学前教育的思想,柏拉图也是个首创者。在他看来,一切处在初始阶段的幼小柔嫩的生灵,都是可以加以塑造的,幼儿更容易接受陶冶,要把它塑成什么形式,就能塑成什么形式。然而,以什么来影响儿童,是柏拉图关注的一个重要问题。这也是我们思考以何种"文"来"化人"的讨论所涉及的命题。并不是一切"文"都可以拿来教育孩子的。在他构想的教育中,"从最早的年岁起,对于青年所接触到的文学和允许他们能听到的音乐,就有着一种严格的检查制度。母亲和保姆只能向孩子们讲说官定的故事。荷马和赫西阿德都因为某些原因而不许讲述。首先是荷马和赫西阿德所说的神有时候行为很不好,这是不能起教育作用的;必须教给青年人知道,邪恶绝不会来自神,因为'神'并不是一切事物的创造者而只是美好的事物的创造者"。还有,诸如关于怕死、放纵以及坏人幸福而好人不幸的故事,不能拿来影响孩子柔弱的心灵,以免产生不良的道德影响。音乐要能够表现勇敢、正义与和谐生活,才允许用来教育,靡靡之音和表现愁苦的音乐是被禁止的。青年人到达一定的年龄以前,是不许看到丑恶与罪恶的。②他的一些说法,可以与比他早一个多世纪的孔子话语做比较。人们熟知的"非礼勿视,非礼勿听""子谓韶,尽善尽美矣""郑声淫""恶郑声之乱雅乐也",皆出自孔子之口。治国理政,离不开教化之功,当颜渊问及如何治理国家之时,孔子说:"行夏之时,乘

---

① [英]罗素:《西方哲学史》上卷,何兆武、李约瑟译,商务印书馆,1963,第148页。
② [英]罗素:《西方哲学史》上卷,何兆武、李约瑟译,商务印书馆,1963,第148—150页。

殷之辂,服周之冕,乐则《韶》舞。放郑声,远佞人。郑声淫,佞人殆。"(《论语·卫灵公》)柏拉图显然对以何种"文"来实施教化有着深远的考虑,可与孔子的教育思想相互印证。由此可以想到,越是深刻的思想,越能跨越遥远的时空达到相互融通和理解。柏拉图教育思想中值得重视的还有终身教育和男女平等教育,这在今天都具有重要的现实意义,当然也具有深远的历史意义。

捷克教育思想家夸美纽斯的教育经典是《大教学论》。按照他书中的说法,最初一个人什么都不是,只不过是母腹中一块具有活力的、没有成形的东西而已。然后逐渐有了一个人体的轮廓,但是还没有感觉。再后来经由一种自然的作用突然降临世上,有了眼睛、耳朵及其他感官并有了感觉。随后开始认知和辨别事物,并有了各种欲望和情感。他指出了一个重要特征:"我们的动作最初是脆弱的、不成形的、紊乱的;后来,心灵的特性才与身体的力量成比例地显露出来。"[1]生命的起始点是混沌的,结构与秩序是从混动中产生出来的。以什么内容和方式来对儿童实施教育,是以何种"文"来化人的问题。教育研究者们有"性善论"和"性恶论"之说,还有白板说。据此,教育的原理就有:人性善,就采取顺应天性的做法;人性恶,就采用外铄论。夸美纽斯说过,不要相信儿童的天真与勤勉,难道他们不是亚当的儿子?[2]在他看来,自亚当和夏娃犯了天条之后,人生下来都带有原罪。他欣赏古罗马政治家、斯多葛派哲学家塞涅卡的话:"回到自然,回到我们被共同的错误(即最初的人所作出的人类错误)所驱使以前的状态就是智慧。""人不是善良的,是变善良的,因为他留心自己的起源,要去变成与上帝同样的人。"[3]在他看来,使人成为一个人,是教育的结果。他说:"有人说,人是一个'可教的动物',这是一个不坏的定义。实际上,只有受过恰当教育之后,人才能成为一个人。"[4]他也引用柏拉图的说法:"人若受过真正的教育,他就是个最温良、最神圣的生物;但是他若没有受过教育,或者受了错误的教育,他就是一个世间最难驾驭的家伙。"[5]夸美纽斯主张教育要及早开始,在学校的教育中,使用严格的纪律,监视、谴责、惩罚都是

---

[1] [捷]夸美纽斯:《大教学论》,傅任敢译,教育科学出版社,1999,第4页。
[2] [捷]夸美纽斯:《大教学论》,傅任敢译,教育科学出版社,1999,第234页。
[3] [捷]夸美纽斯:《大教学论》,傅任敢译,教育科学出版社,1999,第13页。
[4] [捷]夸美纽斯:《大教学论》,傅任敢译,教育科学出版社,1999,第24页。
[5] [捷]夸美纽斯:《大教学论》,傅任敢译,教育科学出版社,1999,第27页。

必要的,他说:"有需要的时候就应当利用责备或惩罚,斥责或鞭挞。"①显然,这些说法在今天看来,已经过时了。当今时代不提倡以暴力手段实施教育,暴力不仅指体罚,还有以语言形式实施的"软暴力"。今天所提倡的是"以文化人",突出强调"长善",而不是"救失"。有"失"当然也得救,但体罚则被看作是不人道的,并且还是违法的。

卢梭的教育经典《爱弥儿》开篇说:"出自造物主之手的东西,都是好的,而一到了人的手里,就全变坏了。他要强使一种土地滋生另一种土地上的东西,强使一种树木结出另一种树木的果实;他将气候、风雨、季节搞得混乱不清;他残害他的狗、他的马和他的奴仆;他扰乱一切,毁伤一切东西的本来面目;他喜爱丑陋和奇形怪状的东西;他不愿意事物天然的那个样子,甚至对人也是如此,必须把人象练马场的马那样加以训练;必须把人象花园中的树木那样,照他喜爱的样子弄得歪歪扭扭。"②他所主张的,是顺应儿童的天性,让儿童依循自然本性来发展。很多人将卢梭的自然主义教育做了通俗化和庸俗化的理解,以为放任自流,由着儿童自己,想做什么就做什么,就是顺应天性。人们不知道,如此做,"顺"倒是顺了,但却没有"应"。事实上,最难的就是循着天性,采取相应的应对策略。卢梭的《爱弥儿》是一部教育的经典,蕴含着深刻而丰富的教育思想。大哲学家康德就被这部经典深深地打动。据说康德是一个生活习惯十分有规律的人,大家惯常根据他做保健散步经过各人门前的时间来核对钟表,但是有一回他的时间表打乱了几天,那就是他在读《爱弥儿》的时候。③当然,《爱弥儿》打动的不只是康德,也不只是那个时代,而是整个欧洲乃至全世界,它甚至影响了后世的许多思想家。卢梭教育思想的积极方面,在当今时代依然具有重要的价值和意义。

卢梭虽然说过人从造物主手里出来都是好的,只是后来被人们调教坏了,但他也认为如不这样做,情况可能更糟糕。"一个生来就没有别人教养的人,他也许简直就不成样子。偏见、权威、需要、先例以及压在我们身上的一切社会制度都将扼杀他的天性,而不会给它添加什么东西。他的天性将象一株偶然生长在大路上的树苗,让行人碰来撞去,东弯西扭,不久就弄死了。我恳求你,慈爱而有先见之

---

① [捷]夸美纽斯:《大教学论》,傅任敢译,教育科学出版社,1999,第169页。
② [法]卢梭:《爱弥儿》(上),李平沤译,人民教育出版社,1985,第1页。
③ [英]罗素:《西方哲学史》下卷,马元德译,商务印书馆,1976,第247页。

明的母亲,因为你善于避开这条大路,而保护这株正在成长的幼苗,使它不受人类的各种舆论的冲击!你要培育这棵幼树,给它浇浇水,使它不至于死亡;它的果实将有一天会使你感到喜悦。趁早给你的孩子的灵魂周围筑起一道围墙,别人可以画出这道围墙的范围,但是你应当给它安上栅栏。"① 卢梭显然对"慈爱而有先见之明"的母亲怀着崇敬,他深知伟大的母爱对成就一个人的重要意义。这使人想到中国古代孕育圣贤的伟大女性。"慈爱"是贤德,"先见之明"是智慧,"贤慧"的孟母择邻而处、精心养育童年的孟子,是千百年来妇孺皆知的典故。在中国古代先贤的词汇里,"育"即"遂其生也",其中就蕴涵着顺应其自然天性促进生长之意。营造环境,成就其生长,用树木的栽培为隐喻是再贴切不过了。所以卢梭说:"我们栽培草木,使它长成一定的样子,我们教育人,使他具有一定的才能。"② 如前所述,"文化"(culture)一词的拉丁语词根"colere"原本就指种植、培养,卢梭的教育思想中,渗透着"文化"的意味,看重生长的过程。他说:"大自然希望儿童在成人以前就象儿童的样子。如果我们打乱了这个次序,我们就会造成一些早熟的果实,它们长得既不丰满也不甜美,而且很快就会腐烂:我们将造成一些年纪轻轻的博士和老态龙钟的儿童。"③ 这又使我们想到了种庄稼的道理,最忌讳的是"拔苗助长"。中国古代先哲们又有经典表述,老子说:"物壮则老,是谓不道,不道早已。"(《道德经》第三十章)《礼记·学记》曰:"不陵节而施。"违反了自然秩序,将会一事无成,而"自然的教育可以使一个人适合所有一切人的环境"④。适应性生存的品质是生长出来的而不是讲道理讲出来的,企图用理性去教育孩子是愚蠢的,是本末倒置。他对洛克以理性教育孩子的做法持批评态度。他反复指出:"我要不厌其烦地一再说明这一点;要以行动而不以言辞去教育青年,他们在书本中是学不到他们从经验中学到的那些东西。"⑤ 在他看来,良好的教育由三种教育构成:我们的才能和器官的内在的发展,是自然的教育;别人教我们如何利用这种发展,是人的教育;我们对影响我们的事物获得良好的经验,是事物的教育。⑥

① [法]卢梭:《爱弥儿》(上),李平沤译,人民教育出版社,1985,第1—2页。
② [法]卢梭:《爱弥儿》(上),李平沤译,人民教育出版社,1985,第2页。
③ [法]卢梭:《爱弥儿》(上),李平沤译,人民教育出版社,1985,第84页。
④ [法]卢梭:《爱弥儿》(上),李平沤译,人民教育出版社,1985,第27页。
⑤ [法]卢梭:《爱弥儿》(上),李平沤译,人民教育出版社,1985,第338页。
⑥ [法]卢梭:《爱弥儿》(上),李平沤译,人民教育出版社,1985,第3页。

卢梭和夸美纽斯的教育主张看上去是那样不同,人们认为这与他们对人性善恶的理解有关。然而,值得注意的是,两人都拿植物来谈教育的道理。在卢梭的学说里,之所以要顺应儿童的天性,是因为在儿童的天性中有自然生长的力量,所以要像培植树木一样培养人。夸美纽斯也拿植物来说事,他说的是植物种子。在夸美纽斯看来,学问、德行与虔信的种子自然地存在于人身上。这种思想的源头可追溯到苏格拉底,认为真理就在人心中,教育就是把真理从内心中引申出来。这就是"education"一词的本义。他说:"把来到世上的人的心理比做一颗种子或一粒谷米是很正当的,植物或树木实际已经存在种子里面,虽则它的形象实际上看不出来。这是很明显的,因为种子如果种在地下,它便会向下生出根芽,向上长出嫩枝,嫩枝凭着它们的天生的力量,日后便可长成枝柯与树叶,垂着绿荫,点缀着花儿与果实。所以,我们不必从外面拿什么东西给一个人,只需把那暗藏在身内的固有的东西揭开和揭露出来,并重视每个各别的因素就够了。所以彼塔哥拉斯惯说人具有一切知识是件极其自然的事,因此,一个七岁的孩子如果被人谨慎地问到一切哲学上的问题,他是应该有能力对每个问题作出正确的回答的;因为理性的光亮就是对万物的一个充分的标准与度量。"[①]当然,问孩子问题,也不是愚蠢地直接问深奥的哲学话题,所谓"谨慎地"问,是循着自然的理路,顺应自然地问,这里面是有大道理的。夸美纽斯说,自亚当以后,理性已经变得晦涩,已经混淆不清了。所以,他很赞成西塞罗关于遵从自然指导的话,认为以自然为向导,就不会误入歧途。[②]显然,夸美纽斯说的是要回到亚当以前的自然。卢梭也有类似的看法,他认为,人类脱离自然状态以后,便进入了丧失人的自然本性的充满竞争、猜疑、倾轧、冲突、贪婪、野蛮的社会状态。他所憧憬和向往的,就是那种展现人的自然本性的善良、快乐、自由的自然状态。与此相应的教育主张,就是遵循儿童身心发展的自然规律,顺应儿童的天性,而不是与之相抵触。理性的确是人们争论不休的问题,但自然之道是没错的。生命的生长,遵循着统一的自然法则,或者说,大自然成就生命,并不厚此薄彼。我们又想起老子的经典名句:"天地不仁,以万物为刍狗。"(《道德经》第五章)大自然是真正的"司杀者"(老子语),它掌管着最终的

---

① [捷]夸美纽斯:《大教学论》,傅任敢译,教育科学出版社,1999,第15页。
② [捷]夸美纽斯:《大教学论》,傅任敢译,教育科学出版社,1999,第66页。

生杀权,顺者昌,逆者亡。回归自然之根本,永远是教育的根本原理。

英国经验主义哲学的代表人物之一洛克的教育经典是《教育漫话》,他在教育史上留下的丰富遗产是"白板说"和"外铄论"。就"以文化人"意义来看,"外铄论"重视外部环境和后天经验,主张依靠外在力量,如学校教育和他人影响,以及环境刺激或要求等,对个体发展施加影响,这一切无疑是必要的也是可行的。"外铄论"强调外部因素对个体身心发展的作用,突出了教育的价值和作用,对教育塑造人的品性、形成适应社会化生存的所需要的情感、态度、价值观和知识技能,充满了信心并积极地付诸教育的实践。与注重遗传素质和先天经验的"内发论"相比,"外铄论"更具有文化意味。"外铄论"的著名代表人物有洛克、华生、斯金纳等。"外铄"的逻辑起点是"白板",洛克的白板说,也是来自人类已有的知识和经验。如亚里士多德把人心比作一张白板,板上什么都没有写,但是什么都能写上。①洛克继承了这一思想,认为人来到世间是不带有任何记忆和思想的,出生时心灵像白纸或白板一样,只是通过经验的途径,心灵中才有了观念。因此,经验是观念的唯一来源。洛克最先指出了人类认识的限度。在他之后,又有爱尔维修信奉洛克关于心灵是白板(tabularasa)的学说,在他看来,个人之间的差异完全是由于教育的差异:按每个人来说,他的才能和他的道德都是他所受的教导的结果。爱尔维修认为人生来是无知的,却不是愚钝的,是教育把人弄得愚钝了。②

洛克教育思想中关于身体教育的地位十分突出。他的《教育漫话》是从身体发育、道德养成、智力发展三个方面论述他的教育观的,深刻体现着教育文化的作用与功能。这不仅在历史上对西方近现代教育产生了重要影响,而且在今天,仍然具有重要的现实意义。我们今天从"身体文化"的视角来重新审视洛克关于体育的论述,当能深刻体会到"文化塑造身体"的意义。洛克《教育漫话》首先谈到的就是有关身体的教育安排:避免娇生惯养;脚的锻炼与冷水浴;游泳与户外运动;衣着;饮食与用餐;睡眠与卧床;排便;用药;身体保健的规则。他认为教育要致力于个体未来的幸福生活,而幸福不幸福,关键在于心智和身体,而健全的心智寓于健康的身体。只要身体和心智都健全了,就不必再奢望别的东西。而身体或心智

---

① [捷]夸美纽斯:《大教学论》,傅任敢译,教育科学出版社,1999,第16页。
② [英]罗素:《西方哲学史》下卷,马元德译,商务印书馆,1976,第267页。

如果有一方面不健全,那么即便得到了种种别的东西也是枉然。他说:"人的幸福或苦难,大部分是自己造成。心智不明的人做事情找不到正确的途径;身衰体弱的人即使有了正确的途径也无法取得进展。我承认,有些人生来就有聪慧的心灵和强健的体魄而不用别人多少帮助;凭借天赋的才气,他们自幼便能向着最好的境界去发展,凭借超人的体质,他们生来就能成就伟大的事业。但这样的人本来就很少;我敢说,平常的人之所以有好有坏,之所以或有用或无用,十有八九都是教育造成的。人与人之间所以千差万别,都是出于教育的不同。我们幼小的时候得到的印象,哪怕极其微小、几乎觉察不到,都会对一生产生长久而深远的影响;正如江河的源泉,水性柔和,稍用一点人力就能将它引向别处,使河流的方向发生根本的改变;只要最初从根源上这么引导一下,河流就有了不同的趋向,最后流到十分遥远的地方去了。"①起始点的文化建构,对未来发展具有决定性的意义,这是混沌理论所讲述的深刻道理。身体不仅是心智赖以产生的必要物质条件和基础,或者说,心智本身就是身体的一部分功能。而且身体还是践行的主体,一切真知和经验,都来自主体的身体活动。洛克重视说理,但在道德养成上,他提出的主要方法还是通过实践,养成习惯。

按照罗素的看法,洛克和卢梭因批驳了当时流行的很多谬论,应享有伟大的教育改革者的盛名,但他们尚无现代教育家那种胸怀。尽管他们都倾向于自由主义和民主主义,但他们讨论的都只是贵族子弟的私塾教育。具有现代眼光的人很难对其所主张的教育制度给予高度关注,因为每个儿童都占有一个成年家庭教师的全部时间,这种制度只能为特权阶层所采用。在一个公平的社会里,它绝无存在的可能。罗素并不是说要富人放弃现行社会里那种不能人人拥有的优质教育,那样做就是为公平而牺牲文化了。他说:"我的意思是,我们所应追求的未来的教育制度乃是一种能使每个儿童都获得最优机会的制度。理想的教育制度必定是民主的,虽然这种理想不会很快实现。我认为,现在这一点已经得到公认。在这种意义上,我将把民主牢记在心中。我所主张的一切都将是能够普及的,当然,如果某人有能力和机会使他的孩子受到更好的教育,他也不应当满足于一般的教

---

① [英]约翰·洛克:《教育漫话》,徐诚、杨汉麟译,河北人民出版社,1998,第3页。

育。甚至连这种最起码的民主原则在洛克和卢梭的著作中也毫无体现。"①

杜威的《民主主义与教育》,与前者在本质上的区别,就是它直接针对的是大众的、民主的教育。他也提倡从儿童的天性出发,促进儿童的个性发展。他对教育的经典表述是三句话:教育即生活,教育即生长,教育即经验的改造。他把学校视为社会,认为儿童只有在参与真实生活的过程中,才能获得真知。身心成长和经验改造的唯一正确途径,就是在"做"中学。学校应当为儿童身心健康成长营造合适的环境,儿童通过与人接触,相互交流,相互影响,获得知识和经验,养成与人和谐相处的良好道德品质,将知与行有机统一起来。杜威认为传统教育未把儿童放在重心位置,这在今天看来,就是偏离了以人为本的根本宗旨。教师和教科书代表的都是过去的学问和智慧,传统教学以教师和教科书为中心,知识和学问都是来自上面的和外部的灌输,把成人的标准、教材和方法强加给尚处在成长期的未成熟的儿童,并且那些来自书本的知识与生活脱节,与儿童现有的能力没有关联。儿童只是受到"训练""指导和控制"以及"残暴的专制压制",其弊病是显而易见的。于是,他提出了可与哥白尼日心说相媲美的教育变革:把儿童当成太阳,让教育的一切措施围绕着儿童转动。这就是"以儿童为中心"的教育。因为它能有效地培养具有民主精神和民主生活方式的一代新人,从而起到引领社会的功能,又被称为"进步教育"。还因为它能培养科学精神和创造性,也被称为"科学主义教育"。但它不应被视为与人文主义相对立的科学主义,而应被看作充满着真正的科学精神的教育。它体现在探究法在教育教学活动中的广泛运用。并且,由于其能够为个体在民主社会的适应性生存培养相应的情感、态度、价值观,故而具有浓厚的人文意味。就探究精神培养来说,在杜威看来,"探究"之所以存在的前提是某种不确定性,这种不确定的东西是与某种特定的时空关系相关联的,"探究"就是主体在具体情境中通过搜寻、研究、调查、检验等我们称之为科学的求真的活动,从而不断认识真理、检验真理,形成知识和经验的过程,是一种对不确定的情境的一种积极主动的反应。杜威的探究法真正体现了对儿童创造性的培养。在他看来所谓创新及发明,就是用新的眼光来看事物,用不同的方法解决问题。他说"衡量创造性的方法,就是用别人没有想到的方法,利用日常习见的事物。新奇

---

① [英]伯特兰·罗素:《教育论》,靳建国译,东方出版社,1990,第4页。

的是操作，而不是所用的材料"①。然而对一个儿童来说，他用人们所熟知的材料和方法做出他自己从前未见过的东西，那也就是创造。知识是个体主动探究的结果，探究既是科学研究的模式也可以是教学的模式。这种教学的方法将课程与实际生活紧密联系，对于主体性的培养具有重要的作用。在杜威的方法中可以看到，培养创造性、科学性是和民主性是内在关联着的。在教学中，把课程与儿童的实际生活联系起来，对探究活动进行科学的安排，给儿童以充分的思考时间，让儿童自己做出决定，儿童可以自由地表达和检验各种思想、信念和价值等，是一个整体关联的系统工程。在探究的内容方面，没有什么确定正确的知识可以不被质疑，人类社会以往积累的知识和经验、任何文化遗产无不是个体批判、探索、研究和改造的对象。

上述哲学家和教育思想家关于教育的理论，大都充满着人文精神，体现着"以文化人"的宗旨。然而，总有不切实际的感觉，有的停留于乌托邦式的幻想，有的不过是对理想的教育的阐释而已。近现代以来，推动教育的现实发生历史性转变的，则是来自一种很现实的呼声：对"什么知识最有价值"的追问。这是斯宾塞在《教育论：智育、德育和体育》一书中提出的命题。他认为以往的教育，所考虑的不是什么知识最有真正的价值，"而是什么能获得最多的称赞、荣誉和尊敬，什么最能取得社会地位和影响，怎样表现得最神气"。他批评当时英国毫无实用价值的学校课程，那不过只是把一些虚伪的、装饰性的知识放在了首位。从实用性出发，他认为教育是为未来生活做准备，因此，最有价值的就是科学知识。他写道："这是从所有各方面得来的结论。为了直接保全自己或是维护生命和健康，最重要的知识就是科学。为了那个叫作谋生的间接保全自己，有最大价值的知识是科学。为了正当地完成父母的职责，正确指导的是科学。为了解释过去和现在的国家生活，使每个公民能合理地调节他的行为所必需的不可缺的钥匙是科学。同样，为了各种艺术的完美创作和最高欣赏所需要的准备也是科学。而为了智慧、道德、宗教训练的目的，最有效的学习还是科学。"②"什么知识最有价值"的追问，开启了一个以教育推动经济社会发展的新时代。与以往的教育相比，教育的实质性变化

---

① ［美］杜威：《民主主义与教育》，王承绪译，人民教育出版社，1990，第169页。
② ［英］赫·斯宾塞：《教育论：智育、德育和体育》，胡毅译，人民教育出版社，1962，第4、43页。

主要在两个方面:一是教育同生产劳动相结合,主要体现在实科教学的蓬勃兴起;二是教育的大众化。从事劳作的从来都是劳动人民,当时代需要劳动者有点文化以便能适应分工与专业化的现代劳作,即需要"有文化的干活人"的时候,教育开始大众化。这种渗透着工具理性的教育,本质上并不是让人自由的教育。在这种专业化的教育体系中,个人在为未来的专业化谋生手段做准备的同时,丧失了发展成为自由人的全面的素质,片面发展已经成为当代教育的普遍现实。学校教育的主要目标是培养专业化劳作的人才,务实的人们不再看重缺乏实用性的人文知识。由此所带来的弊端,人们早已有所感觉,但与前文所讨论的技术化对一切领域的入侵和渗透一样,工具理性具有强大的左右现实的力量,它一旦扩展和蔓延开来,就很难回头。现代教育的弊端尽人皆知,人人声讨,但关涉谁的切身利益,谁就利用它做工具。古之贤者如颜氏之子,"有不善,未尝不知;知之,未尝复行也"(《周易·系辞下传》)。今人对教育之态度,知其不善而为之,恐将陷入万劫不复之境地。忽视了德与善的教育,不断复制和再生产着毁灭自己的力量。所以,现代社会听到的最强烈呼声是教育改革,然而,自斯宾塞的时代以来,教育没再发生过实质意义的重大改变。这里是在这样的意义上来谈教育的根本变革的:古代教育,是自由的教育,但那种教育只是属于少数人,属于贵族,教育与劳动无关,与大众无缘;现代教育,是大众化的教育,教育与生产劳动密切关联。但这只是让人从事专业化劳作的教育,而不是让人自由的教育。如果说,前两个阶段教育经历的是对立和相反的运动,实质源于价值理性与工具理性的分裂,那么人们在反思的基础上将要实现跃升的第三阶段,必然是前两个阶段的有机整合与统一。面向未来的理想的教育,应当是全面发展的教育,这种全面性体现在两个方面:一是在全面的意义上,覆盖所有个体,不分性别、种族、经济状况、文化背景、智力条件差异等,在学校教育的环境中,都应获得平等的发展机会。二是每一个体素质的全面发展。就这个意义来说,"以文化人"包含了为适应未来生存所需要的知识与技能的获得,获得生存知识与技能是人的本质全面展开的一个有机组成部分,而提高生存的质量,必得有丰富的内心世界,这就需要人之为人所必备的全面素质的养成。

应当看到,理想的教育尚未获得现实的力量,人们只是在批判和反思中,试图构建全新的教育。教育的实质性变革,需要坚持不懈的努力探索,需要时间,也需要历史机遇。然而无论将来的教育是什么样子,以往那些具有永恒价值和意义的人类经验,必定是它的重要组成部分。

(三)中国儒家的以文化人之教

中国儒家的教化之道,突出特点就是"以文化人"。最早的教化是从礼乐文化开始的。史书记载的最早的教化之事见于《尚书·尧典》,舜指派夔掌管音乐,有这样一段话:"夔,命汝典乐,教胄子。直而温,宽而栗,刚而无虐,简而无傲。诗言志,歌永言,声依永,律和声。八音克谐,无相夺伦,神人以和。"文明伊始,混沌初开,秩序未定,正邪难分。以诗歌声律开启心智,涵养性情,疏通人伦,和合天人。音乐何以有此等功效?《礼记·乐记》曰:"是故君子反情以和其志,广乐以成其教。乐行而民乡方,可以观德矣。德者,性之端也。乐者,德之华也。金石丝竹,乐之器也。诗言其志也。歌咏其声也。舞动其容也。三者本于心,然后乐器从之。是故情深而文明,气盛而化神,和顺积中而英华发外,唯乐不可以为伪。"又曰:"大乐与天地同和,大礼与天地同节。和故百物不失,节故祀天祭地。明则有礼乐,幽则有鬼神。"礼乐教化在中国社会由野蛮向文明过渡的最初阶段,为人文秩序建构发挥了突出的作用。《荀子·正论》说:"尧、舜,至天下之善教化者也,南面而听天下,生民之属莫不振动从服以化顺之。"这是说,先王治理天下,靠的是道德教化,而"道"与"德",皆从自然法则而来。

《六经》是早在儒家学说出现以前圣人教化天下的记载。《史记·太史公自序》曰:"《易》著天地阴阳四时五行,故长于变;《礼》经纪人伦,故长于行;《书》记先王之事,故长于政;《诗》记山川溪谷禽兽草木牝牡雌雄,故长于风;《乐》乐所以立,故长于和;《春秋》辩是非,故长于治人。是故《礼》以节人,《乐》以发和,《书》以道事,《诗》以达意,《易》以道化,《春秋》以道义。"①儒家倡导《六经》之教,孔子有段精彩的表述:"入其国,其教可知也。其为人也,温柔敦厚,《诗》教也;疏通知远,《书》教也;广博易良,《乐》教也;絜静精微,《易》教也;恭俭庄敬,《礼》教也;属辞比事,《春秋》教也。故《诗》之失愚;《书》之失诬;《乐》之失奢;《易》之失贼;《礼》之失烦;《春秋》之失乱。其为人也,温柔敦厚而不愚,则深于《诗》者也;疏通知远而不诬,则深

---

① (汉)司马迁:《史记》,线装书局,2006,第545—546页。

于《书》者也；广博易良而不奢，则深于《乐》者也；絜静精微而不贼，则深于《易》者也；恭俭庄敬而不烦，则深于《礼》者也；属辞比事而不乱，则深于《春秋》者也。"（《礼记·经解》）孔子所处时代的诸侯国，各有其体现教化的民风。为《风》《雅》《颂》熏陶的民风，体现于其为人与性情的温和、柔顺、敦朴、忠厚。这一逻辑也适合其他方面：博古通今、明理视远体现了《书》的教化作用；胸襟宽广、性格开朗、灵活变通而又善良和气，可见《乐》教之功；纯洁诚信、见微知著可见《易》教之功；恭顺、节俭、端庄、谦敬是《礼》教之功；善于修辞饰文、排比事实，是《春秋》之教的作用。人之为人所需要的基本素养和丰富的品质，基本被《六经》之教全部涵盖。然后孔子也指出其偏颇所在：《诗》教走偏会导致愚钝，不知变通；《书》之偏失导致虚假知识和伪诈欺骗；《乐》教之不当导致侈靡放纵；《易》之偏失在于偷合取巧；《礼》教偏失导致烦琐；《春秋》之教的偏失导致惑乱。在他看来，《诗》教的深远文化意义在于使人温柔敦厚而不愚，《书》教的深意在于使人通古博今而不有伪作，深通《乐》教则使人开朗、变通、善良而不奢侈放纵，《易》教之深意在于使人纯正诚信、知几知微，《礼》教之深意在于使人恭顺谦敬而不烦乱失序，《春秋》之教的深意在于连缀义辞、排比史实而不致惑乱。

　　说文解字："化，教行也。"在儒家看来，"教"行于上，则"化"成于下。孔子谈明王治国之道时说："是故昔者明王内修七教，外行三至。七教修然后可以守，三至行然后可以征。明王之道，其守也，则必折冲千里之外；其征也，则必还师衽席之上。故曰：内修七教而上不劳，外行三至而财不费，此之谓明王之道也。"（《孔子家语·王言解》）明王用"文"来"化"而不是用"武"来"攻"，文化是无形之力，它不征而能胜，不伐而有功。何为"七教"？孔子说："上敬老则下益孝，上尊齿则下益悌，上乐施则下益宽，上亲贤则下择友，上好德则下不隐，上恶贪则下耻争，上廉让则下耻节，此之谓七教。七教者，治民之本也。政教定，则本正也。凡上者，民之表也，表正则何物不正？是故人君先立仁于己，然后大夫忠而士信，民敦俗璞，男悫而女贞。六者，教之致也！布诸天下四方而不窕，纳诸寻常之室而不塞，等之以礼，立之以义，行之以顺，则民之弃恶如汤之灌雪焉。"（《孔子家语·王言解》）何为"三至"？孔子说："至礼不让而天下治，至赏不费而天下士悦，至乐无声而天下民和。明王笃行三至，故天下之君可得而知，天下之士可得而臣，天下之民可得而用。"①教化的力量,布施于天下四方而无所遗漏,纳入寻常百姓之家也无所阻塞。当教化之功弥漫渗透于万民百姓时,则人民之弃恶扬善,犹如热汤浇冰雪一般,"化"得自然而彻底。东汉王符的《潜夫论·德化》曰:"人君之治,莫大于道,莫盛于德,莫美于教,莫神于化。道者所以持之也,德者所以苞之也,教者所以知之也,化者所以致之也。民有性,有情,有化,有俗。性情者,心也,本也。化俗者,行也,末也。末生于本,行起于心。"②这与老子所说"道生之,德畜之,物形之,势成之"(《道德经》第五十一章)相通。教化有如此神妙之功,难怪历代入主中原的王者,莫不视其为治国理政的法宝。化民成俗,利用的是默而成之的自然之功。圣人从天地的不言之教中悟出万物运作的道理,拿来引导人文化成,行之有效的方式就是"兴于《诗》,立于礼,成于乐"。为什么?因为那些深奥的道理,万民百姓是难以弄明白的。所以孔子说:"民可使由之,不可使知之。"圣人之道是天地之道,"民日用而不知"而已。两千多年来,中国社会文明有序,结构稳定,虽有王朝的更迭,但一直保持着华夏文明的连续性,其与儒家的教化之功密不可分。

儒家思想的主要内容汇集于从《六经》基础上发展而来的"四书五经"。"五经"即经孔子之手重新编订的六经,是孔孟以前的"先王之教",是儒家思想的源头,具有元典意义。而"四书"(《论语》《孟子》《大学》《中庸》),则是直接的孔孟之道。"四书"要义,皆由开篇命题引出。那些看似平淡无奇的开篇语,是道之发端和起始点,是修身养性、安身立命的根本所在,也是思维的逻辑起点和登堂入室的门户。循此门径可探赜索隐,深入玄幽之境,也可旁征博引,通达广阔之域。

《论语》谈为学,开篇即为脍炙人口的经典名句:"学而时习之,不亦说乎?有朋自远方来,不亦乐乎?人不知而不愠,不亦君子乎?"(《论语·学而》)先贤视它为入道之门,积德之基础。"学"有"效"之意,以儒家看来,人的本性向善,但觉知则有先有后。后觉者必效先觉之所为,乃可以明善而复其初也。有同类自远方而来,也是趋善之举。《周易·系辞上传》曰:"君子居其室,出其言善,则千里之外应之。"这说的是善德之言感化之力远及千里之外,信从者众多。君子以天下之善士同类,远道而来,论证学问,辨析疑义,自然其乐无穷。《礼记·学记》曰:"独学而无友,

---

① 杨朝明注说:《孔子家语》,河南大学出版社,2008,第90—92页。
② (汉)王符:《潜夫论笺校正》,王继培笺,彭铎校正,中华书局,1985,第371页。

则孤陋而寡闻。"博学厚德,而人不知,君子何以对待?《周易·文言传》曰:"不易乎世,不成乎名,遁世无闷,不见是而无闷,乐则行之,忧则违之,确乎其不可拔,潜龙也。"《论语·卫灵公》曰:"君子病无能焉,不病人之不己知也。"《论语·卫灵公》曰:"不患人之不己知,患其不能也。"《论语·学而》曰:"不患人之不己知,患不知人也。"《礼记·中庸》曰:"君子依乎中庸,遁世不见知而不悔,唯圣者能之。"诸如此类的经典名句不胜枚举。由之可见,学而臻入化境者,乐与朋友讲习,不求虚名,只求内心世界的丰富和精神的自由。此乃为学之道的根本。杨树达按:"中有自得,故人不知而不愠,自足乎内者故无待于外也。然非德性坚定之人不能及此也。孟子谓尊德乐义,人不知而亦嚣嚣,正此人之谓也。"又按:"时习而说,学者自修之事也;朋来而乐,以文会友之事也;不知而不愠,则为德性坚定之人矣。孔子之言次第极分明也。"①孔子一生重在教,孔子之教人以学,重在学为人之道。"学习"是人生的第一要义,婴儿自第一个学习的声音发出,就开始了文化生命的历程。人活到老学到老,终身学习已经成为人人皆知的道理。当然,今天人们所说的学习,与"学而时习之"的原生语境已经相去很远。但原典的意义仍令人回味无穷。回归经典,当能悟出更多的人生道理。

《孟子》论仁义以孟子见梁惠王对话开篇:"王曰:'叟不远千里而来,亦将有以利吾国乎?'孟子对曰:'王何必曰利? 亦有仁义而已矣'。王曰:'何以利吾国?'大夫曰:'何以利吾家?'士庶人曰:'何以利吾身?'上下交征利而国危矣。万乘之国弑其君者,必千乘之家;千乘之国弑其君者,必百乘之家。万取千焉,千取百焉,不为不多矣。苟为后义而先利,不夺不餍。未有仁而遗其亲者也,未有义而后其君者也。王亦曰仁义而已矣,何必曰利? "(《孟子·梁惠王上》)孟子拜见梁惠王,作为战国七雄之一的魏国国君,梁惠王关心的是如何有利于他的国家。所以他开口就问孟子,您老先生来,是否将有利于我国? 孟子则回答说不必言利,只要行仁义就行。如果自上而下都为利益而互相争夺,国家就危险了。要杀害拥有万辆兵车之国君的,必是拥有千辆兵车的大夫,要杀害拥有千辆兵车之国君的,必是拥有百辆兵车的大夫。这些大夫拥有的不算太多,但如果把义放在后而把利放在前,其不夺国君的地位是永远不会满足的。反之,讲"仁"的人不会抛弃父母,讲"义"之

---

① 杨树达:《论语疏证》,上海古籍出版社,2006,第2页。

人会把国君放在一切利益之上。所以大王只需讲"仁义"即可,不必言利。关于义利关系问题,是儒家提出的一个重大命题,所关注的核心是价值观问题。大至君王定国安邦,小至个体修心养命,义利关系的处理是决定命运的根本和关键所在。战国时代,七雄争霸,"天下熙熙,皆为利来;天下壤壤,皆为利往"(《史记·货殖列传》)。中华文化所特有的价值标准系统,在空前热烈的思想争鸣和剧烈动荡的世事沉浮中渐显轮廓,并日趋定型。孔子创立的儒家学派,在这一问题上有鲜明的主张,对中华文化影响深远。孔子提倡以礼为行为规范,以义为价值准绳,因而他很少言利。他的一生,从不问某事有利无利,而只问合义不合义。其名言"君子喻于义,小人喻于利"(《论语·里仁》)、"君子义以为上"(《论语·阳货》)、"子罕言利"(《论语·子罕》)等脍炙人口。"德之不修,学之不讲,闻义不能徙,不善不能改,是吾忧也。"(《论语·述而》)合于义,即是真、是善、是美;反之,则是伪、是恶、是丑。重义而轻利是孔子价值观的鲜明特点。孔子所提倡的"义",即是要在人与人之间的相互关系中寻求最佳的行为方式。这个最佳的行为方式就是寻求一种既利己也利他人的方式。孟子继承并发展了孔子的义利观,而在贵义贱利的程度上有过之而无不及。他的名言是:"生,亦我所欲也;义,亦我所欲也,二者不可得兼,舍生而取义者也。"(《孟子·告子上》)孟子还提出"亲亲而仁民""制民之产"等实行仁政的重要措施。他说:"老吾老,以及人之老;幼吾幼,以及人之幼。""明君制民之产,必使仰足以事父母,俯足以畜妻子,乐岁终身饱,凶年免于死亡。然后驱而之善,故民之从之也轻。""若民,则无恒产,因无恒心。"(《孟子·梁惠王上》)老百姓丧失了基本的生活资料、生存条件,又没有保证生活来源的职业,衣食无着,当然不可能有安分守己、安居乐业的"恒心",只能铤而走险,"放辟邪侈",或偷盗,或抢劫,成为社会动乱的因素,这是历史经验的总结。接着开篇的话,孟子又表达了在今天看来特别值得回味的思想:"不违农时,谷不可胜食也;数罟不入洿池,鱼鳖不可胜食也;斧斤以时入山林,材木不可胜用也。谷与鱼鳖不可胜食,材木不可胜用,是使民养生丧死无憾也。养生丧死无憾,王道之始也。五亩之宅,树之以桑,五十者可以衣帛矣;鸡豚狗彘之畜,无失其时,七十者可以食肉矣;百亩之田,勿夺其时,数口之家可以无饥矣;谨庠序之教,申之以孝悌之义,颁白者不负戴于道路矣。七十者衣帛食肉,黎民不饥不寒,然而不王者,未之有也。"(《孟子·梁惠王上》)这段话语所表达的思想,与我们今天所提倡的可持续发展和共同富裕的小康社会建设,本质上是一致的。毛泽东有一个充满了浪漫主义理想的愿望:六亿神州尽舜尧。那是怎样一个社会?孔子说:"舜之为君也,其政好生而恶杀,其任授贤而替不肖,德若天地而静虚,化若四时而变物,是以四海承风,畅于异类,凤翔麟至,鸟兽驯德,无他也,好生故也。"①这就是说,我们今天所践行的,正是儒家传统的价值观。这个传统,可追溯到尧舜时代。总的来说,孟子的"仁政论"一方面是对孔子"仁"学的创造性发展,另一方面又是对中国自晚周以来渐次勃兴的民本主义思潮的集大成式的总结,对中国古代政治传统及其近代转型均产生了重要影响。

《大学》讲修身,开篇语为:"《大学》之道,在明明德,在亲民,在止于至善。知止而后有定,定而后能静,静而后能安,安而后能虑,虑而后能得。物有本末,事有终始。知所先后,则近道矣。""大学"一词在古代,有"博学"之意,也指相对于洒扫庭除、礼貌应对之蒙学的"大人之学",如果理解为使人成为"大人""君子"之学问,也无不通。朱熹《大学章句序》说:"《大学》之书,古之大学所以教人之法也。"②开篇所说的"道"可以理解为宗旨。"明明德"即弘扬光明正大的品德。"亲民"一词,按先贤的解释,理解为"新民",有使人"弃旧图新、去恶从善"之意。程子对这句话做这样的解释:"'亲,当作新。'大学者,大人之学也。明,明之也。明德者,人之所得乎天,而虚灵不昧,以具众理而应万事者也。但为气禀所拘,人欲所蔽,则有时而昏;然其本体之明,则有未尝息者。故学者当因其所发而遂明之,以复其初也。新者,革其旧之谓也,言既自明其明德,又当推以及人,使之亦有以去其旧染之污也。止者,必至于是而不迁之意。至善,则事理当然之极也。言明明德、新民,皆当至于至善之地而不迁。盖必其有以尽夫天理之极,而无一毫人欲之私也。此三者,大学之纲领也。"③用我们今天的话来说,知识与学问,总是指向对世界之意义关联的认识和发现,"为学日益"就内在地含有"新质"的增长。《大学》提到三个有关"新民"的经典名句,一是成汤之《盘铭》曰:"苟日新,日日新,又日新。"言汤以人之洗濯其心以去恶,如沐浴其身以去垢。故铭其盘,言诚能一日有以涤其旧染之污而自新,则当因其已新者,而日日新之,又日新之,不可略有间断也;二是《尚书·康

---

① 杨朝明注说:《孔子家语》,河南大学出版社,2008,第136页。
② (宋)朱熹:《四书章句集注》,浙江古籍出版社,2014,第3页。
③ (宋)朱熹:《四书章句集注》,浙江古籍出版社,2014,第5页。

诰》曰:"作新民。"鼓之舞之称为"作",言激发民之自新与振作;三是《诗经·大雅·文王》曰:"周虽旧邦,其命惟新。""言周国虽旧,至于文王,能新其德以及于民,而始受天命也。是故君子无所不用其极。自新新民,皆欲止于至善也。"[1]《大学》开篇展示了儒学"三纲八目"的追求。所谓三纲,是指明明德、亲民、止于至善。它既是《大学》的纲领,也是儒学"垂世立教"的目标所在。所谓八目,是指格物、致知、诚意、正心、修身、齐家、治国、平天下。儒家学说实际上是依循这三纲八目而展开的。这是一个阶梯状层次递进的修身途径,沿着它可以登堂入室,领略儒家经典的奥义。这个层次递进的秩序结构又可分为"内修"和"外治"两个阶段:前面四级"格物、致知、诚意、正心"是"内修";后面三项"齐家、治国、平天下"是"外治"。而其中间的"修身"一环,则是联结"内修"和"外治"两个阶段的枢纽,它与前面的"内修"条目连在一起,是"独善其身";与后面的"外治"条目连在一起,是"兼善天下"。所以两千多年来,一代又一代的读书人,"穷则独善其身,达则兼善天下"(《孟子·尽心上》),把安身立命之本,建立在这个层次递进的阶梯之上。直到今天,中国知识分子的品性,还内在地蕴含着这些品质。从一定程度上可以说,中国知识分子的人格、心理、情感、价值观,就是按照这样的路径被形塑的。儒家教化的社会建构意义,用老子的话说,叫"善建者不拔,善抱者不脱"(《道德经》第五十四章),是"深根固柢,长生久视之道"(《道德经》第五十九章)。用今天的话语来说,就是"基于底层的建构"。构成社会的基本要素是个体,个体身、心、知的和谐发展,是和谐社会宏伟大厦的稳固基石。

《中庸》释性命之理:"天命之谓性,率性之谓道,修道之谓教。道也者,不可须臾离也,可离,非道也。是故君子戒慎乎其所不睹,恐惧乎其所不闻。莫见乎隐,莫显乎微,故君子慎其独也。喜怒哀乐之未发,谓之中;发而皆中节,谓之和。中也者,天下之大本也;和也者,天下之达道也。致中和,天地位焉,万物育焉。"本土话语中的"天命"一词,有适用的特定情境,主要有三层意思:一是在"王权神授"的意义上使用;二是指"不可抗拒的命运";三是指天地自然赋予人的本性,即"天命之性",这里主要从第三层意思理解。何谓"中庸"? 按先贤解释,不偏不倚就是"中",不变的常态即为"庸"。"中"是天下正道,"庸"是天下定理。朱熹《中庸章句

---

[1] (宋)朱熹:《四书章句集注》,浙江古籍出版社,2014,第6页。

集注》曰:"中者,不偏不倚、无过不及之名。庸,平常也。"①此篇是孔门传授心法,开篇讲性命之理,何谓"命"与"性"? 按照朱熹的解释,"命"即是"令","性"即是"理"。"天以阴阳五行化生万物,气以成形,而理亦赋焉,犹命令也。于是人物之生,因各得其所赋之理,以为健顺五常之德,所谓性也。""率"即"循","道"犹"路","人物各循其性之自然,则其日用事物之间,莫不各有当行之路,是则所谓道也。修,品节之也。性道虽同,而气禀或异,故不能无过不及之差,圣人因人物之所当行者而品节之,以为法于天下,则谓之教,若礼、乐、刑、政之属是也。盖人之所以为人,道之所以为道,圣人之所以为教,原其所自,无一不本于天而备于我。学者知之,则其于学知所用力而自不能已矣。故子思于此首发明之,读者所宜深体而默识也"。②《周易·说卦传》有"昔者圣人之作易也,将以顺性命之理",又有"穷理尽性以至于命",顺从性命之理,实质是顺从自然,亦即是遵道而行,这是圣人之教的要义。"道"的本质意义就在于连续性,它是绵延的和没有断点的,是正直的而不是偏斜的。稍有偏离和间断,就可能失道。所以尊道而行不可须臾离去,如果可以离去,定是为外物所吸引而偏离道。所以,君子常存敬畏之心,虽然不被人所见所闻,也不敢稍有疏忽。时刻存在于心中的,是天理之本然,须臾不可离开。细微幽暗之处,人所不闻之情,幽居独处之时,尤显君子本色。所谓"幽居而不淫"(《孔子家语·儒行解》),说的就是君子常存戒惧之心,而幽居独处之时尤为谨慎。遏制人欲于将要萌发之际,不使其滋长于隐微之中,以免远离了"道"。喜怒哀乐为人之常情,常随外物而发动。其未发之时,处于天性之自然状态,无所偏倚,故谓之中。"情"之萌发合乎时宜,即为"中节",犹如舞蹈踏在节拍之上,无所乖戾,才能达到和谐。"致中和,天地位焉,万物育焉"是此篇的总结性话语,"中、和、位、育"四个字凝聚了儒家的核心理念。朱熹解释如下:"致,推而极之也。位者,安其所也。育者,遂其生也。自戒惧而约之,以至于至静之中,无少偏倚,而其守不失,则极其中而天地位矣。自谨独而精之,以至于应物之处,无少差谬,而无适不然,则极其和而万物育矣。盖天地万物本吾一体,吾之心正,则天地之心亦正矣,吾之气顺,则天地之气亦顺矣。"③《中庸》开篇话语道出儒家思想的精华,也是几千年来影响

---

① (宋)朱熹:《四书章句集注》,浙江古籍出版社,2014,第17页。
② (宋)朱熹:《四书章句集注》,浙江古籍出版社,2014,第17页。
③ (宋)朱熹:《四书章句集注》,浙江古籍出版社,2014,第18页。

中国文化的根本精神。尽管"中庸之道"这个概念常遭人曲解和攻击,然而,"极高明而道中庸"仍为更多的人所认可,尤其是对中国传统人文精神和文化源流有深刻理解的人们。中国传统文化的根本精神是人与人和,人与天地合。中庸之道在人与人、人与自然两个关系上均追求适度与均衡,使人性的发挥顺应天道自然,从而使两者达到高度的和谐与统一。"中和位育"的理念对当今和谐社会建设具有十分重要的现实意义。

"四书五经"产生于中华民族思想文化发展史上最活跃的时期,是中国社会在政治、军事、外交、文化、教育等各方面全面展开和蓬勃发展的时期,其所达到的思想文化高度,一直处在中国历史文化的制高点。其对中国社会建构、政治治理方面所做的贡献,更具有深远的意义。推翻一个没落的王朝,要从颠覆它的思想基础开始;建立建设一个政权,也要从思想基础开始。一个稳固的社会,必是基于底层的建构。底层就是构成社会的个体成员。儒家进行社会建构的基本路径,是一个层次递进的秩序结构:格物、致知、诚意、正心、修身、齐家、治国、平天下。按照这样的秩序结构建构的社会和政权,具有超稳定的结构,能够达到"长治久安",这已经为历史所证明。

华夏人文演进的路径,遵循着一个前后相连的脉络,肇自先王时代,源于天地之道。文明之初,"黄帝尧舜垂衣裳而天下治"(《周易·系辞下传》),大道行于天下,人民以德相合。孔子承袭上古文明,首创道统意识,编订《六经》,教化万民。后世诸儒,"沿圣以垂文""因文而明道"[①],以"四书五经"等儒家经典,阐发天理,塑造人性,提升精神,熔铸民族之魂。当今时代,蕴涵着华夏民族全部文明成果的文化基因,与时代精神融合,凝聚成为中华民族所认同的核心价值观。诸如"文明""和谐""平等""诚信""友善"等核心概念,都可以在儒家经典中找到历史久远的文化之根。因此可以说,两千多年来华夏民族人文化成依循的根本精神就是儒家学说。儒家经典可谓中华民族之人文渊薮,精神家园。可以说,以文化人之道是儒家留下的丰厚的文化遗产,也是世界上独有的思想资源。

(四)化人之"文"与时俱进

---

① (南朝梁)刘勰:《文心雕龙》,郭晋稀注译,岳麓书社,2004,第7页。

以文化人的核心问题在于以什么"文"来化人,这是一个价值取向问题。"文"说到底是人对自然的认识。而人对自然的认识是随着人类文明的演进和生活世界的逐渐展开而不断发展的。

1.历史与现实

文明伊始,人类生产和生活方式极其简单、朴素,满足第一需要成为早期人类的主要活动。日出而作,日落而息,播种收获,敬时消息。"文"就蕴涵于天地不言之教中。"先王以茂对时育万物。"万民百姓,习惯成自然,天地之道,化民成俗,民日用而不知。昔日农夫农妇皆知诸如春种、夏长、秋收、冬藏之类的道理。如《诗经·国风·豳风·七月》,描述了岁寒、春耕、蚕桑、布帛、田猎、收获、修缮、采集、酿造、宴庆、酬宾等各种活动,表达了人们依时序而作,勤劳、善良、温顺、淳朴的民风。读来颇有"德音秩秩"之感。明末顾炎武《日知录》提到,三代以上,人人皆知天文。七月流火,农夫之辞也;三星在户,妇人之语也;月离于毕,戍卒之作也;龙尾伏辰,儿童之谣也。在华夏先民那里,天文与人文关系之密切,由此可见。从而也可体会到"兴于《诗》,立于礼,成于乐"(《论语·泰伯》)的意义。先民时代,最有文化意味的事件,当属礼乐教化。而礼则起于民间,这可由孔子的实证调查为证。《礼记·礼运》记载,为了解夏代礼制,孔子到杞国考察,为了解殷商礼制,他到宋国考察。他说:"我欲观夏道,是故之杞而不足征也,吾得《夏时》焉。我欲观殷道,是故之宋而不足征也,吾得《乾坤》焉。《乾坤》之义,《夏时》之等,吾以是观之。"孔子深入民间实地考察,得到了《夏历》和宋国有关原始祭礼的一手资料,诸如"燔黍捭豚,污尊而抔饮,蒉桴而土鼓""死者北首,生者南乡(向)"等珍贵的先民生活鲜活的历史资料得以在经典文本中记载并流传至今。这可视为最早的人类学实证研究,比西方人类学研究的田野方法(field work)早了两千多年。这是民间的祭礼形式,人在极其简陋、物资极度匮乏的生存条件下,尚不忘追求德与善,"安土敦仁"之义由此可见。礼起自民间饮食,源于人们感恩求善的愿望。正是想要留住人间德善,才有了礼敬超自然的鬼神之举。另外,由"击石拊石,百兽率舞"之说,也可体会到,音乐之教化,也是以极其简单而原始的方式进行的。

随着社会发展和文明的演进,人的生产生活领域不断扩大,需要日益增长,兴趣日益广泛,"文"之含义也更加丰富和多样化。中国夏商周时代,除了化民成俗之"文",还有"六艺"之教:礼、乐、射、御、书、数。西方古希腊罗马则有"七艺":逻辑、语法、修辞、数学、几何、天文、音乐。当然可以看到,古代教育内容与劳动无关。中国两千多年来一直盛行的是在《六经》基础上拓展深化而来的"四书五经"。作为"以文化人"之道,隋唐以后施行的科举制度,对中华文化的延续起到了非常重要的作用。它可以说是中国社会创造的文化奇迹,有效地维护了中华民族的统一,保护和继承了优秀传统文化。与世界各大文明古国相比,中华文化是唯一没有中断地延续到今天的文化系统。科举制度是重要原因之一。科举是要考试的,考试考的是文笔,文以载道。儒家经典自然成为历代必考内容,儒家经典是什么,这里无须再赘述了。历朝历代,寒门弟子为讨出身,日夜诵读儒家经典,从而使经典不断受到滋润、一再被复制,获得不断更新的生长资源。一代又一代的儒生们就这样被濡化、涵化,从而成为治理和引领中国古代社会的精英和中坚力量。只是到了近现代以来,西方科学技术迅猛崛起,早期发展起来的国家,政治民主,国力强盛。封闭的中国未能及时赶上世界潮流,日益变得贫穷落后,不断遭到列强的打击。人们自然将其归咎于科举制度,于是盛行一千三百多年的科举制度,在1905年袁世凯、张之洞奏请立停之后,于次年寿终正寝。科举不是没有问题的,它的问题在于过于刻板保守,若能与时俱进,增加新的文化要素,也许没有必要将之连根拔除。后世很多并非保守派、复古派的学者,都为科举制的废止感到惋惜。我们这里无意讨论政治体制问题,只是在教育文化的意义上重审这段以文化人的历史轨迹。

近百年来,由农耕文化发展而来的中国文化场域经历了"涅槃"式的自我更生和深刻巨变。人们还来不及反省,转眼进入了一个全新的世界。随着人类生产生活领域翻天覆地的变化,人类生存世界的丰富意义全面展开,人的需要和兴趣极大程度地增长。在"文"的本质意义和丰富性不断增长的同时,文化场域也呈现高度复杂化的景况。社会文化的整体发展遵循的是人类终极关怀的价值原理,但从某种局部意义上说,文化也是一个混沌之境,充满着文明与野蛮、正义与邪恶、进步与颓废、健康与流毒的较量。社会的经济发展,需要刺激消费,物欲横流会带来道德沦丧。人类本性中自私、懒惰、霸权的一面,是文明与进步自蛮荒时代以来都在力图克服的劣根性。然而,随着技术的增长和经济的繁荣,野蛮本性也早已剥去其赤裸裸的外衣,以美丽形象、文明使者、正义化身的现代伪装实现了其华丽转身。在各种社会场域——教育卫生、文学艺术、政治生态、经济生活等领域,都充斥着不见血与火的文化战争。当今时代,由于新文化载体互联网的出现,人类文化似乎进入一个更高层次的混沌期。人的现实(历史文化塑造的人),现实的人,以各种不同的途径和方式,完全浸入一张铺天盖地的无形之网。这是一个新的"化"境,天地间所有的人、事、物,皆不自觉地被织入这个化境。不在"化"中更生,便在"化"中消亡。人的现实与现实的人,为着"网",并通过"网",在网中交织、纠缠、冲突、对抗、争夺。谁主宰了它,就主宰了话语权。意识到这一点,当理解以何种"文"化人之重要性和迫切性。

2.文化事业

延续数千年的中华文化内在地包含着"以文化人"的传统,这是中华人类历史积淀中一笔宝贵的精神财富,是智慧结晶和成功经验,它构成了中华文化的现实,也是构建未来社会的必由之路。教育文化是主流文化在教育场域的展开,进步的教育引领和改造社会,反向而动的教育披着文明的外衣不断复制和再生产着权力与不公,以隐蔽的方式推行着反文化的运动。"文化着"的教育主体,当以清醒的文化自觉、充分的文化自信、明确的文化意识、进步的文化力量、正向的充满活力的文化能,引领和主导教育文化的发展方向。从整体来看,以文化人有不同的层次,国家、社会、学校、家庭、个体,各有不同的对象、内容和要解决的现实问题。

从国家层面来说,文化属于上层建筑和意识形态领域,用于化人之"文",对国家命运和未来走向具有根本意义。在这个层次上,发展文化事业,是最重要的途径。当代中国文化建设应立足于自身面临的特殊矛盾和现实问题。首要的问题是道路和方向,坚持马克思主义,走中国特色的社会主义道路,是正确的决策。物质文明和精神文明的建设都要围绕着和谐社会建设的中心任务,体现以人为本,科学发展的原则。其次,文化事业的发展战略必须立足于民族文化之根,将弘扬民族传统文化和吸收西方文化的优秀成果有机地结合起来。现时代,全球性的文化交流与整合已成为必然,中国文化只有以积极主动的态度和充分的文化自信迎接新的挑战,投入全球性的文化对话和文化整合,才能在发展中获得主动权。这使自身的文化建设成为紧迫的任务。最后,文化事业主要指非物质层面的精神文明建设。广义的文化事业,不仅指人文艺术和道德精神方面的建设,也包括科学技术,而这里尤须强调的是前者,因为当代中国,由科学技术和现代化建设所推动的物质文明和经济发展早已走在前面,而精神文化建设则相对滞后。精神文明和物质文明发展的不平衡,会带来各种严重的社会问题。所以要通过影响人的道德精神、价值观念、思维方式、知识能力等来达到化人的目的。文化事业包括很多方面,教育、文艺、传媒以及发挥公共文化服务功能的诸多场馆,如文化馆、博物馆、体育馆、图书馆、科技馆及社区文化活动中心等,都是文化事业的组成部分。文化事业不以经济利益为目标,是一种公益性事业。各种文化机构和文化形式,都应以不同的方式为提高民众精神文化素质,满足人们精神文化需求而发挥着应有的功能。

社会层面,各种不同政治、经济、文化背景的群体和个体的共同作用所形成的总体文化景观,体现着社会主流文化的精神风貌。这是各种意识形态汇聚并相互作用的公共场域,不同的人生观、价值观、宗教信仰、道德规范、生活方式、思维方式、审美意识等会形成利益相关的不同文化群体,彼此间相互交流、碰撞,会产生各种难以预料的结果,充满着高度的复杂性和不确定性。各种矛盾和冲突,会因主体间的相互理解和包容得以缓解,处理不当则会诱发巨大的社会动荡,就如大风起于青蘋之末,经由社会各种要素的协同作用,顷刻形成巨大的风暴。和谐社会的建设,尤须文化正能量的发挥。当代中国社会文化发展势头良好,但也得看到,颓废的文化、出于经济的动机而盛行的商业文化、低俗文化等,也在以各种方式和途径争夺着社会文化阵地。就当前现实来看,旨在盈利的文化工业使文化艺术作品的个性、生命性和创造性丧失殆尽;为了迎合消费者的口味和兴趣,一些艺人还通过各种大众传媒大肆兜售庸俗、低俗的文化产品以满足人们的低级趣味,从而形成了物化的、虚假的文化;还有打着文化创新的旗号推动着反文化的嬗变。然而,说到底,社会风气的形成,是邪不压正。一个社会正向能量的发挥,就在于民众的文化根基。和谐社会建构,应寻求共同利益的思想文化基础。当代中国,社会无论多么复杂,有一个基本的共同点必须看到,构成社会的基本要素——每一个体,无论是何党派、阶层,都是在中华文化土壤上成长起来的华夏子孙,有着共同的文化之根。优秀传统文化是确保社会和谐的基础。无论发达地区还是发展滞后的地区,无论是迅速崛起的城市,还是僻远宁静的乡村,继承和保护优秀传统文化,都是人们的共同心愿。而中华传统文化的核心,就是和谐共生。人与人之间,以诚相待、与人为善、礼貌让人、扶老携幼、关心弱者、和谐相处,这是中华传统美德。中华传统文化经典中描述人伦秩序、仁义道德的动人故事不胜枚举,社会各行各业,都应将营造"以文化人"的社会文化环境视为己任。充分利用一切有利条件和公共设施,营造优美而富有人情的文化环境,以各种途径和现代传播媒体,弘扬传统美德和崇高道德精神。优秀传统文化是最可靠的根基,也是共同利益所在。当然,社会的进步,还要靠文化精英的引领。在这个意义上,见义勇为、献身事业、救死扶伤,以及体现着全心全意为人民服务和牺牲精神的典型事迹,都是社会弘扬正气和以文化人可利用的文化资源。

3. 文化使命

学校教育的以文化人,无论从内容还是从途径来说,都处在国家文化战略中最为重要的地位,可以说是文化的主战场,是对未来社会建构具有决定性意义的基础工程。教育文化的核心部分是课程,学校教育的所有活动都围绕课程展开,教育文化的全部价值追求,也都体现在课程之中。课程文化依据主流价值理念选择文化、传递文化,使个体在组织化的环境中实现文化生命的生成与发展。当然,课程不仅仅指书本内容和课堂教学过程。事实上,课堂之外的课程更重要,潜课程比显课程更具有教化意义。秩序化的教学过程已经形成完善的制度并具有相对稳定的形式和内容,非秩序化的、非语言的、隐蔽的、潜在的课程的研究,当成为学校文化建设的重要现实课题。学校教育的最终目标,是培养全面发展的人,全面发展的人是内心世界丰富的人。《易》曰:"富有之谓大业,日新之谓盛德。"(《周易·系辞上传》)何为"富有"?它不是指财富的占有,而是指内心所能拥有的世界,是人的内在本质的富有。个体的自由全面的发展是个历史的过程,是需要和能力的日益增长,是日新月异的变化,是人的生命丰富性的全面展开。文化生命的生长需要文化的沃土来滋养,然而,当代学校教育的真正问题就在于文化功能未能充分发挥出来,教育退变为教学的技术,课程与生活世界割裂,单调和僵化的课程难以培养人之为人所需要的各种基本素质,从而使"立德树人"只停留于漂亮的口号中。学校的根本变革就在于以人为本、以文化人理念的全面落实。因此,各级各类学校都应致力于文化建设,以健康而丰富的文化内容、真善美的学校文化环境、活泼多彩的文化生活,使主流文化所期待的个体在自主的、自发的、自然的过程中默而成之、不言而化。学校应把"以文化人"视为神圣使命,充分利用优势文化资源和各种有利的教育条件,以正向能量引领人,以优秀传统文化涵养人,用崇高的道德精神激励人,以优秀文学艺术作品丰富人,以探究性学习提升人,以艺术实践陶冶人,以身体文化形塑人。总之,以什么样的"文"来化人,是学校教育的根本问题。文以载道,道以垂文。教育之道,须臾不可偏离;化人之文,始终不违原道。

家庭是个体文化生命的起始点和源头。前文提到,个体来到世间,大多数情况下,他发出的第一个有文化意味的声音是"妈妈"。将一种声音符号与一种确定的外界对象建立起联系,这是从混沌中诞生的第一个秩序结构,它意味着文化生命的开始。为着这个起始点的确立,伟大的母亲不知付出了多少心血。从这一刻起,个体启动"格物致知,诚意正心"的文化程序,奇迹般地生长,日新月异。中国儒家化人之道的成功范例,很多蒙学经典都有记载。将幼儿的启蒙教育,视为教育文化过程的第一原理,是后文将着力讨论的话题,这也是基于圣人之教和人类经验得出的道理。这里有一点需要指出的是,儒学启蒙教育之"文",皆为载道之文,核心在培养"德"与"善","亲亲""近仁"、洒扫庭除、礼貌应对,皆在培养德与善。中国传统的家庭教育,培植的是做人的根本,"本立而道生"是一个至真的道理。然而今天幼儿家庭教育的一个普遍现象是,很多急功近利的家长,为使孩子在未来学校激烈残酷的竞争中抢占先机,提前进入学校课程,将其绑上应试教育的战车。显然,这并非明智之举,也是在毁坏生命。过早的路径锁定,导致个体生命错过奠定全面发展之生活基础的过程,在某种有序化行为模式建立的同时,也失去了多方面观察世界和体验生活的机会。中国传统的家庭教育是深层次的人文教育,是以儒家的精华之"文"滋养、濡化幼儿,是安身立命之本的文化建构。而今一些父母的做法,则是出于功利性和工具性的考虑,舍本求末。只有一技之长,是远远不能适应复杂多变的未来生存之境的。基于儿童未来发展的长远考虑,家庭教育,当以儿童全面的生活体验和德性培养为化人之道的出发点。儿童生活应向生存世界全方位开放,父母的精心呵护也是必要的。"根之茂者其实遂,膏之沃者其光晔。"(韩愈《答李翊书》)生命的绽放,与家庭的化人之道,有着必然的因果关联性。在此意义上,"家庭教育"的概念应当拓展和延伸,首先要把家庭作为教育的对象,提升家长以文化人的责任义务与知识能力。因为,起点歪了,要扶正就难了。这就是《学记》所说"禁于未发之谓豫……发然后禁,则扞格而不胜",也是"蒙以养正,圣功也"(《周易·彖上传》)所表述的教育文化原理。

从个体的文化过程来看,也存在着主体的"自化"之维。可以说,从人一开始学会说话,他就成为自己文化的创造物。人们所说的"以文化人",多指教育者对受教育所施加的影响,那是外部所实施的化育之道。事实上,个体的自我内化,是一切外部的教化所要达到的最终目的。自我成化,是主体性行为方式,后文有专门话题讨论。这里要强调的是,内在动力不足,无以谈自我化育。如何让个体具有自化能力,是一个元教育的话题。内与外,不是截然对立、互不相关的,恰恰相反,两者内在关联,相辅相成。因此,从个体层次来说,以文化人之道,重在人生观与价值观的确立。生命意义的焕发,需要启动一个关键程序,那就是对生命价值与意义的觉悟。何时觉悟,人各有其时。一个浑浑噩噩的少年突然开蒙,常常会因为一些偶然的机会,生长期偶尔的成功体验,常常成为转变人生的契机。以人为本,就是要使人性中最宝贵的东西得以弘扬和提升。一个教育者需要有发现的眼光和良知,将人类精神中不朽的一面通过教育的方式得以发扬光大。教育的使命就是提升人的精神,弘扬高贵的品德,激励每一个个体,激发那潜藏在灵魂深处的生命活性,让每一个生命都焕发出耀眼的光芒,这是推动人类正义事业的根本动力所在。从以文化人角度来看,教育的文化作用就在于提供资源环境、发挥催化作用、培育适合个体发展的生境。生境能为个体有价值的行为方式提供正反馈,培固生长点,拓展其成就,使生命的内在力量得以伸张。教育文化应为个体的生命体验提供更大的自由度,减少约束机制而更多地采取策略性和启发性的引导,使其不断提高组织能力和应变能力,增强其复杂性和适应性。培育生境,就是以文化人。如此成长的个体,才会充满活力和创造性。

三、人的全面发展

教育文化关注的核心问题就是人的全面发展,这早已不是新鲜话题了,但随着社会发展越来越多的新意义不断进入这个老话题之中。当今时代尤为突出的是,技术领域的爆发式增长,也给人类带来新的生存困境和精神家园的迷失等问题。回归人的本质,提高精神境界,丰富内心世界,实现人的解放,是教育文化发展须臾不可偏离的价值导向。

(一)人的本质

探讨主体的发展,逻辑起点是对人的本质的理解。迄今为止,马克思主义全面发展理论仍是指路明灯。全面发展的基础是人的需要的丰富性和多样性。而人的需要起始于和动物一样简单而直接的维持生存的基本需要。也就是说,人首先得活着,然后才有建立在这个基础上的后续的一切,才会有历史。"已经得到满足的第一个需要本身、满足需要的活动和已经获得的为满足需要而用的工具又引起新的需要,而这种新的需要的产生是第一个历史活动。"①第一个需要就是自然需要,第一个历史活动就是劳动,人的需要在劳动实践的基础上形成和发展。人的需要或人的本性与动物有根本的区别。相对于人来说,动物的本性是不变的,完全是自然赋予的。而人的本性则是随着社会性的活动而不断变化的,是历史性的。所以,研究人的需要,"首先要研究人的一般本性,然后要研究在每个时代历史地发生了变化的人的本性"②。如果人类仅仅停留在和动物一样的基本生理需要上,那么人类是没有历史可言的。人类随着为满足基本需要而进行的对象性活动,需要的内容和类型不断地丰富和完善起来,需要的层次也不断提高。尽管成熟的马克思主义后来强调人的本质的社会性、历史性和实践性,然而,需要作为实践活动的意向性目的和原动力,仍然是思考人的本质的逻辑起点。"任何人如果不同时为自己的某种需要和为了这种需要的器官而做事,他就什么也不能做。"③需要是人的本性,只是自然需要层次的"一般本性"和社会需要层次的"历史地发生了变化的本性",有递进层次的变化。没有前者就没有后者,只有前者也不能成为人。"吃、喝、生殖等等,固然也是真正的人的机能。但是,如果加以抽象,使这些机能脱离人的其他活动领域并成为最后的和唯一的终极目的,那它们就是动物的机

---

① 《马克思恩格斯选集》第一卷,人民出版社,2012,第159页。
② 《马克思恩格斯文集》第五卷,人民出版社,2009,第704页。
③ 《马克思恩格斯全集》第三卷,人民出版社,1960,第286页。

能。"①当人开始从事自己所需的生活资料的生产活动时,人就把自己和动物区别开来。

人类在漫长的文化进程中发展起来的听觉和视觉器官是真正的社会性器官。音乐能激起乐感,是因为有音乐感的耳朵;绘画能产生美感,是因为有审美的眼睛。否则,再美的音乐和绘画也没意义,因为没有构成对象的关系。"一个存在物如果在自身之外没有自己的自然界,就不是自然存在物,就不能参加自然界的生活。一个存在如果在自身之外没有对象,就不是对象性的存在物。一个存在物如果本身不是第三存在物的对象,就没有任何存在物作为自己的对象,就是说,它没有对象性的关系,它的存在就不是对象性的存在。"②人的本质力量只有在对象中才能得到确证。主体的能力自为地存在着,任何对象的意义都以主体的感觉所及的程度为限。"因此,社会的人的感觉不同于非社会的人的感觉。只是由于人的本质客观地展开的丰富性,主体的、人的感性的丰富性,如有音乐感的耳朵、能感受形式美的眼睛,总之,那些能成为人的享受的感觉,即确证自己是人的本质力量的感觉,才一部分发展起来,一部分产生出来。因为,不仅五官感觉,而且连所谓精神感觉、实践感觉(意志、爱等等),一句话,人的感觉、感觉的人性,都是由于它的对象的存在,由于人化的自然界,才产生出来的。"③人同世界的关系是一种人的关系,信任换来信任,善行带来善报。要能够享受艺术,自己首先必须有艺术修养,如想感化别人,就得首先是一个能鼓舞和推动别人前进的人。个体的那些在"人化自然"的过程中,与对象化的劳作同时发展起来的一切对象化的器官,包括"有音乐感的耳朵""能欣赏形式美的眼睛"以及其他那些"能成为人的享受的感觉"器官等,是在一种对象性的活动中生成的,也是为着对象而存在的。对象是互为对象,活动是双向互动,结果是彼此渗透。人的耳朵和非人的耳朵听到不同的声音,人的眼睛和野性的眼睛看到不同的事物。

人的本质是一切社会关系的总和,关系包括横向之间一切人相互交往的关系,还有纵向发生的个体与前代的联系。"一个人的发展取决于和他直接或间接进行交往的其他一切人的发展;彼此发生关系的个人的世世代代是相互联系的,后

---

① 《马克思恩格斯文集》第一卷,人民出版社,2009,第160页。
② 《马克思恩格斯文集》第一卷,人民出版社,2009,第210页。
③ 《马克思恩格斯文集》第一卷,人民出版社,2009,第191页。

代的肉体的存在是由他们的前代决定的,后代继承着前代积累起来的生产力和交往形式,这就决定了他们这一代的相互关系。总之,我们可以看到,发展不断地进行着,单个人的历史决不能脱离他以前的或同时代的个人的历史,而是由这种历史决定的。"①从社会关系的总和来理解的人的本质,意味着历史的和逻辑的联系,而逻辑的关联又是辩证的逻辑。所谓历史,就是把当下的事物,已经成为现实的东西,同它形态发生的起始点和后继的过程联系起来看;所谓逻辑,就是一事物同其他事物互为对象、双向互动的关联性。

全面发展是一个逐步实现的历史过程,是基于人的本质需要的多样性和丰富性,在社会性的生产和生活中得以实现的。人的本质需要得从"有总体的生命表现"的"完整的人"的意义上来看。完整的人与世界的关系是全方位的和多层次的,通过生理的、心理的和思维的各种机能与世界发生联系,并且在这个过程中不断丰富和完善。人的本质规定是多种多样的,人的现实的存在也是多种多样的。完整的人首先意味着内在的富有,何为富有的人?"富有的人同时就是需要有总体的人的生命表现的人,在这样的人身上,他自己的实现作为内在的必然性、作为需要而存在。"②马克思主义的"人本学"告诉我们,人类文明演进所创造的人的现实的、对象性的存在,"是一本打开了的关于人的本质力量的书,是感性地摆在我们面前的人的心理学"③。它使我们看到,人之所以为人,其区别于动物的类的本质特性是自由自觉的创造性活动。人的本质力量来自需要的丰富性和多样性,它是一个由贫困到富有的历史运动,经由人的自由自觉的、富有创造力的对象性活动,有着人的本质的全部丰富性的人被创造,社会从而得以形成。然而,人是否作为一个"完整的人",实现了其本质的全部丰富性,还需要一个向着本质的回归运动。时刻反思人之为人的全部丰富的规定性,才能为主体全面发展奠定基础。

值得进一步思考的问题:人的本质也需要从人与世界的一切关系来理解,包括人与人的关系及人与自然的关系。我们身体的各种器官不仅是社会的器官,也是自然的器官,因为它们在漫长的进化过程里,从与自然的关系中,获得了某种相对稳定的形态。而这些形态与自然存在着对象性的关系,以它业已形成的方式来

---

① 《马克思恩格斯全集》第三卷,人民出版社,1960,第515页。
② 马克思:《1844年经济学哲学手稿》,人民出版社,2000,第90页。
③ 马克思:《1844年经济学哲学手稿》,人民出版社,2000,第88页。

感知和认识世界并同世界交流,又在一个后续的过程中不断发生着改变。当然也得这样来看:由社会关系的总和构成的本质特性,也影响着人与自然关系中生成的各种器官,而动物的器官,只是一种纯粹自然关系的产物而已。由此可见,没有一成不变的本质。我们的思维要为发展留下空间和自由度,孔子提倡"毋意、毋必、毋固、毋我",就是在告诫人们,不要停留于任何主观看法。从人类思维发展的全部历史来看,没有任何思想和观点具有终结性的意义,马克思在他那个时代,能够提出"人的本质是社会关系的总和",这是对人类思维了不起的贡献。当然,当时代演进到人与自然关系如此恶化的地步,我们不得不将人与自然的关系,而不仅仅是与社会的关系,纳入对人的本质的思考之中。

(二)从必然到自由

人的发展的理想状态,在于作为一个"完整的人"全面占有自己的本质,实现其所有既成的现实,即那些历史地形成的器官和身心的需要。只有获得了人性的彻底解放的人,真正从必然王国走出的人,才能达到这种全面发展的状态。马克思在《资本论》第三卷中说:"事实上,自由王国只是在由必需和外在目的规定要做的劳动终止的地方才开始","在这个必然王国的彼岸,作为目的本身的人类能力的发挥,真正的自由王国,就开始了。但是,这个自由王国只有建立在必然王国的基础上,才能繁荣起来"①。人类维持生存,得遵循自然必然性,受制于物同时也受物化的社会关系所制约,这就是必然性王国。人类共同控制物质生产活动,自觉支配社会关系及人与自然关系的社会状态,是"自由人的联合体",那就是一个自由的王国。"在那里,每个人的自由发展是一切人自由发展的条件"②,那是一个人人实现了自身的和谐,继而是人与人、人与社会、人与自然和谐的"大同"世界。"和谐"就是相互适应、共生共荣。

人类社会的发展是从必然王国走向自由王国。"此岸"到"彼岸"不是简单的空间转换,而是一个过程。不经历"此岸"无法到达"彼岸",停留于"此岸"则无法从奴役状态解脱。"此岸"就是一个充满了必然性的王国。必然性一般用来指外在于人的、客观的自然规律,必然也含有受制约和限制之义。巴鲁赫·斯宾诺莎(Ba-

---

① 《马克思恩格斯文集》第七卷,人民出版社,2009,第929页。
② 《马克思恩格斯选集》第一卷,人民出版社,2012,第7页。

ruch Spinoza)说:"凡是仅仅由自身本性的必然性而存在、其行为仅仅由它自身决定的东西叫做自由。反之,凡一物的存在及其行为均按一定的方式为他物所决定,便叫做必然或受制。"①在他看来,自由的人遵从理性而行事,即依据必然性采取行动,"他的行动完全取决于可以单独从他自己的本性加以理解的诸种原因,而且这些原因必然决定他采取行动。其实,自由并不排除行动的必然性,反而以这种必然性为前提"②。黑格尔和马克思恩格斯的自由观,也是建立在对必然性的认识之基础上,恩格斯在《反杜林论》中指出:"自由就在于根据对自然界的必然性的认识来支配我们自己和外部自然界。"③

认识人类所处的必然王国有两个维度:一是自然必然性王国,二是历史必然性王国。从前者来看,人类的劳动是人化自然的过程,是人和自然之间物质变换的方式,是人类生存所必需的自然条件,"像野蛮人为了满足自己的需要,为了维持和再生产自己的生命,必须与自然搏斗一样,文明人也必须这样做;而且在一切社会形式中,在一切可能的生产方式中,他都必须这样做。这个自然必然性的王国会随着人的发展而扩大,因为需要会扩大;但是,满足这种需要的生产力同时也会扩大"。即使社会发展到高级阶段,由自由人构成的联合体能够在最适合人类本性的条件下合理地调节与自然之间的物质变换活动,"这个领域始终是一个必然王国"④。这就是说,自然的必然性王国是一个具有永恒性和绝对性的必然王国,具有人类生存物质基础方面的必要性,纯属人与自然的关系,与社会形式、生产关系等无关,为一切社会形式所共有。最重要的一点是,随着生产力的发展,人的需要也会日益丰富和多样化,也会相应地发展出多种能力,人类支配自然的力量也不断增长。但对于自然的必然性,人类的认识有永远达不到的深度。人类认识和能力的有限与自然界的无限,是一个终极的必然性,绝对的、完全的自由是不可能的。所以自然必然性王国"始终是一个必然王国"。历史必然性王国首先是指不合理的生产关系和生产方式是一种时间性的存在。满足生存需要所必需的生产活动,对劳动者来说是外化或异化的,不仅不能满足基本需要,反而给劳动者

---

① [荷兰]巴鲁赫·斯宾诺莎:《伦理学》,贺麟译,商务印书馆,1981,第4页。
② [荷兰]巴鲁赫·斯宾诺莎:《政治论》,冯炳坤译,商务印书馆,2017,第18页。
③ 《马克思恩格斯文集》第九卷,人民出版社,2009,第120页。
④ 《马克思恩格斯文集》第七卷,人民出版社,2009,第928—929页。

带来更大的不幸和磨难;对资本来说表现为对他人劳动的占有。这种颠倒是基于一定的历史出发点或基础的生产力发展的必然性,是一种历史性的存在,其生产方式或生产关系,只是为特定的社会形态所有。在奴隶、徭役、雇佣劳动中,劳动者与剥削者构成相互对立的关系,相应的社会形态如奴隶社会、封建社会和资本主义社会。这种不合理的关系必然会成为各个时代推动变革的主要动因,因而,那不过是"暂时性的必然性"王国。①从必然王国走向自由王国,指的是历史必然性的王国。按照马克思主义的学说,原始社会、奴隶社会、封建社会、资本主义社会为必然王国,而其后,经由社会主义到共产主义的事业,则是向着自由王国的迈进。自由王国将消灭一些人占有另一些人剩余劳动的剥削制度,使劳动的自然必然性不再仅仅是一部分人面临的问题,让每个人都成为平等的劳动者。劳动的普遍化使必要劳动相对减少而自由时间增多。

我们谈人的发展,一个根本的问题在于:人的发展空间的大小是由自由时间的多少决定的,而社会的自由时间以剩余劳动为基础,它也是整个社会发展和全部文化的物质基础。"整个人类的发展,就其超出对人的自然存在直接需要的发展来说,无非是对这种自由时间的运用,并且整个人类发展的前提就是把这种自由时间的运用作为必要的基础。"②自由时间是发展的必备条件,如果时间和生命全都用于必要劳动,完全受必然性的支配,就不会有发展。无论对个体还是人类整体来说,有了自由时间才会有发展。自由王国建立在自由时间之基础上。发展生产力,提高劳动生产率,根本目的就在于缩短必要劳动时间增加自由时间,用以扩大活动和发展的空间。只有建立了合理的生产方式和生产关系的制度,才能实现有计划地、合理地安排生产活动以获得更多的自由时间。"一切节约归根到底都是时间的节约。正像单个人必须正确地分配自己的时间,才能以适当的比例获得知识或满足对他的活动所提出的各种要求,社会必须合理地分配自己的时间,才能实现符合社会全部需要的生产。因此,时间的节约,以及劳动时间在不同的生产部门之间的有计划的分配,在共同生产的基础上仍然是首要的经济规律。这甚至在更高得多的程度上成为规律。"③随着生产力水平的提高,物质财富极大增长,人

---

① 赵家祥:《必然王国与自由王国的含义及其关系》,《北京大学学报》(哲学社会科学版)2013年第6期。
② 《马克思恩格斯全集》第四十七卷,人民出版社,1979,第216页。
③ 《马克思恩格斯全集》第四十六卷(上),人民出版社,1979,第120页。

们不再为了生存的基本需要而从事更多和更繁重的劳动,从而有了更多的自由时间以发展出更多的需要和能力。能力和素质提高了的人,又能以极大的创造性和能力促进生产力的更大发展,正如马克思所说:"节约劳动时间等于增加自由时间,即增加使个人得到充分发展的时间,而个人的充分发展又作为最大的生产力反作用于劳动生产力。"①这个良性的循环可以用来解释个体发展的动力机制。

一个更高层次上的循环机制是,由全面发展的"自由人联合体"构成的社会里,平等、自由而全面发展的人之间相互作用,促进作为社会共同财富的"历史上遗留下来的文化——科学、艺术、交际方式等等"②向着更高的层次发展,而这又能为一切人的发展提供更好的条件,从而使个体的发展获得更大的自由度和全面性。迄今为止,这一切只是依据以往历史所做的必然性阐释,而未来,毕竟还存在许多有待认识的必然性。譬如在一个生产力高度发展的技术化社会里,对劳动的本质的认识和阐释将会发生什么变化?当很多工作和职业领域被人工智能和机器人所取代,人是否将足够多的闲暇时间用于科学、艺术、交往等属人的领域?人的自由和解放,将面临什么新的课题?这些有待解决的认识问题,只能留给实践。在马克思看来,此前的历史,不过是人类的史前史,真正的历史要从"自由人联合体"开始。这是一种深刻的洞见。弗兰西斯·福山(Francis Fukuyama)试图以"历史的终结"理论为自由资本主义制度辩护,他说无论是黑格尔还是马克思都设定了一个"历史的终结",黑格尔终结在"自由国家",马克思终结在"共产主义社会"。而在他看来"自由民主的理念已无可匹敌,历史的演进过程已走向完成"。到了这样的形态,真正重大问题都已解决,形成历史基础的原理与制度,遂不再进步与发展。③他的观点遭到了人们猛烈的抨击。德里达说:"有人居然以自由民主制的理想的名义——这种理想已经自诩最终将是人类历史的理想——无耻地宣传新福音之际。那种福音声称,地球上和人类历史上的所有人类将永远也不会受暴力、不平等、排斥、饥饿以及由此而来的经济压迫的影响。不是在历史终结的狂欢中欢呼自由民主制和资本主义市场的来临,不是庆祝"意识形态的终结"和宏大的解

---

① 《马克思恩格斯全集》第四十六卷(下),人民出版社,1980,第225页。
② 恩格斯在《论住宅问题》中说:"……每个人都有充分的闲暇时间从历史上遗留下来的文化——科学、艺术、社交方式等等——中间承受一切真正有价值的东西。"
③ [美]弗兰西斯·福山:《历史的终结》,本书翻译组译,远方出版社,1998,第3页。

放话语的终结,而是让我们永远也不要无视这一明显的、肉眼可见的事实的存在,它已经构成了不可胜数的特殊的苦难现场:任何一点儿的进步都不允许我们无视在地球上有如此之多的男人、女人和孩子在受奴役、挨饿和被灭绝,在绝对数字上,这是以前从未有过的。"①

显然,历史远未完成。在人类社会发展的历史必然性问题上,马克思留下了双重的遗产,"一方面,马克思以科学的分析指明了资本主义的优点和缺点,优点是基于其现实可操作性的体制上的强势,缺点是对人的本质的压抑和异化;另一方面,马克思又以历史目的论的理论方式指明,对资本主义现实的否定和超越通向一个希望和信仰的更高目标"②。

(三)人的解放

人的本质力量的提升以人的解放为前提。对自身奴役状态的觉悟和意识,则是走向自由和解放道路的起点。虽然今天离马克思的时代已经很遥远,社会的生产力得到极大发展,社会各种关系也已发生很大变化,但人的本质的全部丰富性不仅未能在现代生活中充分展开,反而显现出日益削弱和萎缩的趋势。歌德说:"人只是由于认识了世界才认识自己,他只在自身中看到世界,而且只在世界中看到自身。任何一个真正认识了的新事物,都能在我们身上开启一个新器官。"③人类文明的自然进程丰富了人感知世界的各种器官,但随着工业文明的发展,那些历史地形成的、被文化过程塑造的器官功能却在退化和关闭。人的本质越来越不丰富了。对人的自由全面发展造成的桎梏,主要来自劳动的异化、专业化带来的片面发展、金钱的奴役、技术化蜕变等。当今时代,人的解放面临着一些突出的问题,教育文化作为一个面向未来的事业,要着力于以下问题的解决:

第一,消除异化劳动,回归人的本质,把自我解放与人类解放的崇高事业联系起来。马克思曾经指出工业文明伊始工人的劳动异化现象:"工人生产得越多,他能够消费的越少;他创造的价值越多,他自己越没有价值、越低贱;工人的产品越

---

① [法]雅克·德里达:《马克思的幽灵:债务国家、哀悼活动和新国际》,何一译,中国人民大学出版社,1999,第120—121页。
② 张盾:《"历史的终结"与历史唯物主义的命运》,《中国社会科学》2009年第1期。
③ 卡尔·勒维特:《从黑格尔到尼采》(1941),转引自中共中央马克思恩格斯列宁斯大林著作编译局:《〈1844年经济学哲学手稿〉研究(文集)》,湖南人民出版社,1983,第381页。

完美,工人自己越畸形;工人创造的对象越文明,工人自己越野蛮;劳动越有力量,工人越无力;劳动越机巧,工人越愚笨,越成为自然界的奴隶。……劳动为富人生产了奇迹般的东西,但是为工人生产了赤贫。劳动生产了宫殿,但是给工人生产了棚舍。劳动生产了美,但是使工人变成畸形。劳动用机器代替了手工劳动,但是使一部分工人回到野蛮的劳动,并使另一部分工人变成机器。劳动生产了智慧,但是给工人生产了愚钝和痴呆。"[1]直至今日,劳动的异化现象并未随着现代社会生产力的发展而彻底消失,它将会以各种不同的表现形式长期存在。现代社会里,先进技术的不断发明和广泛运用,使繁重的体力劳动越来越多地为机器所取代,人的劳动条件有了极大的改善。然而,技术越进步,人性越萎缩。实行了民主资本主义的国家,为缓和劳资矛盾,也采取了很多的福利措施,但绝不能指望自由资本主义能从根本上解决劳动异化问题,历史不会在此终结。即使当今各种形式的社会主义,虽然在很大程度上避免了资本主义制度下的剥削现象,在缩小收入差距和增加人民福利方面有可靠的制度保证,但经济发展的效率依然是首位的。而追求效率,平等与自由就受到威胁。两者的平衡,对全人类而言,不得不说是一个尚未解决好的问题。从根本上来说,只要劳动尚未成为第一需要,为生存而进行的劳动就将在很大程度上使人禁锢于必然性的枷锁之中。自人类进入阶级社会以来,劳动对大多数人来说都是一种外在的必然性。当前虽然进入了新时代,但这个问题依然是个带有根本性的问题。人若不能从劳动中获得快感和幸福感,只不过把它当作迫不得已的谋生手段,那么人性在压抑之中是无法实现人生价值的。劳动的异化固然是历史的产物,它将随着人类创造出高度发达的社会生产力和发展出全面的社会关系,并通过对这种生产力和社会关系的共同的、合理的控制而得以改变。然而,全面占有人的本质,从而彻底消除劳动的异化,也不是自然而然实现的,必得有精神力量的价值引导,才能通过积极的实践来解决。能给人带来快乐和幸福的、积极的、创造性劳动,首先在于个体内在动力的激活,它来自对自身生命存在本质的意识和觉悟。因此可以说,要从异化劳动中解放出来,首先是头脑的解放问题。

超越"物的依赖"这个现实的必然性王国,需要通过解放意识引导下的实践来

---

[1] 《马克思恩格斯文集》第一卷,人民出版社,2009,第158—159页。

完成。"回归人的本质"成为每一个体发展面临的首要问题。所谓回归人的本质，并不是回到人的自然属性，而是反思自身与外部世界的关系，因为本质得从人与社会的关系来认识。马克思赞同卢梭把政治意义上的人看作有能力改变人的自然本性的人的说法，将自身与社会统一起来，就是将内部世界与外部世界统一起来。劳动的异化是内在地引用了卢梭的话："把每个本身是完善的、单独的整体的个体变成一个更大的整体的一部分——这个个体以一定的方式从这个整体获得自己的生命和存在——，有能力用局部的道德存在代替肉体的独立存在。他必须去掉人自身固有的力量，才能赋予人一种异己的、非有别人协助便不能使用的力量。"①这个在《社会契约论》中表述的思想，在后来许多影响了人类社会历史进程的思想家、哲学家、政治家身上都得到了体现。马克思接着这段话说："任何解放都是使人的世界即各种关系回归于人自身。……只有当现实的个人把抽象的公民复归于自身，并且作为个人，在自己的经验生活、自己的个体劳动、自己的个体关系中间，成为类存在物的时候，只有当人认识到自身'固有的力量'是社会力量，并把这种力量组织起来因而不再把社会力量以政治力量的形式同自身分离的时候，只有到了那个时候，人的解放才能完成。"②本质与外部世界的对立，在"物的依赖"的必然性王国里，"存在和本质、对象化和自我确证、自由和必然、个体和类之间的斗争"③必将是个性解放的长时期的主题。

"回归人的本质"有助于精神力量的提升。人性以及全部的精神财富都是在以往发展的基础上生成的，反思它为着什么而生成、如何生成，必然引向对人与外部世界关系的思考。从科学哲学视角来看，人是复杂适应性系统，如前所述，自然界一切此类的系统都通过"自参考""自维生""自学习""自适应"得以不断进化，而从自然中涌现出的有自我意识的人，更是自觉其存在并自为而发展的。我们再次回味老子的名句所体现的普遍法则："夫物芸芸，各复归其根。归根曰静，是谓复命，复命曰常，知常曰明。不知常，妄作凶。知常容，容乃公，公乃王，王乃天，天乃道，道乃久，没身不殆。"(《道德经》第十六章)何为"常"，常就是一种必然性；何为"容"，容就是相容与适应。肆意妄为必致恶果。要做到"知常"，得复归根性。芸

---

① 《马克思恩格斯文集》第一卷，人民出版社，2009，第46页。
② 《马克思恩格斯文集》第一卷，人民出版社，2009，第46页。
③ 《马克思恩格斯文集》第一卷，人民出版社，2009，第185页。

芸万物生生不息的全部奥妙尽在其中。在这个回归人的本质的"自参考"过程中，逻辑与历史密切关联、有机融合，逻辑关联的历史和历史连续的逻辑成为不可分割的整体。回归体现了主体的自觉意识和生命的连续性，从而成为主体的安身立命之本。

"君子务本，本立而道生。"有自主价值的人选择人生，失去自主价值的人被决定。当一个人把工作视为实现生命价值和本质意义的实践活动时，他就能真正从劳动中获得幸福，并且能以创造性的劳动实现人生的价值，全面占有人的本质的丰富性进而充分享受人生。纵观历史，能够将自己的人生与人类事业融为一体的，虽然是少数，但他们是精英，社会需要他们来引领，他们也以主体性的建构使自身具备了担当大业的能力。当今时代，那些将年轻的生命献给人类解放事业的人，苦难然而幸福，短暂然而不朽。其实，在漫长的人类历史中，再长的生命也不过就是一瞬，然而，"死而不亡者寿"（《道德经》第三十三章），为人类事业献身的伟大精神成为了人类进步的阶梯。绝不可低估人类中涌现的精英对推动历史发展的作用，教育文化的崇高目标和历史使命，首先就在于孕育引领社会的精英。然而，历史也不是仅仅由英雄来创造的。用理论武装起来的人民对旧秩序具有"武器的批判"（马克思语）的威力，那真正是推动社会变革的现实力量。基于此而思考的教育之力，当用在激发人性的本质力量中，提升人的道德精神。

由对待劳动的态度可照见人的全部内心世界。中国文化传统从童蒙起就要求做"洒扫庭除，礼貌应对"之类似乎微不足道的事情，但其意义深远，培养道德精神必须从起始点的细微末节做起，"养正于蒙"是至高人品的生成之道。社会主义制度为使劳动向着人的本质和人性的回归提供了比以往任何时代都为有利的条件。培养劳动观念、劳动能力及劳动习惯也成为社会主义教育的重要目标，被列为"五育"的内容之一。可惜的是，在工具理性主义泛滥的逆流之中，劳动并未发挥出应有的教育作用，反而成了一个空洞的口号。很多人在接受了高等教育之后面临就业问题时，首要甚至是唯一的标准完全是一己的私利，而不是将劳动看成作为一个完整的人全面实现人生价值的实践活动，更不用提从奉献中获得幸福感的道德精神。将此完全归结为教育的失误未必公允，但无疑教育的担当具有深远的历史意义，必得以高度的使命感将主体的建构与人的发展作为终极关怀，才能真正发挥引领社会的功能。"反贫困斗争"是当代中国社会要解决的重大现实问题之一,造成贫困的原因固有客观条件和环境因素,也有来自人类劣根性中的懒惰。教育的重要使命之一,就是要帮助人认识劳动创造世界的价值和意义。马克思主义的劳动观也是教育反贫困的思想基础。

第二,全面提升素质,拓宽人生道路,克服由分工和专业化带来的片面发展。在"人的依赖"阶段,人只能在狭窄的范围和孤立的地点从事生产以获得生存资料,单个人尚不存在像后来的分工与专业化所造成的那种片面发展问题,似乎显得比较全面,但那是由于他还没有太多的丰富性,那种原始的全面性是简单的和低层次的。自进入"物的依赖"阶段,随着物质财富的增长和交往的复杂化,人的需要和能力的层次也得以提高和完善,但是人的本质的丰富性的实现却有了新的桎梏。马克思曾经指出资本主义条件下的工人是"畸形的人""片面的人""局部的人",机器的运用和推广,也使工人变成了机器的单纯的附属品,其失去独立性,只需做那些极其简单、极其单调和极容易学会的操作。"工场手工业把工人变成畸形物,它压抑工人的多种多样的生产志趣和生产才能,人为地培植工人片面的技巧,这正像在拉普拉塔各国人们为了得到牲畜的毛皮或油脂而屠宰整只牲畜一样。不仅各种特殊的局部劳动分配给不同的个体,而且个体本身也被分割开来,转化为某种局部劳动的自动的工具。"①这种劳动无需主体智慧的运用和创造性的发挥,不过是一种肉体的折磨和精神的摧残,这种劳动越多,自身的本质的丰富性丧失得越多。而劳动主体还不得不劳动,因为自身越贬值,越得靠低廉的劳动维持基本的生命需要。这就导致"终生从事同一种简单操作的工人,把自己的整个身体转化为这种操作的自动的片面的器官"②。分工使人的身体被束缚在特定的生产位置上,人的视野、心理、精神、情感也为特定的劳动所限制而呈现片面的、畸形的发展,从而造成了人格的不完善。不仅是无产者,有产者也是如此,只是表现形式不同。"精神空虚的资产者为他自己的资本和利润欲所奴役;法学家为他的僵化的法律观念所奴役……一切'有教养的等级'都为各式各样的地方局限性和片面性所奴役,为他们自己的肉体上和精神上的短视所奴役,为他们的由于接受专门

---

① 《马克思恩格斯文集》第五卷,人民出版社,2009,第417页。
② 《马克思恩格斯文集》第五卷,人民出版社,2009,第393页。

教育和终身从事一个专业造成的畸形发展所奴役。"①这就根本谈不上生命本质意义的实现。当代社会这种情况依然存在,只要劳动未成为人的第一需要,就得牺牲自由,拿自己生命的一部分去做交换。当今时代的日益专业化的普遍趋势则使这种不自由状态以另一种方式呈现。"如果这个人的生活条件使他只能牺牲其他一切特性而单方面地发展某一特性,如果生活条件只提供给他发展这一种特性的材料和时间,那末这个人就不能超出单方面的、畸形的发展。任何道德说教在这里都不能有所帮助。"②由于各个领域的高度专业化,一个人必须得在一个专业领域发展,为了达到这个目的,他得花费人生最宝贵的时间,投入全部的智力资源,用于学习专业知识和技能,以便能够在一个专业领域就业并获得生存所必需的物质资源。在这个过程中,他得牺牲各种享受人的本质的丰富性的机会,就是说,他得牺牲全面的发展,以便能有从事专业所需要的人力资本,从而为未来的职业生涯做好基础的准备。当代教育则主要发挥了这种为未来职业做准备的功能。然而,问题也正出在这里,如此培养出来的人,不仅缺乏个性和创造性,而且自由的意志磨损殆尽,其生命的丰富性也大打折扣。专业发展在使人的一部分价值得以实现的同时也丧失了更多的人生价值,一生从事一种工作,无论技能再熟练,再有成就,但也不过是终身被捆绑于专业化劳作而已,与"完整的人"应该享受的丰富的人生相去甚远。这不过是另一种意义上的畸形发展而已,谈不上全面发展。

全面发展并不是学校课程所能够教会的,它是人的本质的全部丰富性在文化过程之中的展开。按照马克思的理论,全面发展是历史地形成的。全面发展在教育中的误读,就是以为它可以通过学习全面的知识而实现。它之所以易于流于空洞的口号也正因为此。在一个知识大爆炸的时代,任何人都不可能掌握全面的知识。那种以为学校、教师可以传授给人们应对日益复杂的生存环境所需的全面知识和技能的想法早已行不通了。以有限的时间、有限的精力和有限的智力资源条件面对一个无限开放的、瞬息万变的世界,需要的是学习的能力而不是具体的知识,更不可能是全面的知识。本质丰富的人总是那些充满着主体性的个体,他们发挥全部力量开辟生存的道路,每一步都是为着自由的奋斗,即使命途多舛,也奋

---

① 《马克思恩格斯文集》第九卷,人民出版社,2009,第309页。
② 《马克思恩格斯全集》第三卷,人民出版社,1960,第295—296页。

斗不息,生命因此而有了充实的意义。当今时代很多父母把提前进入学校课程看得比一切重要,以便"赢在起跑线上",这是一个很大的误区。在文化生命的起始点,应该为个体提供全方位接触世界、体验人生的机会。继而,在进入一个职业领域之前,个体都要经历一个为期十多年的学习生活,这是一个文化过程,也是社会化过程。学校教育应创设有利于全面发展的生活情景,有劳动、有交往,而不只是坐在教室里学习课程。

　　第三,坚守精神高地,摆脱物役状态。工业革命推动了人类物质文明的飞速发展,短短的几百年里,人类创造的物质财富超过以往全部人类历史所拥有的。然而,人的精神却匍匐在那些由人所创造的物化的外在事物上,对之顶礼膜拜,以致内在本质的全部丰富性在欲海横流的世界里消弭于无形。人类那些由以往全部历史塑造的用以感受外部世界丰富意义的器官,也越来越派不上用场了。占有的财富越多,精神就越贫困。马克思在《资本论》中对"商品拜物教"有过透彻的分析,他说:"劳动产品一旦作为商品来生产,就带上拜物教性质,因此拜物教是同商品分不开的。"何为"拜物教"?就是把某种物当作神,原始宗教把自然之物当作神灵,赋予它超自然的、主宰和支配人们命运的力量,其实这不过是人的精神的外化而已。商品是劳动的外化,其所具有的神秘力量与被赋予神性的自然物本质相同。马克思说:"要找一个比喻,我们就得逃到宗教世界的幻境中去。在那里,人脑的产物表现为赋有生命的、彼此发生关系并同人发生关系的独立存在的东西。在商品世界里,人手的产物也是这样。我把这叫做拜物教。"①这个拜物教的发展系列,由商品拜物教—货币拜物教—资本拜物教所构成。拜金主义与商品拜物教虽然并不完全相同,但就人的创造物反过来成为统治人的力量这一点来看,两者也有同一性。万能的金钱将人的心灵扭曲,是一种颠覆性的力量。"它把坚贞变成背叛,把爱变成恨,把恨变成爱,把德行变成恶行,把恶行变成德行,把奴隶变成主人,把主人变成奴隶,把愚蠢变成明智,把明智变成愚蠢。"②

　　当代中国处在社会主义初级阶段,发展经济是当前要务。经济要发展,首先必得激发人的物质欲望,刺激消费、拉动内需是促进经济增长的有效措施。但其

---

① 《马克思恩格斯文集》第五卷,人民出版社,2009,第90页。
② 《马克思恩格斯文集》第一卷,人民出版社,2009,第247页。

负面影响几乎是不可避免的。有人认为,物质文明得到极大发展,才有精神文明的发展,尽管在追求物质利益的过程中手段可能是肮脏的,但正所谓"先小人后君子"。此话看似有道理,但也未必尽然。就在不远的过去,中国还经历过那样的时代:人们都很穷,生活水平低下,然而心灵却没有那么肮脏,犯罪率也很低。中国人甚至有一种普遍的经验:"饱暖思淫欲"。而西方学者还发现富裕带来的心理疾病。做精神分析心理学研究的艾里希·弗洛姆(Erich Fromm)通过考察发现,与很多人的假设相反,西方世界最繁荣和富裕的国家,精神障碍和心理危机反而更为严重。他所提出的一组数据有力地证明了这一点。这使他进而思考:是否由于中产阶级富裕的生活在满足了物质需要之后带来了极度的厌烦之感,从而以自杀及嗜酒等方式来逃避?抑或那些数据说明"人不单靠食物而生活"?是否现代文明没有满足人的内心需要?如果如此,这些需要又是什么?① 从积极意义来说,维持生存的需要并让日子过得好一点无可非议,然而必须把握好尺度,人心的道德建设须臾不可放弃。这个看上去似乎与发展力没有直接关系的话题,实质上在最深刻的层次上关联着未来的可持续发展。如前所述,不可持续就没有发展。人的道德精神不从物役的桎梏下解放出来,发展是难以持续下去的。我们已经看到了物欲横流、道德沦丧的现实给人类社会和自然界带来的灾难性后果,只是罪恶的渊薮尚未泛滥至自然的彻底崩溃而已。正义的、合理的社会,是人人各尽所能,各取所需。各取所需就是向社会索取的不超出自己的实际需要,如此方能不为物役,才有可能全面占有人的本质。厉行勤俭节约、提倡低碳生活与刺激消费、拉动内需以促进经济增长,这些看上去相冲突的口号应该统一起来。当今人类社会面临严峻的生存危机,究其原因还是来自人类心灵深处贪得无厌的欲望。摆脱物欲的桎梏,是人的解放要解决的一个重要时代难题。

摆脱物欲的羁绊,需要坚守精神的高地。物质欲望与精神自由的关系是个很古老的哲学话题,是自始至终贯穿于人的解放运动的难题。西方哲人黑格尔说:"物质的实质是重量;精神的实质是自由"②,很精辟。重量引人下坠,精神使人陟升。上升的力量在于摆脱重物,有所放弃才有所得,放弃一部分物质利益,才能有

---

① [美]E.弗洛姆:《健全的社会》,孙恺详译,贵州人民出版社,1994,第8页。
② [英]伯特兰·罗素:《西方哲学史》(下卷),马元德译,商务印书馆,2017,第310页。

自由发展的空间。往古来今,真正能站立于人类精神高地的是那些圣贤先哲们。儒家风范《儒行》曰"儒有不宝金玉,而忠信以为宝",道家精神"既以为人己愈有,既以与人己愈多"(《道德经》第八十一章),都是值得弘扬的价值观。我们还应该大力提倡向那些为人类解放事业做出巨大贡献的先驱者学习。马克思的人生就是一个光辉的榜样,他那连敌人都佩服的聪明头脑没有用来发财致富,却是毕生用在了为人类创造精神财富上。他有时穷得几乎像中国古代"易衣而出,并日而食"的儒者,但他却真正是拥有整个世界的富有者。伟大精神是人类进步的希望所在,它召唤着一切优秀的人聚集在人类解放的旗帜下,引导人们从必然王国走向自由王国。

第四,张扬生命意义,遏制技术异化。马克思深刻地阐释了由劳动的异化、物的依赖以及片面发展对人的自由全面发展造成的桎梏。他也曾指出,由于机器代替了手工劳动,从而使一部分人退回到野蛮的劳动,并使一部分工人变成机器,变得愚钝和痴呆。在涉及科学技术问题时,他说自然科学是"通过工业日益在实践上进入人的生活,改造人的生活,并为人的解放作准备,尽管它不得不直接地使非人化充分发展"①。然而事实上,由于历史的原因,技术对人的世界的全面占领也还只是个开始,它那"非人化"的面目尚未完全表露出来。工具理性主义泛滥导致主体性的丧失,这是20世纪以来日益突出的新问题。技术革命极大地推动了生产力的发展,从一定意义上说,对解放生产力从而对人的解放具有积极的作用。但它也是一把双刃剑,为资本的利益所驱动的技术革命,正在使人的本质的丰富性丧失殆尽。当今时代,"工业文明"正在以其特具魔力的技术与效率改变着我们所处的星球。由文化过程塑造的人类个体,也从肉体、心理到精神意识方面在越来越大的程度上被技术所改造。技术正在造就另一种人类。当然,这不是技术本身的罪过,关键在于人。

总的来说,人的全面发展是一个历史进程,是实践努力的方向。它看上去似乎是一个难以实现的理想,但事实上,以全面发展理念为价值引导的实践活动,总会使人在通向自由的道路上不断进步,在更大限度上占有人的本质,使人性获得解放,从而发挥人的本质力量创造性地开辟人生道路并获得成功。实现人的全面

---

① 马克思:《1844年经济学哲学手稿》,人民出版社,2000,第89页。

发展,社会的政治经济制度是重要的外部条件,而教育文化的作用,则要为个体全面发展提供精神建构的全部文化资源。教育的作用不仅仅是传授关于专业化劳作的知识和技能,以提高社会生产力,而且是造就全面发展的人的唯一方法。当然,马克思提出的教育不是指那种让孩子一天到晚就关在教室里学习课程的教育,而是指将智育、体育等与生产劳动相结合的教育。好的教育"会使他们摆脱现代这种分工为每个人造成的片面性",为塑造"完整的人"提供充分的发展条件。对个体自身来说,首先需要主体的自觉意识,不断反思自身存在的意义;保持开放心态,扩大生存和交往的空间;丰富生存体验,增进对世界各种关系和意义的感知、认知和理解。其次还要对现代生活背景下人的奴役状态有清醒的意识,以崇高的道德精神,克服由劳动的异化、片面的发展、技术的陷阱、物役的桎梏所带来的不自由,为自身的解放从而为所有人的解放发挥主体的力量。

第七章

人的文化过程

在教育文化环境中,个体文化生命的发育生长是一个连续的、没有断点的、层次递进的有序过程。连续性与个体文化发展的已有条件相关联,这些已有条件包括个体与自身所处文化系统的联系,还有个体身、心、知的文化状态。所谓没有断点和层次递进,指文化生命有序结构的形态发生,以及遵循路径锁定效应而展开的由低级到高级、由简单到复杂的有序演进过程。这似乎是可用决定论与还原论来解释的现象,但也须看到,个体文化过程充满了偶然性和非线性因素的随机作用,从而使个体发展具有了高度的复杂性和不确定性。

一、个体文化过程的本质特征

人创造着文化,文化也在创造着人,人与文化永远处在一个互动的关系中。因为人是文化的创造物,它就带着作为文化过程之结果的本质特征,包括身体、心理、认知方面各种相对稳定的形态。人的各种历史地形成的感觉器官,以及那些具有心理和认知功能的器官,既是为文化所塑造,也就能接受文化并创造新文化。"相对稳定"意味着变化是必然的,没有一成不变的本质。依"文"而"化"是"文化"

一词的原本之义。恩格斯指出"世界不是一成不变的事物的集合体,而是过程的集合体"①。这是恩格斯在论述知识与真理的相对性时所提到的。从过程视角来认识文化,而不仅仅从静态的角度分析文化,对文化理解至关重要。对过程思想做了专门研究和深入论证的英国哲学家怀特海,在其《过程与实在》一书中提出了一种新的解释范式,对实际存在物不只要进行形态学意义的分析,更重要的是发生学的分析。在他看来,整个宇宙,包括自然、社会、生命和思维,都是活的或有生命的机体。宇宙的基本要素并非物质实体,而是由性质和关系所构成的特殊的"有机体",其根本特征是活动,活动即为过程,它是构成有机体的各元素之间具有内在联系的、持续的创造过程,具有超越性。实际存在物都处在一个不断发生和毁灭的过程之中,从一种形态过渡到另一种形态,从一个阶段发展到另一个阶段,通过"摄入"或"感受"②不断地整合生成。从这个意义上来说,"实在"就是"过程"。怀特海指出:"实际存在物是如何生成的构成了这个实际存在物是什么;因而实际存在物的这种描述方式并不是相互独立的。它的'存在'是由它的'生成'所构成的。这就是'过程原理'。"③根据过程思想,也可以说,教育文化的实在,就是教育文化的过程。

认识教育文化过程的本质特征,要从教育和文化两个基本点出发。一方面,教育文化是人类文化过程的一部分,但不同的是,它受教育价值导向的制约;另一方面,它也不完全等同于教育。教育是有目的、有计划的组织行为,而教育文化,虽受价值理念的引导和制约,但同时也在很大程度上受自组织动力学支配,具有更大的自由度和变化的空间,也有着发展的不确定性和复杂性。个体文化过程主要可从以下方面来认识:

(一)连续性

连续性可从两个层次上来认识,一是每一个体都是特定文化系统中的存在者,他的存在与其所处的文化系统有着连续性;二是每一个体自身,无论从身体、心理还是认知来看,都与以往已经发生的一切存在着历史的联系,他的存在现实包含了自身以往历史全部的丰富性。连续性是维持事物存在的特性,正因为有连

---

① 《马克思恩格斯全集》第二十一卷,人民出版社,1965,第337页。
② [英]阿尔弗雷德·诺思·怀特海:《过程与实在》,杨富斌译,中国城市出版社,2003,第73页。
③ [英]阿尔弗雷德·诺思·怀特海:《过程与实在》,杨富斌译,中国城市出版社,2003,第40页。

续性,才有了系统发育的历史过程。如前所述,连续性是生命系统的特有属性,没有断点的绵延之流,在身心知的生长发育中存留了不可磨灭的痕迹。"身体记忆"体现的就是文化的连续性。文化对个体生命的影响,从胎教说起已经不算早了,在中国传统文化中,文化的影响还体现在决定新生命当在何时出生,甚至,父本母本的结合也在算计之中。就说胎教,东汉王充《论衡·命义》篇曰:"性命在本,故《礼》有胎教之法:子在身时,席不正不坐,割不正不食,非正色目不视,非正声耳不听。及长,置以贤师良傅,教君臣父子之道,贤不肖在此时矣。受气时,母不谨慎,心妄虑邪,则子长大,狂悖不善,形体丑恶。"[1]怀胎之母体所感受到的外部刺激,直接影响到母体的身心健康,也会通过一定的途径,以一定的方式传感到胎儿,这是今天谁都明白的道理。所以当古人说,后天的贤良与不肖决定于此时此刻,并非没有道理。今日的"胎教之法"远比古人所知道的更为丰富,当然也更为科学。日常话语中人们会把"先天"与"遗传"混用,但两者实质有区别。"先天不足"多与胎儿时期的资源环境有关,而"遗传"则是从基因的层次上来理解的。像语言能力那样的素质条件,是世世代代遗传变异的积累,从这个层次上理解的文化连续性,正是基于历史唯物主义而表达的观点:人是历史的产物。个体的人和作为整体的人类,实质上是一致的。个体生命的文化过程,不能割断其与特定文化系统的联系。人总是在从一种状态过渡到另一种状态,每个后续的状态总是此前状态的延续,连续性内在地蕴含着进化与创造。连续性或绵延不绝是指事物一个跟随着另一个连贯出现,而是指连续出现的每一个状态都包含了系统以往的全部历史。人类三位一体的大脑结构(详见后文"脑中的文化")就是一个明证。任何生命状态都是在时间中的连绵之流。认识文化过程就是认识一种生命系统的连续性。教育文化生命系统的主要特征,就是其文化基因的遗传与复制。所谓"传递""濡化""传统"等概念都是连续性的体现,而传播、涵化、交流与变迁等是用来阐释开放性的。因此在连续性与开放性之间存在着张力。文化的冲突当然也来自系统维持自身的力量与外部环境之间的矛盾与张力。

(二)整体性

这里所指不是教育文化宏观的整体性,而是指个体的整体性。整体性思维并

---

[1] (东汉)王充:《论衡》,陈蒲清点校,岳麓书社,1991,第19页。

不是一个新概念,但人们常常忽略了它的重要性。列宁曾经指出:"如果不把不间断的东西割断,不使活生生的东西简单化、粗糙化,不加以割碎,不使之僵化,那末我们就不能想象、表达、测量、描述运动。思维对运动的描述,总是粗糙化、僵化。不仅思维是这样,而且感觉也是这样;不仅对运动是这样,而且对任何概念也都是这样。这里也有辩证法的本质。对立面的统一、同一这个公式正是表现着这个本质。"①理性只有找到存在的不变性才能在思维中建构出离散的思考"逻辑点",才能把面对的对象与自我区别开来,把对象与其他对象分离开来,使它们分别成为思维逻辑上的"原子对象",也才具有进一步深刻把握事物的可能。所谓"逻辑点"是指在一阶逻辑中,我们只能在一定的时间、一定的方面(范畴)对一定的对象下非真即假的点判断,违反这其中任何一种设定,就会出现思维中的矛盾,这便是亚里士多德的同一时间、同一方面、同一对象的"三同一"理论。②正是由于思维的这些特性,人们很容易在思考和分析时忘记了整体性原则。因此,在思考和分析个体文化过程中,强调整体的关联性十分必要。个体文化过程的整体性,一是从个体与文化系统中作用着的各种要素之间的整体关联和生态互动来看。二是从个体在文化过程中的整体性变化来看。当个体沉浸于特定的文化系统,其价值观、文化心理、行为方式、生活习惯等,在与外部环境的全息的关联和相互作用中,潜移默化,逐渐适应,一步步地实现与环境的融合与统一。三是从整体的综合作用来看。文化塑造的个体,是各种力量和要素综合作用的结果,它不是各种要素的简单加合,而是一种整体的涌现。关于这最后一点,可用历史唯物主义和辩证唯物主义来解释。恩格斯晚年曾以"合力论"来表达他的历史观:"历史是这样创造的:最终的结果总是从许多单个的意志的相互冲突中产生出来的,而其中每一个意志,又是由于许多特殊的生活条件,才成为它所成为的那样。这样就有无数互相交错的力量,有无数个力的平行四边形,由此就产生出一个合力,即历史结果,而这个结果又可以看做一个作为整体的、不自觉地和不自主地起着作用的力量的产物。因为任何一个人的愿望都会受到任何另一个人的妨碍,而最后出现的结果就是谁都没有希望过的事物。"③文化环境中每一自主行为的个体,其意志作用不等

---

① 《列宁全集》第三十八卷,人民出版社,1959,第285页。
② 刘劲杨:《还原论的两种形相及其思维实质》,《自然辩证法通讯》2007年第6期。
③ 《马克思恩格斯选集》第四卷,人民出版社,1995,第697页。

于零,无数具有自主行为的个体间的相互作用融入了形成历史结果的合力之中。正是在此意义上,作为个体文化过程之结果的状态,是一个整体的涌现。

(三)复杂性

人类文化的复杂性,说到底源于自然和宇宙的复杂性,人所认识的,不过是自然本质的极小一部分而已。文化是人化自然的过程,人化自然包括了身外的自然和自身的自然。文化也是人按照自然的本质由低级到高级演进的过程。自然和宇宙的本质,有着无限的丰富性和多样性。就拿人的身体这个自然来说,就隐藏着许多迄今为止人所不知的大自然奥秘,这使"人化"人身这个自然,成为一个永无休止的探索过程。人类文化具有高度复杂性,自不待言,而教育文化,尽管对文化有所限定,但参与这个文化过程的要素之多、内容之丰富、变量之复杂是难以估计的。社会文化有多复杂,教育文化场域就有多复杂。各有其存在理由的要素之间的相互作用,导致教育文化形态在不断的解构与重构的交替运动中保持着动态的平衡,从而使人看到的教育文化景观,总呈现出某种混沌与模糊的景象。文化从根本上来说,本就存在着边界模糊,或者说没有边界的特点,"化"的本质就是无中生有,无影无形,无声无息,无边无涯,无处不在,无人驾驭,经典科学范式中的决定论与还原论,在一些文化现象的认识与解释上,几乎是无能为力。在对个体文化过程的认识和解释上,洛伦兹的"确定性混沌"或可解释一些现象,但总的说,混沌与不确定性造成的复杂性,是普遍的存在。就个体文化过程来说,每一个体都是一个独特的时空,他的文化状态是个性与共性的统一,没有任何两个人有完全相同的文化过程。复杂性造成了多样性,多元文化教育成为当今时代的现实,也是必然的。世界日益复杂化和多样化,从而也向教育文化提出挑战,塑造复杂适应性主体,也是时代的需求。

(四)隐秩序

文化过程的特点是无影无形,无声无息,无处不在,无人驾驭,其中诸多复杂要素的随机作用,不可见也不可言说,具有难以控制和把握的特点。在教育文化所涉及的方方面面,都可以体察到一种不受外力控制的自然进程,或可说是"隐秩序"。在教育文化过程中,外部力量的控制和干预是一种常态,然而,个体文化生命的发育也常常受"看不见的手"的拨弄。英国生物学家克林顿·理查德·道金斯

(Clinton Richard Dawkins)有一个很好的比喻:如果你把一块石头抛向空中,它会呈一条漂亮的抛物线落下;但是如果你把一只小鸟抛向天空,它的行为决不会像石块一样,它会飞向树丛的某处。①教育者总是期望着受教育者按照自己的理想成人,更有一些将控制和把握的欲望发挥到极致,试图用所谓"科学"的方式,决定性地控制个体的发展。然而事实上,具有主体性和能动性的个体,总是在教育者的计划之外找到自己的人生目标。同样的教育环境,同样的生存条件,何以会造成个体发展样式的巨大差异?教育文化生态中的每一个体,都不会对施加于其上的教育做出单义的回答,他是一个独特时空里自组织过程中涌现出来的文化主体。不仅是个体发展方面,在教育文化领域中的一切方面都是如此。很多时候,在文化的进程中起决定性作用的不是人为的原则而是自组织原理。比如制度,很多时候远没有习惯的生命力和作用力强,制度总是保守的并经常处在人为的改变之中,风气和习惯则活得更久,并总能够与时俱进。这也会使人想到,何以坏的风气和习惯如此顽固,以至于不使用雷霆手段或强力措施,就很难改变不正之风。毋庸置疑,教育者的期望和受教育者的行为方式之间永远存在着矛盾和差异,但这并不能否定教育文化整体的价值引导作用。被组织与自组织的矛盾是推动教育文化过程的根本动力所在。两个方面都不容忽视,两者之间存在着复杂的联系。

(五)开放性

个体文化过程的开放性与教育文化整体的开放性是一致的。封闭性是导致文化生命终结和毁灭的重要原因。文化是生命系统,生命必然是向着外部世界开放的。一个文化系统,无论从宏观层面看,还是从个体层面看,都会有自发地抵抗外来文化入侵的本能,但无法抗拒可以改造旧事物的文化新质的力量。吐故纳新是生命系统的本质特征。失去了适应性的糟粕被剔除,有利于生存的精华被吸收,这就保持了文化系统永久的生命力。开放性指的就是系统对外部世界开放,保持着信息与能量的交换。教育文化过程的开放性,可以从不同的视角来看,它在时间和空间上没有终结和限域,文化过程永远在超越,超越时代,超越国界和民族边界,哪里有生存的资源环境和发展的空间,哪里就有文化的跨越和渗透。文

---

① [美]米歇尔·沃尔德罗普:《复杂:诞生于秩序与混沌边缘的科学》,陈玲译,生活·读书·新知三联书店,1997,第212页。

化基因可以跨越遥远的时空,经遗传变异存留到今天,是与文化生命的开放性密不可分的。正是由于开放,生命才获得了永恒。开放与包容,两者密不可分地联系在一起。善于以开放的胸怀和理解包容的态度进行交往的个体,会有更多的发展机会。

总的来说,各种特性之间的内在关联,可以概括为:连续性使教育文化过程具有了生命系统的功能;开放性则使这个有着自身发育史的生命系统保持着与环境的信息与能量交换,从而为文化系统的自我更新提供了可能,缺乏更新机制的生命是不能获得永恒的;文化过程中各种要素在不断变换的时空中的随机作用造成了复杂性,而在教育文化这个复杂巨系统的运作中,隐秩序是阐释教育文化作为一个整体涌现的深层动力学原理。

二、个体文化过程的内在机制

"文化"概念常在"脱离动物性"这一意义上被使用,人离开动物越远,在人身上体现为文化的那些特性就愈益显著,从而使人与动物明显地区别开来。人的身心现实是文化的创造物,是人类在漫长的时期积累下来的重要文明成果。它既是以往过程的结果,也是后续过程的基础条件。按照历史唯物主义观点,人的现实即那些体现着"人同世界的任何一种人的关系"(马克思语)的各种器官(诸如视、听、嗅、味、触及思维和情感的物质基础),是以往全部世界史的产物。人的现实性在一个前后相连的过程中被实现。人类进化的最显著特征集中地体现在大脑的进化上。脑的进化与人的非特定性是个体文化过程得以实现的基础条件。

(一)脑中的文化

文化过程影响着大脑的结构,大脑的进化也影响着文化的发展。大脑进化的最明显特征就是精神、意识、思维、智慧的增长,这是一种与自然本质相一致的复杂性的增长。复杂性的增长意味着适应性的提高。大脑越是复杂,它就越少具有限定性,也不会对环境的刺激做出单一的回应,它可以协调非线性因素的随机作用,并形成与环境相适应的策略。埃德加·莫兰(Edgar Morin)在《迷失的范式:人性研究》一书中指出:"自主性以复杂性为前提,而复杂性意味着和环境之间的多种多样的极其丰富的联系。"①在从动物到人的演化过程中,沿着大脑日益复杂化的方向上发生的生物突变,为文化的发展准备了条件。

关于人脑结构进化的痕迹,有研究提供了证据。美国生理学家、脑进化和行为研究实验室主任保罗·D.麦克林(Paul D.Maclean)把高度进化的哺乳动物和人的前脑称作"三位一体脑"。这个名称的含义是表示三种脑在一个大脑中起作用,这个脑由三个部分构成:"爬行动物脑"(古脑)、"古生哺乳动物脑"("中脑"或者"边缘系统")和"新哺乳动物脑"("新脑"),"三位一体脑"表明了脑从爬行动物和哺乳动物到人的进化。爬行动物脑产生于约2.5亿至2.8亿年前;古生哺乳动物脑或者边缘系统,很可能起源于1.65亿年前最古老的哺乳动物;新哺乳动物脑主要由新皮层以及与之相连的脑干结构组成,可能是在5000万年前最早的灵长类动物出现时期起源。"古脑"可能是生殖、捕食、地盘和群居本能等的控制部位;"中脑"可能是感情现象的控制部位;而"新脑"可能是逻辑操作的控制部位。在以后的进化阶段中,新皮层的急剧成长是地球生命历史中最惊人的事件之一。新皮层在高度进化的哺乳动物身上起着重要的作用,在灵长类动物和人身上占据统治地位。②符号系统的运用就建立在这种新结构的形成之基础上,变换外部世界的创造过程就从这里开始。

"三位一体脑"的发现,特别值得关注的重要意义,首先在于,它揭示了生命系统的发育是一个连续的没有断点的过程,所有的历史都凝缩在生命体内,以信息的方式存在,并在合适的场合发挥作用;其次,它提供了一个形态发生学意义上的解释基础,使我们可以想象大脑的超级复杂性和运作机制的自组织特征:多中心而不是一个中心,它是由"古脑"、"中脑"和"新皮层"三个部分相互竞争、对抗、互补,而不是由一个统一的指挥者来控制。由此我们可以解释,为什么人类行为方式天生就具有动物性的一面。"新皮层"集中体现着人类不同于一般动物的特征,这主要是与第二信号系统相关联的一些功能。受动物性支配的本性几乎很难改变,这使人看上去具有多副面孔。一个人的道德认识可以是高尚的,但却难免有

---

① [法]埃德加·莫兰:《迷失的范式:人性研究》,陈一壮译,北京大学出版社,1999,第14页。
② [美]埃里克·詹奇:《自组织的宇宙观》,曾国屏等译,中国社会科学出版社,1992,第185—189页。

龌龊的行为,理智并不总能控制欲望,即便是一些卑鄙的欲望,也会与良好的道德认知共存于一体。"知"与"行"的分离,一定程度上体现着脑内物质结构所具有的对立与统一的复杂机制。人类那些来自动物本性的欲望有着很深的根源,其之所以有难以抗拒的影响作用,也正因为其根基之深厚。爬行动物的遗存作为永久的记忆沉积在大脑结构之中,只要人类存在,它就不会消失。从大自然中涌现出来的东西,不会无缘无故地湮灭,它总会以某种方式发挥作用,只是我们尚未认识而已。

  人的身体,是自然进化和社会文化交互作用的产物。人体是个生态系统,它并不完全由大脑来调节和控制。属于自然的那一部分,其进化受自然规律的支配。譬如我们身体中聚居的各种不属于我们自己的其他生命(肠道菌群、皮肤细菌等),与我们的身体共进化。医学博士刘易斯·托马斯(Lewis Thomas)在《细胞生命的礼赞》一书中指出,我们的生命被其他生命所分享、租用和占据着,就连我们细胞内的线粒体,原本也是单独的小生命,是在远古时期大量涌进人体真核细胞的原始细菌。它们在我们身体内获得了适应性生存方式,并以自己的样式复制繁衍。"没有它们,我们将没法活动一块肌肉,敲打一下指头,转动一个念头。"[1]维持人体生态平衡,受自然法则的制约是不言而喻的,但也不尽然。认识到身体是一个生态系统的智慧大脑,有足够的自觉并会以适当的生活方式维持身体的生态平衡,而无知和愚蠢的做法,倾向于排斥和毁灭人体上一切异己的生命。这当能使人意识到,大脑真正的高级功能,就是平衡协调。而"三位一体脑"自身,也是由三个部分的协调而呈现整体性和统一性的。它们是怎样协调的,我们知之甚少。埃德加·莫兰指出,迄今为止,人类自身是最后的未被认识的大陆,而大脑则是它的中心。最近一项研究提供了证据,人类大脑在睡眠中所做的事情远比在清醒状态时做得更多。非睡眠时刻,三位一体的大脑,谁主沉浮?起主导作用的控制者总与特定个体在特定时空情景中的行为相对应,比如,外界情景导致情感爆发而失去理智、因贪欲而陷入不能自拔的愚蠢境地、酗酒而导致的狂乱等。而睡眠的时刻,三者都平静下来,整个生命此刻的状态交由自然法则支配。每人都经验到的梦境,常是"在清醒状态中被或多或少隔绝或分离开的事物的普遍的相互通讯,那些社会文化的、智力的、感情的、遗传的、环境的、个别事件方面的因素和被深埋

---

[1] [美]刘易斯·托玛斯:《细胞生命的礼赞》,李绍明译,湖南科学技术出版社,1997,第2页。

的记忆里、未尝实现的愿望的出奇的混融,是超级复杂性的真正的狂舞"[①]。

虽然目前人类对"三位一体脑"的三部分之间相互联系的详细过程知之甚少,三者看上去等级秩序微弱,但不是没有层次递进关系。"后来者居上"似乎是一个重要规律。人类大脑中最近发展的这一部分,相对处于较高阶段。就人类的一般经验来说,在大多数场合,第二信号系统可以控制和支配较低等级的神经系统,"失去理智"一般不被看作常态。语言、逻辑、符号化思维这些新脑所具有的功能,实质上就是存在于大脑的文化基础。它越是强大,动物本能与习性就越远遁,后天习得的过程,就是文化本质在个体生命中展开的过程。然而,这里还有另一种逻辑,"先来后到"这一说法中,蕴含着自然与人文社会中一个永恒的法则。动物圈的生存竞争中,服从先来后到的秩序原则几乎是人所共知的经验和常识。在人类社会,则体现为文明的连续性。中国几千年来奉行"天地君亲师"的排位,儒家倡导"孝道",体现的就是"先来居上"的原则。这里意在指出,已经获得了存在的事物,如不湮灭,就会以进化方式获得适应性生存,并且历时越久远,根性越牢固。大脑中遗存的冷血动物本性,在与后来发展起来的温情和理智的器官之交互作用中,演化出更高级复杂的形式,也在道理之中。在本书中我们以"文明的野蛮"为其命名。

古脑—中脑—新脑的进化,体现了人类形态发生过程所经历的三个重要阶段,三脑之间的连结和整合,是理解人类文化过程的钥匙。由最初的爬行类对自然环境的单一回应,发展到今天人类大脑在复杂环境中的应对,这是一个复杂性不断增长的过程,这也就是文化发展的方向。复杂性的增长,就意味着一个个体对各种要素的整合能力和对自然变化的适应能力的提高。而教育文化过程的全部成就集中体现在其对人类大脑进化的推动。

(二)未完成性与不确定性

人的未完成性或非特定性,是促成人的发展的重要因素。从人类文化起源的生物基础来看,人类在形成初期的一些生理特征,看似弱于其他动物,但正是那种不能确定地适应某种特定环境的特点,为人类后天的发展留下了空间。为许多文化学者们所关注的"习得性"正是在这里有了生物学的基础,这也是教育的基础。

---

① [法]埃德加·莫兰:《迷失的范式:人性研究》,陈一壮译,北京大学出版社,1999,第107页。

哲学人类学和文化人类学在这些方面的研究提供了有价值的观点。德国哲学人类学家兰德曼(Michel Landmann)曾对人与动物的这一本质差别做了精辟的概括,他指出:"不仅是猿,而且一般的动物,在其总的构造上,也比人更多地被特定化了。动物的器官适合于特殊的生活条件,而且每个物种的必要性,象一把钥匙一样,只适合于一把锁。动物的感觉器官也同样如此。这种特定化(the specialization)的效果和范围也是动物的本能,它规定了动物在各种形势下的行为。然而,人的器官没有片面地为了某种行为而被定向,在远古就未被特定化(人的食物也是如此;人的牙齿既非食草动物的牙齿,亦非食肉动物的牙齿)。所以,人在本能上也是匮乏的:自然没有对人规定他应做什么或不应做什么。例如,人没有特殊的繁殖季节,而在一年中的任何时候都能恋爱。"①对此种现象,人们往往用类似"先天的缺憾"这类话语来形容,但也许这压根不是缺憾,而是大自然成就事物的一个法则。

雅斯贝斯直接使用了非特定化范畴来区别人与动物,他指出:"各种器官的特殊性,使每一动物在某些特殊能力方面超过了人,但是正是这种优越性,同时也意味着动物的潜力变狭窄了。人避免了这种全部器官的特殊化。因此,尽管事实上人的每一个器官都处于劣势,但人却始终有靠非特殊化维持活力的潜力优势。器官的劣势给人以压力,潜力的优势给人以能力,使人在其形成的过程中,通过意识的中介,走上一条跟动物完全不同的道路。使人能够适应所有的气候、地域、情形和环境的,正是这种潜力优势,而不是人体。"②功能主义文化学代表人物布罗尼斯拉夫·马林诺夫斯基《在文化诞生和成长中的自由》一文中指出,人类的文化生涯始于类人猿,早期有限的栖息地和弱小的防护能力,使前文化人类常常暴露于危险的情景中。正是这样的生物学背景促使了人类文化的产生。"人类就是从这样一个不尽如人意的处境开始,通过其文化的发展,现在已横行于地球,征服了各种环境和栖息地……由于把自由视为适应可能性的范围,我们看到他已将人类的控制力扩及到地球表面所允许到达的任何地方,并渗入到人类当初所不能渗入的各种环境之中。"③上述观点所关注的核心问题是人的"非特定性",导致人类由小到

---

① [德]M.兰德曼:《哲学人类学》,阎嘉译,贵州人民出版社,1988,第195—196页。
② [德]卡尔·雅斯贝斯:《历史的起源与目标》,魏楚雄等译,华夏出版社,1989,第46页。
③ 庄锡昌:《多维视野中的文化理论》,浙江人民出版社,1987,第108页。

大、由弱到强的演化途径就是这个生物学上的基础。这就是自然的辩证法。

人类生命出生之时，与其他动物相比的根本差异和明显特征，最主要的是表现在脑的未完成状态及其发展潜能。从身体发育来说，在智人时期，孩子的个体发育要13年才能完成，而现代人则要持续到20多岁；从脑的发育来看，"黑猩猩新生儿的脑子已经占了它成年的体积的70%，而智人的新生儿的脑子只达到其成年时的23%"①。现代人所占比例更小。这个现象背后的深刻意义在于：不成熟时期越是延长，就为人类智慧的发展留出越大的空间，而这又促进大脑的体积发生变化，脑体积越是增大，那么它的不仅是质的而且是量的增长愈是要在出生后进行。一个生命系统中，得自先天因素的规定性越多、越具体，其后来的灵活性、创造性就越少。人在出生后脑的结构和功能变化与增长更是通向一个无限开放的未来。智慧生命演化的进程与某种不确定性密切相关。"人的非特定化是一种不完善，可以说，自然把尚未完成的人放到世界之中；它没有对人作出最后的限定，在一定程度上给他留下了未确定性。"②大自然赋予人类的这种特性，把新生的族类从为着适应某一特殊的环境而产生的狭隘的特性中解放出来，身体和大脑结构的未完成状态的持续，有利于发展出全面的能力和多种适应性品质，这是所有特定地适应某一具体环境的动物所不具备的。幼年期的延长促进了大脑的进步，而造成成长的放慢以及幼年延长的任何基因突变，很可能也是促使大脑进化的基因突变，它会引起大脑体积的增大。生命的意志在这里体现为一种对于未来的准备状态，它隐含着一种期待，它要迎接的是世界的复杂性。德国哲学家马克斯·舍勒(Max Scheler)精辟地指出："人就是能无限制'向世界开放'的X。"③

人的非特定性和未完成性，在洪荒时代面临的挑战来自有强大生存能力的虫蛇猛兽，要获得可持续发展，人类种群需要适应各种各样的食物和地理环境。在文明高度发展的今天，动物的威胁早已从人类生活中隐退，对食物和环境的适应也不再面临人类初期那样的问题。但是，人的社会化生存却成为突出的问题，当今时代的社会生活不仅丰富多彩，而且充满了前所未有的危机和风险，具有高度的复杂性和不确定性。每一个有不成熟的孩子要养育的家庭，都处在高焦虑状

---

① ［法］埃德加·莫兰：《迷失的范式：人性研究》，陈一壮译，北京大学出版社，1999，第70页。
② ［德］M.兰德曼：《哲学人类学》，阎嘉译，贵州人民出版社，1988，第228页。
③ ［德］马克斯·舍勒：《人在宇宙中的地位》，陈泽环、沈国庆译，上海文化出版社，1989，第28页。

态。"非特定性""未完成性"是相对于人类个体的成熟状态而言的,这些与其他动物相比显得十分突出的特征,从教育文化视角来看,意味着有价值引导的文化过程在个体身心发育阶段可发挥巨大的作用。家庭、社会、个体对教育的期望,远远高于教育所能提供的。体制中的教育能为个体提供作为社会成员必备的公共生活基础,譬如知识、态度、价值观和基本准则等。而个体真正的"自由全面发展",则主要靠"自维生""自参考""自学习""自适应"等能力的养成,只有文化过程这只"看不见的手"才能成就这一切。身体的成熟和从事专业化劳作的知识技能固然不可或缺,但这绝不是未来生存的全部保证。危机和挑战随着风险社会的到来,随时随地可能出现,人的成熟与不成熟,再不能以静止的、终结性的标准来衡量。实质上,纵观人类发展的全部历史,人离开动物越远,就越在更大程度上依赖把握动态变化的能力,如前所述,宇宙的本质就是永恒不断的变化。孔子"六十而耳顺",达至"和顺于道德而理于义,穷理尽性以至于命"(《周易·说卦传》),能协调好各种关系,应对随机的复杂变化,理顺一切事物,这或许可以看作是真正的成熟。人工智能、机器人看上去很完美,那可能是一个成熟的作品,但那是缺乏生命连续性的局部完美,输入多少就输出多少。靠算法和迭代生成,或许能带来出人意料之外的惊奇,然而不是人算之外的"天算",不属于宇宙过程的有机部分。它同其他新技术一样,必然会对人的发展造成影响,或是正面的,或是负面的,这里也充满着风险。看着人类造出来的另一种人类,不由得使人不断反观自身。人有历史,从哪里来,到哪里去,终极关怀始终萦绕心头。面对强大的机器,不禁使人想到,人类完善自身的难度,远远超出洪荒时代。人无论何时都不能忘记自己的渺小和脆弱,人永远处在尚待完善之中,人的文化过程向着未来全方位开放。

(三)智慧增长的动力

人类文化最初的形态发生与"智慧"的运用密不可分,而人之所以有智慧的增长,从某种程度上说,是由身体的弱势促成的。中国古代典籍有所描述:"上古之世,人民少而禽兽众,人民不胜禽兽虫蛇。有圣人作,构木为巢以避群害,而民悦之,使王天下,号之曰有巢氏。"[①] 人吃天地间各种食物,而不像动物那样只吃特定的食物,于是就有"民食果蓏蚌蛤,腥臊恶臭而伤害腹胃,民多疾病。有圣人作,钻

---

① 赵沛注说:《韩非子》,河南大学出版社,2008,第449页。

燧取火,以化腥臊,而民悦之,使王天下,号之曰燧人氏"①。大自然涌现出像人类这样的智慧生命,皆在于创造和生成的宇宙法则使然。"柔弱胜刚强",正因为身体的弱势,才促进了智慧的增长。正如老子所说,天道之运行,犹如张弓一般。现代科学也揭示了"对称与破却""非平衡是有序之源"的原理。在人的发展上,以"自维生"的方式不断调节自身以获得适应性生存,也是一个普遍法则。

从本质上看,宇宙本身就是连续变化的过程,而不是孤立存在的事物的总和。宇宙不是静态的,不是既已完成的,而是永恒的、不断变化的,它不是被造成,而是正在不断地造成。伯格森说:"没有已造成的事物,只有正在创造的事物;没有自我保持的状态,只有正在变化的状态。静止从来就无非是表面的,或毋宁说是相对的东西……如果我们同意把倾向看作是一种开始的方向变化,那一切实在就是倾向。"②以此理来看,人类作为高度体现了宇宙自然根本法则的万物之灵,也不是一个终结性的造物,而是连续不断的宇宙过程的一部分。我们已经讨论过,人在出生之时,就已经同世界建立起某种关联性,这是未来发展的根本基础,它也意味着一种必然性。人出生时即使在身心方面很贫乏、脆弱,但也充满了生长的弹性和张力。人需要在后天的环境中,通过努力解决自身生存中面临的现实问题,逐渐成熟和完善起来。每一个体都有不同于他者的切身问题,从物种进化的历史看,物种的等级越低,共同性越多,相似程度就越大。低等物种的生活只不过是旧秩序的一再重演,发展到像人这样的高级阶段,一切就变得复杂起来,生物学意义上的共同性只是部分地存在,个体必须得在一个更为复杂的生存世界里,为自己的完整存在而奋斗,因此他时刻面临着存在和发展的现实问题,他本质上是一个不断开创生存现实的生命体。

个体的发展,需要动力,也基于已有条件。《学记》说:"知不足,然后能自反也;知困,然后能自强也。"学习可以说是个体未来适应性生存的根本所在,学习的自觉性就来自对自身不足的意识。在当今时代,能够以不断的学习开创未来的个体,比那些不爱学习的个体有着更多的生存机会,不幸的人生大多可以从学习的缺乏找到根源。文化过程对于个体发展来说,是将外部资源内化为个体生长的要

---

① 赵沛注说:《韩非子》,河南大学出版社,2008,第449页。
② [法]柏柏森:《形而上学导言》,刘放桐译,商务印书馆,1963,第29页。

素。发展是一种内在的需求,它不是外部赋予的。发展是内部与外部各种要素协调统一基础上的整体效果。对于个体来说,并非外部的一切资源都是有利于自身发展的。自身发展需要什么,人与人是大不相同的。中国传统文化中的"五行说"认为人生来有不同的体质条件,"木"质的人需要水分来滋养,"火"性的人需要木材来支撑,诸如此类,固然缺乏科学依据,然而,其思路无疑具有可取性。不同的材料会对切合自身的外部作用产生特定的反应,留下特定的记忆。脚踩在沙地上会留下脚印,风吹雨打会塑造树木的年轮,水流也会给岩石留下冲刷的痕迹,沙漠以特定的形状留存着对风暴的记忆。人是一种非常特殊的材料,因此也有着非常特殊和复杂的记忆功能。万事万物作用于人,也会在身心留下记忆。身体的形状,就是漫长的岁月里主体的活动塑造的,那也可视为特殊的记忆。人生在世,作用于人的因素太多,然而只是有极少部分的作用,在人生中留下永久的记忆,大多都被忘却了。材质不同,需要不同,对外部事物作用的反应程度也不同,当然存留的记忆也不同。发展绝不是盲目的行为可以奏效的,良性的、可持续的发展,一定是建立在知道和了解自己已有条件之基础上的。古希腊的哲人将"认识自己"视为箴言,孔子告诫人们"人贵有自知之明",知道自己在天地时空中的位置,才能创造切合自身的生存现实,从而将命运掌握在自己手中。

(四)适应性生存

人是一个"复杂适应系统"(complex adaptive system),这个概念来自米歇尔·沃尔德罗普的《复杂:诞生于秩序与混沌边缘的科学》,指的是那种随着环境的复杂性变化而能够通过自组织、自学习、自适应不断进化的系统。这种系统在不断地学习和进化,并且经常同其他的复杂自适应系统相互作用。它们之所以生存下来,关键就在于"学习"和"适应"。它们收集信息以制定规则,将这些规则转化为各种行为模式并根据实际情况不断加以调整。如果系统的适应能力赶不上环境的变化,就会衰亡下去。具有这种特征的系统很普遍。这里的"学习"概念,是一个科学用语,不仅人类会学习,动物也会学习。复杂理论的研究者莫里·盖尔曼(Murray Gell-Mann)在《夸克与美洲豹》一书中指出,复杂适应系统在自然界各种不同过程中都在起作用,如地球生命的起源、生物进化、生态系统中各种生物的行为,哺乳动物免疫系统的运作,动物(包括人类)的学习与思考,人类社会的演变,金融市场投资者的行为,以及为发展策略或在以往观察的基础上做出预言而设计的计算机软件(或)硬件的使用,等等。"所有这些过程的共同特征是,每个过程中都由一个复杂适应系统来获取环境及其自身与环境之间相互作用的信息,总结出所获信息的规律性,并把这些规律提炼成一种'图式'(schema)或模型,最后以图式为基础在实际当中采取相应的行动。"①由此来看,生命系统都可以看作复杂适应性系统。复杂适应系统彼此之间是相互适应的,并且每一复杂适应系统也会产生其他复杂适应系统。从这个意义上来说,符号、词语、思想、观念都是人这个复杂适应系统所产生的新的复杂适应系统,借助这些系统,"学习"扩展成复杂的文化系统,"从而在人类文化中又产生了新的复杂适应系统:社团,组织,经济和科学活动"②。动物是通过直接的基因遗传来获得它们生存所必需的绝大部分信息,而这些信息随着进化不断增值,生命也在不断进化,由此所导致的动物的相对稳定的行为方式,有时候被人们相当模糊地称之为"本能"。生物进化会促使生物"本能"地解决所碰到的问题,而且它还会使生物体产生足够的智慧,通过学习来解决类似的问题。人类则主要靠个人和集体的智慧来获得知识,"人"之所以为"类的存在物",就与这种后来要发展成文化的能力有关。人类与其他动物相比,每一个体得之于遗传的特定适应性,似乎都不如动物强。有一种东西在伴随着人类增长:那就是离开了"类"就难以生存的那些特征。盖尔曼谈到一种简化的情形:"假定环境对系统的影响是稳定的,各种不同生物之间的相互作用也忽略不计。因此,给定的生物群体是在一个无重大变化的环境中进化。渐渐地,该群体将能更好地适应其环境,因为群体中的不同基因型彼此竞争,其中一些在产生可成活与繁殖的表型方面比另一些更成功。结果,环境与生物在信息上的一种差异逐渐地减小了。这个过程不禁使人想起这样一种物理现象,即把一个热物体与一个冷物体放到一起时,它们的温度将以符合第二定律的方式而达到热平衡。生物进化绝不与第二定律相抵触,它还为第二定律提供了一个有益的隐喻。适应过程本身就

---

① [美]M.盖尔曼:《夸克与美洲豹:简单性和复杂性的奇遇》,杨建邺等译,湖南科学技术出版社,2002,第17页。
② [美]M.盖尔曼:《夸克与美洲豹:简单性和复杂性的奇遇》,杨建邺等译,湖南科学技术出版社,2002,第20页。

是一个群体在其环境中的一种成熟过程。"①普里戈金的"耗散结构理论"②在这里可以用来解释,何以其他动物与环境的差异逐渐减小,而人类则与自然一样,复杂性不断增加。其他动物在稳定的环境中由竞争获得了特定的适应性,而人类则是一个全方位开放的系统,这种耗散结构可以应付环境的各种复杂变化。

复杂适应性、不确定性和未完成性,对生命系统的演化来说是一种至关重要的并极有意义的特性。环境的复杂性要求生命系统要有与之相应的复杂性,越是那些早已定型和固化的生存方式,越难抵制变化,从而也越难适应日益复杂的环境。而人类则正相反。随着人类生存环境的日益复杂化,人类大脑进化出贯穿整个一生的学习型结构和功能。在大自然所赋予人类的这种品质中隐含了多种潜质和生命的活力,它使人类生命在一种动态的变化中寻求平衡,人在适应环境方面有了更大的自由度,可以通过经验的整合和生命过程的自组织而获得一种与世界的复杂性相适应的智慧。这种得天独厚的秉性为人类向着未来全方位的开放提供了基础。确定的适应性同时也是限定,而非特定性则意味着发展的无限空间。人类能够依据不断变化的外部环境而采取适应性的生存方式,在中国古代先哲的话语中被称为"与天地参",即与日益复杂的世界和谐共存,这正是人类灵性所钟,是人之所以为人的最重要的特征。

(五)起始点与起跑线

大脑的进化为个体接受文化奠定了生物基础,而文化生命的生长还须有合适的外部条件。大的外部环境即人所处的特定文化系统,小的环境即个体所处的具体时空场域。发展是内外因素综合作用的结果。人类大脑的重量和体积有限,但凝聚着巨大的能量,有着无限的潜力,只有在社会文化环境里的生活体验过程中才能展开它的全部丰富性,否则,它只能是有机体身上一个无用的摆设。美国人类学家露丝·本尼迪克(Ruth Benedict,1887—1948)在《文化模式》一书中提到在欧洲曾偶尔发现过一些遭到遗弃的孩子,生活在远离人类的丛山密林,他们与人类学家林耐(Carl von Linne)所划分的一个特殊人种——愚人(Homo ferus)极为相

---

① [美]M.盖尔曼:《夸克与美洲豹:简单性和复杂性的奇遇》,杨建邺等译,湖南科学技术出版社,2002,第230页。
② 耗散结构理论指出,一个与外界有着物质能量交换的开放系统,由于输入足够的负熵流,就可以抵消系统内部的熵增,使系统朝着熵减的方向变化,而熵减就意味着向有序方向发展,即进化(见本书前文第一章"耗散结构理论")。

似。她以这样的实例来说明,无论是人类部落的社会、语言,还是地方宗教,都不会遗传在生殖细胞中。①迄今为止,人们已经发现了许多被动物抚育过的孩子,他们被称作"狼孩""熊孩""豹孩""狗孩""羊孩"等。他们与正常人一样具有人类的身体,相同容量的大脑,当然包括具有第二信号系统功能的新脑结构,但他们被看作是动物而不是人,似乎更为合理,因为他们缺乏人之为人的文化本质。

今天的人类大脑,是数以千万年计的进化过程的结果。这个特殊的结构,有着非人类的大脑无法相比的功能。但这种功能只有在文化的环境中才能发挥作用。"智能在下述意义上是天赋的:它们建立在遗传确定的脑组织的基础上;其中一些立刻构成了知觉的先验组织结构,其他的从脑的个体发育的一定阶段起形成了思想和语言的组织结构,但是它们都需要感性经验的作用来使之从潜在性变成现实性,也就是说需要环境和文化对它们起共同的组织作用。"②文化既是起组织作用的系统,又是作为环境而存在的。观察儿童的行为,可以得到很多启示。幼儿直到三四岁,在行为、认知和交换信息方面,还依赖着前文化的、亦即先天的基础,这个基础从出生时起就开始部分地出现(比如孩子喜欢把抓到的任何东西放进嘴里)。儿童在交往中有一些更为明显的表现:他们的相互关系会通过请求的姿势和安抚的手势来处理,"而这套行为方式在成人社会里是不存在的,也不可能是教育出来的。它们因此看来是天生的,可能来源于清晰的语言形成之前的古原人的本能背景。除了微笑、欢笑、眼泪之外,大概还有伸手、扬眉(eye-brow flash)和少年之间的'调情'(flirt)的礼仪(Eibl-Eibesfeldt,1970,1974)等行为属于这个范围。但是随着策略性和启发性的智能以及文化的符号学的发展和其在实践中的应用,上述'本能的'基础就逐步被吞没。智能在开始时随着文化的建立尝试性地运转,以后就决定性地确立下来"③。可以想象,人类同"兽孩"甚至与动物的沟通和交流,可以借助来自远古的动物行为和动作,而在文化环境中成长的生命,逐渐远离动物性。个体发育过程是人类发展史的分形,局部与整体之间存在着自相似。使一个孩子抛弃了本能而采取了智能的方式,还体现在其他一些方面。比如,一开始孩子总是表现得自私,在越来越多的交往中,他开始学会适应别人,与

---

① [美]露丝·本尼迪克特:《文化模式》,王炜等译,生活·读书·新知三联书店,1988,第15页。
② [法]埃德加·莫兰:《迷失的范式:人性研究》,陈一壮译,北京大学出版社,1999,第102页。
③ [法]埃德加·莫兰:《迷失的范式:人性研究》,陈一壮译,北京大学出版社,1999,第103页。

伙伴分享食物和玩具,并且从中得到快感,有些孩子甚至表现出过多的与别人分享的欲望。这种相互适应的举动总是能得到各种回报,这就是社会化的开始,它实质上就是一个不断为环境的反馈所增强的文化过程。

起始点的文化渗透,是通过生活的各种渠道得以实现的,具有生命系统的整体性和全息性。文化生命与有机生命系统一样,是从混沌的原汤之中涌现出来的,在初始状态为个体文化生命的形态发生提供丰富的文化资源,从而为未来的发展留下足够的空间和自由度,这无疑具有重要的原理意义。

"起跑线"概念虽有起点的意义,但它与前述的"起始点"有着十分不同的内涵。这是一个竞争性的概念,竞争意味着对共同资源的抢夺。中国教育文化中由"望子成龙"的普遍心理塑造的文化景观,在世界上独一无二。为了让孩子不输在起跑线上,教育的起跑线就越来越提前。从幼儿园升小学,就被视为"幼儿时期第一次高考"。孩子3岁,家长就开始担心落后于人,从三四岁开始每天参加辅导班的不在少数。网上流传一份"6岁孩子的学习清单":英语,词汇量4000左右,可与外教正常语速交流,能写300字左右英语作文;数学,心算1万以内加减法、心算两位数与一位数乘除法,学过数独,知道小数、分数、负数并进行加减;语文,会背千字文、50首左右唐诗,学完拼音,认识1000多汉字。①将自己的孩子一对比,不由你不感受到"促逼"的压力。大多数家庭为此而感到恐慌和焦虑。"军备竞赛"一词可用来描述生物系统的共进化现象,如病毒和人体的免疫系统进化。教育起跑线的提前,亦如一场军备竞赛,一旦开启了程序,竞争就会无止境地进行下去,并且,越来越提前。这种"提前",实质是提前进入学校课程,这是以割裂文化生命整体性为代价的。在教育文化领域中,工具理性的入侵和渗透也是一个典型的实例。它就像真正的病毒一样蔓延和扩展,愈演愈烈,毫无终止的迹象。亦如前述的技术对人类生活世界的全面入侵和占领,人类尚未找到战胜它的现实力量和有效途径。

---

① 《6岁娃娃英语词汇量要达4000?这份学习清单让家长炸开了锅》,红星新闻2017年6月27日,https://baijiahao.baidu.com/s?id=1571324583126884&wfr=spider&for=pc。

三、生命诞生于混沌边缘

个体文化生命有序发展的秩序结构是怎样发生的？这可以用生命诞生于"混沌边缘"这个科学原理来解释。按照这一理论,在特定的有限区域里,一个系统是能够自发形成完整而连续的复杂结构的。自我组织有赖于自我加强：在条件成熟的情况下,微小的事件会被扩大和发展,而不是趋于消失。①这也是"正反馈"发生的作用,它是生命发展必不可少的条件,是"序"产生的重要原因。从动力学角度看,它是一种自我复制、自我放大的机制。正是这种自我复制,使无数个小分子的微观行为得到协同而产生出宏观的序。这个科学原理,对认识和阐释个体文化生命有序结构的形成与发展有认识论和方法论意义。

(一)生命跃迁的关口事件

"跃迁"是量子力学术语,指量子的状态发生跳跃式变化,或从低能态跳到高能态,或者相反。这里借用这一术语,指个体发展的一种革命性变化,并且是由低能量级向高能量级的突变,是使生命焕发出全部活力和潜能的新起点。

世间万物,都是一种过程,有过程就有变化,而变化具有连续性和渐变的特征。但另外一些事件具有不连续性和突然跃迁的特征。托姆创立的突变论指出突变是由于系统内各种要素之间的竞争和对抗非但没有使系统毁灭,反而使系统脱离通常的特征状态,产生了向更高层次的跃迁,系统获得了能够继续生存的新适应性手段。渐变与突变的区别,就在于在变化的临界区域有无"不连续"性质出现,突变是原来变化的间断,渐变是原来变化的延续。所以突变与渐变,一个属于间断性范畴,另一个属于连续性范畴。个体生命中发生的革命性变化,实质上就是托姆突变论意义上的跃迁。突变论对认识教育环境中个体演化和发展的过程具有深刻的启示意义。个体稳定发展模式的形成取决于生境的开辟。新的生境的开辟就是突变的结果。对教育环境中的个体来说,某种生命形式的涌现是相对于个体以往渐变过程的中断,是各种非线性因素相互作用导致了个体存在状态的突变。这种突变是积极的竞争和对抗的结果而不同于退化和崩溃的现象。突变

---

① [美]米歇尔·沃尔德罗普:《复杂:诞生于秩序与混沌边缘的科学》,陈玲译,生活·读书·新知三联书店,1997,第30—31页。

是以一定的关口事件为标志的,有效的教育在于抓住时机。

卡西尔(Cassirer)在《人论》中指出,符号是全部人类文化的基础,他把人从单纯实践态度到符号化思维的转变,看作是"打开特殊的人类世界——人类文化世界大门的开门秘诀"。从人类发展史来看,符号化思维开启了人类社会发展新阶段,是一个巨大的文化跃迁。在个体发展史上,符号的运用也为个体开启了通向广阔世界的大门。卡西尔以海伦·凯勒(Helen Keller)的故事来揭示关口事件的跃迁意义。他在书中引用了海伦·凯勒的老师莎莉文所记载的这段话:

今天早晨我必须给你写几句,因为有些非常重要的事情发生了:海伦在她的教育中迈出了第二大步——她已经知道,每一件东西都有一个名称,而且手语字母就是她想要知道的每一件东西的秘诀。

……今天早晨,当她正在梳洗时,她想要知道"水"的名称。当她想要知道什么东西的名称时,她就指着它并且拍拍我的手。我拼了"w-a-t-e-r"(水),直到早饭以后我才把它当回事儿。……我们走出去到了井房,我让海伦拿杯子接在水管喷口下,然后由我来压水。当凉水喷出来注满杯子时,我在海伦空着的那只手上拼写了"w-a-t-e-r"。这个词与凉水涌到她手上的感觉是如此紧密相联,看来使她大吃一惊。她失手跌落了杯子,站在那里呆若木鸡,脸上开始显出一种新的生气。她拼了好几次"water"。然后她跌坐在地上问地板的名称,又指着问水泵和井房棚架,突然她转过脸来问我的名字,我拼了"teacher"(教师)一词。在回家时她一路上都处在高度的兴奋状态中,并且学着她碰到的每样东西的名称,这样在短短的时间内她的词汇量增加到三十个。第二天早晨起床后她像个快乐的小仙女,轻快地一会儿走到这件东西旁,一会儿走到那件东西旁,问着每件东西的名称,并且高兴得连连吻我。……现在,每件东西都必需有一个名称了。不管我们走到哪里,她都热切地问着她在家里还没学到的东西的名称。她焦急地教她的朋友们拼写,并且热心地把字母教给她所碰到的每一个人。一当她有了语词来取代她原先使用的信号和哑语手势,她马上就丢弃了后者,而新语词的获得则给她以新生般的喜悦。我们都注意到,她的脸一天天变得越来越富于表情了。[①]

---

① 海伦·凯勒:《我生活的故事》(1902年,1903年),转引自[德]恩斯特·卡西尔:《人论》,甘阳译,上海译文出版社,2003,第53—55页。

海伦·凯勒的故事早已广为人知,但这个关口事件的意义,永远发人深思。在海伦·凯勒一生的88年中,她仅在生命的头19个月中像普通人一样享有光明和声音,之后她就跌入了黑暗与寂静。然而,就是这样一个又盲又哑的残障人,却创造了生命的奇迹。卡西尔对这段故事的意义有过专门的论述,他说:"随着对言语的符号系统有了最初的理解,儿童生活中一个真正的革命就发生了。从这一刻起,他的全部人格的和理智的生活都采取了全新的姿态。"①关口事件无疑导致了沉埋的灵魂的觉醒及新的行为模式的出现,用符号来表达生命意志成为从主观的状态走向客观状态的关键一步,是从混沌走向有序的开始。

在人的"社会化"的初始状态,这是具有普遍性的。卡西尔引用约翰·梅杰爵士(D.R.Major)的话说:"儿童从第二十三个月开始,就表现出一种尽力给事物命名的狂热,仿佛要告诉别人这些事物的名称,或要使我们注意他正在审视的事物。他会看着、指着,或把手放在一个东西上,说着它的名字,然后再看着他的同伴们。"②这种普遍的现象之所以具有革命的意义,那是因为文化的关口事件使个体进入了一个对生命具有决定意义的新境界,这是一个充满活力和丰富资源的生境。海伦·凯勒的案例固然具有一定的特殊性,但是每一个体都在不同的程度上经历过革命性的关口事件。

在青少年时期或幼年持续的阶段,个体的生存状态可以不由连续变化而产生阶段性的跳跃,即状态突然变化(相变)。在这种不连续的过程中,阈限和临界群现象常常起着决定性的作用。这种状态的相变有向着有序方向的,也有向着更大的无序方向的。在临界点,变化的速率所遵循的是幂定律,一个因变量最初对一个自变量的连续变化根本没有或者仅仅有很小的反应,但是超出某一给定值,它会产生突然而强烈的反应。出于好的教育动机却造成了反教育的结果的事例在教育的现实中俯拾皆是,其原因就在于不懂得何时该采取与渐变或突变的状态相适应的教育措施以有效促进个体的发展。通过观察个体发展过程中的行为方式的细微变化,是否有不连续、不一致的行为方式出现,可以了解其演化途径。一般说来,在原先相对平衡和平稳的状态中出现一种新的"相"对,就有可能带来突变,

---

① [德]恩斯特·卡西尔:《人论》,甘阳译,上海译文出版社,2004,第183页。
② 梅杰:《心理发展的开端》(1906年),转引自[德]恩斯特·卡西尔:《人论》,甘阳译,上海译文出版社,2004,第183页。

这可以看作是广义突变。在事物发展演化的临界点或临界区，教育是可以有所作为的地方。引导个体自组织演化在这里表现为教育的技巧：对于趋向有序发展方向的，可以施以恰当的扰动以诱导有利的突变发生；对于趋向崩溃和解体的演化，则施以相应的教育措施以防患于未然。

（二）生命的涌现

"涌现"（emergence）一词在前文多有出现，这里有必要对这一概念的科学含义详加考察。在复杂科学的研究中，这一概念常与"自组织"关联。复杂科学的研究者们力图弄清楚的一个问题，就是在没有引入外部作用的情况下，结构是怎样产生的。具有自主性的个体要素，在简单规则的支配下相互作用，自然生成了复杂的结构，这种现象被罗伯特·霍夫史达特（Robert Hofstadter）称为"基于主体的涌现"。他用蚁群作为隐喻，指出"不管这些独立的主体——蚂蚁的能力多么有限，整个蚁群在探索和开拓其周围环境的过程中展现了非凡的灵活性。不知什么缘故，这些主体的简单规律产生了一种远远超过个体能力的涌现行为。值得注意的是，涌现行为是在没有一个中心执行者进行控制的情况下发生的"①。"组织"会思考，单个蚂蚁的行为丝毫没有意义，但蚂蚁的群体，似乎会产生在人看来可称为"智慧"的行为。从某种意义上说，思考就是一种组织行为。当人把各种思考的材料组织在一起的时候，就会涌现出单个的材料和要素所不具备的东西。生命的本质可用"涌现"来解释，而"涌现"则受自组织动力学支配。

非洲大白蚁筑穴的例子中有一点使人感到很奇特，当白蚁的数量很少时，它们将土粒木屑搬来搬去，不会有什么结果，但是当群体变大，产生某种秩序结构的机会也增多，蚁群似乎表现出一种智慧。"随着越来越多的白蚁加入，似乎达到了某种临界质量或法定数，于是思维开始了。它们开始把小粒叠放起来，霎时间竖起一根根柱子，造成一个个弯度对称的美丽拱券。一个个穹顶小室组成的晶状建筑出现了。迄今还不知道它们是怎样交流信息的，也无人明白，正在建造一根柱子的白蚁们怎样知道停止工作，全队转移到一根毗邻的柱子，而时候一到，它们又怎样知道把两根柱子合拢，作成天衣无缝的拱券。一开始使它们不再把材料搬来搬去，而是着手集体建筑的刺激物，也许是在它们的数目达到特定阈值时释放的

---

① ［美］约翰·霍兰：《涌现：从混沌到有序》，陈禹等译，上海科学技术出版社，2006，第7页。

外激素。它们象受了惊一样作出反应,它们开始骚动、激奋,然后就象艺术家一样开始工作。"①非洲大白蚁的巢穴通常高大宏伟,内部结构复杂,有空气调节系统和真菌种植园,还有蚁后专用宫室,整体像一座三维的迷宫。令人惊异的是,这些细小、相对来说没有头脑的动物建造出形体如此庞大、内部结构如此复杂的建筑物,其组织能力来自哪里?类似的情景在生物界很普遍:大群的鸟(上万只)在天空中时而像一片飘舞的绸缎,时而像一条腾空而起的巨龙,上下翻滚、辗转腾挪、回旋往复、秩序井然;深海中的鱼群在一瞬间完成一个整体的转向动作,数万条鱼没有任何碰撞和摩擦,没有一个落下。这种情景令人感到震撼,那是因为这种整体的协调动作,是在一个没有任何中央执行者的控制和指挥之下进行的。整体的行为模式,来自众多个体的行为,但又超越了每一个体的单独行为,这就是"涌现"这个概念所指称的现象。

"涌现"所指称的事物是"新奇性"和"确立性"的统一,其主要特征有以下方面:

1.复杂性的模式通过底层(或低层次)子系统的相互作用产生,但其过程不可还原。

2.简单规则产生复杂的结构,特别是当系统中的构成要素是不同的行为主体时,其自学习与自适应促成了复杂的涌现。

3.整体大于部分之和,输出大于输入。

4.形成其组成部分不断改变的行为模式(可变中的不变性)。

5.新的资源环境的开辟(生境的形成)。

6.涌现产生的稳定模式随着环境的变化而变化。

据此来看,生命也是一种涌现,是 DNA 分子、蛋白分子和无数其他的分子都遵循化学法则而产生的结果;心智也是一种涌现,是几十亿神经元遵循活细胞的生物法则产生的结果;人类个体在文化环境中的发展,也是一种涌现,是个体身、心、知的各种要素,按照某种价值原则同外部环境相互作用的结果;不同人类群体的文化模式,也是无数族群成员遵循共同生活的基本法则交流互动涌现出来的。在一切产生涌现现象的系统中,都会涉及无数的"作用者",分子、神经元、物种、消费者、企业、个体、班级、课程、族群成员等,都可以视为不同系统中不同层次的行

---

① [美]刘易斯·托玛斯:《细胞生命的礼赞》,李绍明译,湖南科学技术出版社,1997,第11页。

为主体。这些作用者通过相互适应和相互竞争而经常性地自我组织和重新组织，形成更大结构。就这样，分子组合成细胞，神经元组合成大脑，物种组合成生态平衡系统，消费者和企业组合成经济，个体、班级、学校、课程等组成教育生态环境，等等。在每一个阶段，新形式的结构会形成和产生新的突然出现的行为表现。这就是所谓"基于主体的涌现"。

（三）从混沌到有序

生活经验中不乏这样的事例：懵懂少年因某个偶然事件或特殊机缘，突然变得成熟，开启了某种有连续性和秩序结构的新行为模式，这种现象可用"生命诞生于混沌边缘"来解释，当然，这得被看作是一种文化生命。有必要指出一点，有些发生在儿童时代的偶然事件，导致人生道路发生重大改变，人性严重扭曲，与主流文化脱节、断裂甚至相违背，影响人的一生，虽然可以从中找到其社会文化根源，也适用这种解释范式，但它本质上属于反文化现象，不是这里讨论的重点。这里只讨论作为教育文化正向效果的生命涌现现象。促成个体生命涌现出具有秩序结构和文化连续性的行为模式，客观上需要一个具有丰富文化资源的外部环境，从而使个体得以对有用的生长资源进行自组织和整合。就像种植活动，你不能强迫一颗种子发芽，但可以把土壤料理和伺候好了，让种子自行生根发芽。生命系统有这样的特性：一旦有了最初的结构与秩序，就有了足够的稳定性来支持自己的存在，继而会在生命元基的驱动下不断开辟新的生境，而不是停留或固守在一种稳定状态。尤其是处在旺盛的生长期的生命。当个体生命涌现出某种新的行为模式的时候，常常连带着一片新的资源环境的开放。绵延的生命之流，就像水流利用了岩石、树木和土壤，自组织成弯弯曲曲的河流一样，个体生命也会对自身的要素和外环境中的资源加以创造性的自组织。根据正反馈的原理，一旦拥有，就会越来越多。"拥有者被施与"，报酬递增，初始条件在随机因素的作用下得以放大和锁定，从而形成不可逆转的趋势，直到最终成就文化生命的有序发展。

从混沌到有序，是每一个体文化过程必然要经历的阶段。推及人类，推及生命在地球上的出现，甚至世间万物及地球本身的形成，无不是从一个混沌的初始状态走来。混沌看似无序，却存在着多种发展的可能性。在起始点上，从一个无序状态中寻找有序发展的方向是有困难的，《周易》以"屯难"之象来隐喻，《周易·

象上传》解释:"屯,刚柔始交而难生,动乎险中大亨贞。雷雨之动满盈,天造草昧,宜建侯而不宁。"混沌场域,性质不同的要素彼此纠缠交织在一起,尚未分化。刚柔、动静、明暗、来往、沉浮、生灭等各种力量交互作用,随机碰撞,行动之险难不可避免。注定要壮大的事物,有开放通达的德性,有志者建功立业正在此蒙昧开化之时。初创之困难,还在于其不确定性。有序只有一个方向,而无序有多种方向。一旦从无序状态确立了最初的结构,哪怕是非常简单的有序,也会指明发展方向,个体就能够调动一切智力和情感的因素,全身心投入新的有序发展过程之中。大量经验证明,个体呈现出独特的生命样式,是由其主导行为模式所支配或役使的。而其主导模式的形成来自一种协同的效应。协同在这里指的是,个体从浑浑噩噩的状态走出,调动生命的全部能量,开始一种有目标的生活。生命犹如交响乐,和谐与共振构成了生长的旋律。"协同"并不是指完全相同的东西汇集或叠加在一起,而是有差别的事物的动态结合。"君子和而不同""小人同而不和"这句经典话语,背后有着深刻的生命法则。"和合"精神在最深刻层面上体现了整体的关联性,它在差异性与统一性、竞争与协同、对抗与合作、冲突与整合等对偶互动的关系之中谋求互补、互化、互生,从而产生有序发展。系统演化是怎样在一个看似混沌和无序的状态中产生了秩序和结构?复杂系统的演化,由于存在诸多非线性因素的相互作用,平衡的打破,通常表现出下列特征:在系统演化的关节点上,一种运动方式或行为模式从无到有产生,并在其后的演化过程中,不断增加和扩大,以致系统中越来越多的行为主体不由自主地被卷入这一模式,亦即为此种方式所"支配"或"役使",与此同时,另外的行为模式会逐渐减少,一方面是"涨",一方面是"落",此处展现了不同的集体运动类型之间的竞争:一种运动方式越来越占主导地位而同时压制了所有其他方式,就会成为支配系统运作的主导力量。

每一个体生命都是独特的,对文化的觉悟,有先有后,各有自己的路径。在教育的各个阶段上开始起步的个体,犹如先后投进生命之流中的不同的叶子,负载着各不相同的初始条件在运行。从出生到进幼儿园,继而到小学、初中、高中、大学,出生在富有或贫穷的家庭,进了好或差的学校和班级,遇到启智开蒙的良师益友,或者结交了玩物丧志、沉溺一气的伙伴,还有诸如学科知识的吸引、生命体验中的重大变故等许多难以预料的随机事件,使个体在每个关节点依次发生分岔,每一次分岔都成为不可逆转的过程。个体在其生命途中,都会经历一些重大的转折关头,这些可以被看作是人生发展的分岔之路。生命轨道的锁定,是在"混沌边缘"产生的涌现的集合。教育环境中成长的个体在身体、心理和知识结构等方面都处在生长和发展时期,存在着极大的不确定性和多种发展的可能性。之所以用"混沌的边缘"来表述这种发展状态,是因为微小扰动会导致宏观的涨落。这是一个复杂性与简单化激烈竞争的地带,生命系统中的各种因素从未真正静止在某一个状态中,也没有动荡至解体的地步。这是生命自我创造、自我更生的地带。适应性生存模式是个体在对内外环境中的资源进行自组织的基础上涌现出来的。这是一种典型的混沌系统的演化。个体发展的全部历程和最终结果并非一开始就被确定性地决定了,生活轨迹是在不断预测、不断修改预测以及不断做出选择的过程中展开的。混沌不同于无序,事实上,在混沌的边缘个体所做的选择产生了有序的发展,只是发展的结果是难以预料的。

个体生命的全部丰富性在教育文化过程中展开。通过提供资源环境、发挥催化作用、协调各种关系、培育适合个体发展的生境,教育文化为个体的生命体验赋予了极大的自由度,从而使其不断提高组织能力和应变能力,增强其复杂性和适应性。由文化所塑造的个体,是以能够适应更为复杂的环境变化为基本特征的,他们通过不断的自觉的学习获得适应性生存,而由这种个体所构成的环境,又反过来影响着整体的文化系统。一般来说,过程中参与的要素越多,作为结果的文化生命就越丰富。文化过程是无法量化的,我们难以完全把握在过程中起作用的所有影响因素。文化虽然无形,但"化"的过程中隐匿着对组织和秩序的向往。

四、教育文化过程基本方式

文化过程中各种要素之间的关系或联结方式,与作为过程之结果的样式或形态之间有着必然的联系,有什么样的联系方式便有相应的形态发生。事物之间有纵向的联系也有横向的联系,这可以看作是逻辑与历史的联系,类似于串联与并联;也有对立、拒斥、吸引和相互包容的关系。濡化、涵化、碰撞、交流、融合等文化学概念,都可以在这个意义上加以理解和阐释。在文化学的研究中人们所关注的两种重要形式——濡化和涵化,也适用于描述教育文化过程。教育文化含有较浓厚的组织特点,濡化和涵化是作为组织与制度化的方式纳入教育文化过程的,除此之外,还有另外一种更为重要的方式,那就是自育,它带有更多的自组织色彩。

(一)濡化

文化学家和文化人类学家在描述文化传递方式时使用的"濡化"一词,英文为"enculturation"。其英文前缀"en"具有"使成为"、"使处于……状态"和"进入……中"等含义。也有人将之译为"文化适应"或"文化熏染",意为使适应社会上存在的文化类型。在汉语的对应词中,"濡"有沾湿、润泽的含义,如濡染、相濡以沫等。濡化则有滋润化育之意。

美国学者马维·哈里斯(Mawi Harris)指出:"社会文化的许多方面这一代都趋同于下一代。生活方式的这种延续性部分地通过我们称之为濡化的进程而保持。濡化是部分有意识、部分无意识的学习过程,靠老一代指示、引导并强迫年轻一代接受传统的思想和行为方式。所以,中国儿童使用筷子,而不使用刀叉,讲汉语,不善食牛奶,原因在于他们濡化于中国文化而不是美国文化。濡化首要以老一代人掌握在手的奖惩儿童的手段为基础。教育每一代人不仅重复前一代的行为,而且奖励与自己濡化过程相适应的行为,并惩罚至少是不奖励与自身濡化过程不相适应的行为。"[①]从这种表述中可以看到,文化濡化用来指发生在同一文化内部的、纵向的传递过程,是人的文化习得和传承的一种方式。

教育濡化过程中有三种要素的相互联系至关重要。

其一是个体的内部环境。这主要指个体身心要素,每一个体都有自身独特的心理和认知方面的遗传素质,加上个人的生命意志、情感、体验及知识系统建构,形成了个体独特的时空。这可以看作个体的内部环境,它与外部的资源环境之间存在着复杂的互动关系。个体身心的要素还可以细分为身体、心理和知识结构三要素,三者之间也存在着循环互动,既相互竞争,又相互促生。

其二是教育环境。教育环境本身就是文化的产物,从原始形态的言传身教,逐渐发展成为具有完善的机构与各种功能的系统。这也是文化过程。教育文化撷取了人类文化的精华,并将其精神贯穿于教育文化过程的一切方面,在精神层

---

① [美]马维·哈里斯:《人·文化·生境》,许苏明编译,山西人民出版社,1989,第7页。

面、制度层面、物质层面构成了文化之网。个体在教育文化环境中耳濡目染,潜移默化,通过对文化资源进行整合而不断完善自身,最终成为自己文化的创造物。

其三是现实生活情景。这个情景包括了个体生存的全部现实环境,有学校的、家庭的,还有社会的。文化的传递,本质上是生命系统的复制和延续,生命的活力永远离不开现实情景。书本与课堂里的文化传递,尽管系统和精简,但缺乏全息性和整体性,这是只有现实生活才能够提供的文化资源。另外,教育文化在自身的演化过程中,其功能不断向社会方向扩展,现实社会生活的方方面面,无不渗透着教育文化,濡化就是在教育创设的情景中进行的。

个体在环境中不知不觉被濡化,这在某种意义上来说,是不以人的意志为转移的过程。环境的濡化作用早就为古人所关注,《三字经》中有"昔孟母,择邻处"[①]。《颜氏家训》中提到,少年时代,尚未定型,若与贤者交往,就会受到熏陶濡染,言谈举止亦如贤者。所以与善者相处,如同进入种满芝兰的房屋,时间久了也自会有芬芳的香味;与恶人相交,就如同进入满是鲍鱼的店铺,时间久了,也自会有臭味。墨子悲叹白丝浸在黄色染缸就变黄,浸在黑色染缸就变黑,指的就是这个道理。所以孔子主张不要跟不如自己的人结交朋友。教育文化作为一种组织环境,体现着一定的价值理念。其中被倡导的文化隐含于被创设的一切情景之中,这种情景是教育文化圈中所有人的创造物,它被人创造着,也在改造着人。

教育刻意而为之的是"教",而"化"则是一个潜在的、漫长的、无意识的整合过程。濡化实质上就是潜移默化的同义词。近年来教育文化中一个值得关注的现象是"读经",它可以用来阐释教育濡化。古代儿童读经,往往不求甚解,因为经典出自圣人,其中的许多深奥道理并不是一下子就能弄明白的。对一般人来说,经典的奥义是要用整个一生来参悟的,所以《论语·里仁第四》曰:"朝闻道,夕死可矣。""死记硬背"一般被认为是不正确的学习方法,但也不尽然。儿童心性纯洁,记忆力强,以经典滋润儿童的心田,它会成为智慧和德行的源头活水。读经诵经可以看作一种解决常人智力与悟性不足的缺省配置(默认设置),懂不懂只管先读了背了,假以时日,它会在个体的生命体验中自然发酵。儿童将经典的内容深深烙印在潜意识里,可以连接思想—行为—习惯—性格—命运,个体在生命的体验

---

① (宋)王应麟:《三字经》,中国少年儿童出版社,2007,第7页。

之中,会自觉不自觉地以经典为价值导向,不断发现生活世界的意义关联。人的潜能的开发和创造性理解以及意义的发现,通常是在轻松的、无意识的行为方式中实现的。这就是最典型的濡化过程。

濡化虽然是发生在已有文化背景之中的化育过程,但濡化对文化的传递绝非原样照搬和重复。马维·哈里斯在《人·文化·生境》一书中指出:"文化模式从这一代传至下一代显然不可能是完全重复。旧的模式并非总是在后一代如实地再现,包括人工造物和行为在内的人们有意识或无意识创造的新的模式或新事物总会不断地涌现。近来工业社会变革的速度之快引起了希望万事代代相传墨守成规的成年人的恐慌。这一现象就是我们所讲的代沟(generation gap)。正如 M. 米德所解释的:今天,世界上没有哪处有懂得孩子们所懂得的东西的老人;不管多么遥远、单一,社会是孩子们生活的社会。过去,总有这样一些老人,他们凭着自己在一文化系统内成长的经验,比任何孩子都懂得多。今天,这种人不复存在。不仅仅父母不再是引导者,而且根本就不存在引导者,无论在自己的国家还是到异乡他邦,人们都不会找到引导者。没有一位老人懂得近 20 年培养出的年轻人懂得的关于他们生长其中的世界的知识。"①就个体来说,他在文化的背景中不断摄入信息,将其整合到已有的经验之中,从而获得文化适应性。然而不断变化的环境使这个过程永远没有完结,这是一个不断涌现又不断摧毁的过程。就文化过程的本质意义来理解,个体永远是一个未完成物。这就是说,"濡化"是理解教育文化的一个重要视角,但也不是全部。当代社会中很多社会群体的生活方式也不是濡化而来的,"濡化"有缓慢和渐进之意,互联网覆盖世界的一切角落,突如其来的文化变迁遍布从繁华都市到偏远山村凡有人群的地方。因此,认识和阐释教育文化,还须拓展更为宽阔的视野。

(二)涵化

文化学人类学研究中的"涵化"一词,英文为"acculturation",前缀含有"接受""获得"的意思。也有"被动接受文化"之说。国内学术界有将另一个词 enculturation 译为文化适应,而 acculturation 被译为文化触变、文化同化等。中文对应词涵化中的"涵"字,有浸润、滋润之意,也有包涵、包容之意,还有涵濡连用的。

---

① [美]马维·哈里斯:《人·文化·生境》,许苏明编译,山西人民出版社,1989,第8—9页。

Acculturation最早被使用的语境,与白人和印第安土著文化的接触有关。早在1880年,美国民族学局首任局长鲍威尔(J.W.Powell)在他所写的《印第安语言研究导论》中,认为在百万文明人的压倒优势之下,"涵化"的力量造成了土著文化的巨大变迁。他还撰文描述了印第安人与白人的接触,说印第安人学到白人的工艺和生活方式,不是通过教育,而是通过"涵化"实现的。[1]美国现代人类学之父弗朗兹·博厄斯(Franz Boas)1896年写的《美洲神话学的成长》也谈到不同部落之间的"涵化",以致使这些部落的大多数文化特征趋向同一。20世纪20—30年代,美国文化人类学界已在使用"涵化"一词,30年代后期开辟了涵化问题的专门研究领域。美国文化人类学家赫斯科维茨(M.J.Herskovits)在《涵化——文化接触的研究》(1938)一书中给出如此定义:"由个别分子所组成而具有不同文化形态的群体,发生持续的文化接触,导致一方或双方原有文化模式的变化现象。"[2]

R.L.比(R.L.Bee)在《模式与过程》一书中提出,涵化的定义有几个特点:第一,涵化是文化变迁的一种,当两个自立的文化系统相遇时发生的变迁。第二,涵化是有别于传播过程、创新、发明和发现的一种变迁过程。凡是发生涵化情况的都发生传播,文化特质和思想通过传播的各种渠道被传递到接受文化的一方,产生影响,发生涵化。但传播只是涵化过程的一个方面或一步。创新或思想的出现,是不同于涵化的一个过程。第三,涵化概念可用作形容词,如"A集团比B集团更涵化些"。[3]人类学家拉尔夫·林顿(Ralph Linton)曾经认为,现今世界90%以上的文化特质都是在文化接触过程中因文化采借而产生的文化涵化中出现的。活力十足的本土文化通过增添、代换、混合、创新、抗拒等方式实现涵化的功能。在涵化过程中,有不同文化之间点与点的接触,也有面与面的接触,还有点与面的接触(他点我面或者我点他面)。

人类学家们指出,"涵化"概念强调的是不同文化之间的接触,导致原有文化发生变迁的现象。这就是说,至少得有两个以上的文化系统发生了接触,它与濡化的根本不同在于,"涵化"作为一个过程,不是文化要素由上一代至下一代的纵

---

[1] 黄淑娉、龚佩华:《文化人类学理论方法研究》,广东高等教育出版社,1996,第218页。
[2] Herskovits, Melville J, Acculturation——The Study of Culture Contact, (Cloucester: Mass,1958), p.10. 转引自黄淑娉、龚佩华:《文化人类学理论方法研究》,广东高等教育出版社,1996,第218页。
[3] 黄淑娉、龚佩华:《文化人类学理论方法研究》,广东高等教育出版社,1996,第221—222页。

向传递,不是发生在文化系统内部的孕育过程,而是一个文化系统从他文化获得新的文化元素,从而获得新的适应性的过程。还有就是,"涵化"是不同文化之间持续的互动,不同文化之间互有涵养。

两个或两个以上不同文化体系间持续接触、影响而造成的一方或者双方发生大规模文化变异有两种情况:一是接受,即通过接触、选择、采借,接受了某些文化成分,其中被迫接受的叫作"逆涵化",主动自愿接受的叫作"顺涵化";二是适应,即把接受过来的各种文化成分同自己传统文化体系的部分或全部协调起来的过程,由于协调的方向不同,其结果或是接受他文化的影响,逐渐失去本文化的特点而成为他文化的一部分,或者是在两种文化的接触交往中,发生双向的调适,产生与各自原有文化特征均不相同的新特征,从而形成一个新的单一文化;三是抗拒,即在涵化过程中,由于政治上处于支配地位的文化压力太大,变迁发生过猛,致使许多人不易接受,从而导致排斥、拒绝、抵制或反抗现象。一般说来,文化濡化是发生在同一文化内部的、纵向传递过程,而文化涵化则是发生在异文化之间、横向的相互作用过程。

对不同文化的接触可能发生的情况,人类学家使用了以下的概念来表述:

(1)代换(substitution,也译替代),新的文化特质或文化丛取代了原有的文化特质或文化丛,并发挥着相同的功效,产生了最小的结构变化,如服饰代换。

(2)附加(addition),新的文化特质无法取代旧的文化特质,只能依附于原有的文化特质。它有时会改变文化结构,有时则不会(如西方乐器的引进改变了民族乐器组合的结构,而西餐的传入并没有改变汉族的饮食结构)。

(3)综摄(syncretism,也译汇综),新旧文化混合在一起,形成新的体系。其中有文化同化和融合两种形式。同化即一种文化受他文化影响,逐渐失去原文化的特点,而成为他文化的一部分。后者则指两个或两个以上的文化在接触、交流过程中发生协调,产生出与各自原文化不同的新特质。

(4)退化(deculturation,也译文化丧失),在文化接触之后,失去了原有文化特质,又没有新的文化可以取代它。

(5)创作(origination),涵化过程中产生出新的文化特质以满足变迁的需要。

(6)抗拒(rejection),变迁的规模太大,速度太快,大多数人无法接受,表现出抗拒和反抗情绪。

关于涵化的典型例子,可以从英国征服新英格兰地区印第安人身上看到:外表看,这些印第安人生活得像殖民者一样,穿着欧洲样式的服装,用金属工具取代了石器,用枪取代弓和箭,重要的财产由父亲继承,等级的排列,以及语言普遍受一种欧洲语言影响(法语),甚至信奉了天主教。但这些印第安人实际上还保留狩猎,渔猎和耕种玉米、豆类等旧有生产方式,使用独木舟,穿雪鞋和吸烟(这已由殖民者们适应,并且不再是区分印第安人的因素了)。在非印第安人包围下,所有的印第安人都在变化,但他们仍然保留着他们的价值观和传统区别的核心,结果在70年代这些印第安人重新争取其种族独立地位时,大多非印第安人不把这当作一回事,因为他们已不像印第安人了。①

总的来说,涵化过程是异质文化间的互动,强势文化总是深刻影响并改变弱势文化。这一点在当今旅游文化中有典型的例证。尽管很多来自工业发达国家和地区的游客会对农耕文明甚至原始文化感兴趣,也会参与学习某些民间民俗文化,但他们不可能把农耕文化或原始文化带回自己的生活中,不可能改变工业文明不断扩张的趋势。相反,一些当初为追求原生态而崛起的旅游景点,哪怕是最简单的宾馆、饭店等接待设施都深深烙上工业文明的标记,那里都遵循着由工业文明奠定的管理制度和文化模式进行运作、经营。在特意打造的民族村、民俗村里,看不到古朴的生活,只有市场经济运营规律所支配的交易。从另一方面来看,涵化过程带来的趋同性,可能产生普世价值,可以超越种族、超越人性,成为整个人类相同的生存方式。但普世价值并不意味着文化差异的彻底消失,乡村、区域、族群、教派的存在,使不同时空关系中的语言、历史、宗教、风俗、制度等依然具有特殊性,它们与异文化的融合,未必产生完全同质化的结构,这是差别中的统一。

关于"涵化"问题的研究,可为思考多元文化教育现实提供一种看问题的视角。不同文化之间的接触、交流、碰撞日益频繁,"涵化"作为一种教育文化过程的普遍方式或重要途径,也有深入讨论的必要。"涵化"可从三个层面来认识:一是不同人类种群、不同民族意义上的文化系统之间的相互接触导致的文化变迁;二是一个社会内部不同的文化群体之间的相互交流导致的"涵化"现象;三是个体已有

---

① 周大鸣、乔晓勤:《现代人类学》,重庆出版社,1990,第260—261页。

的文化心理、文化观念与环境的交汇导致的文化适应。这三个层次间并不是互不相关的,而是密切地交织和纠缠着的。每一个体都会因不同种族、性别、年龄、身体和智力条件、文化背景、经济状况、社会地位等现实条件,分别处在一定的文化群体之中,具有相应的文化特征。来自不同文化源头的学习者,都有权利获得优质教育资源的支持,都应得到充分发展的平等机会。推动人类进步的教育,本质要求是能够回应所有学习者多样化的需求。人类学家曾指出现代教育中的"文化断裂""非连续性""文化剥夺"等现象,并提供了大量的案例。20世纪初,美国教育人类学家休伊特(E.L.Hewett)将移民、美洲印第安人和菲律宾本土人的教育问题,归因于学校迫使他们学习"高级"的盎格鲁美国文化,主张学校教育应根据文化背景实施多元文化教育;玛利娅·蒙台梭利(Maria Montessori)出版的《教育人类学》专著把体质人类学概念应用到教育上,重视文化及种族对教育过程的影响;马林诺夫斯基认为非洲人智力未必落后于欧洲人,他们在智力测量中表现差是学校教育的问题,应从保存本土文化出发来实施教育;乔治·斯平德勒(George Spindler)所做的研究涉及学校教育与社区的自然环境之间的相互影响。20世纪60年代后,一些人类学家特别关注的是有关穷人和少数群体的教育的恰当性问题。他们认为,对穷人和少数群体而言,学校是"隔离的机构"。一些人类学家使用"文化剥夺"概念来解释少数群体在教育上的过多失败。还有一些人类学家从观念、方法论和具体立场上对文化剥夺理论进行了驳斥,建议用"文化非连续性"代替"文化剥夺"来解释少数群体的孩子在学校教育中的失败。有很多研究和著作集中于对文化传播和习得中的非连续性的分析。连续性指的是在孩子成长的过程中,以渐进的方式对他们进行与文化相关的期望和责任的教育,而非连续性则指两者之间的断裂。非连续性发生在学校教育之外,譬如在父母与孩子的联系与互动过程中,在成年礼中,都会有积极的作用。但人类学家发现学校教育的非连续性常常是消极的,因为孩子们接受的是异己的价值观教育。学生在家庭和社区中所习得的被认为合适的行为,与学校老师的期望不一致,这是由于学生的互动、语言和认知方式存在差异,这些差异与他们的家庭和社区背景是紧密相连的。因此,分析学生学业成败,要结合学生的生活实际,要考虑到他们的社会文化背景。譬如,就交往与互动的规则来看,其背景与学校文化一致的学生,了解与教师进行交流所应遵循的隐性规则,而来自其他文化与语言背景的学生,则需要付出更多的时间和精力来熟悉这些规则,这样就增加了他们学习的难度。这些学生入校前所具有的各方面的能力,因与学校课程不相适应而被忽视。这是不公平的。事实上,文化断裂不仅存在于民族教育领域,在一个文化系统内部,受工具理性主义的影响,教育退变为教学的技术并同自身文化严重割裂,与民族教育相比,这是更为普遍也更为严峻的问题。

从个体文化过程来看,"涵化"的意义有必要拓展和延伸。以文化新质促进内涵式的发展,也是外部要素的内化。在此意义上"涵化"可被理解为个体作为自主行为的主体对于环境中的文化要素进行整合的过程。从皮亚杰的视角来看,这是个"同化"和"顺应"的过程。他提出:"刺激输入的过滤或改变叫作同化;内部图式的改变,以适应现实,叫作顺应。"[①]在认识过程中,同化是把环境因素纳入主体已有的图式之中,以丰富和加强主体的动作,引起图式的量的变化;顺应则是主体的图式不能同化客体,必须建立新图式或调整原有图式,引起图式的质的变化,使主体适应环境。同化与顺应的理论阐释的是认知主体与环境刺激之间的关系,而复杂理论对此种机制的解释则更为深刻并具有普遍性。在复杂理论看来,所有复杂适应系统都会根据环境及自身与环境的相互作用来整合信息,形成图式,并随着环境的变化不断调整图式以获得适应性,这个过程中包含着学习的行为。

教育者和受教育者都可以看作涵化过程中的主体,都经历着与新的文化要素之间的交流与融合。文化的新质与个体积累的文化要素、个体已有的价值观和文化观念之间,时刻发生着碰撞与交流,文化的战争无处不在。对于一个教育者来说,尽管其积累的文化要素较为丰富,但是人类知识在发展,智慧在增长,文化的新质也在不断生长,不断更新知识,用正确的价值观和符合时代主流的文化观念来装备自己,才能完成一个教育者的使命。较为成熟和完善的教育者相对于学生主体而言,居于一种文化优势的地位,在与学生主体的交流与互动之中,常常是以一种自觉的、主动的、有意的和有计划的行为方式进行文化植入。教育者一方面主动接受新文化,另一方面也刻意将自己整合的价值观和文化观念渗透于教育教学的活动之中。对于学生主体而言,文化要素的积累和价值观的建构处于一种初

---

① [瑞士]J.皮亚杰、B.英海尔德:《儿童心理学》,吴福元译,商务印书馆,1980,第7页。

始的状态,在混沌边缘诞生的文化结构,依据报酬递增和信息增值的原理,在与环境中的文化要素进行碰撞和交流的过程中,通过不断汲取营养,吐故纳新,自我更新,日趋完善。因此,学生主体总是处于一种急剧变化的过程之中。教育中的主体,在面对文化新质的时候,有冲突与对抗,也有吸收与融合。是拒斥还是接受,要看个体作为主体的内环境是否适应文化新质的生存。赞同什么,反对什么,取决于主体内在的身心状态和知识结构。文化的新质能够被接受,一定要内化为个体作为一个主体的一个必不可少的部分,与个体整体之间存在着内在的、有机的联系,是整体的一部分。就像有机生命从外界摄取的食物,必须经过消化吸收,变为身体的一部分一样。这是一种不断生长的组织结构。

(三)自育

教育使人成化的关键在于主体性在环境中的展开,就此来看,自育作为一种教育文化过程的方式,其重要性远胜于其他方式。一些最常用的概念如"自学""自我教育"原本表达了主体积极和主动的行为方式,但在一些人眼中,它们似乎比"科班出身"要低一等。对专业化教育模式的狭隘认识,消解了这些概念的深刻意义,通俗化和庸俗化的理解往往将它们视作"不够专业"和缺乏深度的同义语。在一些人的话语中,"自学"常是指学习某种专业知识和技能,而"自我教育"还常常带有贬义。

自育这个概念,从字面看来与"自我教育"或"自学"并无太大的差别,但其深刻的含义和价值被世俗的偏见蒙上尘垢,有待深入地挖掘。自育是主体自觉的行为,是受自组织原理支配的文化生命的存在方式。有生命活力的事物,是整体关联的系统,它难以量化,无法以量的概念来评估,但这也正能说明其深度。而可以量度的事物,其边界的明确与限度也会导致封闭与僵化,从而失去生命的活力。自育的概念是对主体性行为方式的高度概括,"自维生""自参考""自学习""自适应"这些用来描述自组织系统功能的术语,也可用来说明自育的特点。

自维生(vautopoieses,希腊文,意为 self-production)指的是活系统的特征,这种系统连续地更新自身,并不断地调节这个过程以保持其结构的整合性。[①]当一

[①] [美]埃里克·詹奇:《自组织的宇宙观》,曾国屏等译,中国社会科学出版社,1992,第11页。

个系统的功能与自我更新紧密联系在一起时,这一系统就是自维生的。①

自参考(self-reference)是指自我参考功能。系统"记忆着"使得某种特殊源展成为可能的初始条件,即每一种新结构的进化开端。也可以说,系统能够溯源(re-ligio),即沿原环节返回它自己的起点。在沿原环节返回途中,系统能够"再现"自己的经验,这种"再现"不是从一个个的细节上,而是从一系列整体的自维生方式上。在一种特定的自维生方式中,系统相对于特定的空－时结构是自参考的。从更广义的观点看,可以认为一个进化中的系统,是一种把自身看作为具有以各种各样结构展开的潜在能力的动力学系统,这种展开不是以随机无序的方式,而是以相干的进化序列进行的。②

自学习系统是自适应系统的一种发展和延伸。指控制系统按照自己运行过程中的"经验"(以何种控制达到何种质量指标)来改进控制算法的能力。即一个系统,如果它能认识一些熟悉情况与特点的图形,并能运用过去学习到的经验按最佳方式进行动作,那么这种系统就叫作自学习系统。

自适应指相互作用的行为主体,能够洞察彼此的行为并根据其他个体的行为来调整自己的行为,换句话说,这种系统具有复杂适应性,能不断地学习和进化并同其他复杂自适应系统相互作用。它们之所以生存下来,是因为它们以适应的方式不断地进行学习和进化。它们收集信息以制定规则,将这些规则不断地转化为各种行为模式并根据实际情况不断地加以调整。③

我们用"自维生""自参考""自学习""自适应"这些科学术语来解释个体自我成化的文化过程,应当这样来理解:"自维生"通过不断的自我更新,维持着文化生命的生长机制;"自参考"是对自身以往经验的参照和改造,杜威的"教育即经验的改造"所揭示的也就是这个道理;"自学习"是根据自身需要确定学习内容、方法和途径;"自适应"是通过自我调节主动适应外部环境。

这些有着内在关联性的术语是用来表述主体与环境之间关系的,开放性就体现在主体与环境之间始终保持着物质、能量和信息的交换,并且开放是面向未知

---

① [美]埃里克·詹奇:《自组织的宇宙观》,曾国屏等译,中国社会科学出版社,1992,第40页。
② [美]埃里克·詹奇:《自组织的宇宙观》,曾国屏等译,中国社会科学出版社,1992,第58页。
③ [英]拉尔夫·D.斯泰西:《组织中的复杂性与创造性》,宋学锋、曹庆仁译,四川人民出版社,2000,252页。

世界的开放,因此总是充满了新奇性和创造性。自育正体现了主体的这些特点,它首先始于主体内在的动力,这种动力促使个体始终处于一种动态的过程之中,对环境的适应,是在摄入新的信息并参考自身以往积累的信息的基础上进行的。学习的行为是自行设计的,根据环境的变化而有确定的针对性,这使学习的内容总是与生活的实际密切相关,与脱离生活实际的课程相比,这种学习得来的知识更具有生命的活力。自参考、自学习、自维生与自我更新是内在地联系在一起的,而这一切都是为着适应性生存。从本质上看,在教育文化过程中,所有的主体都要经历自育的过程,外部的输入都要经过个体的整合才能成为主体的文化要素。差别在于程度的不同。有自觉的行为,也有无意识中进行的。

自育蕴涵着实践的智慧。被教和被灌输的东西,常常是被人为地分割的知识。之所以如此,概因人类理性的还原性本质所决定。自学习、自参考、自维生等主体性行为方式,是在现实世界活的联系中谋求生存,对所处环境中的资源要素进行最优化整合,成为主体永无止境的追求。这个过程所导致的必然结果就是内在地统一起来的文化生命的涌现。

对自学应当有更为广义的认识,从内容上来说,不仅仅是知识,还有道德、修养、价值观、审美等,是作为文化生命整体所需要的一切,而所有这些也是内在关联的。实际的经验告诉我们,真正能够自学的人,远比被动学习的人具有更高的文化成就。有不少人学习知识全靠灌输,纯粹是死记硬背。而自学的内在动力来自对真理的自觉追求。历史上许多著名的思想家、科学家、文学家、政治家、军事家,并没有经过正规的学校教育,其卓越的成就是从主体积极自觉的行为方式中涌现出来的。达尔文对当时的学校教育极少有褒扬之词,他称自己得到的所有有价值的知识都是从自学得来的。爱迪生有许多重大发明,但他只上过三个月小学。高尔基也是经由自育的途径成就了文学生命的。恩格斯学识渊博,被马克思称为"百科全书",然而他只读到中学。毛泽东的成就也不是长沙第一师范的教育所能够支撑起来的。再看中国古代大多数著名的思想家、诗人,有几人不是靠自学成材的?

互联网、大数据等新技术的出现,使学习方式的根本性转变成为当今时代教育文化领域最突出的现实。人们的知识观已经发生了重大的转变,知识的生产、获得知识的途径和方式以及知识的应用,都与以往有了很大的不同。网络和大数据为个体提供的发展资源,远不是学校教育资源所能比拟的。单说网络课程,其优势教育资源,就比很多一般学校的课程在质量和内容的丰富性方面,都要高出得多。通过这种途径会有更好的学习效果。只是,在面对网络所提供的巨量信息资源时,能不能将那些碎片化的知识整合为统一的知识系统,并能在实践中自由地驾驭那些知识,就成了个体文化过程中一个突出的现实问题。这从而也就显示出自育的重要性。能够自主地设计自己的学习,并有主动的学习态度,非得有自学的意志力。学会学习,已成为当今时代生存必备的技能。教育文化已经扩展到人的终生,只是"被培养""被教育",远远不能适应瞬息万变的环境的需要。科学越发展,时代越进步,知识更新速度越快,对主体自主价值的呼唤就越强烈。自育的文化意义凸显在当今时代背景上,这是历史的必然。

第八章
真善美的化人之道

教育的化人之道有多种途径,课程文化是一个主要方面。课程文化是以课程为载体的文化,其核心的价值原则就是真、善、美。为什么是这三个方面而不是别的方面?这是从文化发展的历史得出的结论。恩格斯在《反杜林论》中指出:"原则不是研究的出发点,而是它的最终结果;这些原则不是被应用于自然界和人类历史,而是从它们中抽象出来的;不是自然界和人类去适应原则,而是原则只有在符合自然界和历史的情况下才是正确的。"[①]这段经典话语渗透着历史唯物主义和辩证唯物主义思想。从人类文化发展的全部历史来看,被保留和传承的真正有价值的东西,无外乎真、善、美的不同形态。具有永恒价值意义的真、善、美就是历史文化存在的同义语。后续的文明,也必将依循同样的价值原则,创造新的文化。真、善、美三者之间既有相互区别的形式特征,又从本质上内在关联。这些高度抽象的概念随着时代发展而有内涵上的变化,也随着实践着的人生存体验的具体情境和语境而展现不同的实际意义。就此来看,这些价值原则具有在实践中展开、在实践中丰富、在实践中完善的本质特征。

---

① 《马克思恩格斯文集》第九卷,人民出版社,2009,第38页。

一、求真的科学教育

"求真"最通俗的理解就是追求真理。什么是真理？如何达到真理？最初，人是以自身为坐标来衡量万物的，因此，回答这些问题靠的是主观判断，在此基础上发展出了一整套思辨的哲学体系。后来西方学者找到了发现真理的新工具，采用实证研究的科学方法，使人类在探索和把握世界方面更为有效，认识也更接近真实世界的脉络。迄今为止，由之发展起来的科学思维、科学精神、科学方法以及靠科学研究取得的一系列辉煌的科学成就，主导了人类生活的一切领域，现代科学成为主宰一切的话语霸权。然而，也须认识到，"科学文化"有更为丰富的含义，不仅仅是西方经典科学范式所包含的一切，还有非西方的、本土的、与生存实际密切关联的一切求真的生产和生活方式。科学已经成为现代教育的主题内容之一。

（一）科学是什么

科学是什么？一般来说，科学被看作是人类文化的一部分，是人类认识世界、发现规律、把握自身命运的探索活动，它包含着过程、方法、制度、规范及其作为研究过程之结果的知识体系。但是，这个说法，毕竟有点模糊，公众或许能接受，然而，哲学家、思想家、科学家们则有更多深刻的分歧意见。事实上，迄今为止，关于科学尚没有一个公认的完备定义，这一现象背后有很多值得深思的问题。

法国当代著名思想家埃德加·莫兰(Edgar Morin)说："'什么是科学'这一问题是唯一还没有任何科学答案的问题。"[1]美国学者戴维·林德伯格(D.Lindberg)在《西方科学的起源》一书中指出：即使能够对现代科学下一个人人满意的定义，历史学家仍然面临一个让他们头疼的问题。这是因为科学的内容、形式、方法和作用都在随着历史不断发生着变化。何况，"人人满意"的科学定义从未有过。几个世纪以来，人们为科学概念争论不休，参加争论的有科学家、哲学家、历史学家以及其他有关的人。科学概念是用语言表述的，许多被使用的词语在具体的语境中有不同的意义，各种意义之间的分歧是难以在不同的群体间达成共识的，这些群体都各有自己的一套常规，要让他们放弃自己所赞成的"科学"一词的用法，不经过一场战斗是不可能的，甚而言之，经过激烈的论战也未必能达成共识。因此必

---

① [法]埃德加·莫兰：《复杂思想：自觉的科学》，陈一壮译，北京大学出版社，2001，第8页。

须得承认,"'科学'一词具有不同的含义,每一种都合乎情理"①。但是,也不得不承认,每一种说法,都不是终结性的定义。

林德伯格指出,尽管人们对科学尚未达成一致的意见,但有几点得到了有力的支持:(1)科学是人类借此获取对外界环境控制的行为模式,由此科学就与工匠传统和技术紧密关联起来;(2)科学是理论形态的知识体系,技术则是应用理论知识来解决实际问题,两者应严加区分;(3)流行的做法是依据理论的陈述形式来定义科学,陈述形式应当是一般的、定律式的陈述,数学语言是最好的表达方式;(4)科学还可以从方法论的角度来定义,这样科学就与具体的一套程序联系在一起,通常是探明自然奥秘和证实或证伪某一有关自然特性理论的实验程序;(5)根据对科学的认识论态度定义科学,据此科学应该是个人获取知识和评判知识的某种独特方法;(6)依据其陈述的内容来定义科学,这样科学就是具体的一套关于自然的信念,多少与现行的物理学、化学、生物学、地质学的学说相仿;(7)"科学"和"科学的"这两个术语经常用来指具有严格、精确或客观等特性的过程或信念;(8)"科学"和"科学的"往往用来表示肯定和赞同某事物。②

康德说:"任何一种学说,如果它可以成为一个系统,即成为一个按照原则而整理好的知识整体的话,就叫作科学。"③这个表述中有三点值得注意:一是说任何学说都有可能成为科学的对象,并没有对象的限制;二是科学是系统的知识,具有整体关联的意义;三是知识是按照一定原则组织起来的,这些原则应该包括一定的方法和程序,要能保证知识的正确性。康德所说的自然科学的形而上学基础,实际上就是人的先天认识能力,自然科学最终归结为人学(人本学,人类学),这就是康德的真正意图和结论。在他看来枯燥乏味的陈述和咬文嚼字的推敲中,也能感觉到一种亲切和富于人情味的思想。他以"人为自然界立法"的庄严宣告,高扬了人的主体性自由。这是从那个时代一直到今天,仍然激励着自然科学家和人文哲学家们不断探索的主题。④

新康德主义弗赖堡学派的主要代表,德国哲学家李凯尔特(Rickert Heinrich)

---

① [美]戴维·林德伯格:《西方科学的起源》,王珺等译,中国对外翻译出版公司,2001,第2—3页。
② [美]戴维·林德伯格:《西方科学的起源》,王珺等译,中国对外翻译出版公司,2001,第1—2页。
③ [德]伊曼努尔·康德:《自然科学的形而上学基础》,邓晓芒译,生活·读书·新知三联书店,1988,第2页。
④ [德]伊曼努尔·康德:《自然科学的形而上学基础》,邓晓芒译,生活·读书·新知三联书店,1988,第8页。

说:"毋宁说,历史文化科学的观点绝对地高出于自然科学的观点,因为前一种观点要广泛得多。不仅自然科学是文化人的历史产物,甚至'自然'本身从逻辑的或者形式的意义而言也不外是理论的文化财富,是一种借助于人的智慧而对现实所作的有效的、即客观的有价值的理解。自然科学恰恰始终必然以附着于其上的价值的绝对有效性为前提。"[1]他还说:"从传统的观点看来,一切科学的概念形成或科学的阐述的实质首先在于,人们力求形成普遍的概念,各种个别的事物都可以作为'事例'从属于这种概念之下。事物和现象的本质就在于它们与同一概念中所包摄的对象具有相同之处,而一切纯粹个别的东西都是'非本质的',而达不到科学的地位……认识自然就意味着从普遍因素中形成普遍概念,如果可能的话,形成关于现实的绝对普遍的判断,也就是说,发现自然规律的概念。"[2]由此可见,发现自然规律的科学活动,从本质上来说是属于文化和认知的活动。

美国当代科学社会学家小摩里斯·N.李克特(Maurice N. Richter, Jr.)认为:"科学已经被明确为一个文化的、认知的和发展的过程。这个定义中三个特点的每一个都为从一个不同的角度观察科学提供了基础……根据这个概念,科学是一个跃迁的过程,在这个过程中,具有一定特征的文化的知识体系要被其他的具有同样特征但又在特定方面有所不同的知识体系取代。被取代的体系和替代它们的体系所共同具有的那些特征是'抽象性'和'可检验性':这些标准是一个体系被获准进入竞技场的标准,在竞技场里,这个体系将与具有同样特点的其他可供选择的体系竞争,以争取被盛行的科学知识实体接受。在任何特定时刻竞争获胜的体系就这样取代了还在盛行的、无论什么样的其他可供选择的体系。之所以能这样是因为前者在'简单性'和'预言能力'的标准上具有优越性。科学过程得以运行的机制包括基于'简单性'和'预言能力'在各种可供选择的体系中所做的选择,所有可供选择的体系都要具有进入被选择的竞技场所必需的抽象性和可检验性的特点。科学发展的方向类似于个体的认知发展方向。科学发展的起始点是传统的文化知识。科学发展的结构一般地类似于进化过程的结构,特别类似于文化进化过程的结构。科学是一个从个体层次向文化层次的认知发展的延伸,是一个

---

[1] [德]H.李凯尔特:《文化科学和自然科学》,涂纪亮译,商务印书馆,1986,第127页。
[2] [德]H.李凯尔特:《文化科学和自然科学》,涂纪亮译,商务印书馆,1986,第37—38页。

传统的文化知识之上的发展生长物,而且是一个文化进化之特殊化的认知变异体和延伸。"①

英国当代著名科学家齐曼认为:"在我看来,真科学……的确是哲学的、专门的、竞争性的、探索性的、多元的、信息化的、体制化的、经济的、进步的事业。为了把握'它是什么,它指什么',人们必须调和许多明显的矛盾……我试图表明,科学既是个体性的,也是集体性的;既是自由无约束的,也是科层体制化的;既是权威性的,也是可修正的;既是开拓创新的,也是高度保守的;既是能人统治的,也是寡头政治的。"②

苏联著名哲学家、科学史学家、化学家和心理学家鲍尼法季·米哈伊洛维奇·凯德洛夫院士等认为:"科学是精神文化的最重要因素,是人类知识的最高形式;它是借助相应的认识方法获得的、以精确的概念表现出来的发展着的知识体系,这些概念的真理性由社会实践来验证。科学是关于外部世界和人的精神活动的现象与规律的概念体系,它提供可能性去为社会的利益而预见和改造现实,它是历史地形成的人类活动、'精神生产'的形式,这个形式在其内容和结果上应该具备有目的地搜集的事实、制定好的假设和理论以及作为它们的基础的规律,应该具备研究的方式和方法。科学概念既用于表示科学知识的加工过程,也用于表示由实践检验为客观真理的知识的整个体系,还用于指明科学知识的个别领域,指明个别科学。现代科学是拥有极多分支的各个科学部门的总合(和)。"③

法国哲学家和科学家让·拉特利尔(Jean Ladriere)应联合国教科文组织之约为世界哲学家和科学家专题讨论会而准备的《科学和技术对文化的挑战》一书提出的科学观认为:"科学可以看作是当代科学知识的总和,或者看作是一种研究活动,或者看作是获得知识的方法。当代科学最显著的特征是其社会组织的程度越来越高……科学的内容和方法都同样是重要的。通过它的内容,科学提供某种关于实在的知识,通过它的方法,科学试图使这种知识能够有控制地增长,甚至能够

---

① [美]小摩里斯·N.李克特:《科学是一种文化过程》,顾昕、张小天译,生活·读书·新知三联书店,1989,第85—87页。
② [英]约翰·齐曼:《真科学——它是什么,它指什么》,曾国屏等译,上海科技教育出版社,2008,中文版序第8—9页。
③ 鲍尼法季·米哈伊洛维奇·凯德洛夫:《"科学"的概念》(1979年),转引自李醒民《科学是什么?》,《湖南社会科学》2007年第1期。

不断地改进保证这种增长的手段。也许,科学活动最独特的方面正是这种取得进步从而导致特殊的进化形式的能力。"①

苏联莫斯科大学人文系哲学教授、科学学家彼得·阿列克谢耶维奇·拉契科夫提出,科学的概念可以从三个主要方面考察。从理论方面看,可把科学看作是知识体系,作为意识形态的科学,是依赖于实践系统地和不断发展地认识现实的客观的本质联系的一种基本形式,这种认识提供预见事件的可能性,并且是人们合理活动的基础;从社会活动和社会体制来看,科学是一种特殊的社会活动,是一个相对独立的社会体系,这个体系把科学家和科学组织联合起来,为认识现实的客观规律和确定实际应用这些规律的形式与途径服务;从科学结论的实际应用和科学的社会作用方面看,科学是社会的一种直接的实践力量,这种力量由于在生产力和社会关系中体现科学的成果而被建立起来,并且通过使人们的活动与科学所揭示的客观规律的性质越来越符合的途径而得到发展。根据其最基本的、最本质的特征可概括为:"科学是关于现实本质联系的客观真知的动态体系,这些客观真知是由于特殊的社会活动而获得的和发展起来的,并且由于其应用而转化为社会的直接实践力量。"②

莫兰在其《复杂思想:自觉的科学》一书中谈到:科学家和哲学家"怀特海早已提出科学比神学更加多变——这是他的原话。他说,任何学者都不能毫无保留地认同伽利略相信的东西,或牛顿相信的东西,或他们自己在十年前的科学信仰。他指出了一个令人惊异的事情:与通常的见解相反,科学性的特征不是确定性,而是不确定性。卡尔·波普尔的决定性贡献也正是在这个问题上"③。莫兰在对科学认识论进行了一番探索和考察之后提出对科学的几点看法:第一个观点就是应该继续把科学看作一种探索和研究的活动。这是对真理、对现实等等的探索和研究;第二个观点是必须完全摧毁科学认识是现实的单纯反映的天真观念,实际上它是含有人类活动的所有构成成分的建构活动……科学的客观性不排除人类精神、个别的主体、文化、社会,而是强调它们的作用;另一个结论性的观点是:科学

---

① [法]让·拉特利尔:《科学和技术对文化的挑战》,吕乃基、王卓君、林啸宇译,商务印书馆,1997,第10—11页。
② [苏]П.A.拉契科夫:《科学学:问题·结构·基本原理》,韩秉成等译,科学出版社,1984,第20—43页。
③ [法]埃德加·莫兰:《复杂思想:自觉的科学》,陈一壮译,北京大学出版社,2001,第22—23页。

不是纯粹的。寻求纯粹科学的清晰和明确的界限、澄清何谓科学的事物和何谓非科学的事物的意愿,是一种错误的想法。最后提出,必须解除科学概念的孤岛性。①

英国著名物理学家、科学学奠基人剑桥大学教授J.D.贝尔纳(J.D. Birnal)提出应把科学理解为:第一,一种体制,即人们完成一定社会任务的政治;第二,一种方法,即发现自然界和社会中各个新方面和规律的方法的综合;第三,科学传统的积累;第四,生产发展的重要因素;第五,一般思想和世界观原则的源泉。②

新文化运动以来的中国学人吸纳了西方的科学观和哲学思想,从而也提出了自己对科学的看法,对后人产生了很大的影响。梁启超从最广义的层面解释,把"有系统之真知识,叫作科学"。他还说过:根据经验的事实分析综合求出一个近真的公例(定律)以推论同类事物,这种学问叫作"科学"。陈独秀在1915年写道:"科学者何?吾人对于事物之概念,综合客观之现象,诉之主观之理性而不矛盾之谓也。"著名动物学家秉志认为,科学"无非将常识而条理之,俾有系统,更由有系统之常识,造其精深,成为专门之知识而已"。著名学者、科学家、教育家和思想家任鸿隽对科学的定义多有阐述:"科学者,缕析以见理,会归以立例,有觚理可寻,可应用以正德利用厚生者也。""科学是根据自然现象,依照论理(逻辑)方法发现其关系法则的有系统的知识。"他的一个比较详尽的科学定义是:科学者,知识而有统系者之大名。就广义言之,凡知识之分别部居,以类相从,井然独绎一事物者,皆得谓之科学,自狭义言之,则知识之关于某一现象,其推理重实验,其察物有条贯,而又能分别关联抽举其大例者谓之科学。任鸿隽在这里涉及的是科学的外延。他把科学划分为两大类,即狭义的科学和广义的科学,它们大体上分别与英文的science和德文的Wissenchaft对应。教育家、化学家、哲学家王星拱也采用两分法,将广义的科学定义为:凡由科学方法制造出来的,都是科学的。狭义的科学,是指数学、物理学、化学、生物学、地质学等。③

一些工具书对科学概念的定义大致相同:有说科学是反映自然、社会、思维等

---

① [法]埃德加·莫兰:《复杂思想:自觉的科学》,陈一壮译,北京大学出版社,2001,第40—41页。
② [苏]П.А.拉契夫:《科学学:问题·结构·基本原理》,韩秉成等译,科学出版社,1984,第42页。
③ 鲍尼法季·米哈伊洛维奇·凯德洛夫:《"科学"的概念》(1979年),转引自李醒民《科学是什么》,《湖南社会科学》2007年第1期。

的客观规律的知识体系;有说科学是运用范畴、定理、定律等思维形式反映现实世界各种现象之本质规律的知识体系;还有把科学看作是一个探寻知识的系统,等等,不一而足。

关于科学的定义难以尽数罗列,人们对科学概念的阐释各有不同的视角、立场和价值取向,科学方法、科学理论体系、科学组织系统、科学语言、科学规范、科学精神、科学思维等都是科学概念所涉及的范畴。大凡真知灼见都会有所侧重,各种说法皆有道理,但永远不会有终结性的表述,随着人类认识的深入和科学的进步,对科学概念的阐释还会有进一步的发展和完善。

(二)科学的文化意义

从文化意义来审视科学,其最初形态发生可以追溯到远古时代。在西方,米利都的泰勒斯说"水是万物的本原",如《周易·系辞上传》里中国古代先哲提到"观象于天,观法于地","探赜索隐,钩深致远",在本质上都具有科学探索的意义。按照恩格斯的观点,自然科学的形态发生有个顺序,首先是天文学,这是由于游牧民族和农业民族为了定季节所需要的,为此又要借助于数学;农业的发展(水利)特别是随着城市和大建筑物的产生以及手工业的发展使力学也发展起来。在整个古代,本来意义的科学只限于这三类,在古典时期开始了精确的和有系统的研究,而物理学与化学还没有分离开。在植物学、动物学、人体和动物解剖学中只不过是搜集事实和系统整理这些事实。在漫长的中世纪之后,科学以意想不到的力量重新振兴,并且以神奇的速度发展起来。恩格斯把这种神奇的出现再次归功于生产。①

从广义来说,感知世界、认识世界、把握世界的真实脉络并运用从实践中得来的知识和经验,开物成务、制作器具、治疗疾病、耕作生产及观象制历等,都是具有科学意义的人类活动。从事这样的活动,需要灵性、智慧、想象、发现、创造等品质。诸如游耕、采猎、航海、稻作等依赖不同的资源环境而生存的各个民族,在漫长的时间里都发展出了自己独特的科学文化,而每一文化的核心价值系统都凝结着族群千百年来累积的知识和经验。即使是今天还保持着原始生存方式的部落,也有科学文化。美国天文学家、科学理论家卡尔·萨根(Carl Sagan)在《魔鬼出没的世界》一书中,摘引了几段对居住在博茨瓦纳和纳米比亚共和国的卡拉哈里沙

---

① 《马克思恩格斯选集》第三卷,人民出版社,2012,第523页。

漠的坤桑人的狩猎生活的描述,它被用来说明人类原始的探寻猎物踪迹的智力活动过程与现代科学探究在本质上并无不同。

狩猎小组跟踪蹄印和其它踪迹。他们在一片树林旁暂停了一会儿。他们蹲下来仔细地检查踪迹。他们所一直追寻的踪迹被另一条穿过了。很快,他们统一了意见,确定了是哪一种动物,有多少,岁数和性别,有没有受伤的,跑得多快,跑过去多长时间了,有没有别的猎人也在追踪,小组能不能追上猎物,如果能追上要花多少时间。决定作出后,他们轻拂他们将追寻的踪迹,牙齿间发出像风一样轻微的声响,然后大步慢跑。尽管背着弓和毒箭,他们继续已经开始了几个小时的马拉松锦标赛。他们几乎总是在地上准确地读出讯息。野牛或羚羊或霍加披(像长颈鹿的动物)就在他们想到的地方,数量和情况正像他们所估计的一样。狩猎很成功。猎物被带回了临时的营地。每个人饱餐了一顿。

坤桑人是怎么做到这一切的?按照人类学家理查德·李基(Richard Leakey)的说法:

他们仔细检查凹坑的形状。一只快速移动的动物留下的足迹显示出一种拉长的对称性;一只微跛的动物由于照顾疼痛的腿就会让它少承担些身体的重量,留下浅些的印记;一只较重的动物留下更大更深的空穴。相关公式就在猎手的脑子里。

坤桑人也很擅长识别人的踪迹。劳伦斯·帕斯特这样描述:

离家数英里并与其他人分开,恩格索和我,在一只受伤的雄鹿的踪迹上,忽然发现另一组印记和我们的交汇到一起。他满意地咕哝了一声并说这是几分钟以前鲍克斯毫的足印。他断定鲍克斯毫跑得很快,而且我们很快就会看到他和那只动物。我们爬上前面的沙丘,鲍克斯毫就在那里,正在给动物剥皮。①

---

① [美]卡尔·萨根:《魔鬼出没的世界:科学,照亮黑暗的蜡烛》,李大光译,吉林人民出版社,1998,第351—354页。

这些保留着原始生活方式的坤桑人，在长时间的采猎生活中，把大量经验压缩为简化的图式，并通过言传身教使这些经验代代相传。根据足印被侵蚀和凹坑四壁崩塌的情况、沙子和树叶落入坑中的多少及深浅程度等现象判断动物走过的时间，这种思路丝毫不亚于天文学家研究陨石坑的情景。他们还知道，奔跑的兽群怕热，为了遮阳它们会改变路线以利用一片树林的阴凉。而树荫的位置由太阳在天空中不同时刻的移动决定。通过踪迹转弯方向的改变，就可能说出动物是多长时间以前经过的。在一年中的不同季节，这种计算是不同的。所以猎手脑子里必须装有一部天文历法以预测太阳的运动。

中国古代的神农尝百草的典故反映了农耕时代之前的另一种获得食物的主要方法。植物学家和人类学家常常发现，全世界的以采猎为生的种族，辨别各种植物物种的准确程度可以达到西方分类学家的水准。这实际上是一种自然观察能力。这种自然观察能力是他们生存的前提，族群能够从远古存活到今天就依赖于这种智力活动。

值得进一步思考的是在那些有关探查猎物踪迹的案例中，我们只是通过作者的语言描述知道了诸多复杂因素在智力活动中的作用。譬如，检查动物留下的足迹，根据遗留的信息判断动物的种类、数量、大小、体能状况等，根据季节、天气、丛林、水源及太阳的位置等各种信息，判断猎物的路径及经过的时间，等等。这种描述本身还带着经典科学思维范式的印记，使人感觉到这些活动与真正的科学研究过程并无本质的不同，然而实际情景的复杂性远非线性的思维能够完全表述清楚。可以想象，不仅是那些被分析出来的因素，甚至连空中弥漫的气味、声音以及难以用语言逐一细述的氛围，都参与了智力活动过程。人类语言永远不可能完全描绘出大脑对世界的全息感受，智力总是在活的情景中方显出卓越的本色，这是以分解世界为主要特征的学校课程决计难以完成的。由此可知，真实的世界，未必仅靠经典的科学方式就能准确把握。科学的真谛在于求真，真知永远存在于实际的生存世界。

这些讨论，或可看作文化人类学视角下的科学文化。事实上，文化总是与特定的人类种群相联系。在中国传统的思维方式中，科学理性有一些特殊的表现形式。中国科学文化的源头，可追溯到远古时代。当代法国著名汉学家汪德迈(Léon Vandermeersch)在《中国思想的两种理性：占卜与表意》一书中，将中国科学文化的发轫与占卜联系起来。中国古代占卜学的思想基础是万物相通的关联性。一事物与其他事物之间的因果联系，是先民早已注意到的，并且在没有文字的时代，以特有的方式凝结为普遍经验。如《周易·坤卦传》六三曰"含章可贞"，"可贞"就是可以预料。什么事情可以预料？唯有含章法(即规律)的事情才可以预料。还有诸如"履霜坚冰至""复，其见天地之心乎"等等，都是充满了理性与智慧的生存知识和生活经验的总结。汪德迈指出："相关性在中国思想中，用康德的话语说，作为由'知性'而致的经验组合的基本范畴之一，与因果律在西方思想中起的作用相同；所谓'易'在中国思想中的作用是'本质'在西方思想中的作用。至于'经验的第三类比'，中国知性无疑与西方的知性一样，从中得出同时发生的万象具有同时性原则，但这一同时性具有相关性，被万象相互感应激活，时刻使万物保持在可以说是同一类道上，而并非是时间上的因果律联系。这就是占卜理性取代神学理性的超验性之果。"他的研究得出的结论是："相关性理性得以孕育中国的科学思想。"他甚至提出这样的问题：在中国即时性的"感应"观与爱因斯坦的时空相合概念之间是否具有同质性？①据此来看，中国古代的占卜之学，从一开始就将其根本依据建立于理性的、逻辑的思考，见微知著、以小见大，立八卦之象，"以通神明之德，以类万物之情"讲述的就是这个道理。这里所说的"神明"，不是指超自然的上帝，而是宇宙自然本身。从相互关联的、有规律的事物出发，以类比和关联性思想推及万事万物，这种形而上学的思想在中国古代占卜学伊始就得以体现，而一旦开始从理性出发，就没有给"神"留下太大的空间，超自然的"神"就被排挤出人文世界。《周易·系辞上传》曰："探赜索隐，钩深致远，以定天下之吉凶，成天下之亹亹者，莫大乎蓍龟。"其所体现的就是这种思维方式。中国没有发展出像西方那样的宗教，却从巫性文化转向了理性文化，就在于这种占卜的理性基础与西方的神学思想有着根本的不同。众所周知，孔子言语务求"穷理尽性"，"子不语怪力乱神"(《论语·述而》)体现着孔子的一贯作风。孔子正是那个推动了中国由巫性文化向理性文化转型的文化巨人。

另一位西方学者，英国生物学家、科学史家李约瑟(1900—1995年)在其名著

---

① [法]汪德迈：《中国思想的两种理性：占卜与表意》，金丝燕译，北京大学出版社，2016，第2、3、8、81、83页。

《中国科技史》中说:中国人格中有许多最吸引人的因素都来源于道家思想。中国如果没有道家思想,就会像是一棵深根已经烂掉的大树。(道家)发展了科学态度的许多最重要的特点,因而对中国科学史是有着头等重要性的。道家对自然界的推究和洞察,完全可与亚里士多德以前的希腊相媲美,而且成为中国整个科学的基础。说道家思想是宗教和诗人的,诚然不错;但是它至少也同样是方术的、科学的、民主的,并且在政治上是革命的。"道法自然"是道家思想,李约瑟将之视为中国人特有的协调性思维,它不同于那种反逻辑的或前逻辑的原始思维,在那种思维中,任何事物都可以是其他事物的起因,而且在那里人们的思想是由这个或那个巫医的纯幻想所引导的。这种协调性思维"是一幅极其精确并井然有序的宇宙图像,其中事物的'配合'是'紧密得不容插入一根毛发'"。它是这样一个宇宙,"其中这一组织之所以产生,既不是由于有一个最高的创造主——立法者所发出的,由侍从天使们所强加的而一切事物都必须遵守的命令;也不是由于在无数弹子球的物理碰撞中,一个球的运动是推动另一个球的物理原因。它是一种没有主宰者的各种意义之有序的和谐,它就像是乡村人物舞会上的舞蹈者们之自发的然而是有秩序(在有模式的这种意义上)的运动一样,他们当中没有任何人是受法律的支配去做他们所做的事,也不是被别人从后面推挤到前面来,而是在一种自愿的意志和谐之中进行合作"①。

　　这些西方学者对中国科学理性的评说,已经不再是西方中心主义者的腔调了,显然也不是纯科学主义的评价,而是更具有文化色彩。然而在我们看来,中国科学文化的思想基础,还可以挖掘得更深。无论是现代科学还是古代的科学,无论是西方经典科学,还是各民族生存实践中总结的知识和经验,一切的科学文化,核心都在"求真"。而"真"与"不真",关键在于人能不能摆脱主观判断,达到客观真理,达到与实际相符的真知。老子经典名句:"为学日益,为道日损。损之又损,以至于无为。无为无不为。"(《道德经》第四十八章)说的就是这个道理。就学问来说,随着学习,知识日益增长;就修道来说,道行越深,私欲和主观性越少,越接近自然本身。有人将后句理解为"人到无求品自高",当然也没错,只是老子的思想境界比这个更高。就老子一贯的思想,学问越高,就越近于道,越是近于道,就

---

① [法]汪德迈:《中国思想的两种理性:占卜与表意》,金丝燕译,北京大学出版社,2016,第88—89页。

越是减损自身那不符合道的杂质,以达至道的纯真。所以"为道日损,损之又损,以至于无为,无为而无不为",自我减损了又减损,直到无所欲、无所为,达到与宇宙自然本身完全一致,成为一体。如宋代陆九渊云:"宇宙便是吾心,吾心即是宇宙。"①使自己的思考与世界的本质完全一致,是古代先哲毕生的追求。当今时代我们提倡的思想方法,讲求尊重客观性,追求客观真理,才能把握世界的真实脉络。主观的因素越多,就越影响对真实世界的了解。随时准备放弃不真实的、虚假的知识,才是真正科学的态度。老子所说的"损",就是"非道"的减损。从孔子的"子绝四"也可悟出同样的道理:毋意,毋必,毋固,毋我(《论语·子罕》)。这就是说不凭空臆测,不绝对肯定,不固执己见,不自以为是。

综上所述,西方经典科学范式只是科学文化的一部分,科学文化的核心价值在于求真,把握了真谛,就把握了真实世界的脉络。作为课程文化的一个重要组成部分,一切具有科学意义的探究、思考、方法、精神等,都应作为化人之道的重要内容。在这一意义上,教育人类学、文化人类学、教育文化学有了共同的聚焦点。

(三)科学课程以求真化人

科学文化的发展,彻底改变了人的思维方式和生存方式,从而也使人类居住的地球发生了巨大的变化。从文艺复兴和启蒙运动以来几百年间,市场经济、民主政治和现代科学技术犹如巨大的社会推进器,由其产生的集成效应导致了人类社会的跃迁式发展。这是三大革命的成果。三者之间是相互渗透的。马克思在《共产党宣言》中提到:"资产阶级在它的不到一百年的阶级统治中所创造的生产力,比过去一切世代创造的全部生产力还要多,还要大。"②在这个时期出现了机器、轮船、火车、电报等,而今由信息技术、航空航天、生物技术、互联网等领域的飞速发展所带来的变化,早已令人目不暇接了。想象一下几百万年前人类的初始形态,再和今天的地球做一比较,我们当能深刻体会到科学文化所发挥的巨大作用。

作为科学文化的创造物,除了宏观世界的改造以外,在微观的层面,还体现在观念、制度、器物和生活方式上发生的根本性变化。在科学文化的观念层面,可以细分为科学知识、科学思想、科学精神、科学方法、科学范式等;从制度层面看,包

---

① (宋)陆九渊:《陆九渊集》,钟哲点校,中华书局,1980,第483页。
② 《马克思恩格斯选集》第一卷,人民出版社,2012,第405页。

括了科学活动的各种建制,如研究机构、学术团体、出版部门、法规章程等;从器物来说,主要指那些改善了人类生产生活以及支撑科学自身发展的物质基础,尤其是实验设备、观察和测量器具等直接与科学活动密切相关的器物创造;科学生活方式也是科学文化的产物,在当今时代,科学也已经渗透到生活领域的各个方面,以科学的方式生活,早已成为大众化的现实。

作为课程文化内容之一的科学文化,主要包括自然科学和社会科学。自然科学是研究自然界的物质结构、形态和运动规律的科学,包括物理学、化学、生物学、天文学、气象学、地质学、农学、医药学、数学和各种技术科学等,它是人类生产斗争经验的总结,反过来又推动着生产的发展;而社会科学是研究各种社会现象的科学,包括政治学、经济学、法学、教育学、文艺学、史学等。社会科学中的许多分支属于上层建筑范畴和意识形态领域。科学文化的视野涵盖了从精神到物质的所有方面。科学是人类文化的一部分,是人类认识世界、发现规律、把握自身命运的探索活动,而认识世界,包括认识人类自身。马克思说:"人的第一个对象——人——就是自然界、感性;而那些特殊的、人的、感性的本质力量,正如它们只有在自然对象中才能得到客观的实现一样,只有在关于自然本质的科学中才能获得它们的自我认识。""自然科学往后将包括关于人的科学,正像关于人的科学包括自然科学一样:这将是一门科学。"[①]这就是说,自然科学和人的科学是一回事。开放的科学观,就是这种大一统的科学观。

科学文化对人的发展的意义是毋庸置疑的。但是也需要警惕唯科学主义的倾向,它是一种极端化的产物。唯科学主义坚持的科学至上,视科学为唯一正确的知识,科学是万能的。唯科学主义在与社会相联系的层面上表现为技术主义,认为一切社会问题都可以通过技术的发展得到解决;科学技术所导致的问题都是暂时的、偶然的,是前进中的失误,并且一定可以通过科学及技术的发展得到解决。在人与自然关系中,表现为征服自然,把自然视为人要控制的对象。科学是好的,但唯科学论是有害的。科学是一把"双刃剑",如果缺乏价值引导,人类将由于自身的创造物而陷入难以逆转的困境,这是马克思的"掘墓人"模型昭示的真理。科学与人文不能割裂开来,工具理性与价值理性当有机地统一起来。认识到

[①] 《马克思恩格斯文集》第一卷,人民出版社,2009,第194页。

科学文化对人的发展具有价值和意义的同时,还必须清醒地意识到,唯科学主义坚持的并非我们在最广的意义上所指的开放的大科学观,它是与"求真"的核心价值追求相悖的,是违反了科学本质的工具理性主义泛滥的产物。

科学文化以求真化人。在科学课程中,不仅要了解人类已有的科学发现、科学理论、科学知识,更重要的是培养科学精神。科学精神概括来说包括:探索精神、创新精神、独立精神、实事求是等。科学文化与人文和艺术相比,有着本质的不同。科学是对世界的认识和对真理的探索,不是一种价值判断,也不受主观的和情感的或审美的影响——当然这不是指科学中没有美,而是指那种具有个性色彩的审美。在这一点上,老子的"道法自然"是本土话语最好的表述,其中蕴含着"从自然的本来面目认识自然""尊重自然规律""求真求实"等意义。科学精神要求公正、客观、实事求是,不允许伪造证据和做任何艺术性的夸张,并且强调观察、实验,以实践为基础并接受实践的检验,这是科学精神的精髓;科学精神追求对事物进行原理层面的认识和解释,这就要求能够在最基本的层面认识和把握世界;独创性是科学文化的基本要求,这不仅是一个科学道德或学术道德的问题,也是科学发展的逻辑所决定的。新的科学发现不是从天上掉下来的,而是在前人研究基础上的进展,要有所发明和创造,必先了解全部已有的创造;科学是在不断发展的,人对真理的认识永远没有完结。怀疑和批判是科学文化的生命,也是科学文化发展的内在动力。

科学课程的核心在培养探索精神。实现这一目标,仅靠教授书本知识是做不到的。当今学校教育受工具理性主义的影响很深,学校的课程,缺乏与生活世界的意义关联,爱思考和探索的学生,常常会感到很纠结,而那些善于将脑瓜清零,无条件接受精心编排好的课本知识和老师所讲授知识的学生,一般能顺利通过各级各类考试并升入高一级学校。以这样的方式培养出来的各级各类学校毕业生,缺乏个性和创造性,也就是很自然的事情了。卡尔·萨根说:"我不认为科学难于讲授的原因是人们对接受科学没有准备,或是由于科学仅仅产生于侥幸,或总的来说,我们的脑力还不足以掌握它。相反,我所看到的一年级学生对科学的巨大热情以及来自残存的采猎部落的证据都雄辩地证明:科学倾向深深地埋藏在我们之中,不论是在任何时间、任何地点,还是任何文化之中。它已经成为我们生存的手段。它是我们与生俱来的权处。当我们由于漠不关心、漫不经心、无能为力或对怀疑主义的恐惧而使孩子们对科学失去信心,我们就是剥夺了他们的权利,拿走了他们用以管理未来的工具。"他还引用哲学家约翰·帕斯莫尔(John Pasmore)的话,说科学常常是作为学习的一些方法并按常规步骤去应用的一种东西。它是从课本中学来的。从实际的效果来看,"学校的课程吸引了错误的一类人来从事科学工作——喜欢常规而缺乏想象力的男孩和女孩"[1]。科学研究的队伍中充满这样的人是难以有科学上的重大发现和突破的。由此来看,科学文化课程,应当为那些喜爱大自然、富有好奇心、对实际生活世界的一切充满兴趣的孩子创设良好的条件,准备充足的精神营养和教育资源,扶植其源于自身的内在生命冲动和创造品质,并通过课程将这些冲动和品质进一步提升为科学探索的能力、习惯及方法。而这样的课程,也必须是源于他们自身熟悉的物质环境、生活情境、生活方式、心理特质、认知方式和话语习惯的。

教育是一个生长过程,生长意味着由小到大、由低级到高级、由简单到复杂演进,是内在力量的增长和生命力的拓展。在这个过程中,主体的主动性和积极性得以发挥,能够使用自己的智力和创造性,在为其提供的合适土壤里一步步探索并获得成功的经验,获得生长的快乐。生长还意味着主体用新的眼光来看事物,用不同的方法解决问题。约翰·杜威(John Dewey)说:"在教育上可以得出的一个结论就是:一切能考虑到从前没有被认识的事物的思维,都是有创造性的。一个三岁的儿童,发现他能利用积木做什么事情;或者一个六岁的儿童,发现他能把五分钱和五分钱加起来成为什么结果,即使世界上人人都知道这种事情,他也是个发现者。他的经验真正有了增长;不是机械地增加了另一个项目,而是一种新的性质丰富了经验……如果创造性一词不被误解的话,儿童自己体验到的快乐,就是理智的创造性带来的快乐。"[2]科学素养也是在实际生活中一点点生长起来的,包括作为科学研究起点的"发现问题",离开了生活的实际,难以培养问题意识和探究精神。科学教育未能将课程与生活紧密联系起来,以至于给人以"两张皮"的感觉,这是迄今为止在这个领域教学中存在的最大问题。

---

[1] [美]卡尔·萨根:《魔鬼出没的世界:科学,照亮黑暗的蜡烛》,李大光译,吉林人民出版社,1998,第375页。
[2] [美]约翰·杜威:《民主主义与教育》,王承绪译,人民教育出版社,1990,第169页。

能否让学生探索真理、追求真知的自然本性,通过科学文化途径得到有效的培养,这在很大程度上取决于教育者本人的科学文化素质。教育者自身内心世界贫乏,对世界的意义关联不感兴趣,自然也就没有科学探究的兴趣。教育的方法和途径,也是重要的环节。探究性学习通常被认为是培养科学精神、科学思维、科学方法的有效途径,但常在教育教学的实践中走样。探究性学习不只是对科学课程,实际上它对一切学科的学习都适用。然而在教学中,一般都是各个学科的教师将精心设计的过程与方法付诸教学过程,教师早已知道答案,结果在开始时就了然于胸,学生是在接受训练,无需怀疑内容、过程与方法的正确性。不会有变化和意外发生,一切都在精心设计之中,这并不是真正的探究。只不过是一种技术化的操作程序而已。在一些比较成功的探究性教学案例中,老师会暂时搁置问题,不忙给出答案,让学生下去自己收集资料,提供证据,为自己的说法进行论证,这就需要不止一两个人的合作研究,需要深入社会,深入生活,做实地调查和访谈,需要到图书馆去查阅各种文献资料,向专家学者求教,这可能需要很长时间,但这可能成为真正有价值的探究。求真所需要的一切科学素质,都在这个过程中得以体现,学生在其中学到的东西远远胜过书本上说的和老师在课堂上教的。最重要的是学生独立探索的内生动力结构的形成,它可能成为个体永久的内在动力。有了这种动力,学习就不是被动的、被老师教的,而成了印证知识、寻找论据、提出新见解的一个阶段性过程。人文课程中科学精神的培养、科学思维方式的形成、过程与方法的把握和运用等,与科学课程相比有自身的独特性,其中最明显和突出的一点,是存在着更大的不确定性,思想观念系统的核心都是由难以用经典的科学方法证实的价值和信仰所构成,即使是历史,也会被编纂者篡改和扭曲,在探究者眼中不存在终结性定论。因此,培养问题意识,鼓励思考、质疑是比掌握知识点更为重要的教学目标。

二、求善的人文教育

人文课程的核心价值取向是求善。至于何为善,却不是一个能够简单回答的问题。几千年来哲学家们思来辩去的主要话题之一就是道德和善。苏格拉底毕生探讨的就是关于永恒不变的美德的知识,他说:"如果知识包括了一切的善,那么我们认为美德即知识就将是对的。"①这样,他把全部知识的内容集中到一个命题:美德就是知识。中国的圣贤先哲们的核心话题也是道德哲学问题。留下五千言《道德经》的老子自不必多言,孔子最重要的文化贡献,也是通过《周易·大传》表达的道德哲学。中西方传统的人文教育,都有着悠久的历史。只是在现代教育中,由于功利的驱使,重在价值理性的人文教育在很大程度上被淡化了。

(一)人文与科学的关系

人文课程与科学课程的区别是明显的,但关于人文是不是科学,却是有争议的。意见分歧的根本原因在于对科学的看法。狭义的科学观将科学与人文对立,同样,一些人文学者也视科学为对立面。然而,从广义来看,科学与人文有着内在的关联性。西方人文精神发展的历程说明,人文与科学并不对立,恰恰相反,科学正是文艺复兴时期以来西方人文主义的诉求,理性和自由内在关联,自由的人必然是遵从理性的人,而科学正是人类理性创造的丰硕成果。从更为深刻的意义上说,科学也是人类文化的组成部分,因为科学说到底是人类活动的一部分,是人根据自身对外部世界的认识并依据自然规律对外部世界进行的改造,无论就字面意思还是实质精神,科学也理所当然地包含在人文之中。

德国哲学家、历史学家、心理学家、社会学家韦尔海姆·狄尔泰(Wilhelm Dil-they)在其《人文科学导论》中把以社会历史真实为宗旨的学科都置于"人文科学"名目之下,"人文科学形成了一个与自然科学并列的独立主体"。他还指出:"在很大程度上,人文科学的确涵盖了自然的事实,并建立在关于自然知识的基础上。"②他是在"精神科学"的意义上使用"人文科学"概念,要研究的主要对象是"人及人的精神",要了解人的历史和社会现实存在的各种联系,就需要通过"体验"的方式达到"理解"。让·皮亚杰(Jean Piaget)在其《人文科学认识论》中指出:"在人们通常所称的'社会科学'与'人文科学'之间不可能作出任何本质上的区别,因为显而易见,社会现象取决于人的一切特征,其中包括心理生理过程。反过

---

① 《古希腊罗马哲学》,北京大学哲学系编译,商务印书馆,1961,第164页。
② [德]韦尔海姆·狄尔泰:《人文科学导论》,赵稀方译,华夏出版社,2004,第5、15页。

来说,人文科学在这方面或那方面也都是社会性的。只有当人们能够在人的身上分辨出哪些是属于他生活的特定社会的东西,哪些是构成普遍人性的东西时,这种区分才有意义(这一假设正是这种区分的根源)。"①皮亚杰主要是通过人的认知心理的研究来体现"人文科学"的意义。"人文科学"这一概念得到人们认可,体现了科学与人文两者之间的交织和渗透。科学与人文的分裂,是人类知识领域分化的结果。由统一体分化为相对的部分,再由分化走向更高层次的整合与统一,这也是人类知识演进的规律。天地间万事万物,聚散离合是恒常定律,没有什么是一成不变的。人类知识领域的演进出现统、分、合也是必然的。

关于人文学科,《简明不列颠百科全书》如此表述:"人文学科是那些既非自然科学也非社会科学的学科的总和。一般认为人文学科构成一种独特的知识,即关于人类价值和精神表现的人文主义的学科。"②美国人文学科国家基金会界定为:"人文学科包括历史、哲学、语言、语言学、文学、考古学、法学、文艺批评与历史、伦理、比较宗教以及以历史和哲学方法为研究近路的社会科学;而最后一类则包括政治理论、国际关系及其他关注问题的'质'及价值多于关注其研究方法的科目。"还进一步指出:"人文学科尤指一思想方法,学术范畴。人文学科之科目从经典著作研究到分析当代问题不等;研究方法包括个别的学科研究及综合科际研究两个方面。"③学科划分本属西方话语体系,今天我们所称的"人文学科"从本质上说是一种科学界定,它是未被自然科学和社会科学接纳的学科的笼统称呼。概括地说,人文学科主要由文、史、哲及其所衍生出来的知识领域构成,那些领域包括美学、宗教学、伦理学、文化学等。人文学科知识构成了一个洋溢着真善美的丰富的精神家园,是人的终极关怀所在。文学使人充满了对美好人生的向往,哲学使人沉思人存在的价值和意义,史学使人将起点与归宿相互关联,艺术给人带来美的体验,宗教伦理使道德和善永留人间。

"学科"按字面意思指的是"按照学术的性质而分成的科学门类",强调的是分类体系和课程内容方面的规定性,既可用于学科领域的总称,如自然科学、人文科学等,也可以指具体的学科如历史学、法学、物理学、化学等。"人文学科"和"人文

---

① [瑞士]让·皮亚杰:《人文科学认识论》,郑文彬译,中央编译出版社,2002,第1页。
② 《简明不列颠百科全书》编辑部:《简明不列颠百科全书》第6卷,中国大百科全书出版社,1986,第760页。
③ 张灿辉:《人文学科与通识教育》,《陕西师范大学学报》(哲学社会科学版)2000年第1期。

科学"所涵盖的对象领域实质上没有不同,人们使用不同的表达方式,也许只是反映了态度和立场而已。如伊曼纽尔·沃勒斯坦(Immanuel Wallerstein)使用"人文学科",是在"科学"与"人文"两种文化的意义上讨论问题,将"社会科学"视为介于"人文"与"科学"之间的研究领域。英美百科全书中只有"人文学科"而没有"人文科学"词条,或因为在"科学"与"人文"两种文化之间的冲突和战争正愈演愈烈似乎未有穷期,在认识上远未达到统一。

传统的人文学科被赋予"科学"的意义,反映了科学意识的深化。然而对此也须两面看,一方面,"人文科学"这个概念体现了一种努力,要以人的社会存在为研究对象,探索、发现并揭示人类社会的本质和发展规律,试图体现价值理性与工具理性的整合。另一方面,也须看到,一些学者对科学一词的"滥用"提出质疑,他们认为像文史哲这样的人文学科,不应称作"人文科学"。学术界对科学的过分崇拜,也会使人文传统受到削弱。人文的方法与科学的方法有着不同的特点也是不容忽视的,以科学的话语霸权统摄一切学科,似乎只有经过科学的论证才能获得合法性,这会威胁到学科的合法性问题,同时也对知识的合法性问题提出了严峻的挑战。不同的观点和看法各有道理,谁对谁错不重要,都不是终结性的话语,争论还将长期存在下去。重要的是了解不同的说法,避免偏执一端的谬误观点。科学与人文既有差别和区分,也有整合与统一。就人类认识世界的本质意义来说,不应将世界分隔与割裂开来进行理解,而需要整体关联的科学理念来统摄。而在对待不同分支学科中具体的研究对象时,又有所区分,不能将自然科学的研究方法生搬硬套地运用于人文社会领域。

关于"人文科学"的外延,人们意见也不一致,有把人文科学等同于人文学科的,认为它包括哲学、文学、语言学、历史学、艺术学、考古学、文化学、宗教学等。也有将社会科学也包括进人文科学的。例如狄尔泰在《人文科学导论》中说:"所有以生活历史真实为宗旨的学科,在本书中都被置于'人文科学'的名目之下……那些在人类历史中发展起来的被当做'人本的、历史的和社会的科学'的东西,组成了我们不奢求掌握却寻求初步理解的精神事实的范围……人文科学中知识的本性,必须通过对人类发展的全部过程的观察加以说明。这样一种方法与目前得到广泛运用的、被称为实证主义的方法形成对照——后者通过对知识的界定来获取科学概念的涵义,而这种知识来自于当时流行的自然科学。"他认为"社会科学"这个概念像"精神科学"一样"过于狭窄从而不能涵盖其主旨"。①他所说的"人文科学"实质上包含了"社会科学"。根据我国目前学科体制的实际情况,"人文社会科学"的提法,自然应是包括了"人文科学"和"社会科学"两个领域,虽然"人文"与"社会"紧密交织,但也还是有区别的。

当代人文教育从内容上说,并不局限于人文学科所列出的那些具体学科,它事实上囊括了自然科学之外的一切知识领域。在促进人的发展方面,与科学教育相比,其主要特点为:第一,从内容来看,以人为核心,涉及一切与人有关的方面,包括人的本质、人的存在、人的精神文化及人生存的价值和意义、人与自然和社会的关系等;第二,关注焦点是人的精神文化领域,特别关注人的本质的丰富性和内心世界的意义建构,思维方式、道德情感、价值意义等都是人文教育的重点话题;第三,在方法上,突出个体体验、个别经验、个性特征,具有独特性、不可重复性和极大的不确定性,主要靠观察、体验、领会、顿悟、思辨和解释等方法建立知识体系;第四,从功能和作用来看,注重价值和意义的阐释,以道德和善为追求目标,把确立正确的人生观和价值观放在突出位置。

(二)人文的价值理性

人类对自然本质的认识,亦即中国古代先哲所讲的"天文",是人文世界化成的依据,人文与天文密切关联。纵观历史,几乎所有伟大文明的开端,都与天文的发现密切相关,人文世界的一切都是从仰慕天体苍穹和敬畏超自然的力量开始的。当人们发现天体的有规律的运作时,如昼夜交替,四季轮转,便开始关注人类世界自身的秩序结构。天上的星空与内心的道德法则有无确定的必然联系,科学似乎无法证明,但人们并不认为科学不能证明的东西就是荒谬的。卡西尔在《人文科学的逻辑》一书中指出:"所有伟大的宗教都把它们的宇宙演化学说和道德学说建立在这样一个论点上。它们一致认为造物主当兼有双重身份并负有双重职责——同为天文秩序和道德秩序的奠基者,并同将这两种秩序从混乱的魔力之下拯救出来。"②在许多口头流传的史诗、创世神话和其他文学作品中都有大量同样

---

① [德]韦尔海姆·狄尔泰:《人文科学导论》,赵稀方译,华夏出版社,2004,第5—6页。
② [德]恩斯特·卡西尔:《人文科学的逻辑》,沉晖、海平、叶舟译,中国人民大学出版社,2004,第36页。

的见解。对道德和善的追求自文明伊始就开始成为普遍的存在,它是人类永恒的主题。

中国古代先哲对"道"与"德"的关系思考,深刻揭示了人文的价值原理。老子《道德经》第五十一章曰:"道生之,德畜之,物形之,势成之。"天地万物,皆由道生,沿着道走,就积蓄了德,有德之积蓄,才有物之形,才有势之成。何为"道"?按照老子的说法,"道"是无法用语言精确界定的,老子说"吾不知其名,字之曰道"(《道德经》第二十五章),又用"夷""希""微"来指称不可见、不可闻、不可触的"道",只能对其有模糊和混沌的理解。然而,道是实在的、客观的、绝对的、永存的和无处不在的,可以通过万物的变化悟出"道"。"道"的变化是有规律的,老子指出了几种情况:相反相成,如"有无相生,难易相成"(《道德经》第二章),"反者道之动,弱者道之用"(《道德经》第四十章)等;循环往复,如"周行而不殆"(《道德经》第二十五章),"万物并作,吾以观其复"(《道德经》第十六章),观复即观察其往复循环的道理;道生万物,如"道生一,一生二,二生三,三生万物"(《道德经》第四十二章);对偶两分,阴阳平衡,整体关联,如"万物负阴而抱阳,冲气以为和"(《道德经》第四十二章),"知其雄,守其雌"(《道德经》第二十八章)等。老子的这些思想,即今人所说的对自然规律的认识。这就是"天之道",顺承天道,才是合德的。"德"本指大道直行,人用正直的心观察天道,胸怀坦荡,不含私心贪欲为人处世。循道而行所累积的品质即为"德",所以"德"乃是天、地、人、物所得于"道"者。"道"寓于天、地、人、物之中,其体现和作用就是"德"。《庄子·天地篇》云:"物得以生,谓之德。"《管子·心术上》亦云:"德者,道之舍。物得以生生……故德者得也……以无为之谓道,舍之之谓德,故道之与德无间,故言之者不别也。间之理者,谓其所以舍也。"①这就是说,"道"与"德"是统一的,它们的区别只在于"道"是"所以舍",而"德"就是得于"道",亦即"道"所舍(寓)于天、地、人、物之中者。"道"之"德"是"生而不有,为而不恃,长而不宰"(《道德经》第五十一章),依此德行为人处世,必是"善利万物而不争"(《道德经》第八章),如(《道德经》第八十一章)老子所言:"天之道,利而不害;圣人之道,为而不争。""是谓不争之德。"(《道德经》第六十八章)守柔处下,少私而寡欲,"常善救人,故无弃人;常善救物,故无弃物"(《道德经》第二十七章)。

---

① (春秋)管仲:《管子》,时代文艺出版社,2008,第229—330页。

这些都是基于"道"而养成的"德"。总而言之,在老子那里,我们所受到的教益,是"道"与"德"的统一。而今,两者已被人为地割裂开来。人们以工具理性来对待自然规律,把"道"当作了实现功利目的的途径与方法,而"德"则似乎与"道"毫不相干。在一些人心目中,"道"属于"智商","德"归为"情商"。《庄子·天下篇》早有警世名言:"后世之学者,不幸不见天地之纯,古人之大体,道术将为天下裂。"不幸言中!不过,分裂是历史的必然,再整合也是历史的必然。今天人们提出"回归人文",就是更高层次上的整合。

"善"是否合乎天道,可从大自然的生命法则中体悟。在自然界的生存斗争中,许多动物在同类的争斗中只是把对手击败,便停止攻击。而一些冷血的种类,则必将置对方于死地,甚至吞而食之。前者是更为进化的种类,而后者则处在更为原始和野蛮的状态,优劣善恶一看便知。人类,有了仁爱之心,仁者爱人,"仁者寿"。生态伦理成为当今时代的一个关键词,人类经历了许多教训之后终于明白了一个道理:无所敬畏,肆虐横行,灭绝动物,天将毁灭人类,而这是古代先哲早已从天地系统的"不言之教"中悟出的道理。"善"意味着生命主体之间的相互适应,复杂适应性系统之间彼此相互适应以获得发展的道理,已由科学前沿方法论得到阐释。在当代生存实际中,善待他人成为普遍适用的价值观。即使在盈利性的经济活动中,人们也学会了如何适应消费者的需求,让别人获利的人才有兴旺的生意。只顾私利而不顾他人,最终未必有好报。老子说:"美言可以市,尊行可以加人。"(《道德经》第六十二章)大自然的生命法则,保留了那些具有崇高品质的生命存在。就是从那些存在者身上,人们悟出了一种具有永恒价值的"善"。有高尚品质的生命能够延续,"死而不亡"(《道德经》第三十三章)。《周易·系辞下传》曰:"天地之大德曰生。"上天具有"生生之德","生生"就是给生者以生存的机会。大自然能成就诸如高寒杜鹃、空谷幽兰、天山奇葩、冰川雪莲那样的生命,由此当可觉悟:"善"是宇宙自然的生命法则。

文以载道。人文学科——哲学、历史、文学、语言、艺术等,各以自己特有的方式,存留了人间的"德"与"善"。人文之渊薮,汇聚了人类文明的全部成果。文明延续的唯一有效途径,就是人文教育。

(三)人文教育

人文素质培养,并不直接为未来的专业化劳作提供技术层面的支撑,但拓宽知识基础,无疑对专业发展具有树根立本的意义。孔子的经典名句"君子不器""君子务本,本立而道生",指出做人的根本道理,就在于以通达的知识作为安身立命之本,具有"风"的德性,周流六虚、遍行八荒而不受捆绑和限制。何以立本?以往人们有句熟语"一招鲜,吃遍天",有一技之长就可以安身立命。但那个时代已经成为过去。指望靠一种专业性的劳作在当今这个处在巨变中的世界上安顿下来,这一传统观念随着时代的转型将被彻底颠覆。众所周知,当今时代知识更新速度加快,职业更替日趋频繁。随着新技术革命的爆发式增长,很多传统的职业领域将在不久的将来彻底消失。为着未来的一切谋划,都不能忽略日益增长的复杂性、多变性和不确定性。安身立命之根本,必须将基底拓展、扩大。只有学会学习,才有未来的适应性生存。而学习什么,如何学习,这是思考人生首先要掂量的问题。毫无疑问,封闭的、缺乏学科间相互联系的专业知识不具有生命的活性,知识面狭窄和单向度的发展,也难以适应未来生存。现代学校分科教学的制度化形式,在不同学科之间造成相互隔绝的壁垒,它早已受到人们的诟病,现实也已经有了很大的改观,在高层次的研究中,学科之间的交叉和整合研究已然成为一种时代风气。然而,对各个专业领域各种层次的学习者来说,具备宽广博大的理论基础,构建整体关联的知识体系,远未成为现实。至于说到在专业化劳作中派不上实际用场的人文素养,则更被人们所冷淡。

人文精神的要旨,是从整体性、关联性、生命性、生态性出发来认识人与世界的关系,人文之"善",也体现在万物相连。否闭不通,必非善道。研究跨文化传播活动的美国人类学家爱德华·霍尔(Edward Twitchell Hall)在其《超越文化》一书中分析文化悖论时指出,西方人所受到的教育使他们养成线性思维的习惯,缺乏综合性,从而在谋求有序性时造成了混乱,他们崇尚使经验割裂的局部事物,却否定起着整合作用的自我。他通过对人的心理所做的考察,确信人们自然的思维很多时候要受到文化的修正,他认为西方人只使用了脑力的很小一部分。不同而合理的思维方式为数很多,西方人却把其中之一(即"逻辑")放在压倒一切的首要地位。这是自苏格拉底以来的线性思维习惯所造成的。之所以如此,是人们没有充分认识到文化的一个重要特征。他说:"深层的文化潜流微妙细腻、始终如一地构建生活的方式,尚未被人有意识地表达清楚。正如空中隐而不显的气流决定风暴的轨迹一样,上述隐蔽的文化潜流塑造着我们的生活。"他进一步指出:"文化潜流的影响刚开始被人认识。由于我们线性的、一步一步的、分隔切割的思维方式,由于学校和传播媒介培养这样的思维方式,我们的领导人不可能全面考虑各种事件,也不能根据一个共同利益的系统来权衡轻重缓急的顺序,所有的事件和选择顺序都像无人认领的婴儿,被搁在文化的门口了。"[1]人文与科学的最根本的区别,也就在于其整体性和关联性,它加强了文化各个方面的联系,使其成为共有和共享的东西,从而也以更微妙的方式,在更深的层次上影响和支配着人们的行为。

人文教育涵盖了从审美情感到思想观念、从语言符号到生活世界、从个体生存到社会发展、从现实生活到精神文化、从历史到未来、从感性到理性、从人文社会到宇宙自然等一切方面,各种知识都是作为天地时空之产物的人需要了解的。知识面的扩展也必然增进认识世界的深度;人文教育的内容,都是关于人的学问,在一定程度上都是"人学",认识人是往古来今的哲人们思考的第一命题。人的本质是追求自由,而人的不自由状态归因于各种限制和制约,其中精神的贫困是最大的制约,人的自由度随着对必然性的认识和人的本质的丰富性而提升。人的本质的丰富性,来自对生存世界意义关联的理解。在最大程度上展示出丰富多彩的世界之意义关联的,正是人文知识。多学科知识在通识意义上的相互关联,必能极大地丰富人的内心世界,增益于人的精神境界的提升,从而使生命的质量得以提高;通过人文知识的学习,可以更为全面地认识人类社会,也包括认识人与人、人与社会的关系。不同民族有着各不相同的历史文化背景和生存的自然环境,其各具特色的政治经济、思维方式、生活习惯、宗教信仰、道德情感、语言艺术等,蕴含着人类的共同价值和珍贵的精神财富。全球化时代构建人类命运共同体,需要充分认识不同文化的价值,丰富的人文知识正是增进相互了解的思想基础和知识基础;人文知识是人类的精神瑰宝,是无数优秀杰出的人类精英留下的文化遗产,它昭示着人类文明的足迹。然而,只有登上高处,才能在通览之下发现足迹。老子说:"执古之道,以御今之有。"(《道德经》第十四章)看清了足迹,才能走向未来。

---

[1] [美]爱德华·霍尔:《超越文化》,何道宽译,北京大学出版社,2010,第9—11页。

对于每个有志于追求真理的人,沿着巨人开辟的道路继续攀登的阶梯,就是人文进化的经验与智慧凝结的知识体系。丰富而全面的人文知识对个体发展具有安身立命之本的意义。知识资源的贫乏与枯竭,必将造成精神的贫乏,从而也导致创新能力的式微,难以在日益复杂化的世界里获得适应性生存。人文精神的丧失已经成为日益觉醒的人们的深深忧患。回归人文的呼声,基于对工业文明所带来的灾难性后果的反思。几近于脱缰的技术理性,需要价值理性来制衡。侧重价值理性的人文教育突显出它的现实意义,而学习和了解人文社会知识,则能把时代精神融入生命之根,将人类终极关怀植入心胸,为精彩人生的展开提供正确的价值引导。

人文教育是当代教育中一个沉重的话题,人文土壤的恶化与当代教育中人文精神的失落密切相关。人文教育不应当只是人文学科关注的,教育教学的全部过程,包括学科课程和活动课程,都应当渗透人文精神。科学中有人文,人文中也有科学。这个理念,又使我们想到了古希腊,古希腊的哲人们曾将数学、几何这样的知识列入人文课程(liberal arts),因为它们与世界的本质有密切的关联。就几何学的课程来说,经典的欧氏几何中那些由点、线、面所构成的规则图形,在自然界是根本不存在的。即便是那些被严格定义的点、线、面也是不存在的。自然界所存在的物体都是不规则的,只有人的创造物,是按照理想的形状被创造出来,并且具有规整的可量度的特征。今天的学校课程,基本都是高度压缩的、信息密集的、系统化和凝练概括的知识体系,学习这些前人留下的知识结晶,可使人站在巨人的肩膀上。然而人们所重视的只是结果,忽略了科学发现、知识形成的过程和方法。很多课程仿佛是用奥卡姆剃刀①处理过一样,剪掉了一切看似多余的联系,只留下可操作的技术程序。其有害之处是显而易见的。前文提到孔子为了解夏朝和商朝的礼治,亲自去到杞国和宋国,深入民间生活,得到有关礼之起源的很多有力证据,从而为他的礼治思想奠定了实证基础(见前文第二章)。而后世儒家只重视孔子给出的结果,忽略了孔子发现和形成知识的过程,这就等于只取了繁茂的枝叶而丢弃了根。现代课程中课程与生活脱节,不同的学科课程之间缺乏有机联系和整体关联性,知识体系的学习几乎都可以按照设计好的技术化操作程序来完

---

① [法]郑春顺:《混沌与和谐:现实世界的创造》,马世元译,商务印书馆,2002,第466页。

成,都可归结为整体性的割裂和生命性的丧失。

如何在教学过程中渗透人文精神,是一个值得深入研究的问题,也是教师专业发展中的一个重要的方面。人文问题不像科学的命题那样明确,它常常是潜藏在课程的深处,有待人们深入地挖掘。人文教育的一个重要途径就是引导学生从似乎只是专门学科的问题中抽取出人文的问题。人文性可以使枯燥无味的课程变得丰富多彩,可以在学科与学科之间、学科与生活之间架设意义的桥梁,可以使孤立的、僵化的知识系统充满生命力。事实上,所有的专业课程,都可以挖掘出人文问题来。而能不能挖掘出人文问题,能不能体现人文精神,与教师的素质有密切的关系。按照旧的学科框架培养出来的教师,突出的特征就是专业化,造成的通病是知识面狭窄。知识面狭窄制约着知识结构的深度,知识结构的深度不够,就不能在表面看来极为不同的事物之间架设意义的桥梁。就此意义上可以说,人文教育实质上也是通识教育。目前在一般大学里就是以开设"通识教育"课程进行人文教育,但很多课程只是流于形式,真正实质性的问题,不在于通识课程在数量上的丰富,而在于不同学科知识之间的融会贯通。通识教育课程只不过在形式上开设了,但实际上还是依照传统的学科教育的框架进行授课。各个学科专业的老师,操着本学科独有的语言讲授课程,学生得到的还是分科的知识,学科之间的意义关联依然被忽视。如果不能在学科知识之间架设意义的桥梁,人文与科学的融合就是一句空话。这在基础教育阶段有另外的表现形式。高中开始文理分科已有多年,近年来人们越来越多地将个体的片面发展归结为这种教育模式。一些媒体也组织了大讨论,公众意见的分歧,无非是要不要分科。但分与不分能有什么区别呢?即使不分,将文理知识合并到一本书里,教学的过程也还是由各个学科的老师分担各部分的教学任务。能指望旧的学科模式培养出来的中学老师把文理知识串通和整合了来讲吗?像数学与几何学这样枯燥的课程能够讲出哲学的味道来,的确不是一件人人都能做得到的事情。这需要一种什么样的素质?看来,人文精神的确是一种智者的追求,需要有哲学家的情怀,关注理性与自由问题,探索终极价值。

人文教育的另一重要途径是阅读经典。20世纪30年代美国的永恒主义教育流派曾主张过"百本名著"(the Great Books)计划,荷马、塔西佗、柏拉图、亚里士多德、奥古斯丁、阿奎那、莎士比亚、牛顿、弗洛伊德、黑格尔、马克思等上百位历史上著名的哲学家、思想家、科学家的作品都在其中。它们称得起名著的理由如赫钦斯(Hutchins)所说,"这些书历经若干世纪,获得了经典性。经典著作乃是在每一个时代都具有当代性的书籍。例如,苏格拉底对话提出的那些问题,对于今天来说,就是同柏拉图写这些问题的时候同样地紧迫。这些乃是我们知道的最好的书籍。没有读过这些书的人就是没有受到过教育。如果我们读牛顿的《原理》,我们便看到了一个伟大的天才在活动"[①]。在永恒主义者看来,名著体现了西方的伟大传统和智慧,包含着关于宇宙的简介、观念和正确的思维方法,论述了人类永恒的道德问题,可以提供关于人性、人的价值、人的命运的永恒真理,因而是实现教育目的的最好途径;名著是非技术性的,比学习一般的教科书更能对人的智力提出挑战,可以促进智慧的增长;读名著就是同伟大人物进行对话与交流,可以受到他们的伟大思想的熏陶。现代的伟大成就早就在这些名著中已见端倪,不读名著就无以理解当代世界。[②]西方的经典无疑需要认真去读,而本土的国学经典,更是必不可少的人文基础。

总的来说,人文教育涉及的不仅是人文学科,所有学科都应渗透着人文,这种渗透是深层次的而不是表面的和形式的。就文科来说,如果缺乏人文精神,本来具有丰富的人文意义的资源,也会在一种技术化的教学过程中失去人文价值。人文素养、人文精神的缺失,已是当代教育的普遍问题。回归人文,也是时代的呼唤。

三、求美的艺术教育

艺术是人类文化的一个重要领域,对艺术的追求贯穿于人类生活的一切方面。不仅是那些用色彩和线条、节奏与旋律的形式来表达的东西是艺术,也不仅是园林有艺术、建筑有艺术、服装有艺术,还有语言交流、处理问题、生命表达、知

[①] Harold Rugg: Foundations for American education (New York: World Book Co.,1947:625),转引自陆有铨《现代西方教育哲学》,北京大学出版社,2012,第106页。
[②] 陆有铨:《躁动的百年》,山东教育出版社,1997,第65—77页。

识传授、文章写作、生产制造、身体运动等,都讲求艺术。艺术几乎是无所不在的,它渗透到人类活动的方方面面,跨越所有的学科,遍及一切知识领域。我们能够从中体验到和谐快感的所有活动和对象,都冠以"艺术"的美名,因艺术而显得精彩。传统人文学科被认为包括哲学、美学、文艺学、语言、逻辑、修辞等,这里将艺术文化做专门论述,意在突出其求美的核心价值理念。如同科学和人文一样,艺术也跨越所有的学科。科学教育求真,人文教育求善,艺术教育求美。

(一)艺术概念及其本质意义

从汉语"艺术"一词的词源来看,"艺"字的甲骨文形象为"𦫳",从艸乙声。繁体作藝。甲骨文的字形像一个人跪在地上,小心地捧着小树栽种;金文开始在木下加上土字,表示种植在土中;篆文由金文发展而来;隶书又在上部加艹表义,加云表音,就变成会意兼形声的字。本义是指种植。"艺,种也"(《说文》);"树艺五谷"(《孟子·滕文公上》);"不能艺稷黍"(《诗·唐风·鸨羽》)。夏商周时代的教育内容礼、乐、射、御、书、数被称为"六艺",盖因其都属于技艺,与农者的"树艺"有同样的巧思和技术的运用。今天所说的"艺术",其内涵的丰富性已经远非原始语境中的"艺"字所能表达的,但了解字源对本质的把握是必要的。

英文"art"源于拉丁文"ars",原意也指技术。诸如木工、铁匠、外科手术之类的技艺或专门形式的技能都可用这个词语来表示。文艺复兴时期的艺术家,也会把自己看作是工匠。[①]这就是说,欧洲在16世纪以前,人们观念中仍然未把艺术和技术区分开来。直到近代,人们才逐步确定了艺术现在的含义,开始用"art"和"technique"将两者加以区别。

科林伍德指出,古拉丁语中的Ars,类似希腊语中的"技艺",意指完全不同的某些其他东西,它指的是诸如木工、铁工、外科手术之类的技艺或专门形式的技能。在希腊人和罗马人那里,没有和技艺不同而我们称之为艺术的那种概念。我们今天称为艺术的东西,他们认为不过是一组技艺而已,例如作诗的技艺。按照他们有时还带有质疑的看法,艺术基本上就像木工和其他技艺一样。如果说艺术和任何一种技艺有什么区别,那就仅仅像任何一种技艺不同于另一种技艺一样。中古拉丁语中的Ars,很像早期现代英语中的Art,它意指任何形式的书本学问,例

---

① [英]罗宾·乔治·科林伍德:《艺术原理》,王至元、陈华中译,中国社会科学出版社,1985,第6—7页。

如语法、逻辑、巫术和占星术之类。但在文艺复兴时期,人们又重新恢复了"艺术"一词的古老含义。文艺复兴时期的艺术家,就像古代艺术家一样,确实把自己看作工匠。科林伍德认为:"一直到17世纪,美学问题和美学概念才开始从关于技巧的概念或关于技艺的哲学中分离出来。"在18世纪,才把"优美艺术"与"实用艺术"区别开来。按科林伍德的解释:"优美的艺术并不是指精细的或高度技能的艺术,而是指美的艺术。"法国美学家阿贝·巴托于1747年把艺术分成"美的艺术"与"机械的艺术",这是用艺术分类学的方法把艺术区别为审美的(即五种艺术形态——诗、音乐、绘画、雕塑、舞蹈)与实用的两种存在形式。这种区分构建了西方现代意义上的艺术体系。康德对巴托的贡献做了智慧性的补充,将艺术划分为"自由的艺术"与"报酬的艺术"。而我们习惯上使用的"艺术"一词在理论上完全从技艺中分离出来,是在19世纪,人们去掉了Art的形容词性,"并以单数形式代替表示总体的复数形式,最终压缩概括成art"。[1]

综上所述,"艺术"一词无论在中国,还是在西方,在其词源上,都有一定的相似性。从强调"术"到注重"艺"有一个漫长的历史过程。今天所使用的"艺术"是包含"术"在内的"艺"。因为,最高、最完善的意念与想法,是要用最精湛的包括技巧在内的多种表现手法来展现的。人类当下对艺术的理解、研究和界定,较从前有了重大而深刻的变化。不仅在认识、把握的广度上,对艺术有了全面的体悟界定和实践,而且在艺术发展的深度上,也有了更新的、更深的发掘和实践。

今天人们所使用的"艺术"概念,可供参考的定义如下:

《辞海》2009年版:"人类以情感和想象为特性的把握世界的一种特殊方式。"[2]

《不列颠百科全书》解释为:"用技巧和想象创造可与他人共享的审美对象、环境或经验。艺术一词亦可专指习惯上以所使用的媒介或产品的形式来分类的多种表达方式中的一种,因此我们对绘画、雕刻、电影、舞蹈及其他许多审美表达方式皆称为艺术,而对它们的总体也称为艺术。"[3]

对艺术的理解还有多种表达方式,如"艺术是情感的表现""艺术是社会生活

---

[1] [英]罗宾·乔治·科林伍德:《艺术原理》,王至元、陈华中译,中国社会科学出版社,1985,第7页。
[2] 辞海编辑委员会:《辞海》第四册,上海辞书出版社,2009,第2713页。
[3] 美国不列颠百科全书公司:《不列颠百科全书:国际中文版》第1卷,中国大百科全书出版社,1999,第507页。

的反映""模仿说""客观精神说""主观精神说""主客统一论"等,都是从不同角度来定义艺术概念,不一而足。艺术概念有无穷多的说法,这也说明了艺术现象本身的丰富性和永远不可穷尽的新奇性。美的感觉体验、一种创造活动、一个文化过程、一种文化符号、与人共享的资源、和谐与秩序的体现、生命意志的表达方式等,都可以表达艺术的某些特征,但美学的、社会学的、心理学的、哲学的,甚至还有几何学的定义等,所有的定义加起来也未必能给出令人满意的解释。"反本质主义"者反对探讨艺术的本质,因为抽象的概念界定并不能将艺术锁定。无论你怎么界定,艺术都会超出已有的理性所能够认识和阐释的范围。艺术文化中有太多语言难以表述的成分。尽管人们说不清道不明,但是否艺术,人们大致都可以感觉得到。总要符合了某些方面的特征,人们才将其视作艺术。既然不可能给出完美的定义,我们也只能从某个方面,或者某个重要特征来讨论艺术。

可以说,艺术是人类以审美的方式认识和表达自然本质的过程,作为结果的创造物,以符号化形式负载着价值与情感,以美的形态体现着和谐与秩序,影响着人类审美意识的不断重构。

这个认识突出强调以下几点:

第一,艺术的核心是美,而美的事物是符合大自然根本法则的存在物。这并不是说,艺术就是美。一个自然的存在物可能是美的,但认识其中的美,需要人的艺术感,审美是一个包含着主体的创造性的活动。艺术是为创造美而存在的,以"丑"的形式出现的作品,能够称为"艺术",是因为它以"美"的毁灭来宣示一种价值。

第二,艺术是一个过程,是一个对象性的活动。从认识自然事物的本质,用丰富的想象力夸张性地创造艺术形象,到艺术作品的欣赏,是一个人类精神文化在其中相互渗透、循环互动的过程,审美意识就在这个过程中不断升华。

第三,作为艺术过程之结果的创造物的艺术作品,具有符号化意义,它负载的是创作和欣赏主体共同创造的价值观和思想感情,并以富有魅力的形态重塑着人的审美意识。

对艺术本质的认识,是一个随着实践不断丰富和提升的过程。一些有影响的艺术哲学思想对理解艺术教育有重要的启示意义。

西方第一个较为全面地阐释艺术本质理论的是亚里士多德。他从艺术形式论、艺术整体观和艺术创作论三个方面阐述了他对艺术本质的理解。他把艺术活动称为创造性的活动,认为艺术不同于自然生成的东西,它必须经由人的创作活动才能产生。他说:"一切技术都与生成有关,而运用技术也就是研究使某种可以生成的东西生成。这种东西生成的始点在创制者中,而不是在被创制物中。……凡是由于必然而存在的东西,或是顺应自然而生成的东西,都与技术无关。"又说:"运用技术就是去研究使可以生成的东西生成;它可以存在,也可以不存在。"①艺术创造性活动有两个特点:一是艺术可以使一种可存在也可不存在的东西变为存在,这不是指无中生有,而是指艺术可以使潜在的艺术材料变成现实的艺术作品;二是说艺术作品的创造来源在于艺术家而不在所创造的对象本身。他的艺术观主要有:其一,一切艺术都是模仿,这是说艺术是一种创造,模仿即生成、即创造;其二,艺术活动既然离不开艺术创造者的"灵魂"和对艺术本质的理解,那么对艺术家来说,不仅要对所用的材料和表现的对象熟稔于心,而且还要对创造的规律和原则有自觉的把握;其三,艺术的目的在于促使整体艺术形式的形成,使散乱的材料按照创作既定的规律和原则变成现实的实现,那么,艺术的模仿不过是达到此目的的手段,它服务于、服从于这个目的,而它又必须以现实存在为参照物,以现实的真实性和规律性为模仿原则。亚里士多德的艺术观念深刻地影响了德国古典美学,尤其是康德、席勒的美学思想。康德认为美感是对形式的审美观照;席勒提出的艺术材料和形式的关系,这些都与亚里士多德的美学思想有着直接的联系。

用语言表述的定义,由于语言的局限性,在面对像"艺术"这样充满了混沌和不确定性的事物时,显得很笨拙。科林伍德说这是"语言的不幸"。他指出:"美的意识是一切艺术的起点和顶点、预想和目的。画家开始作画所遵从的最初冲动就是他的美的意识;根据这种意识,他决定着创作过程的每一时刻对他的画还要做什么。"②要理解艺术的本质,必须从研究最基本的美的意识开始,然后必须研究自然的和人造的之间的区别。艺术是科学、历史和"共同感觉"等的基础。艺术是最

---

① [古希腊]亚里士多德:《尼各马科伦理学》,苗力田译,中国社会科学出版社,1990,第118页。
② [英]罗宾·乔治·科林伍德:《艺术哲学新论》,卢晓华译,工人出版社,1988,第2页。

初的和基本的精神活动，所有其他的活动都是从这块原始的土地上生长出来的。艺术不是宗教或科学或哲学的原始形式，它是比这些更原始的东西，是构成这些的基础并使它们成为可能的东西。我们发现，那些完全不会进行高深的科学和哲学思维的孩子，经常地显示出高超的艺术才能。大多数孩子都能比长辈更好地即兴表演诗歌，他们虚构出许多优秀的故事，并采用特别有说服力和富于表情的方式进行表演。因此，他们毫不例外地都精通富于想象的假装领域。在野蛮和原始人中，这个情况也是存在的。原始人的歌曲、故事、绘画、雕塑和舞蹈是和这些人对他们周围世界的认识和控制完全不相称的优点。这些都是人们所熟悉的事实。但是，那种把艺术看作是高度专业化活动的哲学明显地是和上述情况相冲突的，只有认为艺术是相对原始的精神活动，上述情况才是可理解的。所谓艺术是最初的精神活动，是指艺术是自行产生的，它不依赖于先前任何其他活动的发展，它不是一种变化了的知觉，也不是一种变化了的宗教。相反，知觉和宗教则是它的变形。此外，艺术不是建立在以前的真实对象知觉基础上。最初我们只是想象，而企图确定对象真的是什么，则包含着企图批评我们自己的想象，这已假定我们想象了。[1]想象是与生俱来的元初本能，不需要其他更高级的知识经验的支撑，而人的存在，正是在想象的导引下得以实现。"原始的"（人类）或"元初的"（个体）想象应当被理解为最基本的或基础的人类精神活动，它是一切更高级的精神活动的起始点。要回答艺术是什么这个问题，只能在人与他所处的世界之间的关系中去寻找。

  想象是艺术之美的起点，艺术美高于自然美，是因为"艺术美是由心灵产生和再生的美，心灵和它的产品比自然和它的现象高多少，艺术美也就比自然美高多少。从形式看，任何一个无聊的幻想，它既然是经过了人的头脑，也就比任何一个自然的产品要高些，因为这种幻想见出心灵活动和自由"[2]。认识艺术的本质，需要有哲学的深度，黑格尔的艺术哲学思想丰富而深邃，是认识艺术本质的重要思想资源。他在《美学》中提到三种流行的艺术观念：一是艺术作品不是自然的产品，而是由人的活动所造成的；二是它基本是为人而作的，而且是诉之于人的感官的，多少是从感性世界吸取源泉的；三是它本身有一个目的。运用辩证法分别对

---

[1] ［英］罗宾·乔治·科林伍德：《艺术哲学新论》，卢晓华译，工人出版社，1988，第8—10页。
[2] ［德］黑格尔：《美学》第一卷，朱光潜译，商务印书馆，1984，第4页。

其进行了批判思考。在关于目的的论述中,他批判了几种流行的看法:摹仿自然说;激发情绪说;更高的实体性的目的说(譬如拯救人类道德等)。他不同意那种将艺术视为"一个有用的工具,去实现艺术领域以外的一个自有独立意义的目的"①的观点,而十分肯定地说:"艺术的使命在于用感性的艺术形象的形式去显现真实,去表现上文所说的那种和解了的矛盾,因此艺术有它自己的目的,这目的就是这里所说的显现和表现。至于其它目的,例如教训、净化、改善、谋利、名位追求之类,对于艺术作品之为艺术作品,是毫不相干的,是不能决定艺术作品概念的。"②所谓"那种和解了的矛盾",他指的是理念上的统一,是将普遍的理念与感性现象"融成一体"。他在批判艺术目的在于道德说教的基础上,用辩证法的观点提出了他的基本论点:艺术自有内在的目的,即在具体感性形象中显现普遍性的真实,亦即理性与感性的矛盾统一。他的观点通常被视为"为艺术而艺术"论。

在黑格尔看来,艺术是一种精神活动,是普遍理念与感性形象的对立统一、内容和形式的对立统一。"理念既然是这样具体的统一体,这个统一体就只有通过理念的各特殊方面的伸展与和解,才能进入艺术的意识;就是由于这种发展,艺术美才有一整套的特殊的阶段和类型。"③理念和形象的三种关系代表了三种类型,也体现着三个发展阶段。

一是象征型。在这一阶段,人们不能将朦胧认识到的理性观念用合适的感性形象来表现,只能用带有神秘色彩的象征符号来代替。象征型艺术产生的原因是人类精神内容本身还是抽象的,理念尚未达到主客体统一,其一般特征是用形式离奇、体积庞大的事物来象征理念,因而往往产生崇高感,而非内容与形式和谐统一的美感。原始时期,人们用木与石塑造的形象多是暗示了某种理念在其中,诸如图腾的象征,原始崇拜与早期图腾艺术。

二是古典型。在这一阶段,精神达到主客体统一,精神内容与物质形式完满契合,理性观念可以通过感性形象来明确表达。就内容与形式一致的方面来说,古典艺术是最完美的艺术。典型的古典艺术是希腊的雕刻。希腊雕刻所表现的神不像象征型艺术那么抽象,神总是作为人来表现,因为人是自在自为的,是理念

---

① [德]黑格尔:《美学》第一卷,朱光潜译,商务印书馆,1984,第68页。
② [德]黑格尔:《美学》第一卷,朱光潜译,商务印书馆,1984,第68页。
③ [德]黑格尔:《美学》第一卷,朱光潜译,商务印书馆,1984,第94页。

最适合的表现形式。在人体形象中,神的普遍性转化为个别性,但神还要维持其普遍性,即"静态"。因此,古典艺术最大的特点在于静穆和悦,"单纯的高贵,静穆的伟大"。而雕刻最适合于表现这种静穆,因为雕刻只表现静态而不表动作。

三是浪漫型。由于精神是无限的,而人的形体是有限的,因此导致了古典艺术的解体。有限的物质形态无法继续完满表现精神,所以精神又回到了心灵世界。它与象征型艺术是两个极端:象征艺术是物质溢出精神,而浪漫艺术则是精神溢出物质,是较高水平地回到内容与形式的失衡。典型的浪漫艺术是近代欧洲的基督教艺术。由于精神回到心灵世界,即人回到自我,浪漫艺术主观性很强,主要体现个人的意志和愿望,表现人内心的冲突,是动作和情感的冲动,与古典艺术的静穆相反。浪漫艺术表现分裂的灵魂,因此古典主义所力求避免的痛苦、丑陋、罪恶等事物反而成为浪漫艺术的主要内容。浪漫型艺术典型的代表是绘画、诗歌这些艺术形式。这也暗示了在黑格尔的哲学体系里诗歌的地位是非常高的。

这些类型对具有具体形式的各门艺术的关系是这样的:"各门艺术组成了艺术类型的真实存在。象征型艺术在建筑里达到它的最适合的现实和最完善的应用,能完全按照它的概念发挥作用,还没有降为其它艺术所处理的无机自然;古典型艺术在雕刻里得到完满的实现,它把建筑只看作围墙,但是还不能发展绘画和音乐,来作为表现它的内容的绝对形式(绝对的即完满的,有永久价值的);最后,浪漫型艺术抓住绘画和音乐作为它的独立的绝对的形式,诗的表现也包括在内。"①各个时期的艺术作品,代表着各个民族在不同的历史发展阶段最丰富的见解和思想,它是解读民族文化心理的一把钥匙,而且,对很多民族来说,有可能是唯一的钥匙。黑格尔说:"艺术之所以异于宗教与哲学,在于艺术用感性形式表现最崇高的东西,因此,使这最崇高的东西更接近自然现象,更接近我们的感觉和情感。思想所穷探其深度的世界是个超感性的世界,这个世界首先就被看作一种彼岸,一种和直接意识和现前感觉相对立的世界;正是由于思考认识是自由的,它才能由'此岸',即感性现实和有限世界,解脱出来。但是心灵在前进途程中所造成的它自己和'此岸'的分裂,是有办法弥补的;心灵从它本身产生出美的艺术作品,艺术作品就是第一个弥补分裂的媒介,使纯然外在的、感性的、可消逝的东西与纯

---

① [德]黑格尔:《美学》第一卷,朱光潜译,商务印书馆,1984,第114页。

粹思想归于调和,也就是说,使自然和有限现实与理解事物的思想所具有的无限自由归于调和。"①

克罗齐对艺术即"表现"的表述广为人知,而且在很多人看来是非常正确的。但是克罗齐的说法务必谨慎对待,虽然论说精辟、发人深省和观察入微,但却掩盖了其中隐含的武断性与不确定性。他为观念规定含义,常常自说自话。②克罗齐在其《美学原理》一书论述了几个观点:把艺术作为心灵的活动;把艺术作为认识的活动;把艺术作为一种特殊的认识活动(直觉的)。他提出:"艺术是诸印象的表现,不是表现的表现。"③印象即事物印在心中的象,它起于感受。事物刺激感官,所起作用称"感受",感受所得为印象。感受与印象都还是被动的、自然的、物质的。心灵观照印象,于是印象才有形式(即形象),为心灵所掌握。这个心灵活动即为直觉,印象由直觉而得形式,即得表现。表现是在心内成就的工作。一般人以为表现是把在心内的已经被心灵综合掌握的印象(即直觉品)外射出去,即借文字等媒介传达于旁人。克罗齐反对此说,以为印象经心灵观照、综合、掌握、赋予形式,即已得到表现。传达则是下一步的事。

杜卡斯在《艺术哲学新论》中提出:艺术并非事物的一种特性,而是人类的一项活动;艺术并非一项旨在创造美的活动(他认为艺术不能用美来界定,因为当今有很多名副其实的艺术品非但不美,而是异常之丑),许多艺术品是丑的;艺术家的目的不在于创造美,而在于客观地表现自我;有目的地创造美并非就是艺术;艺术品是永存的,而美则是变化的。他认为艺术和美之间不存在本质的联系,即便存在某种关联也纯属偶然。在阐述"艺术即情感语言"的观点时,他提到欧仁·佛隆(Eugène Vèron)是最先发现艺术确实不能以美来界定的作家之一。他认为艺术本是语言,语言源于呼喊姿势。"艺术是人类个性的情感表现";任何艺术品都是表现性的,它表明艺术家对一种感受或情趣的理解方式,提供一种衡量艺术家感受印象和自我情感力量的尺度。关于艺术即情感语言以及艺术与美无关等学说,都是通过托尔斯泰才得以广泛传播,大力宣扬,并且产生了真正的影响。他说艺术"是人与人相互交际的手段之一",艺术与讲演的区别在于前者凭借艺术向他人

---

① [德]黑格尔:《美学》第一卷,朱光潜译,商务印书馆,1984,第10—11页。
② [美]C.J.杜卡斯:《艺术哲学新论》,王柯平译,光明日报出版社,1988,第33页。
③ [意]克罗齐:《美学原理 美学纲要》,朱光潜等译,人民文学出版社,1983,第18页。

传达情感,而后者则是借助辞令向他人传达思想。①

马克思主义艺术观内容丰富,主要有:第一,艺术是一种社会意识形态,是建立在经济基础之上的上层建筑之一。人首先必须得满足基本的生存需要,然后才有更高的精神追求。经济基础决定上层建筑,有什么样的经济基础,就有什么样的上层建筑,艺术归根结底是由经济基础决定的。艺术不但受经济基础的决定和制约,而且反作用于经济基础。第二,艺术来源于社会生活,是社会生活的反映。作为观念形态的艺术作品,是一定的社会生活在人们头脑中反映的产物。生活是艺术赖以产生的资源环境,是一个取之不尽、用之不竭的艺术源泉。没有生活就没有艺术。第三,艺术是一种精神生产。艺术家的创造性劳动是一种精神劳动,艺术创作是一种精神生产,马克思用"非物质生产"来表述,不仅指那些能够离开生产者而独立存在的产品,如书、画等艺术作品,还有产品同生产行为不能分离的艺术创作,如表演艺术家、音乐家、演员等的生产。②在马克思看来,精神生产是社会生产的特殊形式,连"宗教、家庭、国家、法、道德、科学、艺术等等,都不过是生产的一些特殊的方式,并且受生产的普遍规律的支配"③。非物质生产是用来满足人们的精神需要的,商品性不是艺术的本质属性和主要属性,审美属性才是艺术的本质属性。由于在资本主义社会中一切劳动都被异化,作为精神劳动的艺术生产也毫不例外,这是对艺术创造的自由精神的压抑和窒息。第四,艺术是主客观的统一体。艺术是客观存在的现实世界在艺术家头脑中的反映,艺术作品是这种反映的物态化。艺术对现实的反映有极大的积极的能动作用。艺术所反映的生活,比现实生活更高、更强烈、更真实、更典型、更集中、更理想,因此富有极强的感染力。它是客观现实和主观认识的相互作用、相互统一的产物。没有客观基础,不可能产生艺术作品,没有主观表现,也不会有艺术。世界上原本没有艺术,艺术是人类特有的创造。有了人类,才有人类的艺术,也只有人类才了解艺术,懂得艺术的价值。

审美是艺术的本质属性,何为美? 有人认为美不过是人的主观体验而已,没有客观标准,从宇宙的角度看,美和道德都是没有根据的,宇宙既不爱惜美,也不

---

① 转引自[美]C.J.杜卡斯:《艺术哲学新论》,王柯平译,光明日报出版社,1988,第17—19页。
② 《马克思恩格斯选集》第二卷,人民出版社,2012,第872页。
③ 《马克思恩格斯文集》第一卷,人民出版社,2009,第186页。

讲求美德。这就涉及对美的本质的认识。美的本质在于和谐与秩序,这不仅体现在我们对于自然事物的欣赏,而且体现在美德、美的心灵等人类社会现象。凡是破坏了和谐与秩序的事物,自然的过程和人类文化的过程必然将其淘汰;凡是符合了和谐与秩序法则的事物,都必将为自然过程和人类文化过程所肯定和保存。因此人类所认为美的事物,必与自然法则一致。歌德有句名言:"存在是永恒的;因为有许多法则保护了生命的宝藏;而宇宙从这些宝藏中汲取了美。"[1]由此可见,我们的"美"感来自对生命法则的领悟。

(二)艺术的形态发生及其发展

在从动物到人的演化过程中,文化是最重要的催化因素。文化创造了人,人也创造了文化。从发生学意义上来看,两者之间相互催化,从而成就了人类。有证据可考的最早的文化形态,至少已有两百多万年的历史。东非大裂谷出土的那些打制的石头工具,一眼就能看出其与自然物的不同。这在今天看来根本说不上是艺术品,但最早的艺术就是从这里发端的。在工具制造的过程中,像精致、细腻、光滑、平整、光泽、形状、对称等特性,是与工具的效用密切相关的,质料的选取及对造型的要求,逐渐发展为具有审美意味的形式。形式与功能的最初联系,可以说明艺术与生活的关系。形式与功能的分离,是随着人类活动领域的扩展,精神力量的增长,超越直观而向符号化发展的过程逐步实现的。

旧石器制作有证据可考,但我们可以推想,并非只有石器的制作才是唯一的早期艺术萌芽,木制的工具中,哪怕是最简单的木棒,也会有最初的形式要求。只是没有一件作品能保持上百万年。还有,歌唱、舞蹈与游戏等,应当是人类尚未形成之时就已有之,我们可以从当代生物学研究的成果中得到启示。这些最早的艺术形式,也是与生存的需要密切关联的。

具有符号化和形式化意义的艺术品,出现在旧石器时代晚期,是近3万年来的事情。欧洲发现了距今约二三万年的大量洞穴壁画,同一时期,中国也发现了带有装饰意味的器物,并发现了使用燃料的证据。史前的洞穴壁画,多以动物为主要表现对象,西班牙的阿尔塔米拉(Altamira)以公牛为主,法国的拉斯科(Lascaux)涉及驯鹿、犀牛、山羊、猛犸、猫等。

---

[1] 转引自[奥]埃尔温·薛定谔:《生命是什么》,罗来鸥、罗辽复译,湖南科学技术出版社,2003,第17页。

史前陶器艺术,以中国各地出土的遗物最具代表性。主要分布区域在黄河流域,有仰韶文化和马家窑文化两大类型。彩陶的艺术性不仅体现于器物造型,还体现于装饰纹样,前期纹样以动物纹、人面纹为主,是经过变形处理的符号式形象。出土于河南临汝阎村的《鹳鱼石斧图》,很有代表性。后期纹样主要是抽象风格的波浪纹和漩涡纹,十分繁密,夹杂有人样纹,图案精美。螺旋形图案样式在同时代的爱琴海地区和中欧地区的壶罐中也能大量见到。1973年,在青海大通县上孙家寨墓葬出土的《舞蹈纹盆》,其图案描绘了"击石拊石,百兽率舞"(《尚书·尧典》)的原始歌舞场面,这就是歌舞初始形态最早的证据。以视觉形象保存听觉的艺术,这种表现方式肯定比歌舞最早出现的时间要晚得多。河南舞阳贾湖遗址出土的20多支骨笛,已有6000到9000年的历史,它的出土改写了中国音乐史。有关研究成果在英国《自然》《古物》等著名学术期刊上发表后,引起了国内外学界的广泛关注。

1. 艺术的起源

原始艺术的特点,实用先于审美,功能早于形式,几乎所有原始艺术都遵循这个规律。关于艺术的起源,有如下一些说法:

(1)艺术起源于摹仿

摹仿说认为艺术起源于人类对自然事物的摹仿。在古希腊的哲学家中,这种观点比较流行。德谟克利特说:"在许多重要的事情上,我们是摹仿禽兽,作禽兽的小学生的。从蜘蛛我们学会了织布和缝补;从燕子学会了造房子;从天鹅和黄莺等歌唱的鸟学会了唱歌。"[1]柏拉图在《法律篇》中说过:音乐"摹仿善或恶的灵魂"。亚里士多德说:"音乐的节奏和旋律反映了性格的真相——愤怒与和顺的形象,刚毅与节制的形象,以及其他种种性格或情操的形象——这些形象在音乐中表现得最逼真。"[2]

中国古代典籍中记载的音乐艺术的起源,也有类似摹拟自然音律的说法,《吕氏春秋》中有黄帝命伶伦制乐,"听凤皇之鸣,以别十二律"[3],尧"命质为乐。质乃

---

[1] 伍蠡甫等:《西方文论选》上卷,上海译文出版社,1988,第4—5页。
[2] 黄宗贤:《从原理到形态:普通艺术学》,湖南美术出版社,2003,第10页。
[3] (汉)高诱注:《吕氏春秋》,(清)毕沅校,徐小蛮标点,上海古籍出版社,2014,第102页。

效山林溪谷之音以歌"①。

(2)艺术起源于游戏

游戏说认为艺术起源于游戏。人类过剩的精力在非功利性活动中自由发挥便有了艺术。18世纪德国美学家席勒和19世纪英国思想家斯宾塞前后阐述的观点是一致的。和席勒同时代的康德在其《判断力批判》中指出:"艺术也和手工艺区别着。前者唤做自由的,后者也能唤做雇佣的艺术。前者人看做好像只是游戏,这就是一种工作,它是对自身愉快的,能够合目的地成功。后者作为劳动,即作为对于自己是困苦而不愉快的,只是由于它的结果(例如工资)吸引着,因而能够是被逼迫负担的。"②因此康德把诗称为"想象力的自由游戏",把音乐和图画称为"感觉游戏的艺术"。

席勒对游戏论有更为系统的论述,他首先提出"过剩精力"对艺术活动的意义。他说,狮子到了不为饥饿所迫,无须和其他野兽搏斗时,它的闲着不用的精力就为自己开辟了一个对象,它使雄壮的吼声响彻沙漠,它的旺盛的精力就在这无目的的显示中得到了享受。③按席勒的解释,现实中的人总处在理性和感性的矛盾状态之中,感性使人冲动,理性使人谨慎,但在游戏时,人们摆脱了全部的强迫和束缚,两者达到和谐与统一。因此游戏是感性和理性有机结合所唤起的第三种状态,是人性的最高状态,也是人的本质。他说:"只有当人充分是人的时候,他才游戏;只有当人游戏的时候,他才完全是人。"④席勒认为,想象力的自由发挥,本身并不能创造艺术,只有当其借助这种游戏,企图创造一个自由的形式时,游戏才能升华为审美的或艺术的活动。

(3)艺术起源于表现的需要

表现说认为艺术起源于人类情感表现的需要。托尔斯泰在《艺术论》中提到,艺术起源于一个人为了要把自己体验过的感情传达给别人,于是在自己心里重新唤起这种情感,并用某种外在的标志传达出来。意大利美学家克罗齐列出了一个

---

① (汉)高诱注:《吕氏春秋》,(清)毕沅校,徐小蛮标点,上海古籍出版社,2014,第105页。
② [德]康德:《判断力批判》上卷,宗白华译,商务印书馆,1964,第149页。
③ 黄宗贤:《从原理到形态:普通艺术学》,湖南美术出版社,2003,第11页。
④ 黄宗贤:《从原理到形态:普通艺术学》,湖南美术出版社,2003,第11页。

公式:"直觉=表现=抒情的表现=成功的表现。"①直觉就是用心中的意象对情感加以组合,使其明晰,从而表现出自我的功能。苏珊·朗格提出艺术是"情感的符号"的命题,认为概念性的语言文字无法真切地表达出变幻莫测的情感体验,而用线条、色彩、声音、动作、个性化语言等诉诸感觉的符号的特殊组合来把握和表现情感的活动,才是合适的形式,这被称为"情感的形式"。

(4)艺术起源于巫术

巫术说认为艺术起源于原始民族的巫术仪式活动。英国人类学家爱德华·泰勒、弗雷泽,法国史前学家雷纳克为其代表。

巫术的核心围绕以下几点:第一,万物有灵论,大自然中的一切都有灵魂和思想,可通过一定的方式与人交流和沟通;第二,巫术就是人与万物沟通灵魂的方式;第三,巫术总是以一定的仪式来完成的,巫术需要特殊的、加以渲染的神秘气氛,要排除人已有的经验、语言和逻辑的干扰,才能进入非人的世界。正是在这最后一点上,有了巫术与艺术最初的结合。

(5)艺术起源于劳动

劳动说认为艺术起源于物质生产活动。19世纪俄国马克思主义理论家普列汉诺夫是这一观点的代表者。鲁迅对艺术与原始劳作的关系也有一番阐述:"我们的祖先的原始人,原是连话也不会说的,为了共同劳作,必需发表意见,才渐渐的练出复杂的声音来,假如那时大家抬木头,都觉得吃力了,却想不到发表,其中有一个叫道'杭育杭育',那么,这就是创作;大家也要佩服,应用的,这就等于出版;倘若用什么记号留存了下来,这就是文学。"②其实在《淮南子·道应训》中早有类似的说法:"今夫举大木者,前呼邪许,后亦应之,此举重劝力之歌也。"③这是与节奏和旋律的形态发生密切相关的原初情景。劳动号子在内容上的发展通向诗歌,形式上的发展通向节奏和旋律。而舞蹈,则是节奏、旋律在烘托的气氛中再现捕猎和劳作的形体艺术。

(6)艺术起源于集体无意识

精神分析学派的创始人弗洛伊德把艺术看作是个人无意识的象征表现,是某

---

① 转引自黄宗贤主编《从原理到形态:普通艺术学》,湖南美术出版社,2003,第12页。
② 鲁迅:《门外文谈》,北京出版社,2014,第14页。
③ (西汉)刘安等:《淮南子》,岳麓书社,2015,第109页。

种被压抑的性意识的表现,艺术活动是摆脱苦闷的一种"诱惑的奖赏"。史前艺术中有关性爱与生殖的形象占有相当的比例,的确可看作一种重要的动因。他的学生,瑞士心理学家荣格用"集体无意识"的概念解释文化现象。他认为由遗传而继承来的心理倾向是一种集体的无意识。原始文化形态都与这种集体无意识相关联,一些披上神话外衣的深不可测的经验都会沉积在集体无意识之中。伟大诗人和艺术家的创作活动深受集体无意识的影响,这使艺术活动总包含着难以言说的秘密。

关于艺术起源,还有很多其他说法,多元论是较为合理的解释。总的来说,艺术起源是一个复杂的过程,不同形态的艺术形式可能来自不同的源头,不能一概而论。上述几种说法可以看作是从不同的角度来谈论艺术的形态发生,从内在动力、表现方式、内容来源等视角来考察艺术的起源,都有一定的合理性,但也需要容纳各种观点以便形成整体的看法。劳动技术传递、知识记忆、性爱与生殖、战争、祭祀是早期艺术内容的主要来源。

2.艺术的发展

艺术是随着人类社会的进步而发展的,物质生产方式和生产力发展水平是这个过程中的重要影响因素。恩格斯在马克思墓前有段话:"人们首先必须吃、喝、住、穿,然后才能从事政治、科学、艺术、宗教等等;所以,直接的物质的生活资料的生产,从而一个民族或一个时代的一定的经济发展阶段,便构成基础,人们的国家设施、法的观点、艺术以至宗教观念,就是从这个基础上发展起来的,因而,也必须由这个基础来解释,而不是像过去那样做得相反。"[①]中国古代哲人们认为:"食必常饱,然后求美;衣必常暖,然后求丽。"[②]物质的需要总是先于精神的需要。物质生产水平还从技术条件上制约和影响艺术的发展,决定着艺术形态所负载的价值、情感与态度。

(1)初始形态

原始社会艺术形态大致有三类:第一类是以人体为媒介的艺术,表现为文身装饰和舞蹈。用以文身的色彩图案是一种神秘的符号,具有象征意义。原始舞蹈

---

① 《马克思恩格斯选集》第三卷,人民出版社,2012,第1002页。
② 《墨子佚文》,转引自《中国美学史资料选编》上册,中华书局,1980,第22页。

总与祭祀和祈祷活动联系在一起,表达对大自然的敬畏与祈求恩典的心理。第二类是表现在外界物体上的空间艺术,雕塑、壁画、工艺器物装饰、建筑等造型艺术盖属此类。这些艺术形态大都表现出对神灵或偶像的膜拜及原始人劳动和生活情景,或对大自然的探索,如日月星辰、数码符号等。第三类是与听觉有关而具有时间特征的艺术,如原始音乐和诗歌等。对情感的模仿、交换信息、祭祀等都是原始音乐所要表现的内容。

随着人类社会发展和文化的繁荣,文明时代的艺术有了更快的发展。有了专门从事创作的艺术家,形式与内容逐渐分离,艺术形态不断分化,丰富多彩的艺术形式充满了人类生活世界的方方面面。每一个时代的作品都有其突出的艺术风格,通过艺术亦可窥见一种时代精神。在中国古代,文学艺术在实质和形式方面此消彼长的变化被称为"质文代变"。刘勰在《文心雕龙》"时序"篇中对长达一千多年的文学艺术的发展做了"十代九变"的简要描述,总结出带有规律性的现象:"时运交移,质文代变""歌谣文理,与世推移,风动于上,而波震于下者""文变染乎世情,兴废系乎时序"等。社会历史文化大背景上的艺术形态,总与其所处的时代有着微妙的对应关系。

奴隶制鼎盛时期的古希腊以史诗、戏剧和雕塑著称。荷马的咏史诗,埃斯库罗斯、索福克勒斯、欧里庇得斯为代表的悲剧创作,雕刻艺术的代表作《掷铁饼者》《拉奥孔》《米洛的维纳斯》等是文学艺术史上的传世名作。

(2)西方艺术

欧洲中世纪艺术以宗教特色为主。大量绘画、音乐、文学、建筑等艺术作品都以圣经故事为题材,充满着神秘、庄重、威严的气氛和色彩,同时也使人感到压抑。

文艺复兴和启蒙运动时期,人文主义思潮得到广泛传播,以人为中心,倡导以"人性"反对"神性",精神文化的价值导向转向人生和现实世界。这是一个艺术创造的辉煌时期,产生了一批艺术巨匠。但丁的《神曲》,达·芬奇、拉斐尔、米开朗琪罗的绘画与雕塑作品,莎士比亚的文学和戏剧作品,都是这个时代的代表。

19世纪西方艺术出现大师辈出、名家荟萃的局面。浪漫派音乐和印象派绘画风靡全球。贝多芬、肖邦、约翰·施特劳斯父子、塞尚、凡高等一大批艺术大师都留下了不朽的传世名作。

20世纪以来,西方艺术表现为多元的、无中心、无主流的景观。19世纪浪漫主义和现实主义的遗风尚存,而更多艺术流派则有新的探索。竞相登上历史舞台的有象征主义、表现主义、唯美主义、新印象主义、形式主义、未来主义、存在主义、结构主义、新现实主义、超现实主义、魔幻现实主义、后现代主义以及荒诞派戏剧、意识流小说、黑色幽默文学等。全面了解众多的流派和主义并对之做出评价对非专业人士来说是困难的。这也正是我们这个时代的重要特点之一。

(3)中国艺术

中国古代艺术源远流长,有据可考的音乐已有近万年的历史,最早的管乐器贾湖骨笛有六千到九千多年的历史。夏商周时代的青铜艺术有大量遗存,古代典籍中也记载了有关音乐艺术的丰富资料。秦汉以后,大一统的封建王朝的建立使文化艺术的发展具有了新的规模和特质。秦朝的兵马俑,汉代的帛画、壁画、画像石等各种形式的艺术形式迅速发展,很多作品体现出神话和仙道之风;西乐东渐,使汉代音乐出现了与西域音乐相互融合的局面。

魏晋南北朝时期,儒道关系的发展,佛教的输入,玄学的兴起,时代精神及人们的审美趣味发生变化,宗教及崇尚自然之美的艺术是这一时代的特色。这一时代最为突出的成就是敦煌莫高窟的石窟艺术,还有雕塑、绘画和书法等作品,顾恺之的画和王羲之的字都是不朽名作。具有美学意义的理论阐释见于陆机的《文赋》、刘勰的《文心雕龙》、钟嵘的《诗品》、阮籍的《乐论》等。

隋唐时代,政治强盛、经济繁荣、文化发展、技术进步的社会背景,加之文化上兼收并蓄的政策,不同的思想体系、艺术形式得以相互交融和渗透,促进了艺术的发展。唐代著名的"十部乐"(《燕乐》《清商乐》《西凉乐》《天竺乐》《高丽乐》《龟兹乐》《安国乐》《疏勒乐》《康国乐》《高昌乐》)中,《燕乐》是唐代贞观年间创制的中外乐舞,《清乐》是流传在江南一带的汉族传统乐舞,其余均属于边疆民族乐舞或域外乐舞,这些乐舞基本上是以地域的名称来命名的。诗歌、散文和绘画在中国历史上达到了很难逾越的巅峰。音乐、舞蹈、雕塑、书法、建筑等也都达到极高的水平。吴道子的画是绘画艺术发展的突出代表。

宋、金、元时期,理学的兴起,儒释道三教的进一步融合,对艺术的发展产生重大影响。杰出的画家相继出现,山水画、人物画都有突出成就。绘画的发展在元代达到新的高度,元杂剧成为与唐诗、宋词并驾齐驱的艺术精品。张择端的《清明上河图》是古代绘画中的传世名作。

明清时期戏剧艺术有较高的发展,李渔的戏剧美学思想独树一帜。绘画艺术方面以董其昌、石涛、郑板桥等人的美学思想为主导,以文人画为主流的中国画创作达到一个新的高峰。

近代以来,一大批先驱者在艺术上做出了新的探索。康有为、黄遵宪、梁启超、王国维、鲁迅等人都在这个剧烈动荡的时代对艺术的发展做出了贡献。真正具有科学意义的文艺理论和伟大的艺术作品产生于五四运动前后,它标志着一个新时代的开端。

20世纪以来中西方艺术在各自的发展历程中,都经历了与其他文化的交流与碰撞,冲突与融合的交相作用,其形态都发生了显著的变化,呈现多元化趋势。百年来中国艺术的发展历程是难以用简单的语言加以描述的。中国当代艺术形态之中,有着中国传统艺术的厚重积淀,也有从西方艺术中汲取的精华。19世纪批判现实主义和浪漫主义艺术对中国艺术产生了重大影响,成为20世纪中国艺术创作中占主导地位的倾向。在艺术形态上,话剧与歌剧、油画与版画、现代音乐与舞蹈、电影、电视等都是一些新的品种。随着数码技术和信息时代的到来,还会有更多新的艺术形态不断涌现。

(三)艺术教育

艺术的教化功能在中国古代典籍中多有记载,《尚书·舜典》提到帝舜命夔掌管音乐,教化贵族子弟,并指出了其对族群和谐的价值意义(见前文"中国儒家的以文化人之教")。儒家倡导并践行六经之教,"乐教"是其中重要的一个方面。《论语·泰伯》:"兴于《诗》,立于礼,成于乐。"《礼记·经解》:"广博易良,《乐》教也。"《礼记·乐记》对音乐的教化功能有详尽的论述,如音乐能影响人的心理和情感:"乐也者,情之不可变者也……礼乐之说,管乎人情矣。""乐者,音之所由生也,其本在人心之感于物也。是故其哀心感者,其声噍以杀;其乐心感者,其声啴以缓;其喜心感者,其声发以散;其怒心感者,其声粗以厉;其敬心感者,其声直以廉;其爱心感者,其声和以柔。""夫民有血气心知之性,而无哀乐喜怒之常,应感起物而动,然后心术形焉。是故志微噍杀之音作,而民思忧;啴谐慢易繁文简节之音作,而民康乐;粗厉猛起奋末广贲之音作,而民刚毅;廉直劲正庄诚之音作,而民肃敬;宽裕肉好顺成和动之音作,而民慈爱;流辟邪散狄成涤滥之音作,而民淫乱。"这说的是人有感情冲动和认识的本能,但人之情绪和情感受外在事物影响而变化无常。微弱充满焦虑的音乐使人产生忧心忡忡的情感;舒畅、和谐、缓慢、平易,内容丰富且富有节奏的音乐,则使人健康快乐;粗壮、威严、生猛且充满激情的音乐使人刚强而有毅力;庄重、正直、真诚的音乐使人产生严肃崇高的情感;舒畅、洪亮、流畅、柔和的音乐使人产生慈爱的情感;邪僻、散乱、淫佚泛滥之音使人产生淫乱的情感。中国古代哲人们关于人文精神的深刻思想,在很大程度上得益于对音乐艺术的思考,从一定意义上说,这就是最早的"音乐人类学"。关于音乐艺术的道德教化作用,《礼记·乐记》还有一段经典的表述:"是故君子反情以和其志,广乐以成其教。乐行而民乡方,可以观德矣。德者,性之端也。乐者,德之华也。金石丝竹,乐之器也。诗,言其志也。歌,咏其声也。舞,动其容也。三者本于心,然后乐器从之。是故情深而文明,气盛而化神,和顺积中而英华发外,惟乐不可以为伪。"天地之"文"能够彰显于天下,是由于艺术力量感人之深,从而孕育化生出崇高的精神气质。这里有着对"文""化"意义的最深刻理解。

美国著名哲学家、符号论美学代表人物之一苏珊·朗格(Susanne K.Langer,1895—1982年)有《情感与形式》一书,其中表达了与《乐记》相同的看法。在她看来,音乐的音调结构,与人类的情感形式——增强与减弱,流动与休止,冲突与解决,以及加速、抑制、极度兴奋、平缓而微妙的激发、梦的消失等等形式——在逻辑上有着惊人的一致。这种一致恐怕不是单纯的喜悦与悲哀,而是与二者或其中一者在深刻程度上,在生命感受到的一切事物的强度、简洁和永恒流动中的一致。这是一种感觉的样式或逻辑形式。音乐的样式正是用纯粹的、精神的声音和寂静组成的相同形式,音乐是情感生活的音调摹写。

西方对艺术功能的系统研究起于15—16世纪。尼德兰作曲家、理论家约翰内斯·廷克托里斯(Johannes Tinctoris)列举了音乐的20种功能,如"驱忧解闷""引起狂喜""使人愉悦""治愈病人""减轻劳动""鼓舞斗志""唤起爱""增加筵席的欢愉""使乐师驰名"等,"装饰对上帝的赞美"无疑也是艺术的重要功能。[①]国外对艺

[①] [俄]斯托洛维奇:《生活·创作·人——艺术活动的功能》,凌继尧译,中国人民大学出版社,1993,第53页。

术功能的研究可择要归为几类：①与艺术有关的反映客观现实的认识功能；②教育功能；③艺术特有的审美娱乐功能；④与艺术作为人的精神世界的表现有关的功能；⑤与艺术的社会效用有关的功能。艺术的功能影响艺术的结构，艺术的结构也决定着其发挥的功能。

如前所述，求美是艺术教育的核心价值追求。艺术教育的主要功能可从以下几个方面来看：

第一，认识社会。艺术是社会生活的反映，它通过形象塑造提供了一个认识社会、认识现实、认识历史、认识文化、认识生活的窗口。由于艺术作品的作者基于不同的价值立场和情感态度来表现他对世界的认识，也为人们从多种视角认识世界提供了丰富的途径。另外，由于艺术保存了以往时代各个不同民族的杰出智慧、优秀品格、民族风貌、崇高精神，那些体现着永恒价值的艺术品获得了跨越遥远时空的存在，我们也由之能够认识到遥远时代、遥远国度的历史文化背景。

如从敦煌艺术宝库中，我们能比较全面地认识从十六国及唐代以来各个历史时代的社会生活、风土人情以及政治、经济、军事、文化、宗教、民族生活的情景，获得丰富的历史知识。欣赏风情画特别是外国风情画，使人能够领略不同的异域风光，做到"不出户，知天下"（《道德经》第四十七章）。通过欣赏原始岩画和壁画我们可以了解原始社会的狩猎和农牧状况。欣赏宗教艺术，能使人们了解有关宗教的知识，譬如达·芬奇《最后的晚餐》能告诉人们很多有关《圣经》和基督教的知识。尤为重要的是，这种形式诉诸直观而通达理性，具有重要的认识功能。

艺术的认识功能首先体现在信息的保存和传递上。艺术可以沟通思想、传递信息，实现文化的交流与互通，在这一意义上，艺术是跨民族的，它可以强化人类精神中具有共同性的那些品质。用音乐、舞蹈、绘画、建筑、雕塑等具体形象地表达的人类共同情感，具有凝聚人类精神的作用。欣赏艺术作品能使人提升认识的能力，因为人的精神世界和文化素质，是在自身经验与他人经验的交往和互动之中形成的，超越自身的局限性，超越时空的局限性来认识世界，正是通过对传世的艺术作品的欣赏实现的。

其次，艺术之所以能开阔视野、增长见识、丰富知识，是由于它不是简单地、直观地、照相般地临摹现实生活，而是提炼了生活，挖掘了真谛，在更高的意义上反映现实生活。不朽的艺术作品之产生是建立在作者对世界的深刻理解上,不深入生活是不能有此见地的。

再有,艺术的社会认识功能与具体的社会历史条件相关联。一般来说,在社会矛盾尖锐,社会经济、政治、道德问题成为人们最为关切的主要问题时,艺术作品的认识功能就会得到更多的重视、强调与发挥。

总之,艺术不仅反映生活,而且包含着艺术家对生活的思考,沉积了艺术家对生活的体验与感受。它不仅能帮助人们获得知识,也使思维超越了自身的局限性而有了更为广阔的领域和丰富的对象,从而能在获得知识的过程中提高自身的认识能力。

第二,促进个体发展。个体的发展包括身体、心理和认知的发展。艺术与身、心、知的发展有着密切的关系。

首先,艺术润泽人心,丰富人的内心世界。人的情感和情绪状态属于心理的机能。情感的丰富性是和谐之所以产生的基础。情感的贫乏与精神的贫乏,都会导致人的片面性和极端行为,从而由个体身心的不和谐导致与他人关系的不和谐。艺术润泽人心,指的是它能以丰富的资源为人的心灵提供滋养。艺术的形式根据它所使用的物质媒介可归结为"言""声""象"。言是指艺术语言塑造的形象,声是指听觉形象,象是指感性的视觉形象。绘画就是通过色彩、线条描绘具体的可感知的形象来表达感情;音乐是通过节奏与旋律的组合表达世界,诗人把许多抽象无形的东西比喻为现实生活中可感知的景物形象,使读者理解和感受到诗人所体验到的感情;舞蹈是以人体的姿态动作来展示某种价值事物及其情感反映。欣赏艺术的过程,就是一种情感交流与互动的过程。正是这种互动和交流,像细雨春风润泽心田,使人的心理情感得到升华。孔子说乐教可使人"广、博、易、良",实在是很精辟的概括。

其次,艺术教育培养想象力和创造性。想象与创造,通常与一种重要的思维品质相关联,那就是关联与转换。艺术教育中常说的通感,就是这样的能力。从色彩与线条的组合之中看出节奏与旋律的变化和从节奏与旋律中听出色彩与线条的组合,这种感知能力被称为"通感"。音乐与绘画虽然被视作两种不同的艺术形态,一个诉诸听觉,另一个诉诸视觉,但它们之间存在着本质的内在联系。通感之所以存在,是因为人的生理、心理和大脑的构造本身就是大自然的产物,大自然是按照自身的法则来塑造人这台神秘的机器的。艺术创作需要这种通感,欣赏艺术也需要。《塞尚的疑惑》是哲学家梅洛-庞蒂从现象学视野评论塞尚的名篇。说的是塞尚的画竭力在静止的画面上表现出不断生成中的、对立统一的整体世界,给人一种"寂静中的鸣响"的感觉。他作画时脑袋微微转动,不断变幻的新视角改变着整体的画面,形成了视觉的一系列分岔点。画面上的混沌与不确定性,正是为了体现世界的真实存在。以艺术方式注解抽象的分形几何学的"曼德勃罗集",是根据一个数学公式迭代生成的无穷无尽的美丽图案,它的每一个细部都可以演绎出梦幻般的仙境似的图形,"局部和整体的自相似"是对这些图案特征的经典描述。色彩与线条的组合也可与倾听的艺术相连,盖因绘画与音乐都有分形结构所致。"倾听曼德勃罗集"是将扫描曼德勃罗集得来的数据转换成乐音,用不断变换的节奏和旋律表现其分形结构。主题在不同层次上的回旋与重现,与迭代生成的美丽图案相互印证,极富艺术感染力。在曼氏看来,现代数学、音乐、绘画和艺术是相互联系的。在艺术的形式中,不可见的"存在"(即世界的真实结构)被可见的意义显示出来。塞尚就是通过那些轮廓模糊的绘画,表达生成中的、相互联系的事物之分形结构,它体现了思维过程中的分形,这是一个分形的人分形的大脑皮层里所构思的分形世界。[①]在外表看来极为不同的事物之间,发现其相互关联和相似的秩序结构,这是一切创新的起点。

再次,艺术能有效地促进个体左、右脑和谐均衡地发展。现代脑科学研究表明,左右脑有明显的分工,也有密切的配合。左脑控制身体右侧感觉与运动,是处理语言、梳理概念信息,进行抽象思维和连续学习,分析性机能的中心,有"数字脑"之说。右脑控制左侧机体感觉和运动,主要功能在图形识别、视听信息感知、空间想象和接受其他非语言的信息,侧重形象思维功能,有"艺术脑"之称。大脑两半球之间,由两亿条神经纤维组成的胼胝体联结,使左右脑息息相通,互动互补。左右脑的开发是使一个人成为一个健全和完善的人的重要途径,或可说是必要途径,脑是人体的控制系统,左右脑的和谐发展,是一个人身心和谐发展的根本基础。要实现左右脑的和谐发展,艺术教育是不可或缺的。艺术教育的主要功能

---

① 倪胜利:《从"塞尚疑惑"到"倾听曼德勃罗集"——分形论与通知教育》,《美术观察》2010年第3期。

是开发右脑,培养人的形象思维能力。

最后,艺术使身体健康发育。借助色彩和线条的艺术形式如绘画、雕塑和借助节奏与旋律的艺术如音乐、舞蹈等,都有物理的基础,如声音振动和光谱的原理等,它们都能对人体产生物理的影响。众所周知的胎教,采取的主要形式就是音乐艺术。人类身体发育依循美学原理的展开,是很多当代学者关注的话题。"文化塑造的身体""教化身体""身体文化""肉体性的社会建构"等概念体现着这一研究趋势。以往人们只是把身体看作是得自遗传素质的一种东西,但是最近的研究使人们认识到,不仅个体的知识结构与文化心理是文化的结果,而且人的身体也因文化的影响而发生着变化(详见后文"身体的文化原理")。

从个体的社会化过程来看,由一个自然状态的生命体成长为适应社会化生存的有独立人格的公民,从身体到心理再到认知,一切都是在一个漫长的文化过程中被塑造起来的。不仅是"有音乐感的耳朵"和"能欣赏形式美的眼睛",而且整个现代人的身体无不受文化的影响而发生着改变。

第三,审美乐趣。艺术的审美娱乐功能,主要是指人们通过艺术欣赏活动,获得审美享受,使身心愉悦并得到休息。艺术的审美娱乐功能是艺术最基本的功能之一。日常生活中绝大多数人进电影院、剧院、音乐厅或美术馆,都是为了休息和娱乐,而未必是为了获取知识或接受教育,如果艺术不具备愉悦的能力也不足以有那么大的吸引力。只倾注于艺术的思想性,强化社会教化功能,忽略娱乐性,一味追求高大上,就会失去社会土壤。须知,即使是崇高的艺术,也得有基础和土壤,而一般民众的娱乐需求,也是艺术生长必不可少的资源环境。

艺术家在倾力满足人们审美娱乐情趣的过程中,对象化的精神劳动本身,也在提升着创作者的艺术水平。这就是说,受众在以另一种方式参与着艺术的创造。古希腊人早就注意到一种特殊的、什么也不像的审美快乐,并把它区别于感官的快乐。这种特殊的快乐是一种伴随着艺术的所有功能,使其别具色彩的精神享受。而且这种精神享受要求人们主动参与,去观察、倾听、想象和体会,可以说,艺术家完成了对艺术品的基本创作,欣赏者在欣赏过程中的主动参与最终把艺术形象和情景在心中完成,仿佛和艺术家一同工作着。人的本能、情感和欲望有得到正当满足的权利,艺术应当使人得到快感。消遣是为着休息,休息当然是愉快的,因为它可以消除劳苦工作所产生的困倦。精神方面的享受被人们公认为不仅含有美的因素,而且含有愉快的因素,幸福和快乐正在于这两个因素的结合。理想社会的建构,不可能没有幸福和快乐,而幸福和快乐不是从抽象的理论中得来的。人们都会认同音乐是能够带来愉快心情的东西,当然它也能提供其他的情感表达所需要的形式。人们聚会娱乐时,总是要弄音乐,这是很有道理的,它的确使人心旷神怡。"寓教于乐"是艺术的一个重要功能,《乐记》有"乐者乐也"之说,其本义为音乐的功能使人们得到快乐。艺术创作是一种自由自觉的活动,艺术欣赏也是如此。欣赏过程中,读者、观众或听众也是处在一种忘我状态,沉醉在艺术天地中流连忘返。优秀的艺术作品给人以极大的精神满足和快乐,以至于"子在齐闻《韶》,三月不知肉味"(《论语·述而》),成为人们乐道的佳话。

第四,引领社会。优秀的艺术作品,在使人获得快感并帮助人们领略精彩世界的同时,也发挥着精神引领和价值引导的作用。人们熟知的名言——"作家是人类灵魂的工程师",也可以用来说艺术。从一定程度上可以说,艺术是人类灵魂的工程。艺术家和作家一样,担负着重大的社会职责。塑造真善美的形象以教育民众、唤醒民众,提高民族的凝聚力和自信心,以正确的价值观引导人们走精彩的人生之路,是艺术最重要的也是最有价值的功能。艺术作品还能通过形象的塑造,揭露和鞭挞那些丑恶、虚伪、自私自利、损人利己、腐败堕落的现象。

艺术能灵敏地感知时代前进的步伐,艺术家往往有深刻的洞察力以捕捉时代精神。我们来看历史上那些经典名作,无不代表着特定民族在特定历史时期的文化风貌,影响着那一代人甚至后世精神文化发展方向。例如,古希腊产生了对人类文明影响深远的神话、寓言、雕塑、建筑艺术,埃斯库罗斯(Aeschylus)、索福克勒斯(Sophocles)、欧里庇得斯(Euripides)、阿里斯托芬(Aristophanes)的悲剧和喜剧是希腊艺术的经典之作。"文变染乎世情,兴废系乎时序。"(《文心周雕·时序》)在欧洲文艺复兴运动中,但丁、彼特拉克、薄伽丘、达·芬奇、拉斐尔、米开朗琪罗、蒙田、塞万提斯、莎士比亚等文艺巨人,发出了新时代的啼声,开启了人们的心灵。恩格斯说文艺复兴"是一个需要巨人并且产生了巨人的时代,那是一些在思维能力、激情和性格方面,在多才多艺和学识渊博方面的巨人"[①]。欧洲历史上流传千

---

① 《马克思恩格斯文集》第九卷,人民出版社,2009,第409页。

古的艺术经典,都是出生于时代变革的时期,它们之所以能成为经典,正是因为其引导了人类社会历史发展的进程。

在鲁迅看来,要改造国人的精神世界,首推文艺。举精神之旗、立精神支柱、建精神家园,都离不开文艺。当今时代,世界经济飞速发展,物质文明灿烂辉煌,然而精神文明的发展相对滞后。精神文明与物质文明如果不能同步发展,物欲横流而道德沦丧就难以避免。精神文明建设不是靠空洞的说教和煽情的口号就能实现的。从达·芬奇、米开朗琪罗、贝多芬、莫扎特等的经典名作在基督教文化中发挥的作用,就能体会到艺术震撼人心的巨大力量。真善美的事物要进入人心,须得像春风化雨那样润物无声、潜移默化。而真正优秀的艺术作品,正像蓝天上的阳光、春季里的清风一样,能够启迪思想、温润心灵、陶冶人生,能够扫除颓废萎靡之风,提振人的精神,丰富人的内心世界,从而使生命的质量得以提升,引领社会的功能得以实现。

求美的艺术教育,体现了人类文化生活中不可缺少的一个重要方面。在地球上,也许人是唯一能欣赏大自然之美的存在物,当然,这有一个条件,耳朵要成为音乐的耳朵,眼睛成为审美的眼睛,这是一个文化过程,艺术教育就是这个文化过程的一部分。艺术教育的最好和最有利的时机是早期教育,当今时代从胎儿开始就让音乐发挥它的文化作用,已经成为人们的共识并得以普遍推广。艺术的品质存在于每一生命个体,只是不同的人身上有不同的情况,有的偏重视觉,有的偏重听觉,还有的人可能只体现在一种和谐品性上。教育在关注个体独特的发展的同时,更要关注人的全面发展,这是未来生活质量的重要保证。大自然赋予人的非特定性品质,使人在幼年期具有向着多方面发展的潜能,如果教育能够创设有利于每一个体发展的合适条件,并适时进行相应的培养,那么儿童都能有适合自己独特智力条件的发展。

综上所述,课程文化三个方面所要追求的是真善美,三者之间既有区别,又相互联系。真中有善也有美,善中有真也有美,美中有真也有善。科学文化、人文文化和艺术文化都是相互渗透和相互交叉的,人性的丰富与完善,三者缺一不可。

第九章

学校文化

学校文化是教育文化的重要组成部分,也是教育文化的主要领域。学校的形态发生可追溯到国家形成的初始阶段,随着文明进程和人类社会的进步,学校也在复杂的文化过程中,发展为高度组织化、制度化和复杂化的社会结构。学校文化的系统研究起步较晚,在理论与实践方面,尚有许多有待深入探讨的问题,并且随着互联网时代的到来,很多新文化要素和文化形态涌入学校,学校文化也在发生着巨变,从而使我们对学校文化的探索,必须立足于应对时代的挑战。

一、学校文化溯源及其本质意义

教育文化的史迹,可追溯至遥远的史前时期。西安半坡遗址是六七千年前母系社会聚落,其中心有一座160平方米的大房子,是氏族成员聚会和祭祀的场所。中国古代典籍中多有记载的"明堂""宗庙""祭庙"等,可视为先民时期最早实施教化功能的场域。《周易·象上传》曰:"大观在上,顺而巽,中正以观天下。观,盥而不荐,有孚颙若,下观而化也。观天之神道,而四时不忒,圣人以神道设教,而天下服矣。"宗庙象征着天道,以中正立场来对待天下之事,即是顺承天道。祭祀前洗手洁身,并不奉献祭品,其至诚精一,尽在不言之中,具有不动而敬、不言而信之妙用。先贤们对神道教化的意义都有过精辟的论述。《周易程氏传》曰:"天道至神,故曰'神道'。观天之运行,四时无有差忒,则见其神妙。圣人见天道之神,体神道以设教,故天下莫不服也。夫天道至神,故运行四时,化育万物,无有差忒。至神之道,莫可名言,惟圣人默契,体其妙用,设为政教,故天下之人涵泳其德而不知其功,鼓舞其化而莫测其用,自然仰观而戴服,故曰'以神道设教而天下服矣'"[1]王弼说:"统说《观》之为道,不以刑制使物,而以观感化物。神则无形者也,不见天之使四时,而'四时不忒'。不见圣人使百姓,而百姓自服也。"[2]这实质上说的是通过庙堂祭祀活动实施的天地不言之教。

中国古代最初施教的场所,《礼记·王制》曰:"有虞氏养国老于上庠,养庶老于下庠。"有虞氏当指虞舜,何谓"庠",《说文解字》:"庠,礼官养老,夏曰校,殷曰庠,周曰序。"郑玄注:"上庠、右学,大学也,在西郊。下庠、左学,小学也,在国中王宫之东。"[3]国老并非一般老年人,西周、春秋称国之卿大夫士之致仕者为国老。孔子在鲁曾被称为国老,《左传·哀公十一年》记载季孙问孔子:"子为国老,待子而行,若之何子之不言也?"[4]可见,国老是那个时代的高级知识分子,把他们养起来为王者的霸业出谋献策,养他们的地方就是"庠",当然可以推想得到,"教胄子"也是在那里。三代以后,有了"庠、序、学、校"之称名。《孟子·滕文公上》曰:"设为庠、序、学、校以教之。庠者,养也;校者,教也;序者,射也。夏曰校,殷曰序,周曰庠,学则三代共之,皆所以明人伦也。"无疑这就是中国古代的教育机构。西周时期,周天子设置了称为"辟雍"的专门教育机构。后世各朝代,大都设有辟雍,作为尊儒学、行典礼的场所。孔子施教之场所,设有讲席,他还带领弟子周游列国,边游边探讨学问。这可视为最早的开放课堂。之后在中国历史上最负盛名的是"稷下学宫"。它是一所由官方举办、民间主持的特殊形式的讲学场所,中国学术思想史上的"百家争鸣"即发生在这里。在其兴盛时期,容纳了儒、道、法、墨、兵、农、阴阳等诸子百家,汇集天下贤士达上千人。那时,只要是学者,不论学术派别、思想观点、政治

---

[1] (宋)程颐:《周易程氏传》,九州出版社,2010,第81页。
[2] (清)李光地撰:《周易折中》,李一忻点校,九州出版社,2002,第528页。
[3] (汉)郑玄注:《礼记正义》(上),上海古籍出版社,2008,第575页。
[4] 《左传》,蒋冀骋点校,岳麓书社,1988,第406页。

倾向,不分国籍、年龄、资历等,都可自由发表自己的学术见解,从而使稷下学宫成为各学派荟萃的中心。说起西方最早的学校,一般都会提到柏拉图创立的"学园"(Academy),很有意味的是,其所处的时代与"稷下学宫"大致相当。它被认为是欧洲第一所综合性学校,哲学和自然科学都在那里讲授。与"稷下学宫"相似的是,它也是一个学术研究机构,许多学者慕名而至,它也参与政治,许多周边的城邦在建国、立法、施政时遇到麻烦,也会到那里求助。"学宫"在中国历朝历代都很盛行,主要作用就是讲学传道,其传播文化与创新文化之功能,与今日学校文化并无本质区别。从西汉时开始设置太学和学宫,太学为国家最高学府,学宫为地方教育机构。其后在中国历史上还有"国子监""书院""书堂""私塾"等传播文化的教育场所,都可视为学校的前身。直至清朝末年,开始有了现代意义的学校。从上述考察可知,传承文明成果、探讨学术问题、培育新文化都是学校文化中历史地形成的稳定功能。

近现代以来中国的学校文化,在继承本土文化的基础上,更多地接受了外来的学校文化新质。从前面的考察可知,学校文化已有悠久的历史,但对学校文化的系统研究,不过是近几十年的事情。学校的基本文化功能虽然没有根本性的改变,但作为教育文化过程之结果的现代学校文化形态,在精神、物质、制度、生活方式及习惯等方面,与昔日相比,显然有了巨大的变化。20世纪30年代美国学者开始使用"学校文化"这一概念,但起初不过是用来指在学校中形成的独特的文化。今天我们使用的"学校文化"这一提法,比当初的内涵显然要丰富得多,对其本质的认识也复杂得多。

与学校文化相关的"校园文化"概念,出现于20世纪80年代。最初这个概念与一些高等院校的学生社团活动和艺术教育相联系。这个概念一出现,就引起人们广泛的关注。因为,它所倡导的理念,有利于改变只关注正式的学科课程和读死书的现象,把人们的注意力引向校园里所有教育资源的合理利用,以培养全面发展的人。后来这个概念不断扩展,不仅仅指那些艺术教育和社团活动,还包括校园的物质环境营造,并由高等学校扩展到中小学。"学校文化"成为一个专有概念,似乎在"校园文化"之后,也就是说,尽管在更早的时候有这个词语出现的记载,但并不是一个专有概念。对学校文化的认识有各种不同的视角,研究者们开始关注到诸如校园建设、学校精神、校风校貌、校园环境、教学与活动等课堂教学之外具有文化意味的方面,有学者从教育目标、校园环境、校园思潮、校风学风及师生文化群体不同的价值观等方面探讨学校文化,还有从学校文化生活、教育设施、社团组织、学校传统、制度规范等方面来研究学校文化。网络信息、流行文化、校园歌曲、学校品牌形象以及学校组织、学习、教学、艺术等活动也都进入了学校文化研究的视野。随着学校文化的全面展开,人们对其本质的认识也不断深化,其内涵也丰富起来。顾明远先生在《论学校文化建设》一文中提出了具有高度概括性的观点,他认为学校文化是"经过长期发展历史积淀而形成的全校师生(包括员工,下同)的教育实践活动方式及其所创造的成果的总和。这里面同样包含了物质层面(校园建设)、制度层面(各种规章制度)、精神层面和行为层面(师生的行为举止),而其核心是精神层面中的价值观念、办学思想、教育理念、群体的心理意识等"[①]。他把学校文化看作是一种亚文化,学校文化总是反映着整个社会主流文化的基本精神。它的主要特点有教育性、选择性、创造性、个性化差异等,这个观点对学校文化研究产生了重要的影响。近年来,关于学校文化的观点和主张还有很多,基本上都是按照已有的文化解释模式,尽可能涵盖文化概念所涉及的一切方面。具体研究中突出的主要方面有学校精神、校园文化活动、校园物质文化建设、学校品牌、教师文化、学生文化等。

  基于前述的文化和教育文化阐释,参考已有观点,我们把学校文化看作发生在学校里的一切教育文化过程及其创造物。作为过程,它以教育文化价值观为导向,创设良好的环境条件,调动学校系统内外一切积极的正向能,对教育资源进行优化组合,促成教育目标的实现。作为结果,它生成了包括精神、物质、制度、习惯和行为方式等方面具有相对稳定性的各种符号化形态。一如前述的文化阐释,教育文化也是一种特殊的生命系统,它继承和发扬传统并通过不断地自我更新,保持着一种有活力的发展状态,维持着其在不断变化的社会现实中的适应性生存。

  我们说学校文化是教育文化的一个重要组成部分或主要领域,并不是说它像整体的一个部件一样发挥着部分的功能。教育文化可以在学校及学校之外的一切领域中展开,但无论在哪里,都需要以整体生命系统来认识它,它有结构、功能、

---

① 顾明远:《论学校文化建设》,《西南师范大学学报》(人文社会科学版)2006年第5期。

动力机制,也有各种联系和相互作用方式。它不像那些无生命的系统,可以做静态的分析和认识,将它们分解为相对独立的、边界清晰的部分,学校文化是教育文化在学校场域中的全面展开。教育文化、学校文化、校园文化、课程文化是既有联系又有区别的系统,是从不同视角来看待的文化过程。教育文化是从整体来看的,而学校文化、校园文化、课程文化等是从某个局部的视角来看的。局部与整体的自相似,表现在过程结构与创造物的形态。具体来说就是从过程来看都具有历时性和共时性的结构,从创造物来看都存在精神的、物质的、制度的、行为方式的等相对稳定的形态。"自相似"是分形理论的认识方法,当我们思考校园文化、学校文化、教育文化、人类文化这样一些概念的意义时,"自相似"的认识方法有助于深化我们对学校文化本质的理解。阿尔文·托夫勒(Alvin Toffler)在为普里戈金《从混沌到有序》一书所写的前言中提到一个极有启示意义的发现:"在一项最近的研究中表明,蚂蚁分为两类:一类由勤劳的工蚁组成,另一类由'懒惰'的蚂蚁组成。人们可能过急地把这个特点归结成是基因的倾向。但是这项研究发现,如果把该系统打破,分成彼此隔离的两群,那末每一群本身又会分出自己的工蚁和惰蚁两个子群来,相当多的'惰'蚁会一下子转变成勤奋的'斯达汉诺夫'工作者。"①("斯达汉诺夫"是斯大林时代的苏联劳动英雄——作者注)这个研究揭示了一个普遍原理:集体生命系统,无论切成多么小的部分,它还是要表现出整体的特性。这种系统不像个体整体系统,比如一个肉体生命,将一条腿砍掉它就不再是一条腿了。就此意义来看,文化更像是由许多生命形态构成的生态系统。

学校文化是教育文化的最重要的也是首要的途径。当我们把一种文化形态看作实现另一个更大的文化系统之目的途径或方式时,这个形态本身便具有了工具性的特征。在某种意义上,学校可以看作一部复杂的机器,它由功能上相互联系的诸多要素构成。但学校是一种社会机器,与生物机器和机械装置不同。生物机器是一种完全的自组织系统,秩序与结构完全是自发产生的;机械装置是无生命的系统,只能按照设计的程序运行。将学校文化看作机器,是一个隐喻,主要是说它是有秩序地运转的系统并发挥着工具性的作用。但是它的本质特征之一,是

---

① [比]伊·普里戈金、[法]伊·斯唐热:《从混沌到有序——人与自然的新对话》,曾庆宏、沈小峰译,上海译文出版社,1987,第22页。

具有自主行为的主体与环境的相互作用。主体有着不同的前提条件,可以理解为像已有的文化背景和身心知基础那样的东西,环境包括了学校文化过程所创造的一切形态,如精神、制度、习惯、物质等。于是,一方面,这个环境具有显著的组织性特征;另一方面,这个时空场景中所发生着的带有自主性和创生性的文化过程,又具有受自组织动力学支配的特征。这个环境中的组织性力量,并不是来自校长和管理者。当然他们的作用很重要,但如果他们与主导价值相悖,也会被过程本身所淘汰。支配组织性力量的是价值原则,那是教育文化根本宗旨所在。学校文化的功能,当从价值理性和工具理性两个方面去认识并将两者有机地统一起来。失去价值理性制约,学校也会成为复制权力与不公的工具。

学校文化能够成为教育文化的主要途径并创造出轰轰烈烈的现实景观,是因为学校形式对教育资源的整合和利用有独具的条件。教育文化历史发展积累的全部精神和物质财富,成了最具优势的文化资源。学校文化无疑将在推动未来社会发展中发挥重要的作用。但是也须看到,新技术的发展对学校文化带来的全面挑战。譬如课程文化原本属于学校文化的一部分,而今,由于互联网的应用,学校的优质教育资源开始由学校延伸到校外的社会。开放课程实质上就是学校文化向社会的延伸。它将会带来学习方式的根本性转变,从而推动学习化社会的形成,其积极作用毋庸置疑。然而,对于人的发展来说,学校教育将很难保持它唯一的优势地位。这是因为当今学校教育存在一个根本性的弊端,就是它并不能为具有不同智力倾向的人提供公平的发展机会,而网络提供的教育资源,却能满足具有各种不同需要的个体发展。学校文化的高度组织化和统一性,对个体的自由全面发展有一定的阻碍作用,特别是那些主要靠现实功利驱使而运作的学校。学校文化发展,面临新的历史机遇,也充满了极大的不确定性。

二、学校精神与制度文化

学校精神指的是人们通常所谓学校的"精神文化",是与制度文化、物质文化相对而言的。这里所说的学校精神并不指一般的意识和心理状态,而是指在特定的学校文化过程中形成的与学校整体的价值追求相关的那些观念和心理特质,学校的办学理念、传统、学统、精神风貌、校风、学风、教风等都属于学校精神。学校精神是社会文化的反映,它总是与学校所处社会文化环境保持着互动关系,力图体现时代精神。制度文化指的是学校教育制度,它是学校文化过程的一部分,其创造物就是由之生成的具有相对稳定性的制度规范。

(一)学校的灵魂

每一个学校都是一个活的有机体,它的灵魂就是那个具有导向功能、濡化功能、规范功能、凝聚功能和建构功能的价值系统,那是办学理念、办学宗旨所在。学校精神除了具有一般的教育文化要素外,还有在特定环境和历史演化过程中形成和发展起来的独特文化品质,也就是说,学校精神具有时空性和生态整体性。学校精神一旦形成,就会具有灵魂的力量,它虽然无形,但却无处不在。学校文化的整体运行就由它来决定导向。为了使灵魂无形的力量能够聚而成形,几乎所有的学校都力图用"校训"来体现这个社会系统的集体意志,校训常常就是学校精神的符号化表达。有悠久的历史和深厚的文化孕育的学校,其校训都具有强烈的感召力和震撼人心的力量。

世界名牌大学的校训,都具有灵魂的力量。哈佛大学的校训是"与柏拉图为友,与亚里士多德为友,更要与真理为友",剑桥大学校训为"此地乃启蒙之所和智慧之源",加州大学伯克利分校的校训是"让这里光芒闪耀",斯坦福大学是"让自由之风吹拂",麻省理工学院的校训为"既学会动脑,也学会动手",柏林洪堡大学引用马克思的话做校训:"哲学家们只是用不同的方式解释世界,而问题在于改变世界",等等。国内一些大学的校训也很有意蕴,如清华大学的校训:"自强不息,厚德载物";北京大学的"爱国、进步、民主、科学",而在更早的时候,蔡元培还立过"思想自由,兼容并包"的校训;北京师范大学的校训为"学为人师,行为世范"。

具有震撼力的校训,凝聚着历代学人的理想与追求,积累了时代变迁的各种信息,引导着学校文化的方向。一些校训很有特色,体现了特定时空情景中人文与自然的某种契合。例如西南大学的校训"含弘光大,继往开来",为1928年时任川东师范学校校长的甘绩镛先生所题。"含弘光大"来自《周易》的《坤》卦。学校地处中国西南,西南为"坤"的方位所在,而"坤"之德由"象辞"表述为:"坤厚载物,德合无疆。含弘广大,品物咸亨。"(《周易·彖上传》)"继往开来"则是来自朱熹《朱子全书·周子书》:"所以继往圣,开来学,而大有功于斯世也。"这是一句教育理念的经典表达,这个校训中的文化意蕴很值得品味。但是时下也有许多学校,只是为了赶时髦,使用一些缺乏文化之根的流行词语做校训,从而使校训成为没有灵魂的口号和标签。

目前遍及全国的各级各类学校,都会有自己的办学理念与宗旨的口号化的表述,但是否真正体现了学校文化的根本精神,也不尽然。学校精神是一个活的灵魂,而那些虚伪的口号并不具有灵魂的力量。活的灵魂是哪里来的?它是学校文化主体意志和心理认同的集中体现,没有凝聚力的学校当然也不会有那种只有一个整体系统才具有的灵魂。校长的教育理念必得凝聚着学校精神,才能升华为校训,而校训只有获得群体的认同,才能变为自觉的行为。人本的、人道的、人文的关怀是形成学校凝聚力和核心价值体系的必要条件。

(二)学校传统

绵延和连续性是文化生命特有的本质特征,传承就是具体表现。学校在自身的发展过程中所形成的那些有生命的文化特质会代代延续,那就是传统。学校传统形成于特定的历史文化背景,并且总是与某种值得为人称道的荣誉相关,是代代相传的集体财富。文化传统的生命特征,一是体现在它有延续性,二是具有生态关联的整体性。学校传统总是体现为某种具体形态,如某种学统、严谨的学风、理论联系实际的传统、科学与民主的传统、绅士教育的传统等。一种学校文化现象之所以能够被传承,那一定是与学校精神息息相关的。譬如,校歌、校服、校徽等符号化的东西,绝不可能作为孤立的事物存在,只有当一个学校真正有自己的灵魂,有了精神生命,所有这些符号化的东西才会作为其与整体有机关联的一部分而显示出生命的意义。如果学校本身并没有形成一种统一的意志,也就是说,没有精神和灵魂,那么一切被人为地制作出来的东西不过是一些虚假的符号,它不可能具有生命的延续性,只不过是昙花一现而已。所以说传统就是那些有生命的文化特质的传承。在一所学校发展的全部历程中,哪些事物和现象可以追溯到最遥远的时期,那它就可以看作是获得了生命性的存在物。历史最悠久的学校,也有最深厚的文化积淀。

当今另一种很时髦的现象是打造所谓"学校品牌",这是将商业中的品牌效应移植到学校文化建设上来的一种努力,其中不乏带有商业目的炒作成分。一些学校试图通过制作虚假符号追求某种利益,这就从根本上偏离了学校文化建设的宗旨。这种现象不会具有生命的意义,当然也不可能形成传统。所有工业化和技术性的运作,只会导致学校精神的蜕变,最终导致文化生命的窒息和萎缩。

学校传统的继承和发扬,并不是某种文化形态的原样复制,历史没有完全重复的。生命系统总是保持着一种与环境的变化相适应的运作机制,它是活的灵魂的体现。所以,传统的保持与发展的关系问题,总是生命系统要面对和处理的现实的主题。传统体现着生命系统维系自身存在的那些要素的延续性,而延续之所以能实现,则一定要与环境相适应,这就要求它自身对环境的开放。传统使一个学校具有独特性,而开放则使学校获得更广阔的资源环境;传统保持了系统的稳定性,而变化和发展使系统保持着生命的活力和适应性。

(三)学校风气

学校风气是学校文化建设中普遍受到关注的一个话题。它指的是学校环境中共同生活的群体的心理倾向和定势、相对稳定的行为方式和一致性的习惯等现象。学校风气包括了学校里形成的各种相对稳定的行为方式或气氛,如学风、教风、班风、管理作风等,学校整体的气氛和氛围就由这些局部要素的综合作用而得以展现。学校一旦形成某种风气,就会对主体的行为产生无形的约束力。风气是一个中性词,可以有好的风气,也会有不好的风气。好的风气与学校精神和价值取向保持一致,坏风气则消解学校精神。学校精神也具有生命性,坏风气是像病毒那样,对系统具有破坏作用。好风气具有正向能,使系统保持健康发展。学校精神是为价值理性所肯定的行为方式,凡有群体生活的环境,都存在集体无意识,从而也会有某种风气的形成。人们有一种常识:邪不压正。歪风邪气可以盛行一时,但终究要为正气所涤荡。因为风气不正而垮掉的学校,毕竟是个别现象。所以我们这里所说的学校风气,一般指的是与教育文化价值追求相一致的良好风气。

良好风气的形成是学校文化主体共同生活的创造物,是一定价值观引导下群体共同努力的结果,它是学校精神的体现。严谨治学、勤奋好学、关心弱势群体、艰苦朴素、纪律严明等都可以视为良好的风气。风气是流行性的,它无形又有形,无形是说它看不见摸不着,有形指那种一致性的表现方式。校风起于特定的时空环境,这一环境中的主体之间、主体与环境之间、传统与现实之间的相互关联与作用,使校风呈现出相对稳定而又不断变化的形态。校风的特点,其一,校风具有统一性和整体性,特定的氛围或气氛是学校精神的反映,它内在地与学校精神相关联;其二,校风具有不同的层次,领导和管理人员的作风、班风、学风、教风等是校风的局部表现;其三,校风具有特色性,不仅各级各类的学校之间校风有不同的特色,同类的学校也都表现出校风方面的差异性;其四,校风具有多种功能,如凝聚力、驱动力、濡化功能、熏陶作用、规范作用等。

每一个学校都会有与众不同的风气,只要有合适的观察视角,总能从许多方面感触到一个学校特有的风气。学校风气可从教风、学风、管理作风、心理环境、人际关系、行为方式等方面来观察。教风中的教学态度、教学风格,学风中的学习目的、学习精神、学习态度、学习方法,管理人员民主与科学的管理作风,良好的人际关系等都从不同方面体现了学校风气。

(四)制度文化

制度文化是从文化的视角来看制度,这与从管理的视角看制度是不一样的。制度虽然通常由上而下确立其规范,但合理的制度一定是文化过程的必然结果,它是文化系统在演进的过程中形成的稳定形态,并且在后续的文化过程中依然发挥着积极的和有效的作用。由上而下的制度与规范只是由于其符合了文化系统发展的实际才能充分发挥其功能。

制度文化不等于制度。制度不过是一些具体的规定,而制度文化既含有过程,也含有结果。学校制度也指学校教育制度。有一种观点认为,制度是指结构,教育制度就是教育结构。[①]通常人们把学校教育制度理解为学制,即一个国家各级各类学校的系统。这里从两方面来看,首先,制度所包含的实质内容应当是一些规范,它是文化系统中各要素间相互联系所依据的准则,没有它们,系统将陷入混乱和无序状态;其次是实施这些制度的组织形式,这些组织形式包括各种各样的机构设置,它们都是按照制度来运作的,操纵和控制着系统按照制度所规定的道路运行,是一个活的系统中的行为执行者。制度是轨道,它通向一定的目的;组

---

① 黄济、王策三主编:《现代教育论》,人民教育出版社,1996,第255页。

织机构是工具,它掌控系统运作,负责调控系统运行的动力、运作机制与效果。制度从一定意义上来说是死的,但是以组织者身份出现的行为主体则是活的行动者,工具与目的在其作用下得到统一。

基于上述认识,我们把学校教育制度看作是学校教育的组织系统和规范体系的总称。组织系统包括各级各类的学校教育机构及管理机构,规范体系包括教育政策、法律、纪律、规章、守则,一些学校生活的传统习俗、学统、惯例等也具有制度的意义。这个定义也只是涉及了外延,学校制度的真正内涵还得从其文化过程来阐释。

学校教育制度的文化过程应从历史和现实两个方面来考察。

从历史来看,在纵向的发展链条上,学校教育制度的演变经历了可以截然区分的不同阶段,而在不同的历史时期,学校教育制度总是与那一时代社会文化演进的现实紧密相连,与社会发展的阶段性特征保持一致。如中国夏商周时代的校、庠、序,体现的是奴隶社会的学校教育制度,它按照统治者的需要为奴隶制的存在培养着力量。它们作为培养维护统治者利益的人才的方式和途径以稳定的形态出现,是那个时代文化过程的必然结果。而已经形成的制度都具有连续性和继承性,制度的改变总是对已有制度进行的改革。

从现实来看,制度是学校文化系统及其与外部环境间相互作用的结果。系统内部要素间的联系方式和行为方式,从形态发生的过程来看,总是表现为个体的、个别的、自发的、无序的状态,只有那些符合了学校文化精神的行为方式才会获得普遍的认同并逐渐形成主流,只有代表了发展方向的关系与方式才会形成结构与秩序。因此,合理的制度首先是来自现实的需要,其次,代表了发展方向的个别经验获得整体性的意义,是以规范化的形式确定下来的。不是从实际出发的制度是没有生命力的。由此来看,制度的形成只有经历了自下而上的过程才可能是合理的,这个过程本质上就是文化过程。各级各类学校的形态发生以及学校内部各种制度的形成,都是可以从文化过程得以解释的。

制度一经确立,便具有了规范性和制约性,同时也具有了整体性、连续性和继承性。它所负载的是学校文化的价值取向,因此也是一种学校文化的符号形式。

制度使学校文化的演进呈现秩序化态势,它的积极作用保证了学校在特定的时空关系中的正常运行。但制度的约束性总是与人追求自由的本质相对立。哲人说在限制中才能显出身手,有了法则才能给人自由。如何实现限制中的自由,这就是一个将制度内化为个体的自觉行为的过程,在这个意义上,个体与整体之间的适应与调整也是一个文化过程。制度虽有强制性,但如不能被个体所内化,就可成为一种暴力。而制度之所以能够被个体所内化,首先取决于它代表了众多个体的利益,是合理的制度。制度中的文化是控制下的过程,控制者正是文化的创造物。作为结果的创造物反过来又成为影响文化新质生长的要素,文化过程生成了制度,制度之下展开着文化过程,两者彼此互为条件,在一种相对稳定的结构与秩序下不断地创造、生成、再生成,这就是学校制度文化的本质。

不可忽视的是,制度的保守性也会制约和限制发展。制度具有特定时空关系中的适应性,环境与形势的变化常常将制度置于被审判的地位。当今教育面临的复杂局面,使过度规范、僵死和严格的学校教育制度成为发展的巨大障碍,以至人们热衷于将一切问题都归咎于教育体制。拿应试教育来说,生来具有不同的智力倾向和发展潜能的个体,显然难以在当前的考试制度下,获得公平的发展机会。个体没有选择的权力,不得不以被动的方式应对各种统一规格的考试和选拔。学校内部的管理制度,也严重地限制着思想与创造力的生长,如学术制度不仅不能促进学术的发展,反而导致学术变为技术;课堂教学制度使课堂变得没有了生气;考试制度泯灭了个性与创造性等。还有制度的封闭性、霸权性和缺乏公正性等问题,都成为人们诟病的理由。这种情况实质是"内卷化"的结果。产生了"内卷化"运动状态的系统,是与外部世界隔绝的文化系统。由于缺乏能量与信息的交流互动,文化发展力日益萎缩,只能在内部不断细化、固化和稳态化的过程中失去发展的动力和自由生长的空间。譬如,封闭的部落农业不断向内部挖掘资源,高密度耕作,人口增长,系统内部高度稳定,一切的创造力和能量用于有限资源的全面占有,最终招致人口膨胀与资源枯竭;社会组织的内部结构日益精细复杂,制度日益完善,条条框框规范一切行为,没有意外、没有新奇,没有冗余度和自由创新的空间,最终导致衰落和塌陷。

因为制度具有保守的性质,所以,要对学校文化有积极的贡献,一定要为发展留有足够的自由度与空间。"制度文化"这个概念本身,也含有"制度在文化之中"

之意,没有什么制度是完善得不可以再完善了,或者说已经达到"至善"了,而所有的制度,都一定在某些方面限制着发展。但从另一方面看,矛盾是客观存在的事物,没有矛盾就没有世界。问题在于,如何运用它们。制度既是文化,那么制度也应当是活的。在该灵活运用的地方,能够有变通的形式,这通常是制度的活性所在。制度如果严重地限制了学校文化的发展,就会被新的形态所取代。科学管理与人本管理,缺少哪一个都不会形成好的制度。制度制约了思想,最后终要被思想所改造。

三、校园的文化

"校园的文化"有别于"校园文化",前者主要指学校环境的物质文化,后者包括了校园环境和主体的文化活动。这里主要从物化形态视角讨论校园建设的文化意义。

(一)环境与文化心理

谈到环境,人们一般会从两个方面考虑,一是物理环境,二是心理环境。物理环境一般指校园的物质文化建设;而心理环境,一方面涉及人与物理环境的关系,另一方面是人际之间的关系。这里主要从人与自然的关系来认识校园环境的文化原理。物理与心理两者相互联系,密不可分。物理环境的营造,从根本上就是按照文化心理的需求来实现的。校园是依据教育文化原理被设计和营造的环境。人对物质环境的改造,实质是人的本质的对象化。人与自然,两者是相互渗透和双向互动的。文化与自然有着内在的关联性和一致性。文化不是反对自然的,它说到底还是自然过程的一部分。违反自然本质的行为,不会为自然所肯定和保存,因而也不会延续下去。人所设计和营造的一切,只有符合自然的根本法则,才会具有生命的力量。校园环境营造的第一要义是人文性,而人文来自天文。人类的文化智慧是从自然的启迪开始的。

亘古以来,文化与自然就有着不解之缘。中国历史上著名的传教之地大都与最有魅力的自然景观相连。孔子说:"知者乐水,仁者乐山。"(《论语·雍也篇》)山水之中,有着动与静的道理、善变与守恒的道理。因时而动、应时而动才是智者所为。这就是大自然的启迪,是由"天文"到"人文"的转换与生成。传说中的轩辕黄帝,曾向隐居于崆峒山的广成子屈尊问道。崆峒山属六盘山支脉,山势雄伟,鬼斧神工,林海浩瀚,巨浪排空;激流险峰,龙盘虎踞;天地精气,感格心魂。广成子就在此地参悟天地之道,"入无穷之门","游无极之野","与日月参光","与天地为常"(《庄子·在宥》),在自然之魂凸显魅力的天地系统中氤氲而生的人文道德,生成转化为先王时代"垂拱而治"的开明政治。鬼谷子曾造就了一批像孙膑、庞涓、苏秦、张仪那样纵横驰骋于战国之间并影响了中国古代历史格局的著名人物。传说他有弟子五百余人,而关于其传教之地却有多种说法:有说在山东淄博的梓桐山,那是演绎了许多齐国故事的旧地,据《史记·苏秦列传》所记"东事师于齐,而习之于鬼谷先生"①,似是有根据的;有说在太行山东麓的云梦山,这里也是峰峦叠嶂,溪涧淙潺,云蒸霞蔚,仙踪可觅的好去处;唐司马贞的《史记索隐》里则提到了"扶风池阳"和"颍川阳城"两地,并有"乐壹注鬼谷子书云'苏秦欲神秘其道,故假名鬼谷'"一说。②还有很多以"鬼谷"取名的地方,人们都会想到具有超凡入圣的智慧与才能的鬼谷子。总之,鬼谷子的神秘总是与某种远离尘世的幽境相关,鬼使神差的力量来自自然。

  环境可以净化人的心灵,陶冶人的性情,从而使人有宁静的心态去思考和体悟天地之道。中国古代著名的书院,大都设在优雅山水之间。如宋代的白鹿洞书院,位于庐山五老峰下,古木苍穹,溪水古桥,风光毓秀,别有洞天,有"林泉之胜"的美称;岳麓书院掩映于岳麓山幽深的山水中,清人曾将其诗情画意概括为书院八景:柳塘烟晓、桃坞烘霞、风荷晚香、桐荫别径、曲涧鸣泉、碧沼观鱼、花墩坐月、竹林冬翠。从这些命名之中,可以体味到人文与天文的映照。由于人与自然环境之间存在着全息的交流通道,空气、温度、湿度、风力、声音、色彩、线条、气味等,都会以物理的方式感动着有机生命。这一切会使心灵潜移默化地顺应自然的法则。而这种感动常常是在不经意的时候,在无意识状态下发生的。当你刻意去追求那些东西的时候,往往适得其反。宁静淡泊常常是沟通天人的一个必要条件。在几

---

① (西汉)司马迁:《史记》,中华书局,2013,第2709页。
② (唐)司马贞撰:《史记索隐》,王璐、赵望秦整理,陕西师范大学出版社,2018,第278页。

乎所有宗教仪式中演化出来的一整套方式,都力图排除带有污染性的色声香味的干扰,以做到清心寡欲、笃守宁静。

智慧和悟性是从自然中提炼出来的精华,本质高洁,是文人品性。古代的哲人们早就有一种朴素的认识:精神是不朽的,它清扬上升,融为宇宙本质的一部分;浑浊的肉体和灵魂则与堕落的东西同流合污,不断沉降而归于泥土,陷入痛苦的轮回之中。在亨利·柏格森(Henri Bergson)看来,世界是由两个根本相异的部分构成的,一方面是生命,另一方面是物质,或可说是被理智看成某种无内生动力的部分,"整个宇宙是两种反向的运动即向上攀登的生命和往下降落的物质的冲突矛盾"[1]。有机生命中真正不朽的东西,并不是躯壳,而是基因。躯壳是基因的复制工具,最终都要被丢弃并归于泥土,而经由每一个躯体不断得到复制的基因则是永存的。凝结为精神的文化基因,可"与日月参光","与天地为常"。清气上升,浊物沉降;君子德风,小人德草。从哲人的话语中可以感悟到自然与人文的一致性。文化生命需要天地系统来滋养,最初圣贤先哲们是在寻觅大自然钟灵毓秀、生命荟萃之所,而自从人拥有了改造世界的强大力量以来,从事文化传递的场所便在人文精神的关照下,按照人的意愿被设计和营造。而感人心魄的环境,总有自然的灵魂徜徉其间。

(二)校园环境的文化使命

校园环境的文化过程,依据人与自然的关系和教育的价值追求来定位。这是一个基本原理。一方面,校园环境是一种文化符号,它负载着教育的精神和灵魂;另一方面,校园环境本身,也被设计和营造为文化生命的生境。这种环境充满了滋养生命的各种资源,与自然状态的资源的不同之处,就在于它被倾注了人文的关怀,是校园主体共同创造的人化的自然。教育性和人文性是校园文化的本质所在。

在世界上各个不同民族、不同文化背景、不同地理环境条件下,校园的文化过程都体现着以人性化的手段实现教育目的的意图。校址的确定是一种战略意义的选择。很多著名学校的校址都选在风景优美的地方。在教育大众化的时代,为满足城市发展需要而有越来越多的学校被建造起来。有条件的大学选在离闹市稍远的地方建设校区,既能保持与社会的联系,又可避免不良的干扰,还可以更好

---

[1] 罗素:《西方哲学史》下卷,马元德译,商务印书馆,1976,第347—348页。

地利用自然的优势,其最大的不利是传统资源的损失。很多中小学在地理环境上却没有多少选择余地。城市化进程需要开发商,而开发商也把学校视为资源。商店、网吧、迪厅等还有向学校靠拢的趋向。这都是基于对财富资源的趋附。这些场所在为学生提供方便和享乐的同时,也容易使其灵魂堕落。所以很多学校不得不把自己封闭起来,同时加大校园环境的建设力度。这使学校成了"文化孤岛",这种现象还存在于很多教育资源匮乏地区。所谓"学校像监狱",是福柯在《规训与惩罚》中用的比喻,他指出在学校的严密控制与监视下,个体被塑造为"驯顺的肉体"。[①]这是缺乏人文关怀的学校教育给人带来的感觉和印象。一些学校在外表形象上看来也像监狱:院墙将校园紧紧封闭,进出的门很狭窄并有专门的保卫人员或者负责政教的老师把守,当然,这一方面是防备社会不良因素的入侵,另一方面是防止逃学。校园里除了教室、兼做运动和集会用途的场地外,看不到绿色的草地和供人休闲的设施,课间休息如同"放风"。这种校园环境在城市里已不多见,但在许多农村中小学,特别是教育资源匮乏的偏远山区,仍不在少数。大学的校园环境一般营造得都比较富有人文性,但中小学却不尽然。事实上,越是基础教育阶段的学校,越是应当打造成美丽校园。如果校园只会使人感觉压抑和不自由,在那里只有规训与惩罚,那么学生逃避这种痛苦的生活,向往充满生机的美丽田野,也是很自然的。"文化"事业靠"武化"的手段来实现,这是学校文化的"异化"。监狱像学校是文明的进步,学校像监狱是文化的倒退。要使学校充分发挥以文化人的功能,以人为本就必须实实在在放在第一位。学校文化所面临的冲突与挑战,使校园环境的文化过程负有这样的使命:以人性化的手段实现教育文化的价值追求。

(三)校园文化建设

校园文化环境的形成也是一个生命过程。文化生命的本质追求,就是发现意义。附着于物化的校园环境之上的价值观念,不是贴上去的标签,一切不自然的形象都会窒息生命。校园环境的文化过程,与课程文化中的"潜课程"并不是一回事。校园物质环境营造应突出生命性、艺术性、励志性。

校园文化环境的生命性首先是指,在物化的形态上,有精神与灵魂的存在。

---

① [法]福柯:《规训与惩罚:监狱的诞生》,刘北成、杨远婴译,生活·读书·新知三联书店,1999,第153页。

所谓精神与灵魂,是指校园环境中的一切物质形态的创造,都渗透着教育的价值追求,每一物质形态都与学校的精神具有内在的关联性。譬如,校园中最古老的建筑,那是依然存活的文化基因,是一个灵魂。它历尽沧桑,阅尽春色,诉说着遥远的故事。那些故事构成了校园文化的意义之网不可或缺的结点,是学校精神的历史沉淀中最有价值的部分,原因非常简单:就因为它们活了那么久。当一个学校所有的旧建筑都完全被拆除,也就割断了文脉。在当代校园中不断崛起的功能齐备、样式新奇、质量优越的现代建筑,与传统建筑之间不应当构成对抗,而应当是和谐的对话。这是一个文化的老话题——传承与变迁的关系问题。没有传统就没有生命,而一味守旧也会缺乏适应性。如何协调好它们是需要倾注很多智慧和心血的,而绝不可简单化处理。生命性永远不可忽视的是整体的关联性。其次,校园文化环境能发挥生境的功能。生境是我们在多处涉及的概念,在这里它确切地指校园要为学校精神文化的基因复制和再生创造的环境。剑桥大学孕育了牛顿,而牛顿又构成了剑桥精神的重要部分。剑桥是如何为牛顿文化基因的复制与再生创设生境的？牛顿与苹果树的故事是尽人皆知的。牛顿故居的农庄里,那棵落下果实砸出了一个"万有引力定律"从而使世界发生根本变化的苹果树,活了四百多年(尽管按照植物学家的看法,一般苹果树寿命不过百年,但这并不能排除它的基因在原地点生出新枝)。不管是那时还是现在,崇拜那棵树的人都很多。据说当年它被暴风雨刮倒后断成数截,很多人都跑去从它上面折下枝条拿回去扦插栽培。如今,剑桥大学三一学院的牛顿花园旧址也栽有一棵苹果树,是从牛顿的故乡移植的。它虽然看上去并不起眼,但高贵的基因和学统使它身价无比。它在讲述着一个道理:最经典的科学与最浪漫的人文同出一源。"牛顿的苹果树"的文化基因在不同心灵环境中的遗传和变异,会产生各不相同的影响,导致不同文化心理的形态发生。

艺术性主要指按照审美的原则来涉及和营造校园环境,对于美可能有多种不同的理解,但没有人会否认和谐原则。艺术地处理的环境对人具有熏陶作用。美与不美,常常不是语言能够解释得清楚的。辛弃疾《一剪梅·游蒋山呈叶丞相》中的诗句:"多情山鸟不须啼。桃李无言,下自成蹊。"最贴切地表达了这个意思。这个被教育群体不断引用的名句,蕴含着深刻的教育文化原理。校园环境中具有艺术熏陶功能的物化形态,不仅是那些用色彩和线条来表现的绘画和雕刻作品,还有建筑和园林等。雕塑、建筑与园林是专门的艺术领域,具有专业性,自有专业人士来设计、创作和营造,但这里需要特别关注的是教育精神的体现。雕塑艺术在校园中运用最多,它是最富艺术感染力和教育意义的艺术,并且,最适合校园的环境。雕塑艺术在校园文化环境的营造中要能够发挥有效的作用,不能只考虑艺术效果,还要体现学校精神,与学校的实际密切结合。不同类别的学校要有适合自身特点的作品,并且要体现学校的价值追求;建筑也不能只考虑它的实际运用功能,还要考虑其艺术感染力。现今很多学校建造的教学楼、实验室、图书馆等建筑,缺乏特色,比起有悠久历史的校园建筑逊色多了。这使它们看上去也不过是一个工具性的存在而已。建筑物一旦落成,它就要长久地存在下去,如果它能够与学校精神融为一体,成为学校精神的一种符号化表达,就会获得永久性的生命,否则,早晚有一天得被拆除。园林也不是随便种一些花草就行,要有自然的情趣。譬如,人们为什么对"曲径通幽"那么钟情?那是因为人天然的本性中,总有对新奇和神秘的期盼。没有对新奇事物的期待,就没有个性和创新性。一眼都能望穿的景观是平淡无味的。

励志性是指校园环境要具有激励人奋进的作用。所谓"励"就是勉励与劝勉。有远大的抱负和理想,才能有成就;人若有志,读书就会成为自觉的行为。这是所有的教育中最高的期盼。一个人产生远大的胸怀与抱负,常常并不是重复的说教所产生的结果,伟大人物的影响作用是一个重要因素。伟人的事迹、名言都有可能成为启迪智慧、激活生命的诱因。这里说的"生命",指的是某种文化过程所塑就的生存方式,比如文学的生命、科学的生命、政治的生命等。在这种激活状态,一个人会将生命的全部能量和热情投入一种对人类有所贡献的事业中,他为文学而活着、为科学而活着、为人类的幸福而活着,这就是有价值的生命。教育期盼这样的生命,而具有这种价值观的人毕竟太少了。这种人是真正的精英,需要丰富的文化资源来孕育。校园的文化建设就是要充分挖掘这样的资源。如雕塑,不仅应当有世界名人的雕像,更重要的是要有与本校历史有关的名人。那些曾经生活在这个环境中的人物,他们的事迹、对人类的贡献、在历史上曾经产生的影响等,都曾经与这个具体的生活场景发生过密切的联系,他们的灵魂依然游荡在这个场景之中。从这种密切的联系中获得的知识、情感、价值、态度等,远比那些只能从书本上了解的东西更为生动,它们能够深深地打动人,激发豪情壮志,具有令人感同身受的效果。

四、群体文化

群体在这里指的是学校文化中的各类行为主体,主体是人,人是类的存在物。具有不同身份、地位、角色的人,具有不同的价值观、文化心理和行为方式,他们都具有类的特征。《周易·系辞上传》曰:"方以类聚,物以群分,吉凶生矣。"既有不同的利益关系,就存在着竞争与冲突。文化的冲突表现在各种层次上,性别、类别、历史文化背景和经济条件的差异,都会成为文化冲突的根源。在学校文化的行为主体间,文化冲突最突出地体现在师生关系上。

(一)学生文化

学生是学校文化中的核心主体之一。这个群体有着共同的特征,也存在着因各种因素所造成的差异性。学生文化作为一个专门的研究领域引起教育群体的关注,是教育文化发展到一定阶段的产物,是教育文化过程不断深化的体现。从宏观上来看,学生文化的形态发生与社会环境、家庭经济文化背景、语言和生活方式等密切关联。

20世纪30年代国外学者就已经从社会学的视角对学生文化进行专门的研究。一些实证性的研究表明,中学生已经形成了由价值、规范、习俗等组成的文化形态,有相对稳定的结构与等级秩序,也具有抑制教育的反知识性质和倾向。学业成绩、才能、关系、背景等是青少年在群体中的地位的决定因素。同辈群体对青少年的影响要远远大于父母与老师,班级就是一个亚社会。60年代以后,美国学者们提出了"反主流文化"的概念。如新左派运动、嬉皮士、群居村、吸毒、摇滚乐等都被看作与主流文化相对立的文化现象。这种情况加剧了人们早已关注到的教师所代表的成人文化与学生同辈群体文化之间的冲突,导致了"反学校文化"形态的出现。这是一种与学校主流文化相悖的文化现象,具体表现为青少年对正统的学校教育和学校精神的反叛、抵制与抗拒。学校里的师生关系由于制度化的原因,本来就存在着对立,教师总把学生当作一种材料加以雕琢,而学生则希望独立、自由的发展。这两种力量各自越增加力度,反差就越大。那些常被学校视为有"偏差行为"的学生,成为反学校文化的研究重点。根据他们的特征被区分为"疏离冷漠型""偏激反抗型""游戏玩乐型"等。反学校文化的出现被归结为多方面的原因:社会文化的迅速变迁,学校教育功能的平庸化,师生关系,课程因素等都是重要的因素。还有许多研究,提出了各种不同的看问题的视角,如把学生文化分为玩乐型、学术型、违规型等;还有将学生文化中的群体类别,归为中产阶级和劳动阶级等;也有学者根据学生所在班级的知识与能力水平,发现在能力高的班级学生多半形成亲学校文化,而在能力低的班级,则多有反学校文化现象;还有研究发现,学生文化群体的形成,与学生所处的社会阶层有关。总的来看,国外对学生文化的研究,关注到了成年人与青年一代的文化冲突,主流文化与非主流文化的冲突。还发现了学生群体文化结构的形成与知识结构、学业成绩、家庭背景、社会地位和学校文化本身的诸多因素相关。在最近的研究里,很多学者还关注到,在一个多元文化背景的社会里,不同国籍、不同民族的学生对学生文化形态的影响。

国内学生文化的研究自20世纪90年代以来逐渐兴盛。研究的视角主要是教育社会学和教育文化学。教育社会学的研究中,有学者将班级的组织结构区分为正式结构和非正式结构。前者是班级组织中的工具性角色,指为完成班级工作而服务的角色,长期担任班干部的学生普遍具有较强的成功感和权威意志,而无此经历的学生则相差很远。后者不是制度规定,而是自发形成的结构。这种非正式结构就是通常所说的"非正式群体"(informal groups),其主要特征有四点:其一,人数少,一般3人至5人;其二,吸引力强,其内部成员之间有相互选择的关系;其三,集体性强,成员多半能自觉维护群体的利益;其四,沟通效率高,信息在成员间能迅速传达。非正式群体对班级组织有积极和消极两方面的作用。非正式群体进一步被分为五个类型:受欢迎型、受争议型、受孤立型、受忽视型和受遗忘型。①学生同辈群体通常会形成一些亚文化形态,这些亚文化形态具有多样化的特点,

---

① 吴康宁:《教育社会学》,人民教育出版社,1998,第281—288页。

学生对自身角色的认识、学校所在地区的特征等都是对亚文化形态产生影响的因素。近年来随着我国城市化进程的提速,社会流动的形式有了很多新的特点。进城务工人员的子女在城市的学校里,由于其特殊身份和地位,也形成了新的亚文化群体,他们具有相同的境遇和文化心理,有共同的生活方式和思想感情,这种新的亚文化的出现也受到广泛关注。

国内外学者对学生文化的研究,涉及面很广,大量的实证研究具有重要的参考价值。不过仅仅局限于教育社会学的研究是远远不够的,还需要多学科的视野和交叉的研究。社会学的方法在学生文化的研究中应用较多,许多重要的结论都是通过社会调查获得的。文化学研究中的结构方法、人类学研究中的田野考察等,也能够在学生文化的研究中发挥重要的作用。这个领域中的文化现象,也是随着社会发展而处在不断的生成之中,因此,研究还有广阔的前景。

学生文化这个概念是就整体来说的,对它做进一步的分析,可以把它分为主流文化与非主流文化。学生文化中的主流文化是指为教育文化价值系统所支持和提倡的、为学校制度文化所许可的学生文化。主要表现为党团、学生会活动,还有与学校精神保持一致的各种自发的社团活动。在中小学里一般是课外活动小组而很少有自发组织的社团。学生文化中的非主流文化指"非正式群体"以及非正式群体的亚文化,这是一种自发形成的结构与秩序。它不属于学校主流文化,所以会与学校制度文化和学校精神发生冲突。这种自发形成的文化形态具有深刻的影响力,它能在集体无意识的层面发生作用。一般说来,能够反抗制度而存在的现象,一定有深层动力机制的支撑。亚文化是一个中性词,而反学校文化似乎有某种贬义。但事实上,反学校文化具有两面性。

消极的反学校文化,往往与流行的低俗文化有关联。低俗文化的流行会对青少年文化素养的提升产生很大的威胁。青少年时期,世界观正在形成,知识结构、伦理道德观念、兴趣爱好、审美品位等方面也都处在不断完善和提升的过程之中,因此在价值判断方面往往是很不成熟的。人文素养的贫乏常常导致对文化现象缺乏批判与鉴别的能力,因此也会影响价值判断。追求什么、喜欢什么,看上去像是个个人问题,但对于教育来说,其根本任务就是要改变个体尚处于自然状态的身心知结构,用人类文化的精华去影响他、改变他,让个体以一种与人类文化相一致的价值观去判断事物。反学校文化的消极作用就体现在这种对于个体文化提升的悖逆。

积极的反学校文化对当代学校教育提出了挑战。一方面，反学校文化的形成，说明某种文化形态的影响力超过了学校文化的影响力。那种文化以其自身的生命力，以某种更具适应性的方式，在特定群体中获得了自身复制的生境。这些文化形态在与教育文化的竞争中获得了这些资源环境，反映出的问题是教育文化生命力的缺失。另一方面，反学校文化不一定都是低俗文化。如前所述，学校文化是一个过程，如果学校文化本身失去了存在的理由，那么它的价值追求就不会永久地静止于某一点；如果它不能与时俱进，那么它就会变得僵化而失去生命力。反学校文化也会成为一种推动变革的力量。处于弱势地位的、次级的、亚文化形态的事物，如果具有文化新质的合理性，就会成为改变现实的力量。目前学校文化面临剧烈的变革，教育文化的价值体系也在重构的过程之中，人们对当代教育从多方面提出了质疑。正值生长和发育期的青少年，正处于生命中最活跃的阶段，对僵死的系统产生抵制是很自然的事情。老年一代抵制变化和年轻一代欢迎变化都是正常的。

学校是社会的缩影。在班级层面，存在着类似于社会中的各种小群体。这些群体在价值追求、生活方式、心理认同等方面都存在差异。来自不同家庭的学生，在文化资源、经济资源、社会关系资源等方面的差异性，也会造成文化特征的不同。不用太多的观察，就能很快发现在一个班级中不同群体的团聚现象。在学校的层面，跨班级、跨年级、跨年龄段的群体的形成，更具有文化的深度。在现代的学校里，特别是大学里，来自不同民族，甚至不同国家的学生群体间，也存在文化的冲突。学生群体间的文化冲突，会有多种表现形式，有一般的争论，也有演化为剧烈的暴力冲突形式的。近年来，国内中小学的暴力案件屡见报道，有相当多的案例反映了学生群体间暴力冲突的根源与社会文化中不良因素的影响有关联。

学生文化生命的生长过程需要大量的生活、失败、试错，需要冗余度和自由度，而这势必大大增加复杂性。学校文化中往往迫于课程的压力而缺少这些必要的条件和机会。当代青少年正在给成年人带来越来越多的挑战，他们的思维方式和行为模式总是超出成年人预设的轨道。在成年人看来失去控制就是出了问题，到了一定年龄以后,补偿性的教育措施就会失效,于是就愈益倾向于使用控制性的手段和途径,但这必须以丧失生命的丰富性为代价,也必然使学校教育失去魅力。当前有一种现实情景在不断地提醒着我们,学校主流文化视野之外的文化观念与价值观,通过现代媒体技术提供的影像文本、纸质文本和多种社会生活交往渠道,已远胜于学校主流文化的优势和效率,影响着新一代的思想观念和行为方式,变化不可能永远在预料之中。所以这不仅仅是一个提高青少年文化批判意识和价值判断能力的问题,更重要的是教育文化价值系统自身的调整和重构问题。

(二)教师文化

教师是教育文化中另一个居于核心地位的主体。教师群体的情况比较复杂,各级各类学校的教师,虽然都属于教师,但实际上处于不同的社会结构之中。他们有着不同的教育教学任务,面临不同的教育对象,生活在不同的教育情景和生活场景之中,因此在价值追求、知识结构、心理状态、生活习惯、行为方式等方面存在较大的差异。

教师文化的研究虽是近年来的事情,但教师文化则远在遥远的上古时代就有了最早的形态发生。在中国传统文化的话语中,"上古"指的就是传说中的三皇五帝时代。最早有"教"的行为的,并不是一个专门的师者,那时没有专门从教的人。那是一个"巫""师""王"三位一体的时代。

甲骨文中的"巫"字为"十",这个字形所示,有通天绝地,往古来今之意。《淮南子·齐俗训》曰:"往古来今谓之宙,四方上下谓之宇。"①"巫"者,通晓天文地理,交流人神。传说中的伏羲、神农,都具有"巫"的特征。这里还要引用孔子为《易经》所做的哲学阐释。伏羲和神农之为天下王,即因其参悟天地之道,"观象制器","以教天下",人民拥戴他们,因此尊他们为天下之王。先王时代的王者大都因教化万民之德而为天下王。后来的演化过程中,巫、师、王逐渐分离。

在中国历史上,教师文化的典型代表是孔子。孔子不仅是教育家,还是思想家、政治家,是儒家学派的创始人。两千多年来,孔子一直享有"至圣先师"的名号,被尊为"万世师表"。孔子提出的"有教无类""因材施教"等主张,至今仍不失为最好的教育理念。

---

① (西汉)刘安等:《淮南子》,岳麓书社,2015,第102页。

在西方，作为一种道统传承下来的教师文化的核心理念，可以在苏格拉底那里找到源头。苏格拉底所创立的对话法，被称为思想的"助产术"，这种方法对后来西方思想传统中辩证法的形成也具有"助产婆"的作用。苏格拉底的一句名言是"我所知道的就是我一无所知"。这句话背后有着辩证法的智慧。对自身认识的有限性和真理的无限性的觉悟，推动了人类思想的发展和科学的革命。在教师文化的发展史上，亚里士多德也有许多具有历史意义的贡献。他留下的名言："吾爱吾师，吾更爱真理"，可与韩愈的"道之所存，师之所存"相互印证。

中西方教师文化的传统在某种意义上具有同构性，但也有差别。钱穆指出："西方人重其师所授之学，而其师则为一分门知识之专家。中国则重其师所传之道，而其师则应为一具有德性之通才。"[①]西学东渐以来，很多新式学校建立，教育沿袭西方的思路，注重知识传授而渐渐忽视人格修养和人性的养成。"一校之师，不下数百人。师不亲，亦不尊，则在校学生自亦不见尊。所尊仅在知识，不在人。"[②]这么做，好处是走出了有所歪曲的师道尊严，弊端在于看待教师，只剩下了专业知识。20世纪20年代中期，梁启超在清华讲课时，曾希望能以人格力量影响学生，但却失败了。上课开口，下课走人——他当时住在天津，每星期和学生也就见一两次面，无法深入交谈。这种状态和他当年在广州万木草堂跟康有为念书时的状态，完全不一样。传统中国书院的教学方式，是师生在一起共同生活，有故事可以流传，有音容笑貌可以追忆，然而，这种教育状态，已经不复存在了。当今时代，信息技术、数码技术、网络技术的运用，正在使教师文化发生嬗变。在教学中，选择最优秀的老师，录制其授课过程，制成课件，通过网络进行远程教学，这种途径已经被广泛采用。这可能使教师文化发生一些重大的变化。技术所导致的蜕变应当引起重视。

近年来对教师文化的研究，有了一些新的认识的视角。最受国内学者关注并经常被引用的是加拿大学者安迪·哈格里弗斯（Andy Hargreaves）的观点。他从内容和形式两方面来考察教师文化，从内容上来说，教师文化包括特定范围的教师集体共享的态度、价值、信念、习惯、假设以及行为方式等，体现于教师的思想和言

---

① 钱穆:《现代中国学术论衡》，岳麓书社，1986，第162页。
② 钱穆:《现代中国学术论衡》，岳麓书社，1986，第168页。

行之中。从形式来看,有特定文化群体中的教师之间的人际关系模式和联系方式,同事之间的人际关系状况是划分教师文化的主要标准。内容是通过这些形式表现出来的,由此视角出发,教师文化被划分为四个类型:个人主义文化(individualism)、派别主义文化(balkanization)、自然合作文化(collaborative culture)、人为合作文化(contrived collegiality)。基于教师职业的特点,他们倾向于把课堂看作封闭且自足的领域,得靠个人的能力解决教学中的各种问题。独立探究是日常的习惯。受自尊心的驱使,教师往往力避暴露自己教学中遇到的问题,这使教学活动相互隔离而不是相互依赖。因适应制度性的要求,教师之间的合作会带有某种人为的、做作的特点。真正的、自然的合作是一种建立在教师之间开放、信任且相互支持基础上的理想的教师文化形态。

国内的研究一般把教师文化看作是在教育教学活动中形成和发展起来的价值观念和行为方式。它包括物质文化、制度文化和精神文化;人们还认识到,教师文化是一种群体文化,是教师群体的共同创造物;有学者根据荷兰文化协作研究所所长吉尔特·霍夫斯塔德(Geert Hofstede)的"文化四维度理论",提出认识教师文化的四个维度:①从权力距离维度来看,教师文化是一种低权力距离的文化,即在教师职业群体当中,层级划分程度和权力的集中程度都较低,教师平等意识较强;②从不确定性回避维度来看,教师文化是一种高不确定性回避的文化,即对不确定的、含糊的、前途未卜的情景,总是力图回避,这使教师群体普遍有一种高度的紧迫感和上进心;③在个体与集体的维度上,教师文化是一种高"个人主义"的文化,教师群体的结构相对松散,其中每个人都重视自身的价值与需要,依靠个人的努力来为自己谋取利益;④从性别维度看,教师文化是一种女性化程度较高的文化。(按照霍氏理论,男性气质表现为自信武断,进取好胜,对金钱的索取执着而坦然,女性则相反。)在教师群体中居于统治地位的价值标准是和谐和道德伦理,群体成员间避讳直接的冲突与对抗,重视情感回报,不唯利是图等,因此教师文化被认为具有女性化特点。总的来说,教师文化被看作是一种职业文化,是教师在教育教学实践中形成和发展起来的、被大多数人所认同的职业意识、教育理念、行为作风、思维方式、生活信念、人际关系以及情绪反应等群体行为。[①]简言之,即为

[①] 古翠凤:《文化四维度理论视角下的教师文化研究》,《教育探索》2005年第8期。

特定群体在其环境中所习得的一切。

　　国内对教师文化所做的研究,大多基于两种理论视野:文化学和社会学。因为教育既可以看作是人类文化的一部分,也可以看作属于人类社会现象的一部分,所以文化学和社会学的理论都可以在教育中做转换式的运用。教育文化成了文化学和社会学的特例。并且即使是这样的研究,我们也还没有做到很深入的程度。国外在文化学和社会学领域的实证性研究已经形成传统,而我们多是将国外的研究套用到本国的教育实际中来,这就难免与自身的文化土壤脱节。在对教师文化的研究中,很难看到自身的文化传统,这不能不是一个遗憾;再者,转换如果是在同构的基础上进行,也是有意义的,但如果生搬硬套,就会失去内在的意义关联。如认为教师文化具有女性化特征,是从国外文化研究的性别维度得到的启示。但是国外的研究者对女性身体特征的文化形塑作用,是作为某种文化过程所造成的结果来进行分析和描述的,其中不乏社会意识形态的作用,性别角色与文化过程之间,是互为因果的关系。国外学者在做这种研究时,大都对因意识形态而造成的性别差异所包含的不平等因素采取批判的态度。教师文化中的性别因素,无疑在教师文化中有其作用,譬如常识告诉我们,在低年级和学前的幼儿教师中,女性多于男性。但若说教师文化是"女性度高"的文化,还是值得商榷的。教师这个群体具有知识分子所特有的那种对于理性和知性的追求,在中国传统话语中,是属于"文人"一类,"文人"与"武士"有别,但文人品性不能归结为女性。性别因素在什么范围、什么程度、什么层次上对教师文化的形成产生影响,是需要具体分析的,不能以偏概全。除了上述缺憾外,还值得提及的是,仅仅有文化学和社会学的视野是远远不够的,我们还缺乏以哲学和科学前沿方法论为基础的研究。

　　我们把教师文化看作一个在特定教育情景中,主体与各种要素相互作用而不断生成相对稳定的文化形态的过程。作为过程的结果,形成了包括教师精神、教师形象、思维方式、行为方式、习惯、知识与能力等方面具有符号意义的创造物。而所有这些又都处在动态的结合与再生成之中。教师文化的本质特征可从以下方面来看:

　　一是教师文化的生成性。这是从过程来看的教师文化。一方面,对教师文化作为一个整体系统的看法,关注于两个方面,一是形态发生的历史,二是其与各种共在的系统之间的相互作用,也就是说其历时性和共时性。在历时性中,教师文化中作为传统传承下来的那些形态,构成了这个特有的文化系统的精神和灵魂。如前所述,没有传统就没有生命。在共时性中,教师文化自身,即系统内部各要素之间,系统与外部的文化环境之间,在相互联系、相互作用的过程中,不断生成着新的形态,也就是说,在现实的关系中不断完善。当然,它永远不会完善到不需要再完善的地步,它不会静止在某一点。另一方面,从微观上来说,构成教师文化整体的最基本的要素,是教师的个体生命。所谓"教师生命",亦如我们先前提到的"文学生命""科学生命"等,是作为特定文化过程之结果的一种生存模式,它包括个体肉体的、心理的和精神的一切方面,如教师的精神、人格、价值、态度、情感、知识、思维方式与生活方式、行为习惯等,构成了教师生涯的主体部分,其他一切都是围绕这些来安排和运转的。作为教师群体这个"类的存在物"的一员,个体的一切都在为"类"的生存方式之需而处于不断生成的过程之中,知识在增长,道德在完善,情感在提升,就连身体的某些特征,也具有这个特定情景中的"类"的特征。教师这个职业的根本特征,就在于其永无休止的创造性生活。生成性的意义还在于,教师文化的所有构成部分和要素,都永远处在动态的组合之中,包括个体内部身、心、知各方面的要素之间、个体与个体之间、个体与群体之间、群体与群体之间、精神与物质之间、制度与行为方式之间等。生成性、创造性、创生性、再生性等概念,都可以用来从不同的侧面揭示和描述教师文化的本质特征。

二是教师文化的整体性。教师文化整体所呈现的某种状态,并不是系统内部各种要素的简单加和,整体的状态也不能从个体的行为方式得到解释,它是群体中所有个体相互联系、相互影响、相互作用而涌现的现象。但是,每一个部分,都是作为整体的一个部分而与整体存在着活性和生命的关联性,离开与整体的关联,就不再是教师文化的部分。教师个体生命的意义,就在于与教师群体的整体文化的联系。譬如,个体的行为方式,必得符合"类"的特征,游离教师精神,与教师群体的价值相悖的行为方式,必然会在"类"特征的要求下被调整。从这个视角我们来看所谓"个人主义"和教师的"个体知识",其个体性也有了整体性的意义。教师文化中的"个人主义"倾向,是与个体知识的"私密性"相关的,而这又是与另一个特征——情境性相连的。每一个体"意识的宇宙"都具有私密性,意识的状态表现为感觉、知觉、判断、想象、思想、内部语言、情绪以及有关意志、自我、亲和与疏离的情感等,这些状态的形成都是具体情景中的生成。每一个人都有自己生活的独特空间,尽管教师生活于群体之中,但每个人都有自己的时空,教师关于教育教学的知识、情感、价值与态度,都与个体所生活的空间中的各种关系有着直接的、唯一的、情景性的联系。这在某种程度上会形成个体与个体、个体与群体间天然的障碍。处理教育文化情景中的具体问题,主要是个人的事情,所需要的知识与能力,大多数情况下要靠自己在过程中获得,而不能靠别人。哪些方面需要完善,是根据自己的实际情况所做的调整。但尽管这种个人主义和私密性有其客观的依据,但毕竟它还是为着成为教师群体这个"类"的一员而存在的。教师个体的发展,也是教师文化精神引导和关照下的发展。

倡导合作与交流,对教师文化健康发展具有十分重要的意义。教师封闭的、自我保护和自我完善的心态,有时候会抵制变化,而保持开放的心态,则有利于信息的流通,吸纳不同观点和意见,有利于个体的发展。这说到底,还是一个确立性与新奇性的关系问题。

三是教师文化的前导性。教师文化的前导性体现在三个方面:道德规范、价值引导、知识前瞻。其一,从道德规范来看,教师自身的道德修养具有示范作用。在学校文化中,教师群体所处的地位,是由其所担负的使命所决定的。教师群体一般不会像学生群体那样消极地反学校文化,若对学校精神提出质疑,那也是从积极意义上对已经失去生命力的学校教育系统做出的批判。可以想象,如果一个老师的品德出了问题,就会遭遇到与一般人不同的谴责。"学高为师,身正为范",这是中国传统教师文化的精髓,是教师群体中久已获得共识的价值观。作为教师,德行是在永远的提升之中。"止于至善"(语出《礼记·大学》)一语非常精辟地指出教师道德修养的目标,谁也达不到"至善"因而再不需"善"的地步,道德的完善是没有止境的。生活于教师群体中,生存于教育情景中,一个人的本质就是这样被过程所规定的。其二,从价值引导来看,涉及两个层次,一是学校教育的价值追求,二是终极关怀。学校教育的价值追求不是与人类的终极关怀一致的吗?也不尽然。我们通常有所谓"应然"和"实然"两个看问题的角度。"实然"即指学校实际运作的状态,它是为社会当前的价值追求所规定了的,其中难免有现实的功利性对终极关怀的背叛。教师被称为人类灵魂的工程师,应当为引领社会发挥积极的作用。以崇高的精神境界,超越现实社会物质利益的羁绊,应是为师者应具备的品质。终极关怀在教师的文化生命中,可能或多或少、或强或弱、或隐或现,随着现实中各种利益关系的冲击而有升降沉浮,但终不会完全没有。对人类命运的冷漠是与教师文化的根本精神相悖的。其三,教师知识具有前瞻性。日常生活中有所谓"误人子弟"一语,它从相反的方向提出命题,令我们对教师文化中的知识系统的引领作用不能不经常反思。作为教师,术业不精,满脑子陈旧的知识,所讲的东西是老一套,是不配为人师的。教师以其知识为职业生涯之本,这种生存方式要求他必须至少了解本学科领域的前进方向,并且相对于学生来说,他必须要走在前面,要教给学生的东西,自己得先明白,这是教师文化为他所规定了的道路。教师文化的这个传统,是从孟子那里传承下来的,孟子说"贤者以其昭昭,使人昭昭"(语出《孟子·尽心下》)。

教师文化的本质,还可从知识性与权威性、情感与态度、民主生活方式等方面来看。无论从哪个方面对教师文化进行研究,其过程性、整体性、前瞻性等都是贯穿其中的。传统的教师文化在当今时代所面临的主要挑战来自几个方面:网络文化、知识大爆炸、现代教育技术、商品经济大潮、全球经济一体化等,关注新的动向是一切研究的着眼点。

从文化冲突视角来看,教师群体内部有冲突与竞争,教师群体与学生群体之间也存在文化冲突。教师群体一般按照专业知识结构和所教学科来做进一步的划分。虽然同为教师群体,但是因其专业和知识背景的不同而呈现出文化的差异性。有差异的文化系统之间,只要共处同一环境,就存在冲突与竞争。各个学科的教师群体,通常对自己所在学科有较高的价值评判,将本门学科知识做最大程度扩张,是其文化生命的本质所在。这就不能不在面临共同资源的时候发生冲突和竞争。在中小学里,不同学科对自习课时间的占有、作业量对学生业余时间的占有往往会发生冲突;教师群体还存在许多利益方面的冲突和竞争,教学、科研、职称等方面,都可以从文化冲突的角度来分析。

教师与学生之间的文化冲突,是学界早已关注的话题。师生文化冲突的根源,不仅有成年人与未成年人的差异,还有知识层次、历史文化背景、生活方式、社会交往等各方面的原因。网络时代,师生文化冲突日益复杂化,师生关系的恶化也日趋剧烈。师生之间的文化冲突,主要体现在价值观、知识结构、审美观、心理认同、行为方式等方面。由于教师与学生这两个群体存在因制度而形成的身份与地位差异,各个方面的冲突呈现出一些与其他群体冲突格外不同的特点。在价值观上,前者总是试图以自己理解的学校主流文化价值观念影响学生,而后者的内心世界却与一个无限开放的世界相连,反教育的因素时刻影响着尚待完善的青少年一代,因此他们未必会全盘接纳教师群体灌输的价值观。从知识结构来看,每一个学生,都要以一个整体的姿态分别面对只具有某方面专业知识的教师所实施的知识传授,这会产生一系列的问题。首先,对于学生来说,如果他不能发现不同老师所传授的不同学科知识之间的意义关联,就难以将各门分科设立的知识进行整合,那些东西也就难以成为学生整体知识结构的有机部分。其次,如果一个学生习惯于接受并记住自己根本不了解其意义的知识,这意味着什么?这是教育的失败。从教师的知识结构来看,当今时代,教师所具有的专业知识,如果不能及时更新,就会失去教师的地位和威信。陈旧的、僵死的、割裂的知识导致学生的抵制是自然的。而当今教师群体中缺乏通识知识结构者是一种普遍的存在,由此而引起的冲突具有根本性。从心理方面来看,教师与学生因身份地位的差异,在心灵间存在天然的鸿沟。教师在学生面前总要摆出知识权威的姿态,容不得质疑与批评;教师是教育者,而学生是受教育者,在很多中小学里,这种关系几乎演化为监管者与被管教者的关系。师生关系始终没有从根本上民主和平等过。近年来有许多实证性的研究和大量的个案证明,师生关系日益恶化的趋势愈演愈烈。在审美观方面也会发生冲突,这主要在中小学教育中显得突出。很多学校对学生的穿着、打扮、发式、配饰等都做出严格的规定,但是学生普遍有抵触情绪,他们多样化的审美观与学校整齐划一的规定有着根本的冲突,而那些规定通常反映着教师群体的价值追求。在行为方式上,学生群体往往表现出自由化倾向,而这是教师群体所看不惯的。

师生关系问题是一个时代的难题。人们研究了多年,提出了种种口号和措施,似乎都无济于事。根本原因何在?从文化过程来解读师生关系,当意识到,教师角色的变化是历史的必然,教师也得在文化过程中不断自我更新。"传道、授业、解惑"早已不再是教师的全部内涵，教师实质上也是学习者，这个根本若是抓不住，不可能成为真正合格的教师。

(三)管理者文化

学校文化中的管理者群体，如果细分，结构也是很复杂的，差异性表现在很多方面，不同类别之间、不同层次之间、学校的行政管理与上级的行政管理之间、学校内部各部门之间、管理的不同对象和内容之间等，由于其生活场景不同、交往与关系不同、工作的性质和任务不同，其文化心理、行为方式、思维习惯等也存在着较大的差异，这个群体的构成比之学生群体和教师群体，似乎更为复杂。他们一般具有双重性质：一方面，管理者各有自己专业领域的管理理念和生活方式，另一方面，作为教育群体中的一个部分，也有教育群体所具有的那些精神方面的品质。这里撇开他们的专业性质，只就其对学校文化的意义来做一般的讨论。

首先来看校长。校长的身份是独特的，他既是领导者，也是教育者和管理者。一些人有这样的看法：学校文化就是校长文化。话语的偏颇是显而易见的，校长一个人是不能创造出学校文化的。但毫无疑问，校长是一个核心要素。处理人事、教学安排、奖励惩罚、福利待遇等问题与不相干的人没有关系，但校长得承受所有矛盾和冲突带来的压力，并协调各方面的关系，使学校得以正常运转，这只不过是一个底线。如果学校没有前进与发展的内生动力，前景只能是解体与重组。内生的动力来自哪里？学校文化生命的原基来自校长。校长引领学校文化的地位是不容置疑的。

校长不同于一般的管理者。部门的管理者各有自己的职责，校长则需要整体协调，理智、感情、原则、关系等所有的因素都要服务于整体的利益。要让学校这个系统发挥一个整体生命的功能，他首先得有对生命系统最深刻的洞见。"生生之德"是所有生命的最终管理者——大自然本身的品质，让生命活着，是一个最高的原则。学校文化的生命基础是个体生命。个体的存在，个体与个体之间的相互作用，个体与群体的相互作用，构成了学校文化的整体。个体生命是指学校全体成员的个体生命，彼此之间的意义关联都是在学校文化土壤上产生的。个体的身体存在和文化生命也是密切关联的。要让所有这些生命形态，在一种限定的情景之中，都有生存和发展的空间，那就需要有更多的人文关怀。

在治理学校只需要执行行政命令、按照上级指示精神开展工作、个人有很少发挥空间的工作环境中,校长更多的是一个管理者。他那与环境中的各种关系相适应的聪明才智、品德、人文精神和组织协调能力等就成为决定性的因素。在这种情况下,校长的教育理念即使有偏差,也不会影响学校的正常运转。他怎么理解教育不重要,有实干精神,有处理日常事务、协调各种关系的才智与能力,条件就很充分了,至于价值问题,那是已经被政策规定了的,无需个人操心。这种学校文化是缺乏生命活力的。如果说,中小学主要是依靠制度来管理,那么大学所倚重的是思想和学术。不是说大学不需要制度,在大学里,所有的制度都是以保证思想和学术的发展而设立的,如果它制约了大学精神,就会由自身的自我更生机制予以协调。

从一般原理来看,校长的教育观念、价值取向、办学理念,是学校文化的精神和灵魂。当然,这不能简单和通俗地解释为:如何办学,校长说了算。校长的主张成为学校文化活的灵魂,需要一个过程。其中,包括校长自身的理念,还有构成他领导学校所必须具有的所有知识、价值、才能、品德、情感、态度等,是在过程之中逐步生成和完善的。并不是说,先有那些本事,后有校长。那种理解还是个"先有鸡还是先有蛋"的问题。校长的理念,属于学校文化的某种带有基因性质的东西,它能不能取得统治地位,实质上就是一个能不能获得生境的问题。在这个过程之中,存在着各种观念之间的竞争与对抗,存在着原基在斗争中的生成与完善。学校群体中,不只校长一个人有教育理念,每一个人都有,但是究竟哪一种理念能够占据主导地位,是由多方面的因素决定的。有一点可以肯定,哪种主张对于资源环境具有最强的适应性,它就有更多的机会。那种适应性就意味着合理性。校长理念存在的全部依据就在于各种因素碰撞交流和相互作用的结果,见解、价值、态度、才能、品德等都要为其存在的合理性做出证明。校长的理念获得了生境,就是得到了学校中教育群体的认同,就能够成为学校精神活的灵魂。如果校长不能成为学校精神的代表,不具有灵魂的意义,就不能将学校凝聚为一个具有整体生命的系统,分散的力量将使学校文化解体,这个校长就名存实亡了。校长的稳固地位会受到来自现实各个方面的挑战,民主、开放、交流、包容、进取是文化生命获得永久性的必要条件。

其次是一般管理者。在管理者文化中,一般管理者与校长显然有着本质的区别。校长需要将学校文化的发展作为整体来考虑,在出现阻滞、对立与冲突的地方要进行调节和疏通,要让每一个部门都成为学校文化这个活的有机体的一个有机关联部分。而一般管理者,通常出自各个部门,他们制定规范并照章办事,出发点受部门利益的制约。学校的一般管理人员,涉及方方面面的管理,有思想政治管理、教学管理、后勤管理、财务管理、图书资料管理等。在管理人员群体中,有些部门的管理人员同时也是教育者,承担有教学科研任务。他们通过各种各样的方式,对学校文化的形成发挥着影响作用。从学校文化的视角来看,这个群体也有一些共同的特征。

一是这个群体中,成员自身的生命是与学校文化生命融为一体的。个体在学校环境中的生存状态,受到学校文化氛围的熏陶,其思维方式、心理状态、行为方式和习惯等,都是在一个可以统称为"文化"的过程中形成的,具有某些共同的特征同时也具有特定环境中的适应性。共同的特征是那些作为教育群体所具有的那些品质,如一定的文化修养、职业道德、共同生活的方式等。

二是管理人员也有教育的职责,因此他们也具有教育性。他们本身被教育文化所塑造的那些品质,具有符号化的作用,并且以一种与学校精神相关的方式影响着学校文化的发展,成为学校文化的构成要素。

三是这个群体中通常盛行的理念,除了与教育有直接关系的价值追求外,还有两个口号:"科学管理"和"人本管理"。关于科学管理,往往意味着经济和效率。而人本管理,则是以人性关怀为本。这个群体对学校文化形成所做的贡献的大小,就在于这些理念变为现实的程度。

四是视制度为生命。管理是要靠制度的,而制度是用来维持一种秩序的。所以在这个群体的文化特征中,必然具有某种确立性和保守性的一面,在一些场合下也具有权力者面孔。

最后,一切为了教育和教学。在这个意义上,管理者群体也常常乐于自封为"服务者"。

管理者群体与学校文化的意义关联,当然远不止上述这些方面。最主要的联系,存在与制度的层面。管理者群体既称为"管理",即是具有某种权力,因为管理总是与权力相关的。学校文化中各种资源的流动方向,都是被相应的部门掌控着。财务部门管理经济资源的流动方向;教务部门掌控着教学资源的流动方向;图情资料系统掌控信息流动方向;人事部门掌控人才资源的流动方向等等;后勤部门也属学校文化中的管理文化部分,尽管他们总是谦卑地自称"后勤服务人员"。各种制度出自各个相应的管理部门,提倡什么,限制什么,都关乎学校文化发展的方向。

第十章
教育文化与社会发展

　　教育文化与社会发展紧密交织在一起,相互影响和制约,但也并不总是正向的相互促进。进步的教育引领社会,保守的教育维持现状,彻底沦为工具的教育复制和再生产着社会的权力与不公。不同的教育形态可在一个社会共存,某种形态也会在一定的外部条件催化下成为具有压倒优势的存在。教育文化与社会发展之间,充满了各种复杂的矛盾运动和利益纠缠,价值理性与工具理性、理念与现实、功利与公益的对立与冲突,形成了张力,推动着教育文化的发展。教育文化是社会主流价值观引导的进步事业,当为未来社会建构奠定文化基础。

一、历史与现实

　　教育文化从其形态发生的初始阶段,就与人类社会的生存与发展构成生态互动的整体系统。在最初的未分化形态中,教育与文化拥有共同的源头,是一个自发的过程。在后续的发展中,文化成为日益庞大和复杂的巨系统,教育文化则成为有选择的人类文化进程,这是以一定的价值导向为轴心的运作过程,其价值定位总是与一定时期的社会发展状况密切关联。这在中外教育史中可找到很多经典的例证。

斯巴达的教育文化是个突出例子。不仅仅是教育家,哲学家、思想家、史学家们也会对斯巴达的教育文化予以关注。罗素说:"在我们看来,斯巴达国家就是纳粹如果得到胜利时所会要建立的那种国家的一个雏形。"[1]他从哲学家的视野对斯巴达的教育文化做了详尽的描述。斯巴达在历史上是以战争而闻名的国家,它的公民唯一的职业就是战争,孩子出生后,经过部族首领的检查,病弱者被丢弃,强壮者得到抚养。孩子们都放在一所大学校里面受训,一直到20岁为止。斯巴达的教育,目的是要使那些未来的战士坚强,不怕痛苦,服从纪律。"文化教育或科学教育都被认为是无意义的事;惟一的目的就是要造就全心全意为了国家的好战士。""女孩子也受着男孩子一样的体育锻炼;更可注目的是男孩子和女孩子在一起赤身裸体地进行锻炼。他们要求少女们也应该练习赛跑、角力、掷铁饼、投标枪,其目的是使她们后来所怀的孩子能从她们健壮的身体里吸取滋养,从而可以茁壮起来并发育得更好;而且她们也由于这种锻炼增强了体质,可以免除分娩时的苦痛。……尽管少女们确乎是这样公开地赤身裸体,然而其间却绝看不到,也绝感不到有什么不正当的地方,这一切的运动都充满着嬉戏之情,而并没有任何的春情或淫荡。"[2]罗素评价道:我们不能否认,在一个很长的时间里,斯巴达人在他们的主要目标方面,即在创造一个无敌战士的种族这方面,是成功的。[3]

中国古代教育也毫不例外地与当时社会形态密切关联。前文多次提到《尚书·舜典》中帝舜命夔"典乐""教胄子"的史迹,那个历史存在蕴含着丰富的教育文化意义。在这里,它可以用来说明教育文化与一定社会形态的紧密联系。夏商周时代的教育文化以"六艺"之教为核心,这是与当时中国社会发展状况及其整体文化状况密切相连的。礼、乐、射、御、书、数这些内容反映了政治、伦理、军事、技术及文化传承等方面在当时社会中的重要地位。教育文化是与社会的主流意识形态一致的。"学术官守"表达的就是教育文化的正统地位。春秋时期社会的巨大动荡导致教育的变革。这是一个由奴隶制向封建制转换的历史关口。生产力的发展导致与旧制对抗的新阶层的形成,为旧制服务并受贵族垄断的"学在官府"的景

---

[1] [英]罗素:《西方哲学史》上卷,何兆武、李约瑟译,商务印书馆,1963,第135页。
[2] [英]罗素:《西方哲学史》上卷,何兆武、李约瑟译,商务印书馆,1963,第132—133页。
[3] [英]罗素:《西方哲学史》上卷,何兆武、李约瑟译,商务印书馆,1963,第133页。

观逐渐消退。典籍记载中有两件为当时的知识阶层所珍重的事情，一是"修泮宫"，另一件是"子产不毁乡校"，①之所以珍重是因为那些事情越来越少了。诸侯纷争的局面为社会文化的"百家争鸣"提供了发展的条件和机会，而旧的教育文化体系也随之被打破并有新的教育文化形态逐渐形成。社会文化与教育文化互动的结果，是主导中国社会数千年的儒家教育文化的确立，其核心内容为六经。②

19世纪以来，工业文明犹如一股狂飙席卷全球，人类的生存状况发生了根本的变化。与这个巨大的社会变革互为动力的教育文化，也与以往有了本质的区别。以往的教育关注的主要内容是人文方面的，但那些无法证实的学问与知识对生活似乎并没有多大的益处。19世纪为科学做出了里程碑意义上的贡献的达尔文，对他读过书的学校并没有好的评价，在那所严格的古典派学校，他除了学到少量古代地理和历史的知识以外，再没有学到什么别的东西。与其同时代的斯宾塞认为这一切是不合理的，他提出"什么知识最有价值"，成了工业文明时代教育文化主体最有本质意义的追问。斯宾塞的结论自然是认为科学是人类知识中最有价值的。他批判了英国的传统教育，主张以科学教育取代古典语教学，推动了英国教育改革，并对各国教育改革产生了积极的影响（参见本书"西方教育经典的化人之道"）。当然，不仅仅是达尔文和斯宾塞，还有孔德的实证主义，都为后来的科学主义思潮的出现与发展提供了必要的文化背景，并为这个思潮扫清了思想障碍。这个时期以来，科学内容、科学思维、科学方法等开始全面渗透到教育文化领域。主流文化价值在教育文化中的渗透，导致了教育世界景观的巨大改变，教育对象、教育内容、学校教育制度还有精神层面的诸多观念系统等都在变化的外部环境中整合为新的形态。以科学文化为轴心的教育文化蓬勃发展，推动了社会生产力系统的一次又一次巨大变革。而这又反过来促进了科学教育的发展。

人类社会经历了原始文明、农耕文明、工业文明阶段，如今已经到了信息时代。教育文化正面临着一场新的巨大变革。然而教育的变革总是滞后于社会的变革。现时代我们称为"工业文明"的那些东西，正在以其特具魔力的技术与效率改变着我们所处的星球。《共产党宣言》在论及资本主义生产方式的确立和发展的

---

① 西周时兴盛的官学，主要是天子的辟雍，诸侯的泮宫，国人的乡校等。
② "孝武初立，卓然罢黜百家，表章六经。"（《汉书·武帝纪赞》），六经指《诗》《书》《礼》《乐》《易》《春秋》六部儒家经典著作。

前景时,曾对整个世界所形成的相互联系的整体系统有一个生动的描绘:"不断扩大产品销路的需要,驱使资产阶级奔走于全球各地。它必须到处落户,到处开发,到处建立联系。资产阶级,由于开拓了世界市场,使一切国家的生产和消费都成为世界性的了。使反动派大为惋惜的是,资产阶级挖掉了工业脚下的民族基础。古老的民族工业被消灭了,并且每天都还在被消灭。它们被新的工业排挤掉了,新的工业的建立已经成为一切文明民族的生命攸关的问题;这些工业所加工的,已经不是本地的原料,而是来自极其遥远的地区的原料;它们的产品不仅供本国消费,而且同时供世界各地消费。旧的、靠本国产品来满足的需要,被新的、要靠极其遥远的国家和地带的产品来满足的需要所代替了。过去那种地方的和民族的自给自足和闭关自守状态,被各民族的各方面的互相往来和各方面的互相依赖所代替了。物质的生产是如此,精神的生产也是如此。各民族的精神产品成了公共的财产。民族的片面性和局限性日益成为不可能,于是由许多种民族的和地方的文学形成了一种世界的文学。"①"随着贸易自由的实现和世界市场的建立,随着工业生产以及与之相适应的生活条件的趋于一致,各国人民之间的民族分隔和对立日益消失。"②这段话在1848年问世的时候,无产阶级与资产阶级之间的意识形态正形同水火,摩擦与斗争常常采取血与火的方式。而今,即使阶级之间的对立也让位于新的关系。人类社会由分散独立和以各种形式相互对立的初级形态,演进到整体关联以致全球一体化,这是历史的必然,全球化横扫一切壁垒与隔阂。无论是资本主义社会还是社会主义社会都面临着共同的问题,那就是建立在科学技术之基础上的发展。以机械化、标准化、批量化的操作为主要特征的行为模式已经遍及从物质生产到精神生活的一切领域。

　　工业文明对教育文化的影响体现在诸多方面。人们感到学校就像工厂,学生就像原材料一样被集中在像工厂一样的学校里,由教师进行加工。孩子们从一个地方进入另一个地方,坐在被指定的场所。时间的变化以铃声为准。由此来看,工业化社会的人是学校用机器批量化地制造出来的。进入现代社会以来,教育日益大众化并同生产劳动密切结合,这使它在人们心目中成了为未来生活所做的准

---

① 《马克思恩格斯选集》第一卷,人民出版社,2012,第404页。

② 《马克思恩格斯选集》第一卷,人民出版社,2012,第419页。

备。这有一定的积极意义,但仅仅满足于一种大众化的要求是会消解教育文化的根本精神的。在人们看来为着未来幸福所做的当前准备,就是拿到文凭,它意味着一份好的职业和安稳的生活保障。要满足这一点,只要完成当代教育制度规定的程序就可以。而完成这个程序,只须服从程序化的训练过程,个性和创造性并不是必须的。标准化和批量化的教育产物曾经是有用的,但只是从短期功利来看是如此。它所导致的不良后果是严重的。《自组织的宇宙观》的作者詹奇对当今社会个体主体性的丧失表现出忧虑,他说:"在个体的层次上,他主性(由别人决定)生产方式湮没了自主性(自我决定)生产方式。我们不再学习,而只是被人教授(特别是由新闻媒介的现成品来教授);我们不再设计我们的环境,它已由工业所提供;我们不再以健康的方式生活,而只是得到医疗上的照顾;我们不再决定我们生活的价值,它们已由专家们来规定了,如此等等。那些不能再生产自主价值的人只好等待供给他们价值。这种情况所需要的活动渐渐阻塞着社会系统。从某种观点来看,这种反馈导致社会活动效能降低,它已被伊利奇恰当地称为'特殊的反生产力'。"[1]这话对今天的教育现实来说,是一种深刻的洞见。阻滞社会发展的是当代教育所培养的缺乏自主价值的人,这是一个值得深入思考的话题。

当今时代是一个多元价值并存的时代,自后现代主义对中心与主流的批判性质疑惊醒人们被蒙蔽的理性以来,多元文化现象涌现于人类文化景观的宏大背景之上。人们从不同的角度看待我们这个时代,如"后工业社会"(丹尼尔·贝尔)、"新工业社会"(盖布莱特)、"信息社会"或"智力化社会"(托夫勒、松田米津、京斯比特、施赖贝尔)、"大众消费社会"(罗斯托)、"电子技术社会"(布热津斯基)、"科技社会"(波利亚科夫斯基)等,一些更为人们认同的概念也成为时下最为流行的概念,如"全球化时代""网络时代""知识经济时代""信息时代"等。以往没有任何一个时代可以有如此多的说法,它们都有一个主要特征,如说"原始文明""农耕时代""工业化时代"等。当今社会被冠以如此多的名称,折射了人们不同的文化视野,这正是多元文化现象的一种解释,由此可以感悟到当代社会文化日益复杂化的特点。

在这样一个时代里,教育所遇到的最大的挑战,还是那句永远具有本质意义的追问:教育"教"什么?自夸美纽斯的《大教学论》问世以来,人们热衷于"把一切

---

[1] [美]埃里克·詹奇:《自组织的宇宙观》,曾国屏等译,中国社会科学出版社,1992,第295页。

的知识教给一切的人",然而这正是以往时代教育文化的一个本质性的含义。所谓"培养人",那就是由已经掌握了知识的、道德完善的、成熟的年长的一代,将这一切进行传递的过程。这种价值追求是从进入"现代化"以来得到了不断强化的。它曾经是合理的存在。受教育者通常被看作是尚待完善和成长中的个体,这个群体以往是从长辈和师者那里得到知识和价值的引导,那时候,人类认识的能力和疆域都具有很大的局限性。文化的载体,最常用的是纸质的文献或言传身教。而今,年轻一代所得到的文化,可以通过多种其他途径获得。信息可以通过网络横跨许多以往难以逾越的障碍,文化成为一种更具有自由度的过程。学生可以比老师知道得多,已经不是什么稀罕的事情。在知识大爆炸的时代,教师的知识储备仓库已经远远不够用;在多元价值并存的时代,教师的价值观是否可以不受质疑地为学生所接受,也是值得怀疑的;在一个一切都在迅速变化过程中的时代,教师在道德上是不是完善得可以引导学生,答案也可想而知。时代变化太快,知识更新太快,个体的知识在这样一个时代显得那样微不足道,所有的人都被置于这样的境地:必须通过不断的学习以获得适应。将这说成是"学习化社会",道理就在这里。如何在一个共同的交流过程中获得增长成为教育主体唯一正确的行为目标和定向。而教育文化从价值导向到制度内容以及过程的人为调控,也都在此本质意义上展开。

"民主化"这个概念是最能体现人类社会文明发展的本质的一个概念。人们普遍认同一个道理,千百万年人类演进的历史中最值得珍贵的文明成果,是把权力关进了笼子,是把统治者驯服,而不是那些令人炫目的物质创造、科技手段、经典名作等。"权力"是只野兽,"文化"概念自一开始,就表示人对野蛮的自然力的驯服和改造,即"人化自然"。民主政治把"权力"关进了笼子,婚姻也把"性"关进了笼子,文明就是人类对深藏于自身的兽性的战胜。忽略主体的存在而以强行入侵的方式占据资源,无论在物质还是精神领域,都是与文明的进程相悖的。

教育文化中不民主的现象,主要在于教育机会的不公平,而人们看到的大多是表面的,如入学机会、师生关系、教学过程的民主、教育资源分配等,然而最大的不公平是隐蔽在所有现象背后的不公平对待。这是指每一个体生而有之的不同智力类型,不能在现代教育系统中得到平等的发展机会。学校的课程集中在以逻辑智力和语言智力为核心的学科群,这使那些具有其他方面智力特长的个体难以适应学校课程,因而学业上屡遭挫折,最后终于被决定性的考试所淘汰。这种强制性的文化入侵,占据了他们生命的宝贵资源,然而却导致他们难以有可持续的发展。而那些适应学校课程的个体,也因为将大量精力放在应考技术的训练上,而错过智力良性开发和可持续性发展的基本素质培养的大好时光。这种情形就是对智力资源的掠夺性开发。当代教育如何为具有不同智力条件的个体创设公平竞争与发展的文化环境,这将是相当长的时期里难以得到合理解决的问题。"以人为本"的新教育文化形态正处在发生阶段,它的全部丰富意义还有待进一步的实践来展开。

总的来说,教育"教"什么的问题和教育民主化的问题,是当代教育在社会文化现实的大背景中凸显出来的核心问题。两者之间实质上从不同的角度都关涉个体未来的可持续发展,而这个发展的基本定位与社会文化形态相适应。迄今为止,教育文化与人类社会发展总是在一种双向互动的过程中共同前行的,社会发展不能没有教育文化,教育文化也总是随着社会的变革而确定自身的价值定位,并为社会发展的效益所强化。一种新的教育文化形态的形成,常常会在最深的层次和最广的范围导致人类社会的根本转型。

二、教育的三段论

根据教育与社会发展关系的历史考察,可见两者之间是相互适应、同步发展的。而这个发展的历史文化进程的本质特征,可按照马克思关于人类社会发展的三段论来认识。

人的本质是追求自由,人类的全部历史就是走向自由的过程。恩格斯指出:"最初的、从动物界分离出来的人,在一切本质方面是和动物本身一样不自由的;但是文化上的每一个进步,都是迈向自由的一步。"① 马克思基于唯物史观提出:"人的依赖关系(起初完全是自然发生的),是最初的社会形态,在这种形态下,人

---

① 《马克思恩格斯选集》第三卷,人民出版社,2012,第492页。

的生产能力只是在狭窄的范围内和孤立的地点上发展着。以物的依赖性为基础的人的独立性,是第二大形态,在这种形态下,才形成普遍的社会物质变换,全面的关系,多方面的需求以及全面的能力的体系。建立在个人全面发展和他们共同的社会生产能力成为他们的社会财富这一基础上的自由个性,是第三个阶段。第二个阶段为第三个阶段创造条件。因此,家长制的,古代的(以及封建的)状态随着商业、奢侈、货币、交换价值的发展而没落下去,现代社会则随着这些东西一道发展起来。"①这个论断,揭示了人类向自由发展的历史必然性,"自由人联合体"的合理性就深深地植根于这种科学的历史哲学之中。

人类社会向自由发展的历史进程中,个体层次上人的独立性和自由状态,是新形态发生的驱动力。独立性随着生产能力的提高而不断确立和增强,生产能力越强,生存就得到更大保障,就越不需要依赖他人、他物。自由意识的增长和自由度的扩大,都是在这样一个历史过程中形成的。人的本质的丰富性决定着人对自身奴役状态的觉醒,而丰富性是随着多方面能力的发展不断增长的,这在本质上是一个文化过程。在人的依赖阶段,人只能在狭窄的范围和孤立的地点从事生产以获得生存资料的自发形成的共同体中。单个人尚不存在像后来的分工与专业化所造成的那种片面发展问题,个体似乎显得比较全面,但那是由于个体还没有太多的丰富性,那种原始的全面性是简单的和低层次的。能力发展的程度和全面性,是随着"人的依赖"转变为"物的依赖"的过程而逐渐丰富起来的。在这个渐进的过程中,个体自主活动的空间和自由度不断扩展,导致多方面的需要和联系的产生,并形成了全面的能力体系。但是由物的依赖带来的新的生产关系和交往关系,在生产出个体的全面性和丰富性的同时,也生产出否定自身的因素——"炸毁这个社会的地雷"(马克思语)。物质财富的增长、人性的日益丰富、多方面发展的能力及需要,不仅没有使人获得自由,反而愈益使人感受到由片面发展、物役及技术化蜕变所带来的奴役状态。当代社会一切对立与冲突的根本解决方案,有赖于一种新的联合体的诞生,而这种新形态发生的根本条件,就是人性的彻底解放。

"自由"的概念自一开始体现的就是人与外部世界的关系(人与人、人与物)。自由不是外部赋予的,是在生存斗争中通过人的努力而逐步实现的。全面发展也

---

① 《马克思恩格斯全集》第四十六卷(上),人民出版社,1979,第104页。

不是一下子就完成的,而是在一个历史过程中随着人的需要和能力的增长逐渐展开的,是与人的本质的丰富性同时增长的。由简单而自发的共同体(人的依赖阶段)到充满丰富性而被组织的利益共同体(物的依赖阶段),两个具有历史必然性的形态最终要被整合到一个更高级的形式——全面发展的自由人联合体。马克思曾经批判过那种"冒充的集体",在那样的集体中,自由只属于占统治地位的那部分人。他指出的通向自由之路的"真实的集体"迄今为止尚不存在。目前人们只是被组织在一种由物质利益构成的关系中,每一个人都在一个特定的部门发展。企业、部门、单位、集团都在"物的关系"的主导作用下成为利益共同体。这种利益的共同体与马克思批判的那种集体实质上是一样的。从形态发生意义上来说,"自由人"与"联合体"是在一个历史过程中共同创生的,"自由人"是社会大厦的基石,"联合体"使"自由"的概念以共同生活的原则为合理性的依据。这种新的"集体"所具有的结构与秩序,是从自由人的相互关系中自发地涌现出来的。

从人类走过的历史来看,越是往前追溯,人类从属并依赖于共同体的特征就越突出。随着人的依赖(自发的群体)—物的依赖(利益共同体)—个体的自由全面发展,人类解放亦即追求自由的历程似乎描述了一种由大到小、从集体落实到个体的轨迹,这使人联想到具有普遍意义的世界具有不断分化趋势。那么,在个体层次上的自由联合,何以会自发形成人类所期待的更高层次的有序结构?

自由是每一生命个体的本真追求。自由与全面发展存在着必然的关联性,所谓"对人的本质的真正占有",就是人性的彻底解放,人的能力的全面发展,人的本质的丰富性的全面展开,这是一条从必然王国走向自由王国的道路。"自由人联合体"的实现,需要物质和精神两方面的准备。由"物的依赖"带来的物质的极大丰富是必然的也是必要的,然而恰恰是刺激物质生产的需要,成为导致物欲横流、价值沦丧的社会现实的原因。生产发展了,物质极大丰富了,人的需要和多方面能力的体系不断生长出来,但使劳动成为第一需要所必具的道德精神、每个人可以在任何部门发展必备的智慧资源却日益枯萎。忽略了个体的文化建构,发展将会与我们的目标背道而驰。

人的解放就是每个人的自由发展,文化建构是必由之路。在帮助人们获得关于自由的知识、认清获得自由的条件、探索走向自由的合适路径问题上,可以采用杜威的说法,教育不是唯一的工具,但它是第一的工具、首要的工具、最审慎的工具。它可以创造条件使各种不同的价值、多元文化的信息对个体的文化过程实现平权化的输入,由个体来思考、观察、判断并做出选择,形成新的生活方式同,最终使个体成长为有自主价值的一代新人。

　　教育自身的使命感,也来自对自身奴役状态的觉醒。要想推动世界发生改变,首先要改变自身。缺乏自我意识的系统不可能成为自觉性的主体。教育之于社会,如果只是像一架进行复制和再生产的机器,一方面不断从社会吸聚资源和能量,另一方面被动地"适应"着社会的需要——社会前行它就"给力",社会腐败它也为之增添负能量,这就谈不上自在自为,不过是没有生命的工具而已。教育的真正使命在于引领社会,要发挥引领社会的作用,需要自我意识的觉醒。自我意识是"自参考"的,就是说,它从自身的经历获得对外关系的知识。教育在历史上的积极作用总是伴随着人类社会的上升时期,而消极的维持作用总是发生在社会的颓败和没落时期。在精英时代,教育与自由密切关联,但自由是属于贵族和精英的,不属于那些为了生活而不得不从事劳动的人们。所谓"自由教育"(liberal education)与大众无缘,与劳动不相干。教育不过是维护统治阶级利益的机器。当然,在人类由野蛮向文明过渡的时代,教育为人类社会最初的秩序结构的建立起了积极的作用:它传递和积累了文明成果,促进了智慧的增长,为后来人类社会发展出改变世界从而也改变自身的智慧奠定了知识基础。三大革命结束了贵族和精英统治的时代。教育在"什么知识最有价值"的追问下,开始了同改变世界的生产劳动的紧密结合,从而也使教育成为大众的第一需要。与先前那种贵族的、人文的、追求精神自由的教育相比,这种以科学和实用为价值导向的教育成为更为巨大的改变现实的力量。教育的积极作用是显而易见的。但今天的教育何以与"自由"逐渐失去内在联系?它的痼疾一开始就与工具理性密切关联。在"劳动"与"自由"之间重新架设意义连结的桥梁,意味着一种"否定的否定",是对前此两个阶段进行整合。为一个即将到来的社会铺设道路或培养土壤,就意味着将物的依赖所排斥的、曾专属于贵族和精英的"自由教育",施于每一个公民。

　　总的来说,教育文化与社会发展的三段论符合一个正反合的解释模式:古代教育是自由的教育,但教育只属于少数贵族和精英,教育与生产劳动无关,与大众无缘;现代教育是大众化的教育,教育同生产劳动紧密联系,但教育为适应专业化劳作的需要而运作,从而也失去自由的品质;未来教育面向人的自由全面发展,劳动成为人的第一需要,从而将"自由"与"劳动"统整为一体。

三、教育的复制和再生产功能

理想与现实之间、应然与实然之间的差距是客观存在的,它体现了一种历史的必然。教育文化对人类社会发展的正向与积极的引领和推动作用,是毋庸置疑的。但是,不容忽视的是受工具理性影响和现实社会物质利益的驱动,致使教育发挥了反向作用,成为扩大社会贫富差距、复制社会权利与不公的机器。

"再生产"的概念曾被马克思用来揭示"资本"自我增值的秘密。马克思在对资本主义生产过程的分析中,关注的一个主要问题就是面对权力和财富的不平等,自身是如何再生或延续下去的,而社会关系又是如何被构造来维持这种不平等的。马克思的"再生产"模式对教育文化来说是一种隐喻,文化形态的复制与再生的解释范式之间存在着结构上的相似性。

"再生产"的隐喻曾为马克思之后的许多结构理论家所沿用。在他们看来,"社会结构只是行动者之间的资源分配,他们在社会交往过程中,使用各自的资源,并且在这个过程中,再生产出社会结构和随之带来的资源分配。这样,结构就成为行动者在他们交往中拥有的符号的、物质的和政治上的资源。在他们利用这种资源去谋求自己的利益时,他们就再生产了社会关系的结构,因为,他们保留了自己的资源分享。例如,有些人能够控制他人的自然居住地(physical location),占有实施强制的途径,控制着传播渠道,操纵着信息的传播,因而能够以再生产出不平等的方式'构造'出与那些缺少资源的人的接触。这样一来,他们就再生产了'结构'"[①]。教育文化中的诸多形态都具有这样的结构特征,如课程文化,通过它,主流话语、权力、物质、信息等能够再生产出自身。从课程理念、课程目标、课程设置、教材编写、学业考量等方面都能看出课程文化的权力结构。

---

① [美]乔纳森·H.特纳:《社会学理论的结构》,吴曲辉等译,浙江人民出版社,1987,第499页。

"再生产"的概念可以用来表述一切周而复始的、不间断的、不断更新的过程。这类过程虽然循环往复,但并不是原样复制,它会导致信息增值,报酬递增,使原有的资本变本加厉地重新生成。富人会越来越富,穷人会越来越穷,阶级的分化就是这样产生的。"富二代"的"富"得之于前人资本的再生产,"穷二代"的"穷"也可以追溯至并不遥远的上一代。"不平等"与科学术语中的"非平衡"有某种程度的一致性,"非平衡是有序之源"(见前文),不平等才会有社会分层。不平等可以在社会的某个发展阶段起到动力作用,但它绝不是人类社会的终极价值追求。当这种不公平达到某种限域时就会引起社会的动荡。如果勤奋的劳动增加了加倍的贫穷,越是不劳而获财富就越见增长,这就是不合理的,一定是社会的流动机制出了问题。无产阶级不能通过自身的勤劳而消灭自身,那是由于社会失去了公平和正义的保障机制。

拿这种观点来看教育文化,道理也是一样的。文化也是一种资本,资本的德性就是再生出资本。文化资本的匮乏不能通过教育的途径得到改善,教育也就失去了公平和正义。教育无疑具有"生产之力",因为它能一而再、再而三地生产某种东西。生产力这个概念,可使人想到一切具有再生产能力的事物。生产也总是和复制相关联,同一种东西会不断地被再生产出来,那就是复制。就此意义上说,教育也是一架再生产的机器。

教育被认为是实现人类平等的伟大工具,它的作用比任何其他人类的发明都伟大得多。这其实只可用来表述那种理想的教育,现实中运作的教育系统似乎在发挥着另一种作用。法国社会学家皮埃尔·布迪厄(Pierre Bourdieu,1930—2002)(又译为布尔迪约)在对法国当代教育制度进行批判时指出,学校教育只是维持形式上的教育平等,实质上它则是再生产不平等社会结构的重要途径。在他看来,学校是一个生产与再生产社会与文化不平等的主要场域。当然可以推想到,这种情形不仅限于法国,转型时期的中国当代社会,从某种程度和某些方面来看,可以说是有过之而无不及。由贫富差距造成的社会弱势群体,特别是因为文化资本弱势所导致的子女上学、就业机会不平等已成为当前突出的问题。占有优厚文化资源的学生,比出生于文化资本匮乏的家庭的子女,更容易在学校教育的环境中获得成功。如此看来,学校教育的负面的和消极的作用,就在于复制着权力和不公。

教育文化自一开始，就与权力话语的复制密切相关。权力话语可以体现为武力，也可以体现为思想的控制。诉诸武力的权力复制，是从野蛮到文明时代过渡时期学校文化形态的一般特征。中国夏商周时代的校、庠、序都是王权复制的机构。其后，在进入现代社会前的漫长时间里，中国历代的封建帝王都是用改造过的儒家思想作为权力复制的工具。在西方，柏拉图的学园，起到了复制思想观念系统话语权力的功能。这种学术传统一直延续到今天。一般来说，通过教育途径传递的价值规范、思想观念、知识系统等，是一个民族、一个社会文化的基本内核，它的意义在于维护传统文化的稳定性和连续性。与之而来的问题是，当一个社会处于剧烈变革的时代中，教育如何才能发挥其进步作用。判断一种教育是否进步的标准，不是看它创造了多少物质财富，而是要看它是在复制着一个行将消亡的社会形态，还是在为一个即将到来的新社会做出贡献。

教育的自觉表现为文化的传承和创新，教育的不自觉表现为复制了不公尚不自知。"考试面前一律平等"的口号，是否体现了公平？按照布迪厄的说法：考试的逻辑在"被录取者"和"被淘汰者"之间，更加戏剧性的是，在会考的最后一名录取者和最前面一名淘汰者之间造成了绝对的不连续性；正如考试的逻辑以其最典型的方式所显示的那样，学业制裁能够出色地发挥社会作用，就是说，能够产生某些特殊的、被分离的、被神化的人群。要做到这一点只需让所有人认识并且认同这条将他们从普通人中间分离出来的边界，使他们得以被神化的差别成为公开的、人尽皆知的、得到共识的事实；由此转变被录取者的信仰，使他们认识到（并且认同）自己的特殊性。一分之差就是天上地下之别，这还不是最根本的，最大的不公隐藏得更深。考试考什么？自然是学习过的东西，具有不同的学习条件的人都得学同样的东西。构成最重要的学习条件的是人与生俱来的智力倾向，那是有极大差异的。学校的课程只适应一部分人，学校环境并未为所有具有不同智力倾向的人提供平等的发展机会，不适应者在学业上不断遭受挫折，最终以自己的被淘汰托起那些成功的骄子。

当今社会中在"富者愈富、穷者愈穷"模式下运作的系统，几乎都可以发现与教育的某种关联，教育弊端对两级分化起到了推手作用。经济欠发达的西部地区，其教育所培养出来的优秀人力资源就越往东部经济发达地区涌，这造成了西部教育资源匮乏和经济发展迟滞的恶性循环。重点学校资源越优势,升学率越高,收费越高,越能聚集富家子弟和文化资源优势者,从而将贫穷和匮乏无情地推向普通学校。教育文化领域工具理性主义的泛滥所导致的技术性蜕变,造成一代又一代工具性人力资源的复制和再生产,使社会在技术的陷阱中越陷越深。权力话语通过各种途径渗透教育,使之成为自身利益维护者的再生产基地。权力越向教育渗透,教育就在沦为工具的道路上走得越远。教育"公平""公正""公允"的面具极易被各种力量所运用,黑道通过"洗钱"使不义之财成为合法财产,权力通过教育的洗礼而披上公平正义的合法外衣。利用教育来藏污纳垢是当代社会流行病之一,这是教育文化进程中的逆流。

孔子有"学而优则仕,仕而优则学"之论,其意义原本与物质利益不相干,儒家是要"齐家治国平天下"的。而今的官学结合则有不同的意义。来自上层的"干部年轻化、知识化"的要求,原本或许没错,但问题是如何"年轻化""知识化",唯有学历与文凭能将其落到实处,如此一来,"博士帽"就与"乌纱帽"联结在一起。中国开始有自己的博士不过才是20世纪末期的事情,然而近年来博士数量猛增,已成为世界第一。其中"官博"占了相当大的份额。"权"与"学"的交易推动了腐败因素的再生产。一些已经获得和正在攻读博士生的党政干部,利用自己的地位和手中的职权(审批项目、经费,给予宽松政策等),动用公款混取文凭。保住官职是需要业绩的,创造业绩是需要时间的,哪能既保官职又能有时间读书研究学问?因此在入学考试、课程学习、学术论文发表、学位论文写作和答辩等环节中弄虚作假、瞒天过海,几乎成为官员读博的唯一有效途径。只要官员不出问题,没有人可以或者敢于质疑他的学历和文凭,而一旦出了问题,人们首先质疑这样的德才何以能够混迹官场,于是总有一些落马的官员牵扯到学历与文凭问题。既是交易,另一方也必得有利可图,毕竟,"博士帽"的经营也是一种生意,培养单位与权力机构、博导与官员"合作双赢"的师生关系是可以换来许多现实利益的。如此被再生产出来的官员执掌国家机器,是不能指望他们让教育复制和再生产出反叛他们的力量的。

教育何以能够成为权力与不公的再生产途径和滋生腐败的温床,这是一个值得深入思考的问题。教育的复制和再生产功能具有工具性、技术性、功利性和实用性,它不仅能被健康的生命系统所利用,也极易为病毒那样的有害系统所利用并迅速流行。清醒地认识这个问题是有积极的现实意义的,教育文化的自觉就体现在对自身的反思和批判。当教育再生产的因素阻碍社会系统的良性发展成为普遍现象时,教育文化的大变革就迫在眉睫了。

第十一章
身体的文化

教育文化研究中的身体转向是当今时代一个突出的特点。人类的身体是历史文化的产物,这在马克思主义学说中早有透彻的阐述。然而长期以来,身体的文化并没有在教育中得到足够的重视。从文化原理视角思考和探讨这一问题,对人的全面发展具有重要的现实意义和深远的历史意义。

一、身体中的文化潜流

人的身体是自然和文化两种过程共同创造的。作为自然过程,它被维持自身存在的本能和欲望所驱动。作为文化过程,它被带有情感、态度、价值观的意向性行为所引导。就像河流塑造着岸谷,文化的潜流也形塑着身体。

(一)诗性的身体

最早的文化,就是从身体开始的:由身体到世界,再由世界到身体,被人化的世界又把成果馈赠给身体;由意识到存在,又由存在到意识,人类按照自己的意志打造健康美丽、活力四射的身体,身体也就如期地生长发育。人的身体,全面地被文化着,被文化的身体,又将文化之力辐射到可及的世界。野草被文化为稻黍稷麦菽,牛马被驯服为"引重致远"的工具。从蛮荒时代野蛮的身体,到今天文明的身体,浑身每一个毛孔、每一块肌肉、每一片骨骼,甚至血液的流动方式,包括速度、力度、黏度、强度等,都随人的文化活动而被形塑着。在不同的场合、不同的情境、与不同的人交往交流、参加不同的活动,会有不同的情感体验。激情燃烧的身体,充满着张力;欲望驱动的身体,充满着活力;苦难折磨的身体,有顽强的意志;营养过剩的身体,臃肿丑陋;运动锻炼的身体,则健康而美丽。肢体的运动,心灵的感受,在文化的氤氲中日益淳化,于是人有了音乐的耳朵、审美的眼睛、灵巧的手指、娴熟的技能。文化赋予了身体无穷的诗意,所以有无数的诗人赞美身体。

19世纪美国著名诗人W.惠特曼以"我歌唱那带电的肉体"为主题,对人的身体进行了热情洋溢的讴歌。在他看来,男人和女人都是带电的肉体,男人那被生命的光辉照亮的眼睛、勇气、意志,还有丰满的胸肌、柔韧的脊骨和颈项、紧绷的肌肉、匀称饱满的手臂和大腿、奔腾的血液、膨胀和跳跃的心等,这一切都在表达着期待、愿望、希求和抱负;女人的身体和面容充满着诱人的气息和不可抗拒的魅力,她们拥有特权,是其余一切的出路,是肉体的大门,也是灵魂的大门。女性包含着一切的性质并且调和了它们,她是被动的也是主动的,她的受动也是她的能动,她要孕育一切其他的生命。这首长诗的最后部分提到了人体的各个细节,视、听、嗅、味、触的各个器官及其动作、感觉、情态,以及诸如骨骼、关节、毛发等。他说形体就是诗歌。他这样写道:

我相信你的形体和灵魂的形体是始终一致的,(你的形体就是灵魂,)

我相信你的形体和我的诗歌是始终一致的,你的形体就是我的诗歌,

男人的、女人的、儿童的、青年的、妻子的、丈夫的、母亲的、父亲的、青年男子的、青年女子的诗歌,

……

腕和腕关节、手、手掌、指节、大指、食指、指关节、指甲

……

啊,我说这不仅仅是肉体的诗歌,

肉体的各部分,也是灵魂的诗歌,灵魂的各部分,

啊,我可以说,这些就是灵魂!

确如诗人所言,在"手掌、指节、大指、食指、指关节、指甲"中,都能感觉到生命之流的存在。为诗人火热的诗句所感动,我们也仿佛在那些带电的毛发、皮肤、关节、四肢及五脏六腑之中,感受到难以言说的流质的涌动。身体里里外外、时时处处都为文化潜流涤荡着、浸润着、形塑着。身体的每一个细节,都蕴含着浓厚的诗意;身体的任何一个片段,都存留着对文化的记忆。身体的记忆是隐性的,却比外显的记忆持续更久。语言能力靠内隐记忆,行走、奔跑、骑车、滑雪、溜冰、游泳等等身体技巧和运动法则,也都深深地隐藏在身体之中。文化的烙印熔入身体,便与人终生相伴不离。人的身体对那不可识见、不可言说的世界的意义感觉,是很多诗人表现的主题。《红楼梦》中曹雪芹借那块"通灵宝玉"之口说:"女儿是水做的骨肉,男人是泥做的骨肉。"现代人讴歌身体,在身体中寻找意义,看有些身体就像鲜花,有些身体就像匕首,有些身体则像水流。诗人也会说身体是一座花园,身体是一座小镇,身体是一片丛林。

恰切地说,身体更像是一个庞大的交响乐团。由柔软的、流质的、固体的有机物质构成的器官与组织,仿佛质地各异、尺寸不同的乐器,心脏控制着节奏,大脑不停地编制着旋律。各个组成部分按照生命的节拍各自独立地演奏着自己的声部,并以其最大的自由度演奏,整体构成了和谐的生命交响乐。全部生命力在现实情境中的展现,就如由节奏和旋律构成的跌宕起伏的乐章。交响的效果,贵在和而不同:有颗粒状跳跃的音符,也有绵延不绝的流畅运行;有高亢嘹亮的号角,也有雄浑低沉的轰鸣;生命旋律时而柔情似水,时而如惊涛拍岸。不和谐的噪音不时出现,没有噪音,意味着生命的终止,有了噪音,才有华彩乐章的提升。生命的整体是和谐的,而整体和谐意味着时间和空间维度上各种生命要素的统一过程。真正的乐团指挥站在前台,而身体交响乐的指挥深藏在幕后,就像有一只无形的手,不显山、不露水地调控着身体这个庞大而复杂的乐团。身体的交响乐遵循着文化的隐秩序。

(二)身体的哲学沉思

哲学家沉思身体。柏拉图说:"要探求任何事物的真相,我们得甩掉肉体,全靠灵魂用心眼儿去观看……人死了,非要到死了,灵魂不带着肉体了,灵魂才是单纯的灵魂……我们除非万不得已,得尽量不和肉体交往,不沾染肉体的情欲,保持自身的纯洁,直等到上天解脱我们。"①据柏拉图《斐多篇》所记,苏格拉底将哲学的目的定义为区分聪慧的大脑与欺骗性的身体牢笼,自那之后,身体感官和欲望一直遭受谴责。然而,根据色诺芬的记载,苏格拉底也曾表达过一个肯定身体的观点,承认身体的修养是人类所有成就的首要和必须的工具:"身体对人类所有活动都很重要,在对身体的运用中,保持身体的健康是非常必要的。即使在思考这个行为中——通常人们以为它最少需要身体的帮助,大家都知道严重的错误常常产生于病弱的身体。"②在西方传统哲学中,身心是分离的,先前的哲学家们,大多蔑视身体。但历史地、客观地看,没有身心分离的哲学思考,就不会有今天对身体的深刻理解。正、反、合的三段论是获得真知的必要的思维进程。有学者指出,近现代以来,"人们不怎么在哲学中谴责身体了,但这也意味着身体消失了,消失在心灵对知识的孜孜探索中。以前,人们压制身体,是因为身体是个问题;现在,人们忽视身体,是因为身体不再是个问题。以前,神学总要警告身体;现在,科学不再理睬身体。以前,信仰因为身体的捣乱要管制身体;现在,理性因为身体的反智性而放逐身体"③。无论是哪种情况,无论肯定或否定,都是关于身体问题的思想发展进程中必要的环节。费尔巴哈是从唯物主义立场关注身体的。他说:"身体属于我的存在;不仅如此,身体中的全部都是我自己,是我特有的本质。""旧哲学的出发点是这样一个命题:'我是一个抽象的实体,一个仅仅思维的实体,肉体是不属于我的本质的';新哲学则以另一个命题为出发点:'我是一个实在的感觉的本质,肉体总体就是我们"自我",我的实体本身。'"④在费尔巴哈看来,新哲学是"以饱饮人血的理性为基础"的。当然,正如马克思对费尔巴哈评价所说,当他是一个唯物主义者的时候,历史在他的视野之外;当他去探讨历史的时候,他绝不是一个唯物主义者。

近现代以来哲学家、思想家对身体倾注了更多的关注,为身体文化的深度思考提供了各种不同的认识视角。在黑格尔那里,身体是一个整体,手脚离开了身

---

① [古希腊]柏拉图:《斐多:柏拉图对话录之一》,杨绛译注,生活·读书·新知三联书店,2011,第18—19页。
② [美]理查德·舒斯特曼:《通过身体思考——人文学科的教育》,《学术月刊》2007年第10期。
③ 汪民安、陈永国:《后身体文化、权力和生命政治学》,吉林人民出版社,2003,第7—8页。
④ [德]费尔巴哈:《费尔巴哈哲学著作选集》上卷,荣震华译,商务印书馆,1984,第169页。

体,就不再是手脚。尼采提出了"以肉体为准绳"的口号,他说:"这就是人的肉体,一切有机生命发展的最遥远和最切近的过去靠了它又恢复了生机,变得有血有肉。一条没有边际、悄无声息的水流,似乎流经它、超越它、奔突而去。因为,肉体乃是比陈旧的'灵魂'更令人惊异的思想。无论在什么世代,相信肉体都胜似相信我们无比实在的产业和最可靠的存在——简言之,相信我们的自我胜似相信精神。"①梅洛-庞蒂用大量心理学和生理学的事实证明肉体和心灵的不可分性,"灵魂和身体的结合不是由两种外在的东西——一个是客体,另一个是主体——之间的一种随意决定来保证的。灵魂和身体的结合每时每刻在存在的运动中实现"②。如前所述,他的"身体图式"概念,正是文化潜流在身体上留下的印迹。在人的身体的各个部位,特别是面部的表情、声音、走路姿势等方面,文化的印迹十分明显,从中可以看出一个人的心理品格和人性特征。他指出:"我在一种共有中拥有我的整个身体。我通过身体图式得知我的每一条肢体的位置,因为我的全部肢体都包含在身体图式中。"③"只有当我实现身体的功能,我是走向世界的身体,我才能理解有生命的身体的功能。"④他还提出"身体间性"概念:"身体是这种奇特的物体,它把自己的各部分当作世界的一般象征来使用,我们就是以这种方式得以'经常接触'这个世界,'理解'这个世界,发现这个世界的一种意义。"⑤福柯指出自古典时代以来,身体就被当作权力的对象和目标,遭遇操纵、改造和规训的命运。它"直接卷入某种政治领域;权力关系直接控制它,干预它,给它打上标记,训练它,折磨它,强迫它完成某些任务、表现某些仪式和发出某些信号""其目标不是增加人体的技能,也不是强化对人体的征服,而是要建立一种关系,要通过这种机制本身来使人体在变得更有用时也变得更顺从,或是因更顺从而变得更有用"⑥。福柯发现了一个秘密:一个人变坏,社会对其进行惩戒,有一个办法就是对这个人的身体进行处置——或坐牢,限制身体的自由,或杀戮,消灭身体的存在。精神是虚无

---

① [德]弗里德里希·尼采:《权力意志——重估一切价值的尝试》,张念东、凌素心译,商务印书馆,1991,第152页。
② [法]莫里斯·梅洛-庞蒂:《知觉现象学》,姜志辉译,商务印书馆,2001,第125页。
③ [法]莫里斯·梅洛-庞蒂:《知觉现象学》,姜志辉译,商务印书馆,2001,第135页。
④ [法]莫里斯·梅洛-庞蒂:《知觉现象学》,姜志辉译,商务印书馆,2001,第109页。
⑤ [法]莫里斯·梅洛-庞蒂:《知觉现象学》,姜志辉译,商务印书馆,2001,第302页。
⑥ [法]米歇尔·福柯:《规训与惩罚:监狱的诞生》,刘北成译,生活·读书·新知三联书店,1999,第27、156页。

的,福柯让身体问题在法国学界成为热门显学。①

奥尼尔(John O'Neill)在《身体形态》一书中,提出五种身体:一是"世界身体"。他认为人们通常以自己的身体来构想宇宙,并以宇宙来反观自身,人类身体与宇宙之间存在一种整体关联的和谐性。人类也通过身体来构想社会。他说:"人类首先是将世界和社会构想为一个巨大的身体。以此出发,他们由身体的结构组成推衍出了世界、社会以及动物的种属类别。"②这就是说,身体体现着宇宙的秩序结构。二是"社会身体"。身体内在地蕴含着适应公共生活的深层交往结构,身体体现着社会秩序与价值。三是"政治身体"。这个概念使人想到辛亥革命中的头发标记,还有劳动者的和有产者的身体等。四是"消费身体"。这里稍做深入解读,因为他在这里提到马克思的观点。他认为在考察生产活动时,应当考虑到生产和消费的统一性关系,他指的是"对各种身体技巧(every technique of the body)的利用"。他认为必须把生产身体(productive body)视为经济的延伸,而不是简单地将其理解为一种生产因素。"和劳动力相同,生产身体的恋物化(fetishization)仅仅存于一种能够物化(reify)其紧张、闲适、健康、疾病、美貌、本能和性的市场经济……因此,生产身体就不是马克思所认为的那样,是一种与土地、劳动和资本等性质相同的一种生产因素。生产身体被纳入了劳动分工,其方式既是内在的——比如通过现代医学——又是外在的,比如通过时装和化妆美容。因此,生产身体既是现代经济空间和行为的延伸又是其强化。……人的每一种生理、精神和情感的需求最后都将被物化成化学物质或职业服务。除非我们学会抵抗和拒绝,否则那些曾经属于自我知识(self-knowledge)和自我身份(personal identity)的东西将蜕化成某种纯粹的消费能力(cosumerised capacity),从而将一种剩余自我(residual self)归类为生产身体的适当的外化形式(externalization)。"③如此看来,充满了需求的身体是商业美学所利用的资源,也是时装工业算计的对象,因此,身体也为商业文化形塑着。五是"医学身体"。他提出的"身体的医学化"是他所考察过的身体全面工业化中的一个重要组成部分。正是通过身体

---

① [法]乔治·维加埃罗:《身体的历史(卷一):从文艺复兴到启蒙运动》,张竝、赵济鸿译,华东师范大学出版社,2013,代序。
② [加]约翰·奥尼尔:《身体形态——现代社会的五种身体》,张旭春译,春风文艺出版社,1999,第15—17页。
③ [加]约翰·奥尼尔:《身体形态——现代社会的五种身体》,张旭春译,春风文艺出版社,1999,第99—100页。

的医学化,我们被社会化了。"生命的每一个阶段——怀孕、生产、哺育、性交、疾病、痛苦、衰老、死亡等——均置于职业化和官僚化中心的处置之下。"所有生命由此也被纳入市场之中。他引用伊万·伊里奇(IVan Illich)的观点指出:"生活的医疗化是广义的工业化的一部分;它使得所有普通人的好奇心、求知欲、冲突、放松、休闲以及创造性等都变得'有问题',从而迫使人们四处求助'建议忠告'。这样一来,那些专家们如律师、医生、教授、顾问以及心理医生便能在工业化和官僚化的关系轨道内发挥其能力:'医疗复仇女神不仅仅是各种医学分支的总和,也不仅仅是治疗不当、马虎大意、职业性冷淡麻木、政治权利的分配不当、医学所裁定的残疾以及其他所有因医学实验和医疗事故所引起的后果的总和。它的本质在于通过一种维修服务来剥夺人的自我应付能力;从而使人能更好地服务于工业系统。'"[①]奥尼尔最后谈到人类的未来形态时说:"正如初民们以其身体来构想世界一样,今天我们也必须以我们自己的身体来重新构想我们的社会和历史。我们必须这样做,因为我们必须恢复那早已丧失了的我们人性的形态,(我们反而在机器人、木乃伊及外星人身上看到了这些形态)。"[②]人类经由漫长的历史文化塑造的身体,因遭受工业社会和商品经济的污染而发生着异化。我们不知道人类的身体未来形态会是什么样子,但我们确切地知道的是,今天人类正在按照自己身体的模样,生产着新的人类。有人称其为"超人类",它们身体的一些功能得到突出的强化,可超越现有的人类不知多少倍。但可断言的是,在那些按照人类的身体构造出来的新人类躯体里,不再有悄无声息地涌动的文化潜流。

(三)中国传统文化中的身体观

中国传统文化的身体观,始终将身体的文化品性与自然本质相关联,如前所述——人文来自天文。人从来到世间的第一时间,天地时空赋予他身体的特有品质就受到特别的关注。

关于身体与天地时空的关系,在"黄老之学"中有最经典的表述。《素问·天元纪大论》云:"夫五运阴阳者,天地之道也,万物之纲纪,变化之父母,生杀之本始,神明之府也,可不通乎!"《素问·六微旨大论》道:"黄帝问曰:'鸣呼远哉!……天

[①] [加]约翰·奥尼尔:《身体形态——现代社会的五种身体》,张旭春译,春风文艺出版社,1999,第121—129页。
[②] [加]约翰·奥尼尔:《身体形态——现代社会的五种身体》,张旭春译,春风文艺出版社,1999,第163页。

之道可得闻乎？'歧伯稽首再拜对曰：'明乎哉问天之道也！此因天之序，盛衰之时也。'"据此，将五行运作的机制与人的五脏相匹配：肝配木主春，心配火主夏，脾配土主长夏，肺配金主秋，肾配水主冬。彼此之间的生克关系依据时空的变换而确定，将养生与治病密切结合。"应则顺，否则逆，逆则变生，变生则病。"（语出《素问·六微旨大论》）具体情形如："春三月，此谓发陈，天地俱生，万物以荣。夜卧早起，广步于庭，被发缓形，以使志生，生而勿杀，予而勿夺，赏而勿罚，此春气之应，养生之道也。"（语出《素问·四时调神大论》）"发陈"即是推陈出新。春回大地，生气涌动，人的饮食起居要与自然协调一致，使蓄养了一冬的精气生发新质。针灸依据"子午流注"学说，将十二经脉的运动状态与每天的十二时辰相匹配，取穴要依据不同时辰穴位的开合状态而刺不同的穴位。中药的炮制、药性、药量及诊治病人等，也都极有讲究，必得究天人之际，因时而变、因人而异、辨症施食、对症下药。

道家的"身学"追求人身与自然的统一，这在老子《道德经》中有很多经典表述。老子首先是从人身的绵延悟出天地生生不息的道理的。今人皆知一个科学常识——基因是不死的，它从上一代传至下一代，代代相传。老子用"谷神"和"玄牝"来指称那玄冥无形的生命之母。他说："谷神不死，是谓玄牝。玄牝之门，是谓天地根。绵绵若存，用之不勤。"（语出《道德经·第六章》）能复归其根，方能不离天地之道。《道德经·第十二章》说："五色令人目盲；五音令人耳聋；五味令人口爽；驰骋畋猎，令人心发狂；难得之货，令人行妨。是以圣人为腹不为目，故去彼取此。"后世道家修身之道皆以节制欲望为圭臬。"善摄生者"不以"厚生"为价值取向，《道德经·第五十章》说："出生入死。生之徒，十有三；死之徒，十有三；人之生，动之于死地，亦十有三。夫何故？以其生之厚。盖闻善摄生者，路行不遇兕虎，入军不被甲兵；兕无所投其角，虎无所用其爪，兵无所容其刃。夫何故？以其无死地。""无死地"是修身的至高境界。"厚生"者皆各有死地，故道家养生，取舍皆在遵循天道自然。老子还将他的身体观延展到社会建构："故贵以身为天下，若可寄天下；爱以身为天下，若可托天下。"（《道德经·第十三章》）身体之成形，自然是遵循天道而积蓄成形的，这就是他的经典名句所表述的："道生之，德畜之，物形之，势成之。"（《道德经·第五十一章》）后世道家格外看重身体，以致提到道家，人们自然会用"修身"作为对道家的基本理解。在人们的印象中，"鹤发童颜""仙风道骨"就是修道之人的身体表征,那也是一种"道成肉身"的体现。

身体与自然、社会有同构性,是中国古代先哲早已悟出的道理。《吕氏春秋·先己》云:"凡事之本,必先治身""昔者先圣王,成其身而天下成,治其身而天下治"。若要理顺世间万物之秩序结构,首先得理清自身。"修身、齐家、治国、平天下"(语出《礼记·大学》)是儒家的经典名句,"内圣"是"外王"的必要条件。《周易·文言传》曰:"君子黄中通理,正位居体,美在其中,而畅于四支,发于事业,美之至也!"身体内在的理路顺畅了,就可以"开物成务""崇德广业"。以如此教化之道引导身体,人的身体怎能不"文"而"化"之。

文化对身体的影响,最显著的例子见于典籍记载的儒家身体。儒家身体的典型特征,可用"垂之如坠"来描绘。此语出自《礼记·聘义》:"夫昔者君子比德于玉焉:温润而泽,仁也。缜密以栗,知也。廉而不刿,义也。垂之如坠,礼也。"君子品德,温润如玉。儒者下垂的身体,是"礼"的标志,"礼"有"下人"之意,即居人之下。而这个"下"并非下贱,而是悬挂下垂的"玉",有以高洁的品质而居人之下的意思。身体表现的刻意作为,无疑受文化价值观的引导。《论语·乡党》对孔子在各种场合的身体表现有细致的描述:"君召使摈,色勃如也;足躩如也。揖所与立,左右手,衣前后,襜如也。趋进,翼如也。宾退,必复命曰:'宾不顾矣。'"又如:"入公门,鞠躬如也,如不容。立不中门,行不履阈。过位,色勃如也,足躩如也,其言似不足者。摄齐升堂,鞠躬如也,屏气似不息者。出,降一等,逞颜色,怡怡如也。没阶,趋进,翼如也。复其位,踧踖如也。"孔子的身体形象,可谓"礼教身体",它具有教化作用,其历史可以追溯到更久远的时期。有孔子先祖刻在鼎上的铭文为证:"一命而偻,再命而伛,三命而俯,循墙而走,亦莫余敢侮。饘于是,粥于是,以餬其口。"(《孔子家语·观周》)孔子是圣人的后代,其祖先弗父何本来享有宋国的继承权,但后来给了弟弟厉公。到了正考父时,辅佐戴公、武公、宣公三个国君,三次任命,他一次比一次恭敬。因此他家鼎上就刻下这段铭文。俯伏躬身的儒家形象,使人想到鲁迅的经典名句"俯首甘为孺子牛",当然,鲁迅是反对"吃人的礼教"的,这里不作他议。只是今天的"人民公仆"应当学习的,就是全心全意地把自己放在人民之下。

荀子强调形体与精神的契合。《荀子·礼论》曰:"故礼者养也。刍豢稻粱,五味调香,所以养口也;椒兰芬苾,所以养鼻也;雕琢刻镂,黼黻文章,所以养目也;钟鼓管磬,琴瑟竽笙,所以养耳也;疏房檖䫉,越席床笫几筵,所以养体也。故礼者养也。"礼是教化,化人也是养人。《荀子·解蔽篇》曰:"心者,形之君也,而神明之主也,出令而无所受令。自禁也,自使也,自夺也,自取也,自行也,自止也。故口可劫而使墨云,形可劫而使诎申,心不可劫而使易意,是之则受,非之则辞。故曰:心容,其择也无禁,必自现,其物也杂博,其情之至也不贰。"心是身体的主宰,是精神的主管,体现着主体的意志,意向能驱使身体,身体受心的管制。《荀子·天论篇》:"天职既立,天功既成,形具而神生,好恶喜怒哀乐臧焉,夫是之谓天情。耳目鼻口形能各有接而不相能也,夫是之谓天官。心居中虚,以治五官,夫是之谓天君。财非其类以养其类,夫是之谓天养。顺其类者谓之福,逆其类者谓之祸,夫是之谓天政。暗其天君,乱其天官,弃其天养,逆其天政,背其天情,以丧天功,夫是之谓大凶。圣人清其天君,正其天官,备其天养,顺其天政,养其天情,以全其天功。如是,则知其所为,知其所不为矣;则天地官而万物役矣。其行曲治,其养曲适,其生不伤,夫是之谓知天。"这说的是人身体的秩序结构,都与天地自然的秩序结构一致,违背了天地的秩序结构会有大凶。顺应天然的秩序结构,就是知天道。《荀子·劝学篇》曰:"君子之学也,入乎耳,着乎心,布乎四体,形乎动静。端而言,蝡而动,一可以为法则。小人之学也,入乎耳,出乎口;口耳之间,则四寸耳,曷足以美七尺之躯哉!古之学者为己,今之学者为人。君子之学也,以美其身;小人之学也,以为禽犊。"君子所学,将身体与心性整合为一体,是内外的一致。里里外外、彻头彻尾地"化"而为一。小人则是表里不一。经典表述为:"圣人洗心""小人革面"(《周易·系辞上传》)。

  儒家的身体观,还见于很多经典表述。修身养性,以"德"润身,是儒家在身体问题上的核心价值取向。孟子也有很多讲修心的经典话语,是儒家心性修养的集大成者。《孟子·告子下》有言:"故天将降大任于是人也,必先苦其心志,劳其筋骨,饿其体肤,空乏其身,行拂乱其所为,所以动心忍性,曾益其所不能。"这段经典名句所表达的思想,与西方古希腊哲人关于灵魂与肉体对立的观点,有着本质的区别。儒家通过压制身体达到精神的升华,这种智慧,看到的不仅仅是身体与精神的对立,更有两者之间的张力与统一。儒家谈心性修养,皆为宗法孟子。只是后来的宋明理学发展至"存天理""灭人欲",走向了极端。明清哲学家则通过向身体的回归来扭转这种倾向。总的来说,关于身心的哲学思考,中西方都经历了分分合合的过程。最终也都还是要回到"身与天地通"的境界。

(四)身体的文化原理

身体是文化的凝固,是作为文化过程之结果的存在物,但它不是静止不动的文化。它带着文化四处奔走、运动、交流、碰撞,还让文化之流在自己的身体中流淌、回旋、浸润、激荡,让它不断地复制和再生,化生出无穷的新花样。广义地说,人的身体包括着人身上的一切:四肢、五脏六腑、感知和表达情绪情感的器官,以及认知和思维的器官。所有这一切,都是历史地形成的,是文化的创造物,也再创造着自身的文化。人们谈论思维、意识和情感的文化意义,已经习以为常。然而关于文化塑造的身体,则还有待于更为深入的思考和讨论。以往人们研究文化现象,把身体看作是得自遗传素质的一种东西,文化只是用来指那些习得性的知识、能力与行为方式和习惯。但身体视角的研究使人们认识到,不仅个体的知识结构与文化心理是文化的结果,人的身体也因文化的影响而发生着变化。如在性别特征方面,女性的行为,如投掷、跑步、进食等和男性相比,都会表现出一种受约束的特征。从文化的角度来看,这是性别歧视和父权制社会文化背景下的产物。中国古代的女子用缠脚的方式获得"三寸金莲"倩影轻摇的优雅姿态,以取悦男性,这就是所谓"女为悦己者容"。女子的形体和长相在漫长的世纪里按照男性的审美观被塑造,即使在当今时代,也处处可见。这就是马克思所说的"人的能动和人的受动"的关系,从一定意义上说,人的受动就是人的能动。人同世界的关系是对象性关系。诸如"选美"和"××小姐"之类的活动,集中地体现了社会文化对女性身体的塑造。数百万年时间里,人类的审美选择造就了今天人类肉体的美丽与强壮。以至于可以说,面容和身体怎么长,这是人类自己塑造的。当代美国德裔艺术心理学家鲁道夫·阿恩海姆(Rudolf Arnheim)说:"造成表现性的基础是一种力的结构,这种结构之所以会引起我们的兴趣,不仅在于它对那个拥有这种结构的客观事物本身具有意义,而且在于它对于一般的物理世界和精神世界均有意义。上升和下降、统治和服从、软弱和坚强、和谐和混乱、前进与退让等基调,实际上乃是一切存在物的基本存在形式。不论是在我们自己的心灵中,还是在人与人之间的关系中;不论是在人类社会中,还是在自然现象中,都存在着这样一些基调。……我们必须认识到,那推动我们的自己的情感活动的力,与那些作用于整个宇宙的普遍的力,实际上是同一种力。只有这样去看问题,我们才能意识到自身在整个宇宙中所处的地位,以及这个宇宙整体的内在统一。"①

身体也是一种文化符号,身体惯用的符号表达,包括服饰和言行举止,尤其丰富的是面部表情。一个人面部的细微变化,都会使人感到明显的差别。长相可因浸润于文化环境而发生某种微妙的变化,比如以某种模式为模仿对象而形成的微笑和注视的方式,都会使人的长相发生微妙的变化,再加上语音和语调及身体语言的优雅追求,就会使人的外表看上去格外不同。有一句很值得玩味的话:"人聪明不聪明是天生的,长得好看不好看是后天学来的。"这并不是说,我们怎么想,身体就怎么生长,事情远非这么简单。文化潜流不是意识之流,它是非语言、非思想的,正是在无意识之中,文化的潜流融入了身体。"意志""活力""径向能""向生性",所有这些概念,都指向一种生命特有的力量。动物借助自己的肢体,植物借助动物和风,将自己的遗传基因带到另一个地方。植物及其种子身上有各种各样的芒刺,有的用来粘附到动物的肢体或毛发上,然后由它们将自身的遗传基因带到配偶那里,以便借助它们进行自身的遗传工程;有的用来攀缘,只要有风吹草动,它们就能沿着一个方向,蠕动到空气和阳光更为充足的空间。借助现代技术,我们可以在一瞬间看到一棵幼苗成长为一株大树,一粒种子生根、发芽、开花、结果。生命分泌出甜蜜的汁液,期待着另一个活动的生命将它带到新的生境;鸟儿的羽毛越来越美丽,歌唱越来越动听,钟爱它的异性同类知道,这是促生新生命的最有力的伙伴。所有的生命都蕴含着一种势能,蓄势待发,一旦具备天时地利,就会生机焕发,涌现奇迹。而"上天有好生之德",所有已有的,会让它越来越多。按照"天人合一"的思想,天是大宇宙,人是小宇宙。人的肢体孔窍的形成,也是效法了天地运行法则的。

人类个体所生存的环境早已处在文化的包围之中并被文化渗透和浸濡,从一出生,甚至还没有出生,文化就开始浸入个体生命。美国实用主义哲学家和教育家杜威说:"一切教育都是通过个人参与人类社会意识而进行的。这个过程几乎

---

① [美]鲁道夫·阿恩海姆:《艺术与视知觉》,滕守尧、朱疆源译,四川人民出版社,1998,第620页。

是在出生时在无意识中开始了。它不断地发展个人的能力,熏染他的意识,形成他的习惯,锻炼他的思想,并激发他的感情和情绪。由于这种不知不觉的教育,个人便逐渐分享人类曾经积累下来的智慧和道德财富。他就成为一个固有文化资本的继承者。"①人是整个地浸入文化系统中的,如前已经强调的,文化不仅仅指精神、意识和灵魂方面,它包括了人的全部的身心。身体的一切运动,都是受社会和文化因素所支配的,而运动功能的发挥,则决定着身体内外结构的特征。就是说,人在文化的驱动下不断再创造着自己的身体。法国人类学家马塞尔·莫斯(Marcel Mauss,1872—1950)曾提出"身体技术"这一概念,描述了"人们在不同社会了解如何使用自己身体的种种方式"。对身体的行动而言,没有与生俱来的形式,像手势、走路、进食、喝茶、投掷、吐痰等,甚至注视或是分娩等等行为方式,都是后天获得的,它能证明具有文化特殊性的特定社会成员的身份。按照莫斯的理论,人的身体是最初的、最自然的工具和技术手段。当人们参与物质世界时,比如饮酒时,会动用"一系列连贯行为,这些行为不只是由他自己装配组合的,而是由他所接受的全部教育、他所归属的整个社会,以及他在社会中存在的位置装配组合在一起的"。②

教育文化创造了一种非言语的氛围,或许可用"文化场"来描述,"场"可以浸染、可以辐射、可以熏陶、可以濡化,总之,可在不言之中,成就化人之功。在文化场中,人会形成特定的文化心理,从而也使身体的外在形态,因经常受意向性活动的影响而产生相应的变化。有研究指出,人类在世界上最初的关注点不是大脑或意识,而是身体对其周围环境的适应。人类通过接近、抓住和占用自己身体周围环境而实现自己的意图。依此来看,身体怎么生长受文化价值引导,是一个合理的解释。受特定意识形态和观念系统支配的意志和欲望,决定着个体的行为方式,而长期稳定的行为方式则可以导致形体的某种特定形态的发生,也就是说,在某种程度上,精神可以变成物质。这就是文化所造成的结构性变化。

---

① [美]杜威:《我的教育信条》,载华东师范大学教育系、杭州大学教育系编译《现代西方资产阶级教育思想流派论著选》,人民教育出版社,1980,第3页。
② [英]阿雷恩·鲍尔德温等:《文化研究导论(修订版)》,陶东风等译,高等教育出版社,2004,第279页。

二、运动化身

人的身体是一种特殊的材料,它以特殊的方式记忆着自身经历的全部历史运动。在教育文化的视域中,营造身体最为刻意的活动就是体育运动,人们在身体的极限能力发挥上,可谓用尽了心思。运动着的身体彰显着生命的和谐与力量,运动塑造的身体展现着生命的华美与健康。在由意志和力量美妙地结合起来的身体运动中,可以悟出以"文"化"身"的许多道理。

(一)身体的教化

文化对身体的显著影响,发生在人类进化过程最晚近的时期。人类进入文明时代以来,身体运动成为一种普遍的教化身体的手段和途径。古希腊的哲人们认识到,通过提高身体意识和使用技能来纠正感官运用的失误,可增强更敏锐的感知力、更强的自律性、更好的适应性,从而也可促进美德的增长。斯多葛学派的创始人芝诺就鼓励经常性的身体锻炼,认为"适当的关注艰苦与自己的感官"是"我们绝对的责任"。犬儒学派的代表人物第欧根尼更直率地推崇身体训练,认为它是智慧与幸福生活所必需的知识和必不可少的条件。他也身体力行,广泛地试验各种身体实践活动来考验和锻炼自己:生吃食物、在雪地里赤脚行走、当众自慰,接受酒鬼的殴打。关于第欧根尼,有这样的评述,"他可以引证一些无可辩驳的证据来说明我们怎样从体育训练出发而轻松地达到美德的目的地"。甚至前苏格拉底的克莱俄布卢,一位"最早介绍埃及哲学并以力量与美貌而闻名的"贤人,"建议人们从事身体锻炼"以追求智慧。[1]丹纳(Taine)在《艺术哲学》一书中提到,为了培养理想的公民,希腊人发明了一种特殊的教育。"那里没有工业,不知道有战争的机器;打仗全凭肉搏。要得胜不是像现在这样把士兵训练成正确的机器,而是锻炼每个士兵的身体,使他越耐苦越好,越强壮矫健越好,总之要造成体格最好最持久的斗士。"为了做到这一点,8世纪成为全希腊榜样与推动力的斯巴达(Sparta),采取了一些更为极端的措施。要有完美的身体,首先得制造强壮的种族,然后就是培养个人。青年男子一律要过集体生活,被编入对抗的小组相互搏击,露宿在野外芦苇编的床上,忍受恶劣的天气并在寒冷的河里洗澡,吃得很少很坏,还

---

[1] [美]理查德·舒斯特曼:《通过身体思考——人文学科的教育》,《学术月刊》2007年第10期。

要到外面行劫。年轻女孩子亦如男孩一样锻炼,成年人也得受大致相同的训练。青年人大半时间都在练身场上角斗、跳跃、拳击、赛跑、掷铁饼,把赤露的肌肉练得又强壮又柔软,目的是要练成一个最结实、最轻灵、最健美的身体,而没有一种教育在这方面做得比古希腊更成功的了。①

中国夏商周时代教育的主要内容为"六艺"——礼、乐、射、御、书、数。"射"当然指的是射箭,在人类文明演进的初始阶段,投射是借助外物将体能延伸到体外的最早最原始的人类行为。《吴越春秋》提到远古流传的歌谣唱道:"断竹,属木;飞土,逐宍。"②这是一首起源于劳动的原始歌谣,说的是砍断竹竿,弯连成弓,弹出土石,逐击禽兽。用"飞土"来射击禽兽,这是弓箭发明之前的投射。其后至黄帝尧舜氏之时,"弦木为弧,剡木为矢,弧矢之利,以威天下"(语出《周易·系辞传下》)。关于"射之道",《吴越春秋》还有这样一段描述:"夫射之道:身若戴板,头若激卵;左足纵,右足横;左手若附枝,右手若抱儿;举弩望敌,翕心咽烟!与气俱发,得其和平;神定思去,去止分离;右手发机,左手不知;一身异教,岂况雌雄;此正射持弩之道也。"③身心的微妙结合是"射之道"的真谛。到了夏商周时代,"射"的教化作用突出显现,其对身心协调的训练,被提升到道德身体、社会身体、政治身体的高度。《礼记·射义》曰:"故射者,进退周还必中礼,内志正,外体直,然后持弓矢审固;持弓矢审固,然后可以言中,此可以观德行矣。"射箭的人,不论前进还是后退,左旋还是右转,动作一定要符合规范。从内心来说,沉着冷静;从外表来说,身体挺直。只有这样才可以把弓箭拿得紧瞄得准。把弓箭拿得紧瞄得准,然后才可以有望射中。所以,由射箭就可以看出一个人的德行。射箭还与礼乐配合,天子、诸侯、大夫、士人在射箭时依等级秩序分别配以《驺虞》(赞美朝廷百官齐备的诗)、《狸首》(赞美诸侯以时勤王的诗)、《采蘋》(赞美卿大夫遵循法度的诗)、《采蘩》(赞美士的恪尽职守的诗)等诗歌的节拍。"是故天子以备官为节;诸侯以时会天子为节;卿大夫以循法为节;士以不失职为节。故明乎其节之志,以不失其事,则功成而德行立,德行立则无暴乱之祸矣。功成则国安。故曰:射者,所以观盛德也。"(语出《礼记·射义》)"射"的文化原理,就在于这种身体运动,含有强烈的意志与意

---

① [法]丹纳:《艺术哲学》,傅雷译,天津社会科学院出版社,2007,第37页。
② "属木",四部丛刊本作"续竹"。参见张觉校注:《吴越春秋校注》,岳麓书社,2006,第243页。
③ 张觉校注:《吴越春秋校注》,岳麓书社,2006,第244-245页。

向性。"射之为言者绎也,或曰舍也。绎者,各绎己之志也。故心平体正,持弓矢审固;持弓矢审固,则射中矣。故曰:为人父者,以为父鹄;为人子者,以为子鹄;为人君者,以为君鹄;为人臣者,以为臣鹄。故射者各射己之鹄。故天子之大射谓之射侯;射侯者,射为诸侯也。射中则得为诸侯;射不中则不得为诸侯。"(语出《礼记·射义》)这是说,所谓"射"就是探寻,要探寻的是意向和目标所在。所以在射箭的时候,如果心平气和,身体端正,就可以把弓矢拿得紧、瞄得准;把弓矢拿得紧、瞄得准,自然就射中目标了。将此道理引申到为人,就是说,做父亲的在射箭时,就要把远处的目标当作是自己作为父亲应该达到的目标;做儿子的在射箭时,就要把远处的目标当作是自己作为儿子应该达到的目标;做国君的在射箭时,就要把远处的目标当作是自己作为国君应该达到的目标;做臣子的在射箭时,就要把远处的目标当作是自己作为臣子应该达到的目标。这也就是说,各人所瞄准的都是各自应该达到的目标。所以天子的大射叫作"射侯"。所谓"射侯",也就是向诸侯应该达到的目标射去。射中目标就配当诸侯,射不中目标就不配当诸侯。由此来看,比赛射箭的身体运动中,深含求仁之道。所以孔子说:"君子无所争,必也射乎!揖让而升,下而饮,其争也君子。"(语出《论语·八佾》)

身体教化的历史源远流长,其过程充满了复杂而曲折的细节,这里所考察的只是中西身体文明初始阶段的经典记载,意在探讨以"文"化"身"的初始文化形态和原本之理。由此当能意识到,人类身体的现实,是全部人类历史文化的产物。从一个举止优雅、充满活力的文明之身,可以感悟到生命法则的普遍与永恒,身体从运动中汲取了美。

(二)身心一体

就突出特点来看,体育运动主要是化"身",而"身"指的是包含着心理活动的身体。身体和心理只是两个相对的概念而不是两种实体。心灵不能脱离身体而存在。同样,当心灵不存在时,身体也就不再是一个正常的身体。只要生命不终止,两者之间,永远处在一个"同构"或"共生"的过程之中。由身心统一的原理来看,化身也好,化心也好,都包含在身体文化的整体过程之中,广义的身体概念,涵盖了身、心、知。一个身体有缺陷的人,一个残疾人,照样是一个身心的统一体,甚至还可在残奥会上创造世界奇迹。梅洛-庞蒂在《行为的结构》一书中提到过有视力偏差症的画家格列柯(Greco),他所见与正常人不同,一切景物全都发生变形。"但就是这种身体性缺陷,在他'艺术家的默思'中,获得了一个普遍的意义,并且成为他洞察人类生存之某一侧面的契机。这就是说,他把他个体生命中偶然的东西,一切属于部分的、独立的辩证法,都吸收并集中到了他的完整生命中,并赋予它们一种新的意义,由此,他就是一个完整的人。与之相反,一个健全的人,如果不能把某一偶然事件整合到他的行为整体中,那么,他也就是个不完整的人,就可以说他是个身心分裂的人。"[①]生命的一个重要特性就是"自维生"(self-production),活的生命系统通过"连续地更新自身,并不断地调节这个过程以保持其结构的整合性"[②]。聋者耳聪、聩者目明、哑者心灵,身残者志坚,智障者未必没有其他发展通道。许多名人有不同程度的自闭症,像贝多芬、霍金、海伦·凯勒那样灿烂绽放的生命早为人们所熟知。在动物界的演化过程中,一种机能的出现常常伴随着另一种机能的消失。如灵长类的眼睛高度的进化,而嗅觉却逐渐消退。各种机能之间相互竞争和互补,此消彼长,这是大自然的深刻法则之一。在人类整体的演化过程中,大脑的进化,使其他多种器官的功能都发生了退化。反过来,人因为在体能的很多方面远远逊色于动物,这就迫使人类不得不依靠逐渐强大的大脑。通过运动来拓展身体功能,是高度发展起来的大脑开创的生命之路。这叫"东方不亮西方亮"。

　　人类身体结构及其生理机能,是几百万年来缓慢进化的结果。身体的自然体现着生命在动态变化中寻求平衡的态势,如双眼、两耳及对称的四肢等,直立行走最集中地体现了寻求动态平衡的态势。施特劳斯在其《哲学心理学》一书中就论到,人类特有的站立姿势,影响着身体的形态结构及功能发挥,也影响着生命向外部世界扩张的心理。直立的时候,身体基本上是头重脚轻,这就使得身体不得不在运动而非静止状态获得动态平衡。超越自我的冲动是人类存在的基本需求。"我们的存在本身就像一条河流,总处在成为什么的过程中,用道德术语来解释可称为自我完善。与人性的其他方面一样,超越在身体上也有独特的表达:身体渴望运动,渴望向外界扩展——世界是它获取滋养、再生和行动的场所,身体有其自

[①] 转引自张尧均:《隐喻的身体:梅洛-庞蒂身体现象学研究》,中国美术学院出版社,2006,第32—33页。
[②] [美]埃里克·詹奇:《自组织的宇宙观》,曾国屏等译,中国社会科学出版社,1992,第11页。

然的生长规律,生理系统也时时自我更新。直立的时候,身体基本上是头重脚轻——这样使得身体更容易在运动而非静止中获得动态的平衡。但是,即使在休息的时候,身体也并非一个静止不动的物体,而是一个复杂的场域:永恒的运动、奔涌的生命力、能量的四射——伯格森称之为生命冲动。"[1]非平衡是有序之源,人类生命为了在运动中获得平衡,逐渐进化出了精密而发达的神经、肌肉和骨骼的平衡协作系统。就是靠这些历史地形成的人体结构与功能,诸如足球、舞蹈、体操、游泳等丰富多彩的、形式多样的运动形式才有了生理基础。由于双腿直立,人类的上肢也获得了解放,从而使拨、扣、投、掷、抛、搬、推、拉、捌、搂、挎、挤、按等上肢动作成为可能。这些都是当今最流行的诸如篮球、排球、手球、搏击、太极等项目的动作基础。[2]

(三)学校身体教育理论与实践

人的身体本于自然,"人化自然"就是文化。"人化"身体这个自然,就是身体的文化。身体之文化过程,可在无意识之中自然成化,也有刻意而为之的教化。身体的教化,是有价值引导的、有意志驱动的、有思维意向的、有目标途径的、有实施计划的、有规则制约的教育文化过程。今日学校教育中必不可少的一个方面就是体育,它被通俗地理解为身体教育。不过,"教育"这个概念太一般化了,如果不将它拆开为以"教""育"之,并变通地理解为以"文""化"之,其深刻的意义常被日常用法所消解。

学校体育发展的历史上,曾有过"通过身体活动的教育"(education through the physical)和"针对身体的教育"(education of the physical)两种不同的观点,它是19世纪末20世纪初美国新体育思潮中两个有代表性的体育观。托马斯·伍德主张"新体育把焦点放在通过参与竞技运动、游戏和自然的室外活动(natural out-door activities)使人全面发展"。受到杜威的社会教育理论和伍德的"通过身体活动进行全面教育"的思想的影响,J.F.威廉姆斯(Williams)形成了现代人们所指的"通过身体活动的教育"的体育观。其主要观点是"人们应该把体育理解为是唯一的通过身体活动能够促进人的全面发展的领域"。这种体育观的目标指向不仅仅

---

[1] [美]理查德·舒斯特曼:《通过身体思考——人文学科的教育》,《学术月刊》2007年第10期。
[2] 李传奇:《论体育之"体"》,《南京体育学院学报》(社会科学版)2014年第4期。

是要发展人的身体,还要发展人的心理与社会适应能力,等等。另一种体育观的代表人物查尔斯·麦克乐(Charles Mc Cloy)提出"针对身体的教育",强调体育只有一个主要目的,就是发展身体,而不是通过这些身体活动达到其他的目的。体育之谓体育,就是在教育中发展人的身体的教育,其着重点应在于人的身体,因为这才是"体育的独特贡献"。①两种体育观之争,在今天看来实质上就是目的与方法途径的分歧。从马克思主义认识论和方法论来看,两者应当有机地统一起来。就是说,按照"为了人,并通过人"的思维范式,这里也可表述为"为了身体并通过身体"来实现身体的文化。将目的与手段统一起来,是防止和克服异化的逻辑起点和认识基础。根据前述的观点,"人的心理"与"社会适应能力",以及认知与道德品质养成,并非外在于身体的另外的东西,而是身体本质建构的重要组成部分。

身体语言这个概念可用来指两种情况:一是用肢体语言来表达的思想感情,这是为意识所控制的、清醒的头脑和思维语言所把握的东西;另一种,不是有意识的身体表达,而是在个体发育的历史中,那些文化的、交往的、生产的、生活的各种活动凝结成的东西,或者说,由于肢体功能的发挥,而在结构上形成的特殊表现形式。这种形式不是清醒的意识所能把握和指挥的,而是无意中表达出来的。譬如,人的面相、走路方式,以及身体在这些方面的个人特点。更为隐秘的是,眼睛爱看什么,耳朵爱听什么,肚子爱吃什么,嗅觉爱闻什么,都不是受意识和思想控制的。读懂身体文化符号的意义,对学校身体教育至关重要。德国北莱茵-威斯特法伦州的体育课程标准,列入了通过运动与身体对话一条。美国的动机教学中,则有让学生通过吸气、呼气深度、出汗频率、视域范围等体验,感知身体运动中原始动力的文明表现。这当然也可以从符号意义来认识。当前美国普遍采用游戏方式和竞技比赛模式来进行身体教育,让学生在运动中培养自觉的规则意识,并在交往中以他人为另一个自我,通过语言、肌肤接触、手势等身体语言体知人与人之间最为适宜的交往规范,探索在群体中生存的存在感。②身体的符号意义,只有通过主体间的交往和互动才得以显示。传统的体育课以教师为中心,学生处于被动地位。采取游戏和竞技模式,可激发学生的生命活力,提高学生的兴趣,使其

---

① 陈彩燕:《"通过身体的教育"和"针对身体的教育"辨析》,《体育学刊》2007年第7期。
② 段丽梅、戴国斌、韩红雨:《何为学校体育之身体教育?》,《体育科学》2016第11期。

在积极主动的身体运动中成就文化之功。

"身体知"是20世纪80年代以来,受身体现象学的启示,在学校体育教育研究中出现的新概念。按照梅洛-庞蒂的说法,身体具有认识功能,"身体行使认识功能时对外部世界感到意外",身体对自身有整体的觉悟,所谓"身体图式",即"一种表示我的身体在世界上存在的方式"①。身体对世界的觉悟,有"体认""体知""体悟""体验""体会"等多种表述,总之都是与身体的感知有关联。"身体知"的概念即是基于身体的运动感知而提出的。研究者认识到,"身体"并非物理学、解剖学意义上冷冰冰的、毫无生气的"躯体(或物体)",而是指运动与感觉同在的、活生生、有血有肉、洋溢着生命气息的"身体",这就是哲学家们所提到的"动感身体"(胡塞尔)和"现象的身体"(梅洛-庞蒂)。"知"也不是指经由大脑的思维功能发挥而得出的东西,不是认知,而是非逻辑与非理性的身体感知。譬如:学自行车,摔倒几次之后突然"会"了;反复弹奏生疏的曲目,不知不觉熟练了,皆为身体知使然。②当然,这也绝不等同于动物对外物作用的本能的身体反应,而是属人的身体特有的一种高级功能,"知"中有"不知","不知"中有"知"。这是运动文化的混沌之境。身体知的研究目前在日本很盛行,取得了颇为引人注目的成果。但国内研究尚处起步阶段,主要是引介国外研究成果。身体知研究开拓了一种新思路,启迪人以新的视角认识身体与文化、科学与人文、教育与生长之间的关系,探索学校身体教育如何为培养完整的人发挥应有的作用。

学校身体教育的文化意义,在于成就完整的人。把身体教育狭隘地局限于锻炼身体、增强体质,或发展身体运动技术,在比赛中获得名次,为学校赢得声誉等方面,这就是身体教育中的文化缺失。实质上,身体的教育也包含德育、智育、美育和劳动教育,因为从根本上来说,这些都是不可分割的、统一的整体。所以,在身体教育的目标中,放在第一位的就是成就"完整的人",不仅要关注学生的身心健康、形体优美、举止优雅,还要关注他们的道德情感、精神境界、内心世界等与人的生命本质丰富性有关的一切方面。

---

① [法]莫里斯·莫里斯·梅洛-庞蒂:《知觉现象学》,姜志辉译,商务印书馆,2001,第130、138页。
② 王水泉、刘小璐、黄霞:《日本身体知研究的脉络》,《体育与科学》2015年第1期。

三、劳动化人

劳动是人类身体的本质特征,具有突出而重要的文化功能。如前所述,我们从一定意义上把文化视为人化自然,而人化自然就是通过劳动实现的。人化自然包括身外的自然和身内的自然。人化身外自然的意义常用劳动创造物质财富来阐释。身内的自然就是人类的身体本身,"劳动创造了人"说的就是身体的文化过程。从整体来看,正是在人化自然的劳动中,人类从动物中涌现出来,成为与动物有着本质区别的类的存在物;从个体来看,"劳动自己的身体",是每一个体成长和完善的根本途径。教育文化中最具根本意义的当是劳动教育,但长期以来,劳动教育要么被忽视,要么被曲解,也常会被误解。有时它还被当作惩罚身体的手段。中国选择社会主义制度,劳动教育的价值和意义再次突显在时代背景之上。

(一)劳动的本质

劳动是人的本质,对待劳动的态度,可反映人的全部内心世界。但是,人生下来就是爱劳动的吗?显然,问题不这么简单。一个婴儿最初的劳动,或可视为伸出手去抓取自己想要的东西。为着自己的存在而劳动自己的身体,这也不能称作"自私"。人生而好静,这也不能称为懒惰。只是维持身体存在的财富并不需要太多,贪得无厌地攫取远远超过实际需要的财富就变得可恶了。少劳多得、不劳而获是万恶之源,勤劳与奉献是道德和善的源泉。说"劳动创造财富""勤劳致富",这是人们都能认同的,因为它立即能带来现实的利益。但真正从内心深处把劳动看作幸福的本源,自觉地将劳动视为自身生命本质意义所在,这就不是一般人能达到的境界。至少说,今天人们的劳动,在很大意义上可说是"被动劳动",人们以生命和自由的一部分为代价,换取生存的必需品,这并不是人的本质追求。要使劳动成为人的本质的、自觉的追求,即劳动成为人的"第一需要",还有待很多现实条件,在理论和实践上也还有很多值得深入讨论的问题。

在马克思看来,劳动是人的内在本质,但在资本主义制度下,劳动对工人来说,成了外在的东西,不再属于他的本质。工人在劳动中不是肯定自己,而是否定自己;不是感到幸福,而是感到不幸;不是自由地发挥自己的体力和智力,而是使自己的肉体受折磨,精神遭摧残;工人只有在劳动之外才感到自在,而在劳动中则感到不自在,他在不劳动时觉得舒畅,而在劳动时就觉得不舒畅;他的劳动不是自愿的劳动,而是被迫的强制劳动;他不是满足劳动需要,而只是满足劳动需要以外的一种手段。"劳动的异化性质明显地表现在,只要肉体的强制或其他强制一停止,人们就会像逃避鼠疫那样逃避劳动。外在的劳动,人在其中使自己外化的劳动,是一种自我牺牲、自我折磨的劳动。最后,对工人说来,劳动的外在性质,就表现在这种劳动不是他自己的,而是别人的:劳动不属于他;他在劳动中也不属于他自己,而是属于别人。"[1]从本质上来说,劳动是人的自主的实践活动,实践就是生命的表现。然而当主体被迫地替他人活动或为他人活动时,生命的绽放则表现为生命的牺牲。按照马克思的观点,"我的劳动是自由的生命表现,因此是生活的乐趣","我在劳动中肯定了自己的个人生命,从而也就肯定了我的个性的特点。劳动是我真正的、活动的财产"。马克思指出,在私有制的前提下,人的个性同他自己极大程度地疏远,以致那种劳动为他所痛恨,劳动不过是一种被迫的活动,它加在人身上仅仅是由于外在的、偶然的需要,而不是由于内在的必然的需要。"我的劳动是什么,它在我的物品中就只能表现为什么。它不能表现为它本来不是的那种东西。因此,它只是我的自我损失和我的无权的表现,而这种表现是物质的、可以直观地感知的因而是毫无疑问的。"[2]可见,人的劳动,必得同自己的劳动产品、自己的生命活动、自己的类本质完全一致起来,这才会有劳动的幸福感。也就是说,劳动必须是人的自觉的、自由的生命实践,才会与生命的本质意义实现统一。

在马克思的学说中,劳动始终处于中心位置。人与动物区别开来的第一个历史性活动就是生产劳动,那是人类为了能够生存每日必须做的事情。"任何一个民族,如果停止了劳动,不用说一年,就是几个星期,也要灭亡,这是每一个小孩都知道的。"[3]这一事实为历史唯物主义提供了客观现实基础。劳动过程的要素被概括为"有目的活动或劳动本身,劳动对象和劳动资料"[4]。这三个要素的紧密结合是劳动得以实现的必要条件,就是说,主体的有目的活动,必须借助一定的手段和中介,亦即劳动资料,才能生产出满足自身需要的劳动产品。而这三个要素,也都是

---

[1] 《马克思恩格斯全集》第四十二卷,人民出版社,1979,第94页。
[2] 《马克思恩格斯全集》第四十二卷,人民出版社,1979,第38页。
[3] 《马克思恩格斯文集》第十卷,人民出版社,2009,第289页。
[4] 《马克思恩格斯文集》第五卷,人民出版社,2009,第208页。

以往全部历史的创造物。因此我们说劳动观是历史唯物主义的基础,从某种意义上说,人类的全部历史,就是劳动史,劳动史也就是文化史。

劳动的价值可从三个方面来看。首先,劳动创造了世界。世界当然指人类生存的世界,而劳动,则是现实生活中的人的感性的物质劳动,即作为人类实践活动最基本形式的"生产劳动"。马克思指出:"当人开始生产自己的生活资料,即迈出由他们的肉体组织所决定的这一步的时候,人本身就开始把自己和动物区别开来。人们生产自己的生活资料,同时间接地生产着自己的物质生活本身。"[1]人类劳动是有意识、有目的活动,所以叫作"人化自然"。正是通过劳动,自然界才成为人的世界。

其次,劳动创造了历史。马克思说:"人们为了能够'创造历史',必须能够生活。但是为了生活,首先就需要吃喝住穿以及其他一些东西。因此第一个历史活动就是生产满足这些需要的资料,即生产物质生活本身,而且,这是人们从几千年前直到今天单是为了维持生活就必须每日每时从事的历史活动,是一切历史的基本条件。"[2]人类历史发展的一切现实都离不开劳动,这是马克思的一个伟大发现。对此恩格斯指出:"历史破天荒第一次被置于它的真正基础上;一个很明显的而以前完全被人忽略的事实,即人们首先必须吃、喝、住、穿,就是说首先必须劳动,然后才能争取统治,从事政治、宗教和哲学等等,——这一很明显的事实在历史上的应有之义此时终于获得了承认。"[3]

最后,劳动创造了人。马克思指出:"劳动首先是人和自然之间的过程,是人以自身的活动来中介、调整和控制人和自然之间的物质交换的过程。"[4]为了能够在对自身生活有用的形式上占有自然物质,人类必须使得他身上的自然力——臂和腿、头和手运动起来,而当人类通过这种运动作用于他身外的自然并改变自然时,也就同时改变他自身所处的社会生活及人类本身。因此,"劳动是整个人类生活的第一个基本条件,而且达到这样的程度,以致我们在某种意义上不得不说:劳

---

[1] 《马克思恩格斯选集》第一卷,人民出版社,2012,第147页。
[2] 《马克思恩格斯选集》第一卷,人民出版社,2012,第158页。
[3] 《马克思恩格斯选集》第三卷,人民出版社,2012,第723页。
[4] 《马克思恩格斯选集》第二卷,人民出版社,2012,第169页。

动创造了人本身"①。

总的来说,劳动及其劳动价值观在马克思、恩格斯的学说中占据核心位置,是我们认识劳动本质的理论基础。而我们讨论劳动教育的文化意义,关注的焦点在"劳动创造了人本身"这一原理的运用,在教育文化研究领域,我们用"劳动化人"来表达。

(二)劳动教育

根据马克思主义的劳动价值观,劳动教育对未来社会的建构具有十分重要的意义。

首先,劳动是人的本质得以实现的根本途径。人是通过劳动才构建了具有本质意义的一切关系的。马克思说:"人的本质不是单个人所固有的抽象物,在其现实性上,它是一切社会关系的总和。"②劳动是一种能动的类生活,只是在劳动中,"自然界才表现为他的作品和他的现实。因此,劳动的对象是人的类生活的对象化:人不仅像在意识中那样在精神上使自己二重化,而且能动地、现实地使自己二重化,从而在他所创造的世界中直观自身"③。因此,通过劳动使人的本质得以实现,成为教育要发挥的一个重要作用。劳动教育可以提高劳动能力,也可以丰富人的精神世界。

其次,实现人的全面发展,劳动是必由之路。马克思深刻论述了资本主义制度下,不合理的社会分工造成了人的片面发展,并提出了人的全面发展理论。马克思、恩格斯所说的全面发展是指人的劳动能力的全面发展,由于社会分工的精细化,人的劳动能力逐渐丧失整体性,体力和脑力劳动的分离及其各自的片面发展,都在一定程度上限制和破坏了人的全面发展。如前所述,全面发展是一个历史的、实践的过程,唯一的实践就是劳动。所以,基于马克思主义的全面发展理论,我们提出的劳动化人,并不是指专业化的劳作,而是指那种充满了丰富性、完整性、变通性、实践性、全面性的劳动。通过劳动教育,人充分认识劳动的价值和意义,克服异化劳动带来的各种弊端,实现人的身体、心理和认知的全面的、整体的发展。

---

① 《马克思恩格斯选集》第三卷,人民出版社,2012,第988页。
② 《马克思恩格斯选集》第一卷,人民出版社,2012,第135页。
③ 《马克思恩格斯选集》第一卷,人民出版社,2012,第57页。

最后,劳动是联结课程与生活、理论与实践的纽带,是将知与行统一起来的桥梁。教育同生产劳动相结合是马克思主义教育学的一个重要原理,也是社会主义教育的重要原则。马克思和恩格斯根据辩证唯物主义和历史唯物主义原理,剖析现代教育与现代社会的关系,指出教育与生产劳动相结合是现代社会和现代教育发展的普遍规律;指出让儿童参加力所能及的定量生产劳动,同时对他们进行智育、体育和综合技术教育,这不仅是提高生产的一种方法,而且也是改造旧社会,培养全面发展的人的方法。

培养劳动价值观要从三个方面考虑:一是要让学生认识到劳动的本质并将其与生命的价值意义联系起来,将劳动视为崇高和光荣的事业;二是以辛勤的劳动开创幸福的人生之路;三是通过劳动培养全人的品格。

教育同生产劳动相结合是当今世界各个国家教育发展的趋势。把生产劳动引进教育领域,对教育适应社会发展是一种促进。教育同劳动的结合也给学生提供了参加校内外社会经济活动的机会,了解不同类型的生产劳动和各种职业生活,从而在观念、心理、技能和职业上为他们走向劳动世界创造条件。不同国家由于社会结构、意识形态、历史文化、发展水平等方面的差异,其在教育同生产劳动相结合方面也呈现出不同特征。美国有实用主义的教育传统,发达的工业生产和现实社会的需求,催生出了较为健全的教育和劳动结合模式。"生计教育"就是"二战"后发展起来的模式。以生计教育为特色的美国社会劳动教育,在其后续的发展过程中,渐渐被植入美国中小学课程,并渗透到学校教育和社会实践的方方面面。虽然已经进入机器人时代,但时下越来越多的美国家庭和学校仍然关注劳动教育,从儿童时期就开始实施"爱劳动"教育,让孩子在小时候就认识到劳动的价值,培养其适应社会和独立生存的能力。德国十分重视基础教育阶段的劳动教育,视其为学生全面素质教育的重要组成部分,认为其是学生步入社会的必要准备和基础,并将劳动教育贯穿基础教育的全过程。以色列中小学教育中特别重视劳动教育和职业教育。小学一年级的手工课就是教孩子动手做的课程。小学高年级和初中,要学习各种技术课程和家政课。其后会有更多的生产劳动和相关知识进入课程。在苏联,劳动教育曾是教育工作的指导方针,著名教育家马卡连柯、苏霍姆林斯基在劳动教育实践和理论研究方面进行了卓有成效的探索。但20世纪90年代后,俄罗斯劳动教育地位逐渐弱化。只是在最近几年,劳动教育的地位才开始提升。2015年发布的《2025年前俄罗斯联邦德育发展战略》确定,劳动教育是道德教育的主要内容,提出要吸收儿童参与劳动活动和社会公益性活动。通过劳动教育培养儿童尊重劳动、劳动的人和劳动成果;培养儿童自我服务的技能及劳动的需求,以及认真、负责、创造性地对待劳动的态度;培养儿童合作劳动和独立劳动的能力,并能够正确评价劳动的意义和价值;促进儿童通过参加社会活动帮助其将来更加理性地选择职业。目前俄罗斯劳动教育实践中流行着"学生生产队"和"大学生劳动队"的组织。学生生产队一般联合耕种土地,联合使用企业机械,依托补充教育机构组织跨学校的生产队,学生参加小麦、土豆、蔬菜等农作物耕种。"全俄罗斯大学生劳动队"继承了苏联"大学生劳动队"的传统,其成员是高等、中等职业学校学生,分别组建了建筑队、教育队、农业队、服务队、列车乘务员队等。他们参加落实国家最重大基建项目,如亚太经合组织相关会议场所建设项目、喀山大学生运动会场馆建设项目、索契冬奥会场馆建设项目、2018年世界杯足球赛场馆的建设项目等。①这些经验都有参考的价值。

(三)身体与劳动

我们在身体文化这一意义上谈劳动教育,是把劳动视为以"文"化"身"的过程。这里的"身体",指的是身、心、知三者合而为一的整体。我们说的"劳动教育"中的"劳动",并不包括狭义的脑力劳动,不指那种脱离实践、与生活脱节的纯粹智力活动。一些人往往以"脑力劳动也是劳动"为借口排斥劳动教育,这或许也是长期以来劳动教育被忽视的原因之一。所以,这里有必要明确的是,劳动教育中的"劳动"指的是知行合一、动手操作的劳动。在劳动教育中真正要实现的是人的整体的文化。劳动也是一种不言之教,在劳动中,需要身体的耐力、毅力、劳累,需要心灵的紧张、兴奋、专注、投入,也需要知识的实际运用和创造性的发挥。身体、心理、认知高度融合,协调统一,主体须以自觉的、能动的、积极的、快乐的态度投入劳动过程,从而促使个体整个身心在忘我状态默然成化。

劳动教育提了好多年,但并未取得应有的效果。并且,在若干时期内,它实质上成了空洞的口号。人们在认识上有一个误区,把劳动教育片面地理解为劳动技

---

① 姜晓燕:《俄罗斯:重拾劳动的德育功能》,《平安校园》2018年第12期。

术的教育,这就与职业教育没什么两样了。在现代教育的体系中,职业教育如此蓬勃发展,劳动教育也就成为无用的摆设了。看来,劳动教育要充分发挥它的化人功能,从某种程度上说,有必要摆脱技术的捆绑。劳动需要技术,工匠级的技术水平,是劳动幸福感的源泉。但这与那种依赖技术的"座架"(海德格尔语)提高效能的技术有着本质的不同。身体能力极限的充分发挥和精益求精的追求以及创造性劳动的展现,是工匠精神的本质所在,正是动手做而不是靠外在的技术成就了工匠。这里也存在着一个不可无视、不容忽视的问题,如前所述,由于技术的运用,很多传统的体力劳动领域正在逐渐退出历史舞台,技术革新成为生产力发展的动力,这意味着劳动教育的基地和场所,将处于一种尴尬的局面。劳动教育要成为学校教育的普遍现实,面临着时代的新课题。

劳动能成就人。它可以使青年人从劳动锻炼中获得真知并茁壮成长,也可以使罪人悔过自新,重新做人。从一定意义上说,社会主义的劳动改造,有积极意义和进步意义。有人对此持批判和质疑态度,认为被迫的劳动是违反人道的。被迫劳动所产生的反教育效果也常常遭人诟病,让人厌恶劳动即是一种不良后果。然而也得认识到,对早已背离了人道从而对人类犯下罪恶的人来说,劳动正是使他们回归人道的途径。从一定意义上说,以折磨身体的方式来提升精神、探究生命之理,未必不会有好结果。儒家是如何养"浩然之气"的?脍炙人口的经典名句:"故天将降大任于是人也,必先苦其心志,劳其筋骨,饿其体肤,空乏其身,行拂乱其所为,所以动心忍性,曾益其所不能。"千百年来,这句话成为激励人心、催人奋进的巨大精神力量。劳动身体这种苦事能换来甘甜和幸福,这是尽人皆知的道理。20世纪六七十年代知青上山下乡运动,在那一代很多人心中留下了不可磨灭的阴影,但也有更多的人回味起来,总觉得那难得的体验给自己留下了一笔宝贵的生命财富。为什么劳动,付出了劳动要换取什么,一开始人们感到茫然,缺乏劳动的自觉,只是在经历过很多的劳动实践和锻炼之后,才明白劳动对人生的价值和意义。

从儿童开始进行的劳动教育,必得从习惯成自然入手。劳动要成为积极人生习惯的生活方式,不能视为惩罚消极懒惰的手段。校园里的"大扫除",是每周必有的活动,但对很多孩子来说,那未必是积极的自觉的劳动,恰恰相反,它的消极作用远大于积极作用。清洁卫生是每时每刻都要保持的良好习惯，等垃圾积累到一定程度再去做"大扫除"，这是懒人作风。诚信之人也是内心干净的人，一尘不染，没有杂质是为人的高贵品质。所以要从细节做起，时时刻刻，事事处处，克勤克俭，育德立人。要让儿童爱劳动，不是靠讲空洞抽象的道理就能做到的。世界上没有无缘无故的爱，也没有无缘无故的恨。人必得能从劳动过程中获得快感，或从劳动结果中得到幸福感。儿童之爱劳动，必须得能看到自己的劳动成果，或为己，或为他人。能从造福他人的劳动中获得幸福感，这是高级的情感，是崇高的奉献精神。付出与索取、勤奋与懒惰、自私与奉献等方面的善恶观念，皆与劳动存在着某种必然的关联性。其实，不仅是德与善和劳动正相关，智慧的增长也同劳动有必然联系。就此来看，劳动是德育的最佳途径，学校德育应当与劳动教育紧密结合起来。但是有一点必须意识到，为了获得表扬而去劳动或为他人服务不是善。奉献是不能掺有杂念的。

　　自私与懒惰是我们身体与生俱来的劣根性所在，在每个人身上，或多或少都不同程度地存在着。人的解放，就个体来说，就是人性的解放，就是同自己人性中不善的一面做斗争。劳动总是意味着身体和心灵的付出，是时间和生命的被占有。付出了劳动，究竟要换取什么？老子说："既以为人己愈，既以与人己愈多。"（《道德经·第八十一章》）这是看透了人生的圣贤先哲的精神境界。在凡人的生存世界里，不管有没有自觉意识到，人们总是在抗拒被动的劳动，在被驱使、被奴役的生活漩涡中挣扎、反抗，期望着自由。然而，真正的自由，也绝不是那种随心所欲的低俗追求。只有在深刻认识了劳动的必然性和崇高意义之基础上，才会有自觉的劳动需要，并将劳动视为身心愉快的根源。身体的付出与心灵的快感的有机统一，是身体文化的重要内涵。从文化视角来看，劳动教育具有立德树人、开发心智、增强体质、美化心灵、磨炼意志、砥砺精神等益处，尤为重要且具有原理性质的意义在于：以积极和有益的劳动来占有时间和生命，是有着特殊意义的生存方式。生命之流不可逆转，它在充满正向性的劳动中度过，也必然在这个过程中被炼化和塑造，如此生长和发展，便不会有他种生命样式。教育者的期望就是在这个过程中得以实现的。

　　当代中国教育文化中，劳动教育的地位再次提升和突显，这可以视为社会主义教育同其他社会形态中的教育之根本区别。历史上,勤劳的民族,"安土敦仁";懒惰的种群,掠夺成性。人性的解放,很大程度上体现在对待劳动的态度上。克服自私与懒惰,让社会的每一成员都成为自觉的劳动者,这正是进步事业追求的目标。它要塑造新的人生观和世界观,需要一场内心世界的深刻革命。这就使得社会主义的国民教育体系,必须将劳动教育内容列为头等重要的方面。

第十二章
时代转型与教育文化价值重构

　　进入21世纪以来,教育文化的现实在悄然地发生着深刻的变化。特别是互联网、大数据的广泛运用,改变了知识生产和知识传递的传统方式,疫情的爆发,促进了全球范围内在线教育的蓬勃发展。网络催生了许多新的教育模式,从而使教育文化呈现出更为丰富、多样的景观。而今,教育文化又面临着新的大变局。一场深刻的革命正在发生,其规模、速度、广度、深度和复杂性是人类历史上从未有过的。以数字化、网络化、机器自组织为标志的新技术革命,与蓬勃兴起的全球化运动交相呼应,展现出无比巨大的转型力量,推动着社会的深刻变革。作为历史文化结晶的人类智慧面临着时代的挑战,无法确定地言说和把握将要到来的一切。人们以各种不同的方式感受着大时代的到来。狄更斯《双城记》开篇曾用这样的话语描述第一次工业革命到来时的非同寻常之处:那是令人难忘的最美好时代,那是令人厌恶的最糟糕时代;那是充满智慧的时代,那是遍布愚昧的时代;那是信仰的新纪元,那是怀疑的新纪元;那是光明的时节,那是黑暗的时节;那是希望的春天,那是失望的冬天;我们眼前应有尽有,我们眼前空无一物;我们都在奔向天堂,我们都在坠入地狱……简言之,一切无论好坏,都只能用"特别"这个词语来表述。大时代总是在各个方面展现空前未有的"特别"之处,但也有共同之处:

各种矛盾与冲突不断激化,世界日益复杂化和多样化。谬说与真理同舞,邪恶与善良共在,毁灭与再生交错,解构与重构替演。在这巨大的时空裂变之际,人文精神的迷失与彷徨凸显在时代背景之上,教育文化形势也面临着新的变数。

一、转型时代的深层震荡

革命的一般意义常用来指社会巨变,而社会的巨大变革总是以新技术的出现为动因。世界经济论坛创始人兼执行主席克劳斯·施瓦布(Klaus Schwab)在其《第四次工业革命》一书中,对人类历史上具有革命意义的技术发明做了这样的描述:大约一万年前,人类通过驯养动物从采集时代进入农耕时代,以畜力助人力,推动了生产、运输和交通的发展,粮食增产,人口繁荣,城市出现;从1760年至1840年为第一次工业革命阶段,蒸汽机的发明,标志着肌肉力量开始被机械力所代替,人类进入机械生产的时代;第二次工业革命始于19世纪末延续至20世纪初,电力和生产线出现,规模化生产应运而生;第三次工业革命起始于20世纪60年代,被称为"计算机革命"和"数字革命",是由半导体技术、计算机技术(60—80年代)和互联网(90年代)的发展所促生的;第四次工业革命起始于20世纪与21世纪之交,在数字革命的基础上出人意料之外地出现了各种突破性技术,"涵盖了诸如人工智能、机器人、物联网、无人驾驶交通工具、3D(三维)打印、纳米技术、生物技术、材料科学、能源储存、量子计算等诸多领域"[①]。

以计算机软件和网络为核心的数字技术虽然早于20世纪已有很大发展,但那还仅仅限于智能互联的机器和系统。而今,物理、数字和生物技术的结合,在各个领域导致了一系列具有突破性的技术出现,如从基因测序到纳米技术,从可再生能源到量子计算等。横跨物理、数字和生物三大领域的互动与整合,导致了一种"集成式"的突变效果,产生了"转型的力量",使一系列的变化凸显在当代世界背景之上,例如:新的商业模式出现,生产、消费、运输与交付体系被颠覆和重塑;社会层面,生活、工作、交流、学习、娱乐等都在发生根本性的变化;政府、各类组织

---

① [德]克劳斯·施瓦布:《第四次工业革命》,李菁译,中信出版社,2016,前言。

机构以及教育、医疗和交通体系也将被重塑。

转型的根本动力来自哪里？按照各个部门和机构列出的科学技术突破，基本可以归为三大类，分别为物理类、数字类和生物类。物理类主要指无人机（天上、陆地、水中）、3D打印、高级机器人及新材料。数字类主要是指物联网，即借助互联技术和各类平台，在物（包括产品、服务与地点等）与人之间建立起关系。数字平台极大地减少了交易成本和摩擦成本，它使共享经济（也称按需经济）成为现实。生物类是指生物基因工程，运用基因测序、激活和编辑等技术，可精准操纵人类基因组，从而创造出在智商和体能等各方面优越于"自然人"的另一种人类。人类后代基因密码的改变将会带来很多我们对之尚无法预料的问题。

前番几次工业革命，从机器对人的体力和器官功能的替代到脑的部分功能被替代，不过是单方面的变化。而这次革命具有颠覆性的意义，是因为诸如材料技术、信息技术、生物技术、新能源、航天技术等相互渗透交互作用，从而导致了多学科、多领域的交叉突破，引爆各个领域的技术发明。这次革命的最根本特点，是类似大脑整合功能的技术发明发挥了主导作用，造成了"集成式"的效果。试想，当大脑把身体、心灵、智能三方面功能整合到一起，发挥出生命的整体功能时的情景，就能理解如今在人类有机体之外所形成的另一种具有整合功能的大脑的作用。以生产和流通领域为例，通过充分利用信息通信技术和网络空间虚拟系统——信息物理系统相结合的手段，生产系统、生产设施及生产过程实现了智能化，人机互动以及3D技术在生产中广泛运用，并通过互联网、物联网、物流网整合物流资源，供给侧提高了资源供应的效率，需求方则能快速获得服务匹配，得到物流支持，从而实现了"智能物流"。具有物理性质的世间万物都被由数字技术发展起来的网络联结起来，这就是在当今时代中被称为"万物联网"的现实。将物理世界中的物品联结到虚拟网络中是靠传感器和各种终端设备来实现的。服饰、住房、交通、城市、能源网络以及生产制造的各个环节，都可以安装体积更小、成本更低、更为智能和有效的传感器。多达数十亿接入互联网的智能手机、平板电脑和传统电脑，以不同的方式和渠道将散居世界各地的人们联结到一个网络之中，凡运用这些设备的每一个人都以某种方式与世界相连。未来几年，这个数字还将以惊人的速度猛增。

智慧城市的出现是新技术的集中体现,它将服务、公共设施、道路交通等与城市生活有关联的一切要素接入互联网,实现了对能源、物流、交通等领域的统一管控。目前一些率先实践这一理念的城市正在不断拓展其传感技术网络,致力于打造出能够连接不同技术项目的核心数据库平台,在此基础上依靠数据分析和预测模型拓展出新的服务。智慧城市建设使城市密度增大,公众可利用资源增加,受教育机会增多,生活质量提升,还能提高生产效率和资源利用率,在环境友好的能源生产与消费模式、应对气候变化、减少污染等方面也能发挥更大的作用。①

无人机和智慧城市的出现,将使以往由有机体大脑控制的活动,逐渐被另一种智能取代,从生产到生活、从物质文化到精神文化、从休闲到工作、从社交到娱乐、从教育措施到治安管理以及许多无法预知的领域都将发生根本性的变化,人类生活世界的一切方面概莫能外。

人类社会最深刻的变革来自生产力的变革,它是最深层的震荡。如同以往已经发生过的革命一样,第四次工业革命对人类社会发展既有正面的、积极的作用,也会有负面的影响。探索前行的道路,解决面临的问题,这也正是人类解放、人的能力的全面提升必然要经历的过程。只是这一次前所未有的挑战使一切具有了更大的不确定性。根据以往的经验,技术的进步是推动人类社会发展的动力,从某种意义上说,技术发明就是人类进步的同义语。乐观的人们认为第四次工业革命是更高层次的技术革命,理应更加具有推动人类社会发展的积极意义。人类社会还未曾经历过因技术的发明而造成负面效应的情况。然而,"生产率悖论"却指出这样一种现象:技术创新并未提高生产效率,甚至还有生产率下滑现象。这是当今时代一个重要的经济谜题,对此人们尚不能给予圆满的解释。

显然,技术创新对经济增长的积极作用是毋庸置疑的,但是消极影响也不容忽视。首先值得关注的是劳动力市场的变化。关于技术革新与就业市场的关系早有学者论及,八十多年前经济学家约翰·凯恩斯(John Keynes)有个说法:当"发现节约劳动力使用的方法的速度,远远超过了我们为劳动力开辟新用途的速度"时,技术就会导致大范围失业。这个警告曾被证明是错误的,但今天它再次引起人们的关注,因为近年来,诸如记账员、收银员、接线员等很多工种的人力岗位为

---

① [德]克劳斯·施瓦布:《第四次工业革命》,李菁译,中信出版社,2016,第152页。

计算机所取代。一个合乎逻辑的推论是新技术会大大改变所有行业和职业的工作性质。技术对就业的影响应从两方面来看：一方面，技术提高自动化水平的同时会导致失业，技术力量越大，失业的范围就越大，大范围的失业会导致社会和政治冲突加剧；另一方面，新技术带来新一轮繁荣，催生出全新职业和行业，失业人员也会找到新的工作，这也迫使他们不断学习以适应新的岗位，从而保持自我更新的活力。有矛盾才会有发展，两者相互作用才能推动世界发展。问题的关键在于，如何以前瞻的眼光，洞察哪些是行将被取代的职业，哪些是具有发展前景的职业，以便未雨绸缪，为适应未来变化提前做好一切准备。

可以替代人力的创新技术已经在许多行业和工种出现，未来数十年这将成为普遍现象。那些需要机械重复、精准体力操作的行业，早已实现了自动化，由于计算能力在持续快速增长，许多其他工种也在逐步实现自动化。根据预测，即便是像律师、金融分析师、医生、记者、会计师、保险承保人、图书管理员等各种不同的职业，也可能部分或全部实现自动化；除了这些行业里的顶尖人才仍然可能被需要之外，普通的岗位将不再需要人力，如记者、翻译、助理、保安等，而且这一天会比大多数人的预期来得早。有证据表明，与以往相比，此次工业革命似乎不仅未创造更多的就业机会，反而使就业机会有所减少。人与机器的竞争对抗已成为日益凸显的发展趋势。在新技术的刺激下，人的发展，也必然得打破长期以来所依循的毫无变化的发展模式，面临着向更高层次的跃迁。

未来就业市场有可能导致一些差异性扩大。首先有可能造成的分化是低技能的底薪工作和高技能的高薪工作。这种分化会导致新的阶级对立及一系列的社会问题，加大社会的不稳定因素。这对社会的公平与正义提出了新的时代命题。"高技能"通常依赖于高等教育或专业教育，还依赖于在某个职业领域中累积的各种知识和能力的集合。鉴于技术变革不断增速和职业领域的颠覆性变化，对教育提出的严峻挑战也是颠覆性的，如何彻底改变传统教育模式，培养适合未来生存的人力资源素质，这是当代教育所面临的前所未有的新课题。教育的根本使命是要为缩小社会差距做出贡献，这就需要真正实现教育公平。

劳动力市场的快速变化使我们必须得从知识和技能的角度预测未来的就业趋势和需求。另外，还得考虑到，诸如人口压力、地缘政治变化、新的社会和文化规范等许多非技术性因素,也会使未来的岗位和职业发生变化。未来充满了极大的不确定性,虽然难以预测,但人力资源素质始终是最为关键的因素,使创新、竞争力和增长受到限制的是人才的匮乏,而不是资本的短缺。由数字、物理和生物技术相结合而推动的变革,会增强人类能力和认知力,激发无穷的力量;会使腐朽者脱落,也会使自我更生的能力增强,涌现出更强有力的智慧。这意味着学习方式的转变和综合能力的提高成为未来生存的必要条件。

二、教育文化价值取向的新挑战

新技术革命蕴含着强大的引爆力,将会触发一系列的深刻变化。"可植入技术"已经出现,人们越来越依赖电子设备,而这些设备与人体的联系也愈加紧密。设备不再仅仅是可穿戴的,还能被植入体内,发挥通信、定位、行为监控及健康管理等功能。越来越多这样的设备正在涌现出来。其正面影响包括减少儿童失踪现象的发生、改善健康状况、更好地进行决策、图像识别并提供更多个人数据等,负面影响有隐私泄露、(可能)被监视、数据安全性降低、逃避现实、手机上瘾、注意力不集中(即注意力缺乏症)等,未知或利弊皆有如寿命延长、改变人际关系的本质、改变人际沟通与人际关系、实时识别、文化变化等。具有引爆力的技术发明,除了智慧城市和可植入技术之外,还有诸如数字化身份、智能眼球追踪设备(阅读眼镜)、可联网的穿戴设备、便携式超级计算机、能联网的智能传感器、数字化家庭、大数据技术、无人驾驶汽车、人工智能机器、区块链技术、共享经济、3D打印、定制人类、神经技术(完全由人工制造的记忆植入人脑)等。[①]由此我们深切地感觉到,世界将飞速发展,万物高度互联,一切变得复杂化。当人类生活的全部领域面临颠覆性革命的时刻,我们切身体验到技术变化的快速和剧烈,却对行将到来的变化知之有限。

虽然说,建立在网络和大数据基础上的现代教育技术,早已在悄然地改变着教育文化的现实,然而,真正加速的变化是当前由多种技术的集合效应所引发的

---

① [德]克劳斯·施瓦布:《第四次工业革命》,李菁译,中信出版社,2016,第124—125页。

颠覆性变化。这不由使我们想到"三大革命"的集合效应,若仅是一场革命,无论在它自身内部叠加多少同一性质的要素,都无法与三个领域同时发生的革命之威力相比,集合效应带来的变化是人类社会和人类所居住的星球翻天覆地的变化,增长的力量用几何级数都不足以描述。而今,敏感的人们已切实地预感到,人类又到了这样一个时代。大时代的深层震荡,会颠覆人的三观:世界观、人生观、价值观。而这一切,是从经济基础的变化开始的。社会的文化工程,则是从上层建筑领域着力。教育是一项文化事业,是社会建构的基础工程,面临新的世界大变局,一方面要继承人类全部已有的文明成果,另一方面又担负着为开创未来培养一代新人的历史使命。要迎接的挑战来自各个方面,新的课题也层出不穷,而最突出也是居于首要位置的,是教育文化的价值取向。已经开始的剧烈冲突,至少来自以下方面:

其一是自生存之虑。进入现代社会以来,教育开始同生产劳动相结合,专业知识和能力的培养,成为未来专业化劳作的基础条件。学校教育将人类已有的精神文化成果和劳动生产的知识与经验,经精心的选择与系统的整理编排纳入分科设置的专业课程之中,学生学得一门专业,有了一技之长便可安身立命。然而,当今时代,个体耗费时间和生命通过学校教育获得的从事专业化劳作的生存之"技",在技术更新活跃频繁的时代,变得一文不值。还没毕业就面临失业,已成为毫不足怪的新的常态。教育向来以"为未来生存做准备"而受人看重,但它教给人的皆是已有的知识和经验,从来不教尚未成为普遍经验的东西,而世界,却突然来到了一个要靠创造才能生存的时代。教育显得无用,创造不是学校教育教会的,人通常要在劳动中学会创造,可是,连劳动的机会都没有,又如何谈得上创造。人们不能不为未来生存焦虑。知识更新和就业市场变化的速度,远远超过了教育设置专业、安排课程的速度。指望靠一种专业性的劳作在当今这个处于巨变中的世界上安顿下来,这一传统观念随着时代的转型被彻底颠覆。对未来的一切谋划,都不能忽略日益增长的复杂性、多变性和不确定性。安身立命之根本,必须将基底拓展、扩大。只有学会学习,才有未来的适应性生存。而学习什么,如何学习,这是人生首先要思考的问题。毫无疑问,封闭的、缺乏学科间相互联系的专业知识不具有生命的活性,知识面狭窄和单向度的发展也难以适应未来生存。多年来教育发挥的主要功能之一在于对已有知识和经验的传递,然而这次生产力的变革方兴未艾,尚无成功的经验和可供学习的系统知识。面对迅猛变化的世界,教育有必要重提斯宾塞式的质疑——什么知识最重要?

其二是精神家园的失落。当今时代,两个看上去相互对立的现象,导致了精神世界的迷惘。一是高度的互联,二是碎片化。网络的普及,使人们获取知识的途径发生了重大的变化。人们不再依赖自己的经验,也不再从前人以书本方式提供的经验获得知识。网络提供了那么多有趣的事情吸引着眼球,人们不再沉思和冥想,无暇深入思考和探索世界的意义关联。海量信息以文字、图像、动画、视频、音频等丰富而生动的形式像雪片一样飞来,充塞了人们的视界,占据了人们的内心世界。它一方面使眼中的世界变得丰富多彩;另一方面,网络也会带来负面效应。像雪片一样迎面而来的浅薄的、缺乏思想深度的、草根的、娱乐的、结构松散的、生命力短暂的碎片化信息,也带来了知识的碎片化和思维的碎片化,导致人对世界的破碎的理解,也导致了生活世界的碎片化、时间碎片化、空间碎片化。人们失去精神家园,随波逐流,漂浮在虚幻的世界之中。精神与物质、思维与现实、生理与物理、心灵与世界相互联系的方式所发生的变化,最为令人猝不及防。

碎片化已引起人们的广泛关注,但将精神世界的混乱归咎于网络,未免过于简单化。碎片化的实质是复杂事物的简单化,是对复合体的解构。互联网一方面将已有的联结打碎,改变了以往传统社会事物间相互联系的方式,另一方面又跨越传统界限和边界,将世界以新的形式高度互联,开启了重构世界的模式。因循认识和阐释世界的陈旧模式,固守以往形成的思维习惯,将难以适应急速变化的世界。长此以往,将导致主体性的彻底丧失,无以把握自身,遑论适应革命性变化。迄今为止,传统的教育所带给人们的,只是分科设置的专业知识。而认识和理解一个复杂多变而又万物相连的外部世界,需要一种具有整体性、关联性和复杂性的认识和理解能力。若想以不变应万变,就必须在更深的层面认识和把握整体关联的世界。片面发展和人性的不完善,导致内心世界的贫乏;能力和需要的简单性带来思维的简单化,这样的个体无法应对未来的生存挑战。

应对第四次工业革命需要解决许多复杂问题,具有联结、整合、跨界功能的思维结构与相应能力,是获得适应性生存的必备基础和先决条件。达沃斯精神所提倡的一个重要方面就是对"多方利益相关者理论"的透彻理解。当今世界教育理念的一个重大转向,是关注"世界共同利益"。思想僵化、故步自封必将导致停步不前,终将被历史所淘汰。中国古代先哲孔子曾告诫人们,不要主观臆测、不要一条道走到黑、不要固执己见、不要以我为中心,[①]这一切的反面扩大了就是人类中心主义。人类中心主义影响人与自然的互动与关联,个人中心主义妨碍个体与整体相关的外部世界的认识和联系。高度互联和碎片化这两种相互对立而又相互联系的发展态势,使知识观和学习方式的转变势在必行,而比这更为重要的,是精神家园的维护和重建。处在颠覆的时代,回归精神家园是人类不可须臾忘怀的主题。

其三是物欲横流带来的精神道德问题。很多论者提到,第四次工业革命浪潮中情商管理能力将成为适应性生存的基本技能,包括自我意识、自我管理、自我激励、同理心及社交所需要的那些基本素质。情商与智商往往被看作两种相对的、各自独立的品质,实际上两者之间存在必然的关联。只有理智的人才能觉悟到,情商与德性有关,德性是心灵力量的体现。诸如仁爱、宽容、谦和、关爱、慈悲、善良、同情、体贴、忍让等,都是能够发挥联结功能的力量,它在一个疏离、隔阂日益加深的现实世界里,有着特别值得珍视的价值和意义。

在一个竞争成为根本特征的时代,一切领域中都充满了战争的味道,大到国际市场的竞争、资源的抢夺,小到岗位的竞争;文化的战争大到国际的文明冲突,小到家庭里价值观的分歧,人与人之间的利益关系成为判断一切的价值立场。竞争使人与人之间充满敌意,使人与自然的和谐遭到破坏,它还使资源枯竭、环境污染、物欲横流、道德沦丧,总之,是罪恶的渊薮。而高尚的道德情感,则是克制这一切的唯一法门。战争与和平是人类社会的永久性话题。文明总是与武力相对,也总是体现为对野蛮力量的战胜。竞争导致对抗,然后诉诸武力,这是直到当代社会都未能根除的人性中的野蛮品质。靠伦理道德来使人文成化,是一个有历史深度的人类文明演进路径。

诸如温顺、敦厚、宽容那样的品性,可能有利于某种职场情景,但在未来高度复杂、瞬息万变的职业领域中未必是一切场合取胜的法宝。那种工于心计、见风

[①] 《论语·子罕》:子绝四,毋意,毋必,毋固,毋我。

使舵、八面玲珑的人，虽能灵活多变，有适应各种不同人的社交谋略，但为着某种功利、有特定目的情感笼络，也不足以成为谋生的手段。我们难以确定地言说，在一个万物互联的世界里，人们之间的相互关系会增添什么变数，以及道德价值观会发生什么样的改变，只是有一点可以肯定，比外在的互联和短暂的利益关联更为紧密、牢靠和永久的联结，是真诚的道德情感的联结。互联网构造的世界，本质特征是联结，一切具有分裂与破坏性质的事物将被抛弃，情感也是一样。只有以诚信立心、以仁德为怀的人，才能立于不败之地。

既往的历史，未来的挑战，促使我们思考人类在漫长的文化过程中发展起来的情感价值系统的现实意义。人工智能无论在储存、记忆、处理大数据方面，还是在行动与执行方面，都将远胜于人的能力。然而情感和情绪问题的处理，由于存在极大的不确定性，不能精准和标准化，完全靠具体情境中的切中应对，故只有从自然过程中涌现出来的、历史地形成的、由文化塑造的高级生命系统，才能在处理充满了情境性和不确定性的问题上，拥有机器无法比拟的智慧。道德情感的无穷奥妙，是依靠简单化原理制作的机器难以想象的。然而，处理情感和情绪问题是人的强项也是弱项。机器不恶也不善。人既有善的一面，也有恶的一面；有人善，有人恶；有时善，有时恶。人类应对未来挑战，须从根本上提升道德情感。道德情感是人安身立命之本，再大的变革，也不能颠覆它，因为它已经经历了自文明初创以来无数次的颠覆。也许，在未来难以避免的人与机器的战争中，这是人类最后的阵地。

其四是人类身体面临着技术异化的问题。当今时代，日益复杂的因素越来越多地介入我们身体，影响着我们身体的机能。由于药物、转基因食品、空气中的杂质、食物和水中的化学物质等进入身体，人类在千万年的自然过程中构造起来的有机体，正在发生着我们难以预料的变化。人类最难读懂的就是自己的身体。我们对自己的身体知之甚少。爱因斯坦说过，直到今天，人类头脑只有一个微弱的百分比被使用。[①]有研究指出，人只有在睡眠的时候，大脑才发挥着最重要的功能。身体的自然中隐藏着很多清醒的意识觉察不到的奥秘。对自己的身体，我们比以往更显得无知。也许要经过很多年、几代人之后，一切才能显现出来。只是

---

① [法]埃德加·莫兰:《迷失的范式:人性研究》,陈一壮译,北京大学出版社,1999,第130页。

有一点我们很清楚,这不是自然过程,而是人对自然过程干预的结果。随着互联网带来的生活方式的变化,人的身体似乎又进入了另一种混沌状态。人们的工作与睡眠的安排,早已远离了传统方式。手机、电脑、电视等延长了白昼,人的生物钟已经紊乱。越来越多的可植入人体的设备、可穿戴设备、移植技术以及大脑芯片等,也在改变着我们的身体。近些年来兴起的"表观遗传学",开始研究环境如何影响基因表现的过程,不过,人对自身的认识和研究,已经跟不上身体复杂性增长的速度了。

人类身体正在经历着颠覆性的变化,认识自己,就需要从把握身体开始。中国古代先哲提出"不时不食",要"与天地合其德",那是在我们对自己身体知之甚少的情况下最朴素也是最智慧的行为准则。而今,对身体的干预已经成为现代生活的新的常态,形势迫使我们越来越多地关注自己的身体。没有良好的身体素质,无以应对未来的各种挑战。甚而言之,随着外部因素的大规模入侵,人类有可能最后失去身体的依托。如何建构我们的身体,得从认识自己的身体开始,依据当代科学提供的原理性知识,了解自己身体内在的规律性变化,并依据科学原理进行自我调节。然而,比这更重要的,是从文化视角关注身体,用丰富的文化资源滋养生命并激发它的活性要素和能动机制,让文化的身体在身体的文化中健康地活着并延续着。

其五是主体意识的丧失。世界在分化、细化、碎片化、内卷化。未知和不确定的东西扑面而来让人应接不暇,人与人之间的裂隙增大;人们各自沉醉于自身关注的网络世界,忘记了亲人、朋友、同事,抛开了世间一切烦恼。人们不再从自我的生命体验中感悟个体生命存在的困境与意义。昼日里做着无须思想介入和价值参与的"伺服机器"的活动,夜晚浸淫于虚幻世界的娱乐之中,分享着网络制造出来的"共识",放弃了价值判断和思考。人们几乎很少意识到,时间和生命被虚拟世界所占有,为一种无形的力量所控制,像一叶浮萍漂泊于汹涌的浪潮中,随波逐流,无所归依,找不到自我,失去精神家园,这是一种新的奴役状态。在人被充斥着自身创造物的巨浪淹没的时代,人的自由、人的解放再次面临时代提出的新课题。

在个体层面,强化主体意识也成为自强自立的根本基础。人的主体性是指作为主体的人在实践活动中所表现出的能动性、自主性、自为性、创造性。主体性是作为主体的人最根本的特征。自我意识、自参考、自维生、自学习、自适应，是从自然中涌现出来的高级智慧生命系统的本质特征，也是处在上升阶段的人所具有的特性。通过自我意识的觉醒，不断反思自身的存在，探索生命的价值和意义，通过学习达到适应性生存，这是一个有自主价值的人在瞬息万变的复杂世界的生存策略。

强化主体意识对未来公民社会建设还具有特别重要的现实意义。互联网在一切方面带来结构性变化，体现在联系方式上，就是层级结构为平等的联结所取代。互联网促进了市民社会的兴起，也使话语权发生变迁。个体的声音因社会化媒体的赋权而具有了影响舆论的可能性。被赋权者的参与是建立在个体的独立性和自主价值判断之基础上的。没有主体意识的觉醒，失去自主价值的人谈不上以独立的身份参与到平等的联结之中。这就要求个体首先必须完善自身，具有不依赖或不依附于他人的独立人格，能在独立思考的基础上做出价值判断，既有自己的立场、观点和看法，也能容纳和接受来自他人的不同观点和意见，通过交往、讨论、协商和共同活动达成共识。主体性的参与还意味着依据公共理性坚守公平和正义，以相互理解和尊重为交往的基本原则，以彼此相互适应和互利合作的行为方式与人共处，以民主平等的方式积极参与公共生活。

转型时代教育不能回避的问题远不止这些，要把握和应对已经来临的和正迎面而来的挑战，需要在人类生活的各个领域从各种不同的视角去透视，更有待一个全面展开的全新生活世界里的切身体验。

三、文化复兴的历史使命

现有的一切秩序结构都是前番革命建构起来的，包括社会、生活、心灵、身体以及精神世界的秩序结构，都会经由每次革命而有所改善。直至今日，我们将此前的文明进程视为人类社会的进步。而这次革命将要带来的影响，有点令人不安。有论者提到，第一、二次工业革命是发明了机械以代替人的手脚和五官的功能,第三次工业革命是从手脚和五官向身体之外延伸,发明了部分代替了人脑的有机体外的智能,而第四次工业革命更为完善的技术将体内与体外、生理与物理、精神与物质结合起来,使得人的主体性逐步异化。由"自然人"创造的"机器人","集成"了"自然人"的计算能力、应变能力和智慧,便会完成真正意义上的脱胎换骨,成为自主行为的"超人"。历史地看,自然人的功能退化是从机械代替人力开始,直至大脑功能的退化和自主性的丧失。如今,"'自然人'的体力功能已经退化得差不多了,现在正在进行智力功能向'机器人'的交付。'自然人'交付多少,自我就退化多少。在这一进一退之中,'机器人'替代'自然人'成为人类社会的主角,甚至成为人类的'主人',不是可能与否的问题,而是何时完成的问题"①。事实上,在人体中植入芯片早已不再是科幻,这种发明已经成为现实,它意味着人造物和有机人体的生化过程可以实现"无缝对接"。如果有一天,一个大脑被植入具有无限储存和处理信息能量的芯片,成为思想的"巨无霸",那么人类的中心地位将受到颠覆性的威胁。机器人如果能进化到自学习、自参考、自维生、自适应的水平,那将更可怕。事实上,当今的机器人,已经在这些方面表现出最简单的操作技能。而一旦开始,就会越来越多,并且,速度很快,这就是技术的特征。人类不得不思考,究竟还有什么东西,是机器永远也学不会的?人类最后的领地在哪里?于是,我们将眼光转向那些不遵循逻辑的领域,人类文化的混沌之境,很多现象无法用数字化的逻辑语言描述。再高明的算法,也算不过天。于是,我们还得向"天文"与"人文"交错的起点回归。

当今时代被看作"人类世",这意味着地球上从海洋到陆地再到天空的一切都为人类活动所影响,这未必是一件好事。第四次工业革命若能使人改变地球霸主地位,以智慧的生活与地球共存,也未必不是一件好事。如何改变这一切,迫切需要的是人类智慧的增长。正如施瓦布所说:"只有天真幼稚的人才会宣称,他们非常清楚第四次工业革命将带领我们走向何方,但若因为方向不明而感到恐惧惊慌同样幼稚可笑。正如我在整本书中一直在强调的,第四次工业革命的最终走向从根本上取决于我们充分挖掘其潜力的能力。"②挖掘潜力的能力来自哪里?自然要

---

① 陈彩虹:《在无知中迎来第四次工业革命》,《读书》2016年第11期。
② [德]克劳斯·施瓦布:《第四次工业革命》,李菁译,中信出版社,2016,第116页。

从人类自身去寻找。回归人性,在更高的层次上重构主体精神,是一种"以人为本"的道路选择。

除了机器带来的挑战外,还有一种人们尚未普遍意识到的存在,正在以潜移默化的方式侵蚀着人类的传统领地。E.拉兹洛(E.Laszlo)说:"一个新的神经系统正在当代社会中建立起来。这个系统是'人体外的':它在人的机体之外运转,不受正好能容纳这么多脑细胞的脑壳的限制。人工信息加工系统几乎有无限的发展潜力……在当代世界逐渐发展起来的人体外神经系统,在复杂的反馈环路中把机器和人结合起来,并以远为持久和比任何人曾知道、或许曾梦到过的任何信息流大几个数量级的方式阐释、储存和传送信息。"[1]一个无形的、没有中央控制系统的新型的"利维坦"[2]正在形成并开始尝试操纵社会的政治与经济生活,而社会文化尚未发展出相对完善的系统,能够对网络塑造的新生物做出合适的反应。在一个互联的开放系统中,无数在文化心理、伦理道德、价值观念、知识素养等方面具有某种共同基础的个体间的相互作用,会涌现出无法预料的宏观事件。这就是说,即使来自某个角落的简单念头,也会经由无数具有同样简单性的终端间的相互联结作用,放大为影响社会的巨大事件。在人类的有机体之外,正在形成另一个巨型的大脑——"全球脑",它不受任何中心控制,每一个终端就是一个神经元,从亿万个构成它的基元的相互作用中涌现的整体功能,就像真正的大脑一样。所有分散的大脑被联结到一个网状的系统,从而使每一个独立个体的智慧成为网络的一个细胞,就如真正的人类大脑,用一种生化过程将只有简单行为的亿万神经细胞,联结为可发挥复杂功能的智慧组织。"同声相应,同气相求"(《周易·文言传》),可以预见,越来越多的突发事件,会像大风起于"青蘋之末"[3]那样在顷刻之间形成狂飙,从而威胁着社会的秩序结构。以什么样的精神文化素质培养人,成为当代人类文化工程必须面对的现实。

---

[1] [美]E.拉兹洛:《决定命运的选择:21世纪的生存抉择》,李吟波等译,生活·读书·新知三联书店,1997,第11、13页。
[2] "利维坦"出自《旧约圣经·约伯记》,本为水族之王,其身大无比,无物能伤,在西方作品中常用来比喻无法战胜的庞然大物。
[3] 宋玉《风赋》:"夫风生于地,起于青蘋之末,侵淫溪谷,盛怒于土囊之口。缘泰山之阿,舞于松柏之下。飘忽溯溑,激飚熛怒,耾耾雷声,回穴错迕。蹶石伐木,梢杀林莽。"

颠覆性的变化处处可见。产业的结构在改变,生活的结构在改变,生命的品质和质量也在改变。世界仿佛在经历着一场洪荒大水,铺天盖地而来,弥漫一切角落而无所遗漏。又仿佛炼狱之火,把碎片状的世界烧结为一体。两千多年前西方的哲人提出"万物相连",那不过是思想之力跨越空间的意义联结;而今,万物相连却成了真切的现实。前番革命,"硅"材料的运用创造了"硅时代",使地球开始变成一个村庄;而今人类将要进入"石墨烯"时代,一切将从更为微观的层面进行联结,在更基本的层次上重新组合,世界会变得更为致密和狭小。生产力的变革在每个时代都是最积极、最活跃、最前沿、最深刻的社会运动,继之而来的则是社会精神文化领域的变革。

使教育发挥引领社会的功能是很多精英学人的理想,然而要使教育真正发挥推动社会前进的功能,正确的路径就在于致力文化的复兴。很多人,包括身处这场技术革命前沿的人士都深切地意识到,一场真正全球性的文化运动,将伴随第四次工业革命一起到来。能够担当起人性复归、文化复兴之重大历史使命的,唯有教育文化。未来有可能在很多方面取代人的机器和人工智能,尽管有难以估量的能量,使未来充满极大的不确定性,但却难以具备"完整的人"(马克思语)所具有的丰富性和全面性。人类在漫长的历史文化进程中发展起来的精神品质、心理素质、伦理道德以及思维和感知的系统,还有"文化塑造的身体",如"有音乐感的耳朵""能欣赏形式美的眼睛"等人类生命本质得以实现的各种社会化器官,对人类有机体之外的智能机器来说,要取代这一切无疑有着难以逾越的障碍。人类那些历史地形成的、作为文化过程之结果的社会化的器官,从其形态发生到稳定结构的形成,汇聚了令人难以想象的高度复杂性和随机性,且有无限遥远的历史和文化深度。人之为人必备的最宝贵的品质机器无法取代,人类当珍惜,不仅不能丢弃,更须加倍滋养,确保其永恒的生命力。在"天文"与"人文"交错的起始点上,有人类精神归宿的家园,文化复兴中蕴含着转型时代人类精神的唯一进路。

人类几百万年以来,都是在"人化"自然和"自然化"人的双向互动中前行的,特别是在进入文明的时代以来,更是依循了"道法自然"的理念来改造身内、身外的自然,主体精神外化的过程中也内在地蕴含着向自然的回归。然而技术暴长、僭越主体的现实,也使人意识到,一切被文化了的现实主体,正遭遇着异化的浸染,人们仿佛看到了一条不归之路。有必要不断追问:人类的初心是什么?人类社会演进的终极目标须臾不可忘怀。这里也更有必要重温马克思主义对历史之谜的解答,人类未来要走的路:"作为完成了的自然主义,等于人道主义,而作为完成了的人道主义,等于自然主义,它是人和自然界之间、人和人之间的矛盾的真正解决,是存在和本质、对象化和自我确证、自由和必然、个体和类之间的斗争的真正解决。"①迷离彷徨之际,这无疑是人类社会发展的指路明灯。

---

① 《马克思恩格斯文集》第一卷,人民出版社,2009,第185页。

后记

书稿貌似完成了，自己却没有收工的快感。《易》曰"书不尽言，言不尽意"，诚如是说。多年讲授教育文化学课程所产生的思想和学术感悟，限于篇幅和个人学识格局，未能尽情表达并展开讨论，难免留下遗憾。当然，这门学问本身的难以窥见的深度和不可穷尽的话题，也决定了终结性话语的不可能。以"永远在路上"来宽慰自己，或可把心放平。依个人愚见，中国特色教育文化理论，有着极大的研究空间和广阔的发展前景，希望自己所尽的绵薄之力，能有助于教育文化研究的发展。

参与了书稿文字校对和参考文献注释核对工作的有博士生张磊、李虹汛、段靖、王棋纬、姚晓兰、韩乐及硕士生李萍萍、黄鸿、唐海燕、翁语嫣、张金羽、唐秋霞、李小小，在此特向这些付出辛勤劳动的研究生致以衷心的感谢！